国家级职业教育规划教材
全国高等职业学校会计专业教材

财务会计实务

人力资源社会保障部教材办公室　组织编写

CAIWU KUAIJI SHIWU 第二版

中国劳动社会保障出版社

简　介

本教材为国家级职业教育规划教材，由人力资源社会保障部教材办公室组织编写。全书共分为九个项目，包括：会计基础工作、筹集资金的核算、生产准备——非流动资产的核算、生产准备——材料采购的核算、生产过程的核算、销售的核算、对外投资的核算、会计期末处理、会计报表的编制。

本教材以中小型企业的生产业务链为主线，以企业的一个会计周期中所发生的日常财务会计工作及期末会计工作为载体，以任务的形式来组织教学内容。本书的财务数据连贯，实例丰富，配合大量表格，好学易懂。

本教材既可作为高等职业学校会计专业教材，也可作为从事会计工作人员的参考书、自学用书。

本教材由上官健主编，麦晓雨、汪逸帆副主编，朱小娟、李婉琼、邹江参与编写。具体分工如下：上官健负责项目 4 和项目 7，麦晓雨负责项目 3 和项目 5，汪逸帆负责项目 1 和项目 2，朱小娟负责项目 8，李婉琼负责项目 9 和附录，邹江负责项目 6。由上官健统稿。

图书在版编目（CIP）数据

财务会计实务 / 上官健主编．--2 版．-- 北京：中国劳动社会保障出版社，2017

全国高等职业学校会计专业教材

ISBN 978-7-5167-3350-9

Ⅰ.①财…　Ⅱ.①上…　Ⅲ.①财务会计 - 高等职业教育 - 教材　Ⅳ.① F234.4

中国版本图书馆 CIP 数据核字（2018）第 019008 号

中国劳动社会保障出版社出版发行

（北京市惠新东街 1 号　邮政编码：100029）

*

三河市华骏印务包装有限公司印刷装订　　新华书店经销

787 毫米 ×1092 毫米　16 开本　23.25 印张　480 千字

2018 年 1 月第 2 版　　2022 年12月第 5 次印刷

定价：48.00 元

营销中心电话：400-606-6496

出版社网址：http://www.class.com.cn

http://jg.class.com.cn

前言

全国高等职业学校会计专业教材自2009年出版以来，在高等职业学校教学中发挥了重要作用，受到了广大师生的好评。近年来，随着我国经济和社会发展，会计准则及相应法规发生了较大的调整和变化。为适应这一变化，培养更加适合市场需求的会计人才，我们组织一批教学经验丰富、实践能力强的教师与行业、企业专家，在充分调研的基础上，对2009版教材进行了修订，并补充开发了《财经法规与职业道德》《审计实务》《出纳实务》《会计基本技能》《会计综合实训》等教材。

本次教材修订（开发）工作的重点主要体现在以下几个方面：

◆ 更新教材内容　本次修订内容包含了会计核算、成本计算、纳税计算与申报、财务管理、审计等基本理论、方法与原则，以及相关的业务操作规范。在修订过程中紧贴会计专业最新的培养目标和教学实际，并参考了“助理会计师”“助理审计师”的考核要求以及2017年实施的“企业会计准则”“税法”等相关文件对会计行业的新要求，使教材具有很强的实用性、针对性和先进性。

◆ 提升教材表现力　通过设置“案例分析”“知识链接”等不同栏目，增加教材的亲和力，激发学生的学习兴趣。同时，尽可能多地以图表代替冗长的文字叙述，使教材更加生动直观，易于学习。在版式设计上，采用双色排版，使教材中的单据、凭证与会计工作实务保持一致，便于开展教学。

◆ 加强立体化资源建设　将习题册修订与教材修订同步进行，同时补充开发配套的电子课件。习题册答案及电子课件可登陆zyjy.class.com.cn，搜索相应的书目，在相关资源中下载。

本套教材的编写得到了有关省市人力资源社会保障部门以及一批高等职业学校的大力支持，教材的编审人员做了大量的工作，在此，我们表示衷心的感谢！同时，恳切希望广大读者对教材提出宝贵的意见和建议。

人力资源社会保障部教材办公室

Contents

目录

项目 1　会计基础工作

任务 1　会计机构和岗位设置

知识点

- 企业业务流程和会计核算流程
- 会计机构设置
- 会计岗位设置
- 财务制度

引入

任何企业为维持其运营，均要发生各种开支，原则上企业都应设置会计机构，配备会计人员，记录各项经济业务，反映会计信息。企业的会计核算活动围绕着企业的业务流程展开，是企业的一项管理活动。要做好企业的财务会计工作，财务人员首先必须做到以下几点：

1. 了解企业的经营业务，熟悉企业业务流程和会计核算流程，便于理解企业经济业务的会计处理。

2. 了解企业经营规模、组织机构设置，进而熟悉企业会计机构的设置及其会计岗位职责分工，便于财务人员在各个会计工作岗位上的协同合作。

3. 熟悉企业的财务制度，规范会计工作，便于财务人员按程序、制度办理相关业务。

相关知识

一、企业业务活动流程和会计核算流程

会计是以货币为主要核算手段，如实反映企业生产经营等业务活动中资金运动的管理活动。财务人员在会计工作中，需要了解企业各个部门及其生产经营活动，便于正确地处理各个部门发生的经济业务。

通常，生产型企业的业务活动流程和会计工作的配合关系见图表 1—1。

从以上两个流程中可以看出，企业会计核算基本上是按照企业业务活动流程进行的，是对整个企业业务活动过程的真实反映。在会计实务工作中，财务人员是在每个确定的会计期间内，通过期初、期间、期末三大环节完成上述经济业务的会计核算。企业的会计核算是一项连续的、周而复始的工作，生产型企业会计核算基本流程见图表 1—2。

图表 1—1　生产型企业的业务活动流程与会计工作的配合关系

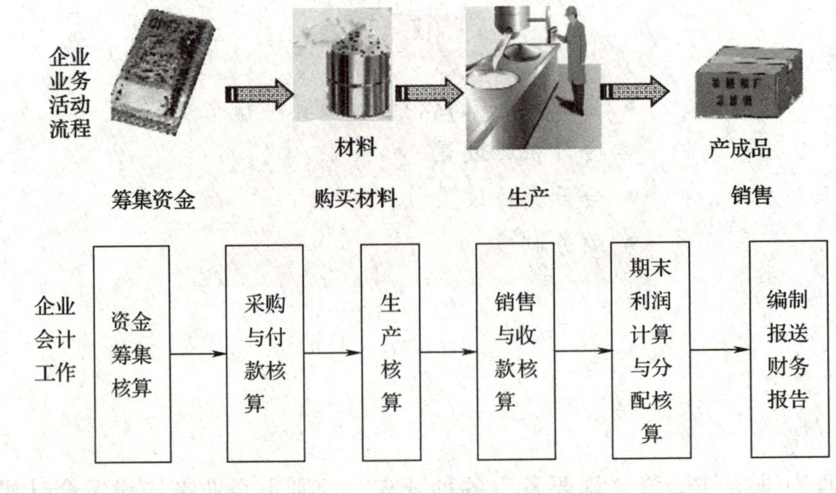

图表 1—2　生产型企业会计核算基本流程

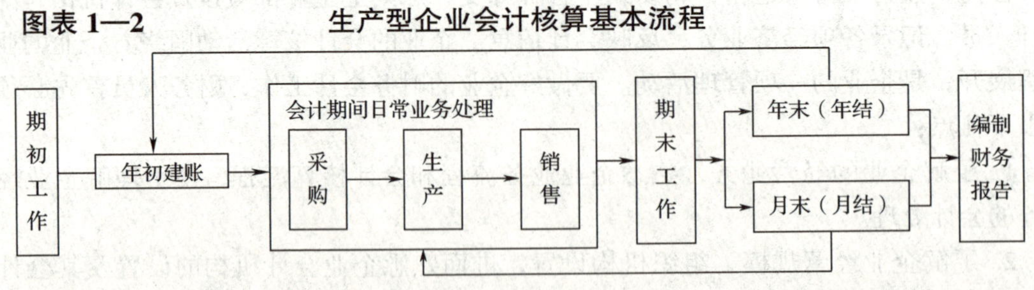

例如，海南万泉河啤酒有限责任公司[①]主要生产和销售桶装和瓶装的纯生啤酒、清爽啤酒。公司的主要生产经营业务活动是筹集资金购置生产设备，采购麦芽、啤酒花等原材料，经过生产车间的酿制，生产出啤酒并销售（图表 1—3）。而财务部的会计核算业务就是反映这个过程中发生的与资金有关的经济活动，包括筹集资金的核算、采购各

① 海南万泉河啤酒有限责任公司将作为全书财务会计业务发生的主体，后续简称为万泉河啤酒公司。

种物资并付款的核算、啤酒酿造过程中发生的成本费用核算、啤酒销售与收款及销售过程中产生费用的核算、期末利润的计算与分配及会计报表的编制等。万泉河啤酒公司采用的会计核算流程与图表1—2所示的流程相同。

图表1—3　　万泉河啤酒公司日常生产经营业务流程

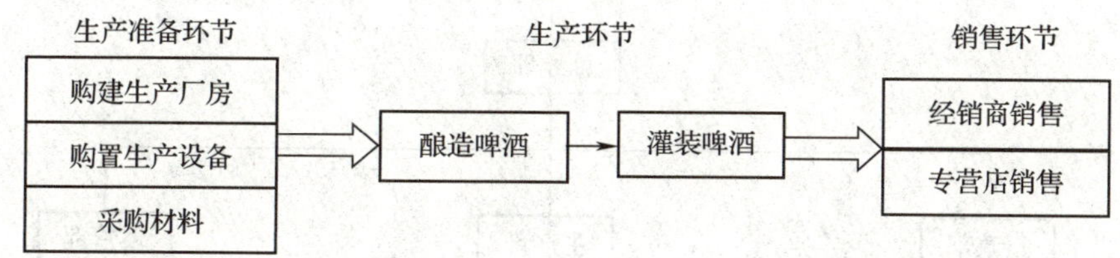

二、会计机构及会计工作岗位设置

企业会计机构及会计工作岗位的设置与企业会计业务需要有关。《中华人民共和国会计法》《会计基础工作规范》都对会计机构及会计工作岗位设置做了具体规范。

1. 会计机构的设置

企业会计机构的设置通常考虑企业规模大小、经济业务和财务收支的繁简、企业经营管理的要求等因素。经营规模比较大、业务量大的企业应独立设置会计机构。会计机构在企业内部通常被称为财务科（或部、处）（图表1—4）、会计部、会计中心、会计科（或室）等，与办公室、计划部、人事部等同属于企业的行政管理部门，一般直接归分管财务工作的副总经理（或副厂长）领导，会计人员属于企业的管理人员。

图表1—4　　财务科

企业未独立设置会计机构的，可以在企业内部有关机构中设置会计人员，并指定会计主管人员。小企业不具备设置会计机构条件的，应委托社会上经批准设立从事会计代理记账业务的中介机构代理记账。

例如，万泉河啤酒公司属于中型规模的生产经营企业。从图表1—5所示的公司组织机构中可以看出，该公司的财务部属于独立设置的会计机构，隶属行政部，承担企业经济活动的记录和反映。其他部门中，酿造、灌装及机修车间和采购部、销售部、仓储部，属于公司的主要生产运营部门；办公室、人事部、计划部与财务部同属于公司的行政管理部门。这些部门通过与财务部之间传递各项经济业务的信息与其紧密联系。

图表 1—5　　万泉河啤酒公司的组织机构

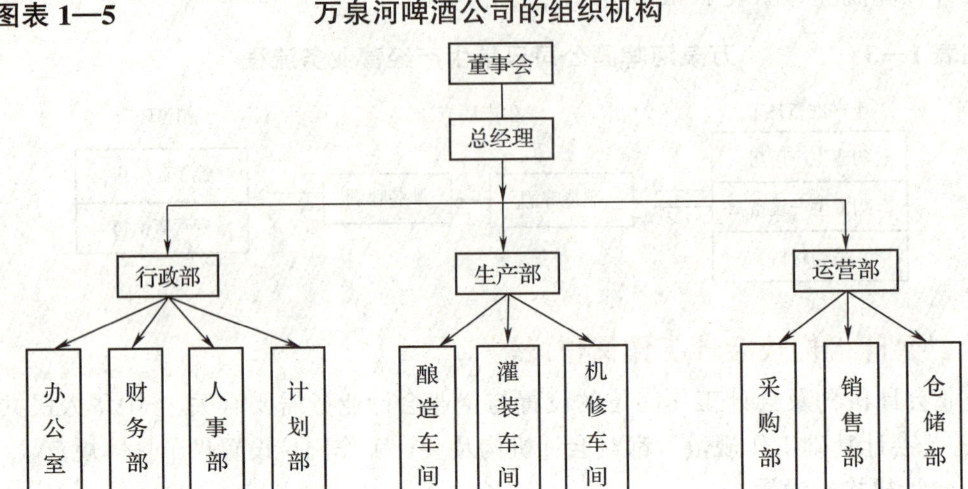

2. 会计工作岗位设置

设置会计机构的企业，可根据会计业务需要设置多个会计工作岗位（图表 1—6）。会计工作岗位一般可分为会计机构负责人或会计主管人员、会计、出纳等基本岗位，其中会计岗位可根据承担工作职责的多少，细分为财产物资核算、工资核算、成本费用核算、财务成果核算、资金核算、往来结算、总账报表、稽核、档案管理等岗位。

图表 1—6　　会计工作岗位设置

对于会计机构人员少、业务简单的中小型企业，也可以只设置出纳、会计两个基本岗位，其中会计岗位要完成几乎所有的会计核算工作，俗称“一人多岗”。在实际工作中，会计工作岗位的设置还可以“一人一岗”“一岗多人”。但是，不论怎么设置，出纳人员都不得兼管稽核、会计档案保管和收入、费用、债权债务账目的登记工作。

例如，万泉河啤酒公司的财务部设置了四个岗位，即财务部经理、主管会计、制单会计和出纳，他们的职责分工见图表1—7。

图表1—7　　万泉河啤酒公司财务部岗位设置及职责分工

岗位	姓名	职责分工
经理	冯阳	审批、计划、财务分析
主管会计	张茜	收付款项的单据审核，记账凭证复核，总账登记，报表编制，合同管理
制单会计	刘悦	原始凭证审核，记账凭证编制，登记明细账
出纳	方荷	货币资金收付，登记库存现金、银行存款日记账

三、企业财务制度

企业开展会计核算业务，应遵循国家统一的企业会计准则及相关会计规章制度，同时应充分考虑企业内部的生产经营特点及管理要求，进一步制定企业内部财务制度。企业的财务制度是对企业的流动资产、固定资产、税费、资金使用、费用报销等方面所制定的规范，是财务人员从事会计工作的重要依据。

下述内容就是万泉河啤酒公司根据企业资金收支的具体情况对审批权限、审核和申领程序等方面制定的规定，是此类业务财务处理所依据的重要财务制度。

资金使用、费用报销相关规定

（1）审批权限

公司各项预算内资金使用和费用开支报销，首先应由业务发生部门经理审核签字，报公司分管业务的副总经理签字；重大费用或超预算开支需经总经理或董事会研究决定。

（2）相关程序

1）付（借）款程序见图表1—8。

图表1—8　　万泉河啤酒公司付（借）款业务流程

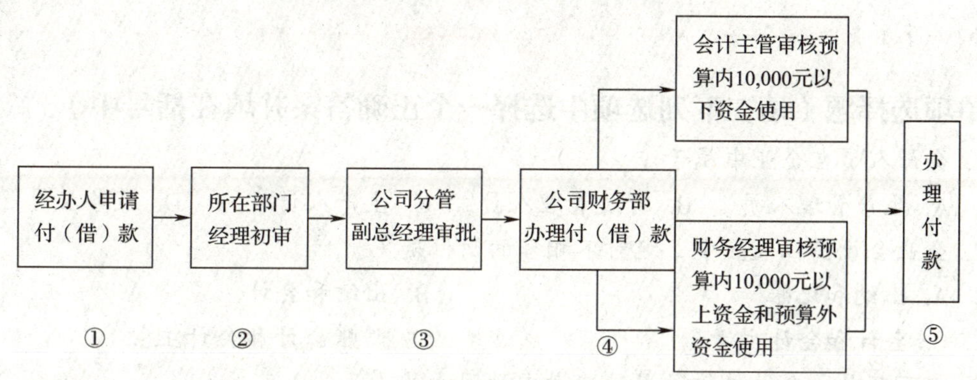

①付（借）款人员因公需要领用现金或支票时，应填写“付（借）款申请书”。

②经所在部门经理初审签字。

③借款人员持相关单据报公司分管业务的副总经理审批签字。

④借款人员持业务部门审批后的“付（借）款申请书”到财务部借款。

所借款项为预算内资金且金额在10,000元以下（含10,000元），直接由主管会计审核并根据公司的资金状况安排支付；如为预算内资金且金额在10,000元以上和预算外资金使用需要提交财务部经理审核。

⑤由出纳按照批准金额予以支付款项，再由会计制单。

2）费用报销程序见图表1—9。

图表1—9　　万泉河啤酒公司费用报销业务流程

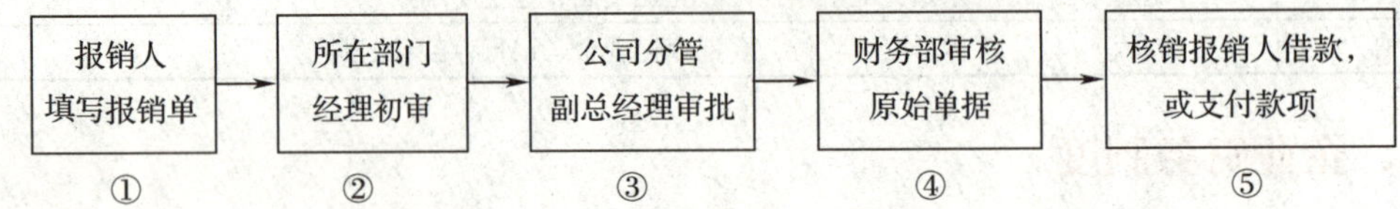

①报销人填写“费用报销单”，注明所办事由或用途，并附发票等原始单据。

②经所在部门经理初审签字。

③报销人持报销单报公司分管业务的副总经理审批签字。

④报销人员持业务部门审核后的报销单到财务部报账。

财务部主管会计对报销单据进行审核，主要确认费用发生的合理性，是否审批，原始单据是否合规、真实等，审核无误的各种单据作为付款、编制记账凭证和登账的依据。

⑤涉及预借款，需对原有借款进行核销，多退少补。涉及实物资产购置发生的费用报销，还需附仓储部或相关资产管理部门的验收单。

（3）款项支付

公司1,000元（含1,000元）以下款项可以支付现金；1,000元以上款项一般情况下需开具现金支票，以支票方式支付。

上述是万泉河啤酒公司财务制度中对资金管理的规定。该公司的其他财务制度将在后续的项目中逐一阐述。

练一练

单项选择题（请在下列选项中选择一个正确答案并填在括号中）

1. 会计人员在企业中属于（　　）。

A. 生产管理人员　B. 行政管理人员　C. 生产人员　D. 服务人员

2. 企业会计岗位设置中，绝对不相容的岗位是（　　）。

A. 出纳和记账　B. 出纳和会计

C. 会计和会计主管　D. 总账会计和会计主管

3. 以下不属于会计机构设置时应考虑的因素是（　　）。

A. 企业规模大小　B. 企业性质　C. 会计业务需求　D. 经营管理要求

判断题（判断正误并在括号内填“√”或“×”）

1. 企业的会计核算业务应围绕着企业的经营活动展开。　（　　）

2. 企业开展经营活动进行会计核算时，可以不专设会计机构，但必须配备专职会计人员。（　　）

3. 在企业里，资金使用都要由单位负责人审批。（　　）

4. 企业制定的内部财务制度不得违背国家统一的会计制度、企业会计准则的规定。（　　）

任务 2　出纳岗位资金结算业务办理①

任务 2—1　现金收付业务和现金管理

知识点

- 库存现金的管理
- 现金收付业务、存取业务的办理流程

技能点

- 能够正确办理现金收付业务

任务描述

万泉河啤酒公司除向啤酒物资企业购买原料麦芽外，每到收获季节，还直接向优质大麦产区的种植大户签订收购协议，现金采购当地大麦。公司产品除由指定经销商经销外，还设立了专营店批发和零售。通常专营店每日营业结束时收银员将当日营业款交财务部，财务部再集中缴存银行。2017 年 12 月专营店因要扩大营业面积进行装修，停业 1 个月。

2017 年 12 月 2 日早晨，财务部接到公司采购部通知，需支付上月末收购一个种粮大户的大麦货款 70,000 元。当日中午，种粮大户来财务部办理货款的结算手续。

2017 年 12 月 2 日下午，因专营店装修，其收银员将专营店的备用金余款 7,653 元交回财务部。

2017 年 12 月 2 日下午营业结束前，出纳清点保险柜中现金，将超出限额现金送存银行。

本任务要求出纳方荷完成有关结算和现金缴存工作。

任务分析

会计岗位中，出纳与会计的工作是相互协同但又必须相互牵制与制约的。出纳岗位

① 本任务内容只针对出纳岗位业务，涉及会计岗位业务仅说明其内容，相关处理在“资金结算业务核算”任务中专门讲述。

主要负责现金的收付及银行收付款项的办理。因此，出纳必须掌握日常业务的具体内容；同时，由于现金的特性，出纳要时刻牢记现金管理的要求，按照规定的程序办理。

相关知识

一、出纳岗位的具体工作内容

1. 每日工作之初，查询现金日记账的当日余额，并根据当日营业需要到银行提取现金。

2. 依据付款凭证办理现金支付业务；收取现金，并开具收款收据。

3. 根据业务需要，办理银行转账结算业务。

4. 依据涉及现金、银行存款业务的记账凭证登记日记账。

5. 每日营业结束之前，清查库存现金，并将超过库存限额的现金送存银行。

二、库存现金管理

1. 现金及特点

现金是指立即可以投入流通的交换媒介，属于以货币形式表现的购买手段，即通常所说的钞票和金属铸币。而从会计专业角度所指的库存现金，是存放在企业财会部门并由出纳保管的用于企业日常零星开支的现金，包括人民币现金和外币现金。

因为现金没有明显的归属性，容易丢失且不易追查，又因为现金具有普遍的可接受性，是企业流动性最强的资产，因此国家对其使用有着严格的限定，企业也将其作为日常管理和控制的重点。

2. 库存现金使用范围

企业使用现金原则上要符合国家有关现金管理制度和结算制度的规定，国务院颁布的《现金管理暂行条例》规定，允许企业使用现金结算的范围包括：

（1）职工工资、津贴。

（2）个人劳务报酬。

（3）根据国家规定颁发给个人的科学技术、文化艺术、体育等各项奖金。

（4）各种劳保、福利费用以及国家规定的对个人的其他支出。

（5）向个人收购农副产品和其他物资的价款。

（6）出差人员必须随身携带的差旅费。

（7）结算起点以下的零星支出。

（8）中国人民银行规定需要支付现金的其他支出。

上述款项结算起点为1,000元。除上述第（5）（6）项外，开户单位支付给个人的款项，超过使用现金限额的，应当以支票或者银行本票支付；确需全额支付现金的，经开户银行审核后，予以现金支付。

3. 库存现金限额

存放在企业内部的现金按照存放地点不同，分为存放在财务部门的现金和存放在业务经办部门的现金。通常所说的库存现金，都是指存放在财务部门并由出纳保管的现金，实行备用金核算的单位，部分现金还可以存放在业务经办部门。

因为库存现金是用于日常零星开支，因此存放数量受到限制。该限额是银行根据开户单位日常实际需要和距离银行远近等情况，按照满足企业 3 ~ 5 天日常零星开支的需要核定（即由开户银行核定库存现金限额）。距离银行较远或交通不便的企业，库存现金限额最高可适当放宽到 15 天的日常零星开支所需。需要注意的是，日常零星开支所需不包括企业每月发放的薪酬、不定期差旅费、向个人收购农副产品等大额现金支出。库存现金限额一旦核定，企业必须遵守，每日应将超过限额的现金及时送存银行。

4. 其他要求

（1）企业日常经营活动中发生的小额现金收入（如零售收取的小额现金等），应及时送存银行，原则上不得直接用于企业的支出，即不得“坐支”现金。如有特殊情况需要坐支，应事先报开户银行审批。

（2）企业异地采购，原则上采购人员不得携带大额现金，而应采用银行汇款或其他非现金结算方式。

（3）企业向银行送存现金时，应在缴款书上注明款项的来源；从开户银行提取现金时，应在支票上注明用途，由本单位财务部门相关负责人签章。

任务实施

说明：万泉河啤酒公司基本存款账户是出纳必须掌握的基本信息，具体资料见下列内容。

账户名称：海南万泉河啤酒有限责任公司

开户银行：工商银行海口市金盘支行

账　　号：589806688

1. 2017 年 12 月 2 日

上午，财务部接到采购部通知后，出纳方荷查阅现金日记账，发现前一天的现金余额为 3,500 元。正常情况下，每日现金支付在 10,000 元左右，库存现金的限额为 15,000 元，今天还有一笔要支付种粮大户 70,000 元大麦货款的大额支出。

方荷计算 12 月 2 日公司应提取的现金如下：

当日期末结存数 = 期初库存数 + 本日收入数 – 本日支出数

本日至少应提取的现金为：15,000（期末结存数）+80,000（本日预计支出）–3,500（期初结存数）=91,500（元）

根据计算，为保证现金足额使用，方荷决定当日提现 100,000 元。

出纳方荷的具体操作如下：

→从保险柜中取出空白现金支票，开具金额为 100,000 元的现金支票（图表 2—1），加盖法人代表个人章、出纳个人章，并登记现金支票使用登记簿。

图表 2—1

中国工商银行 现金支票	中国工商银行现金支票
支票号码：0701145 科　　目 ____ 对方科目 ____ 出票日期：2017年12月2月 收款人：方荷 金　额：¥100,000.00 用　途：备用金等 单位主管　　会计	支票号码：0701145 出票日期（大写）贰零壹柒年壹拾贰月零贰日　　开户行名称：工行海口市金盘支行 收款人：方荷　　签发人账号：589806688 人民币（大写）壹拾万元整　千 百 十 万 千 百 十 元 角 分：¥ 1 0 0 0 0 0 0 0 用途 备用金等　　科　目（借）____ 对方科目（贷）____ 上列款项从我账户内支付　　付讫日期　年　月　日 出纳　　记账 出票人盖章　　复核 （印章：海南万泉河啤酒有限责任公司 财务专用章；李华；方荷）

分析：企业的重要空白单据（如各种银行票据）由出纳保管，并按规定使用。出纳签发现金支票时，应注意填写票据要素，如正本、存根上均应注明用途，经办人应在存根上签字，支票正本上金额必须同时使用大、小写，并且一致。

→将现金支票交主管会计张茜审核，由其加盖单位的财务专用章。

分析：企业财务上要用到单位公章、财务专用章、法人代表个人章、出纳个人章，按照财务内控制度规定，各类印章必须分开由专人保管，相互牵制。万泉河啤酒公司公章由办公室保管，财务专用章由会计主管保管，法人代表个人章和出纳个人章由出纳保管。

→经理冯阳审批，出具了取现申请书（图表 2—2）。

分析：企业单笔提现金额较大（通常超过 5 万元），单位应同时提交书面说明——取现申请书。

图表 2—2

取现申请书

工行海口市金盘支行：

我公司因向种粮大户收购大麦，需支付大额现金，现申请提取现金人民币壹拾万元整（¥100,000）。

特此申请。

海南万泉河啤酒有限责任公司

2017 年 12 月 2 日

→方荷在支票正本的背面填写了取款人姓名“方荷”、身份证件类型及号码，将现金支票正本、本人身份证和取现申请书提交银行的“企业结算”柜台，提取了 100,000 元的现金，并现场清点核对。

分析：现金支票正本正面收款人也可以填写企业名称，如果正面填写了企业名称，背面同样要填写取款人的姓名、身份证件类型及号码。不同的是，还需在现金支票背面加盖企业在银行的预留印鉴。

→方荷回到财务部，将现金放入保险柜内，将支票存根交制单会计刘悦做取现的账务处理（制单操作具体参见任务 3—1）。

→方荷根据记账凭证登记现金日记账（现金增加）和银行存款日记账（银行存款减少），将记账凭证退还会计刘悦。

2. 2017 年 12 月 2 日中午

→主管会计张茜审核了采购部提交的付款申请单及收购合同、入库单等单据，手续齐全。

→财务经理冯阳审核，同意支付。

分析：万泉河啤酒公司财务制度规定超过 10,000 元的款项支付应由财务经理审核，安排支付。

→方荷仔细查看了付款申请单（图表 2—3）中各要素及所附原始凭证，特别核对、确认了业务主管部门、财务主管等人的签字齐全，从保险柜中清点现金 70,000 元交种粮大户收妥，要求其在付款申请单上签字确认。方荷在付款申请单加盖“现金付讫”戳记。

图表 2—3　　**付款（用款）申请单**

日期：2017 年 12 月 2 日　　附件：1 张

收款单位名称	刘富贵　　收款人签名：*刘富贵*				
开　户　行		账号			
收 款 地 址		付款方式	现金		
申请付款金额	（人民币大写）柒万元整　　¥70,000.00				
款 项 用 途	支付收购大麦款　现金付讫				
总经理	吴平	部门负责人	程斌	经办人	张林

财务经理：冯阳　　会计审核：张茜　　出纳：方荷

分析：万泉河啤酒公司财务制度规定，各项费用经审批同意支付后，先由出纳办理付款，制单会计再依据相关付款单据制单。

→方荷将付款申请单交刘悦做付现的账务处理（制单操作具体参见任务 3—1）。

→方荷根据记账凭证登记现金日记账（现金减少），将记账凭证退还会计刘悦。

3. 2017 年 12 月 2 日下午

→出纳方荷清点专营店上交的备用金结余款现金 7,653 元。清点无误后，将现金放入保险柜中。

→方荷开具收款收据（一式三联）。第一联为存根联，留存在收据簿中；第二联为记账联（图表 2—4），交会计刘悦做现金交款业务的账务处理（制单操作具体参见任务 3—1）；第三联为交款凭据，退专营店收银员备查。

图表 2—4

收款收据

2017 年 12 月 2 日　　　　№36475345

<table>
<tr><td rowspan="2">交款单位（或个人）</td><td rowspan="2">公司销售专营店</td><td rowspan="2">交款方式</td><td rowspan="2">现金</td><td colspan="8">金额</td><td rowspan="2">备注</td><td rowspan="4">第二联 记账联</td></tr>
<tr><td>十</td><td>万</td><td>千</td><td>百</td><td>十</td><td>元</td><td>角</td><td>分</td></tr>
<tr><td>人民币（大写）</td><td colspan="3">柒仟陆佰伍拾叁元整　现金收讫</td><td></td><td>¥</td><td>7</td><td>6</td><td>5</td><td>3</td><td>0</td><td>0</td><td></td></tr>
<tr><td>交款事由</td><td colspan="12">专营店上交备用金结余款</td></tr>
</table>

收款单位（海南万泉河啤酒有限责任公司 财务专用章）　主管：　会计：　出纳：方荷

→方荷根据记账凭证登记现金日记账（现金增加），将记账凭证退还会计刘悦。

4. 2017 年 12 月 2 日下午

→营业结束前，方荷对当日库存现金进行清点，实有数为 41,153 元，需将 26,153 元送存银行。

分析：万泉河啤酒公司库存现金限额为 15,000 元，按照规定企业超过库存现金限额的现金应及时送存开户银行。

12 月 2 日公司的现金收付及结存情况如下：

当日结存 = 期初库存数 + 本日收入数 – 本日支出数

=3,500（期初数）+100,000（提现）+7,653（收回备用金）–70,000（支付货款）=41,153（元）

因此，当日需送存的银行现金 =41,153–15,000=26,153（元）。

→方荷携带现金到开户银行，填写现金缴款单（一式两联）（图表 2—5）连同现金交开户银行，银行收妥现金并审核单据后，将第一联盖章后退还方荷。

图表 2—5

中国工商银行　**现金缴款单**

缴款日期 2017 年 12 月 2 日　　　　传票编号　第　　号

<table>
<tr><td rowspan="3">收款单位</td><td>全称</td><td colspan="6">海南万泉河啤酒有限责任公司</td><td rowspan="3">款项来源</td><td colspan="10" rowspan="3">日常零星开支结余款</td><td rowspan="8">第一联：退给收款单位作为收款通知</td></tr>
<tr><td>账号</td><td colspan="6">589806688</td></tr>
<tr><td>开户银行</td><td colspan="6">工行海口市金盘支行</td></tr>
<tr><td colspan="9" rowspan="2">人民币
（大写）贰万陆仟壹佰伍拾叁元整</td><td>千</td><td>百</td><td>十</td><td>万</td><td>千</td><td>百</td><td>十</td><td>元</td><td>角</td><td>分</td></tr>
<tr><td></td><td>¥</td><td>2</td><td>6</td><td>1</td><td>5</td><td>3</td><td>0</td><td>0</td><td></td></tr>
<tr><td colspan="2">票面</td><td>壹佰</td><td>伍拾</td><td>拾元</td><td>伍元</td><td>贰元</td><td>壹元</td><td>伍角</td><td>贰角</td><td>壹角</td><td>伍分</td><td>贰分</td><td>壹分</td><td colspan="5" rowspan="4">收款员：
复核员
收款日期
（中国工商银行 海口市金盘支行 2017.12.02 业务清讫）</td></tr>
<tr><td colspan="2">把（百张）</td><td></td><td></td><td></td><td></td><td></td><td></td><td></td><td></td><td></td><td></td><td></td><td></td></tr>
<tr><td colspan="2">卡（二十张）</td><td></td><td></td><td></td><td></td><td></td><td></td><td></td><td></td><td></td><td></td><td></td><td></td></tr>
<tr><td colspan="2">尾数款</td><td colspan="2"></td><td colspan="2">凭证张数</td><td colspan="2"></td><td colspan="2">金额</td><td colspan="4"></td></tr>
</table>

→方荷回到财务部，将缴款单交制单会计刘悦做送存现金的账务处理（制单操作具体参见任务 3—1）。

→方荷根据记账凭证登记现金日记账（现金减少）和银行存款日记账（银行存款增加），将记账凭证退还会计刘悦。

知识链接

备 用 金

一、备用金概念

备用金是企业、机关、事业单位或其他经济组织拨付给非独立核算的内部单位或工作人员备作差旅费、零星采购、零星开支等用途的款项。

二、备用金核定

各备用金使用部门为办理日常零星开支，需要保持一定数量的库存备用金。财务部门依据使用部门的申请及具体业务情况审定其备用金额度，并与该使用部门签订备用金管理责任书。

三、备用金管理

1. 日常管理

（1）管理办法

备用金的管理有定额管理和非定额管理两种办法。

定额管理是指按用款部门的实际需要，核定备用金定额，并按定额拨付现金的管理办法。用款部门按规定的开支范围使用备用金后，凭有关支出凭证向财务部门报销，财务部门如数付给现金，使备用金仍与定额保持一致。定额备用金一般适用于内部用款单位的经常性小额开支。这种方式的特点是“核定定额，凭据报销，补充金额，循环使用”。

非定额管理是指用款部门根据每次实际用款需要向财务部门领款的管理办法。用款部门凭支出凭证向财务部门报销时，一次性冲减备用金，办理业务剩余的款项需要交回，不足部分报销时补付。这种方式的特点是“按需预付，凭据报销，多退少补，一次结清”。

（2）借支管理

各部门领用备用金时，应填制备用金借款单，一方面财务部门核定其零星开支以便于管理，另一方面凭此单据支付现金。对备用金使用部门报销的所有票据，财务部门进行严格的审核后方能付款记账。

各部门使用备用金应将取得的发票定期到财务部门报销，冲转借支款或补充备用金。

（3）保管管理

定额备用金使用部门应根据支出取得的票据定期编制备用金支出一览表，及时反映备用金支出情况，做到逐月结清。备用金的管理，不论采用何种办法，都应严格遵守备用金预借、使用和报销制度。

2. 备用金核算

备用金的核算，可在“其他应收款”账户内核算，也可单独设置“备用金”账户核算。备用金账户属于资产类账户，借方登记各使用部门领用数，贷方登记核销数，期末借方余额反映实有备用金数额。备用金应按照使用部门或个人进行明细核算。

备用金两种管理办法的具体核算见图表 2—6。

图表 2—6　　备用金的核算

定额管理	非定额管理
1. 领用（第一次）	
借：其他应收款——备用金 贷：库存现金（定额数）	借：其他应收款——备用金 贷：库存现金（申请数）
2. 使用后报销	
借：销售费用等账户 贷：库存现金（实际数）	借：销售费用等账户 贷：其他应收款——备用金（实际数）
3. 核销备用金	3. 交回余额
借：库存现金 贷：其他应收款——备用金	借：库存现金 贷：其他应收款——备用金

练一练

单项选择题（请在下列选项中选择一个正确答案并填在括号中）

1. 会计核算中的库存现金是指存放在企业（　　）的货币资金。
A. 办公室　B. 财会部门　C. 业务经办部门　D. 内部各机构

2. 出纳到开户银行送存现金应填制（　　）。
A. 现金支票　B. 转账支票　C. 现金缴款单　D. 进账单

判断题（判断正误并在括号内填“√”或“×”）

1. 出纳签发支票后，应将支票存根提交开户银行（或收款人），支票正本交会计作为记账的依据。（　　）

2. 出纳除保管现金外，一般还保管企业的空白银行单据等物品。（　　）

3. 出纳在收取现金时，应先收妥现金，再出具收款单据。（　　）

4. 企业的备用金是指存放在企业内部、除财会部门之外其他机构的资金。（　　）

5. 备用金的使用部门应专设出纳人员保管现金。（　　）

任务 2—2　银行结算业务的办理——银行票据业务办理

知识点	技能点
● 银行存款账户类型 ● 各种票据的适用范围及结算流程	● 能够正确填写票据并办理票据结算业务

任务描述

2017 年 12 月 3 日，万泉河啤酒公司采购部张林到财务部预借差旅费 11,000 元，同时提出申请办理票面金额为 120,000 元的银行汇票用于购置运输车辆（已经通过领导批准）。张林提交填写好的借款借据、办理银行汇票的书面申请。

2017 年 12 月 10 日，景德公司交来转账支票一张，用于支付所欠万泉河啤酒公司的货款。

出纳方荷要到开户银行办理上述银行票据业务。

任务分析

企业在开展经济业务过程中，除按照规定采用现金结算外，都采用银行转账结算方式。企业具体采用哪一种结算方式，视经济业务发生情况而定。如果业务双方事先有约定，财务部门应按约定结算方式办理；如果没有约定或是企业内部结算，财务人员根据业务需要及财务规定，选择恰当的结算方式办理。

在实际工作中，票据结算业务是在企业开户银行办理。那么企业应在银行开设哪些账户，出纳应如何到银行办理结算业务呢?

相关知识

一、企业的银行存款账户

根据我国《银行账户管理办法》，企业在银行开设的银行账户一般分为基本存款账户、一般存款账户、临时存款账户和专用存款账户。

1. 基本存款账户

基本存款帐户是存款人为办理日常转账结算和现金收付需要而开立的银行结算账户。企业的工资、奖金等现金的支出，只能通过基本存款账户办理。每家企业只能开立一个基本存款账户，开户时必须要有中国人民银行当地分支机构核发的开户许可证。

2. 一般存款账户

一般存款帐户是企业在基本存款账户开户银行以外的银行营业机构开立的银行结算账户，主要用于借款转存、转账结算和缴存现金，该账户不能办理现金支取。

3. 临时存款账户

临时存款帐户是企业因临时经营活动需要并在规定期限内使用而开立的银行结算账户。企业可以通过该账户办理转账结算和现金收付。它主要用于设立临时机构、异地临时经营活动。临时存款账户的有效期最长不得超过 2 年。

4. 专用存款账户

专用存款帐户是企业对特定用途的资金进行专项管理和使用，并由企业向开户行出具相应证明而开立的银行结算账户。特定用途资金包括基本建设资金、更新改造资金、社会保障基金、证券交易结算资金，以及其他需要专户管理的资金。

二、常用票据结算方式及其业务办理

出纳人员除每天因存取现金需要去银行外，还经常因为企业购、销业务的需要到银行办理转账结算。出纳在办理结算过程中需要用到各种票据，包括银行汇票、银行本票、支票、商业汇票等。

1. 银行汇票结算及其业务办理

银行汇票是申请人将款项交存出票银行后，由银行签发的，当其在见票时按照实际结算金额无条件支付给收款人或者持票人的票据。银行汇票可以用于转账，标明现金字样的“银行汇票”也可以提取现金。银行汇票见图表 2—7。

结算特点：使用灵活、票随人到、兑现性强。

适用范围：单位和个人在同城（同一票据交换区域）或异地（非同一票据交换区域）的各种款项结算。

提示付款期限：自出票日起最长不得超过 1 个月。

图表 2—7

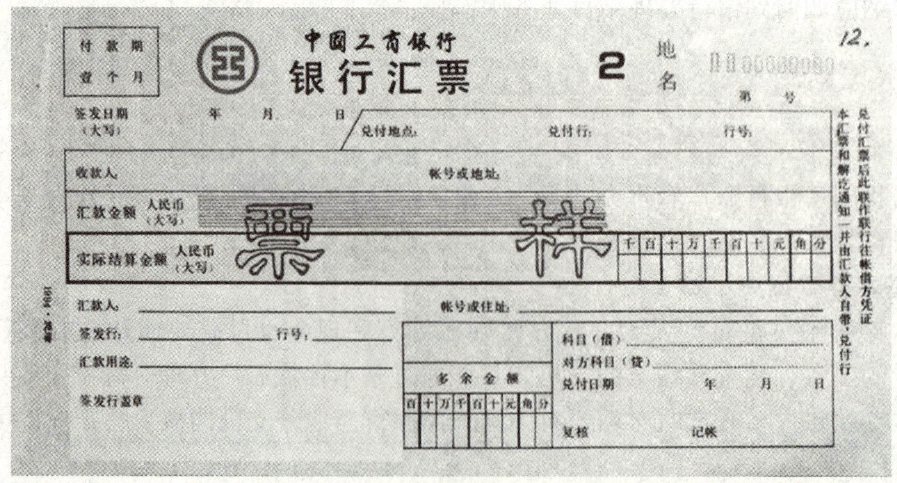

付款期 壹个月

中国工商银行
银行汇票 2
地名
第 号
12.

签发日期（大写） 年 月 日
兑付地点： 兑付行： 行号：

收款人： 帐号或地址：

汇款金额 人民币（大写）

实际结算金额 人民币（大写） 票样

千	百	十	万	千	百	十	元	角	分

汇款人： 帐号或住址：

签发行： 行号：

汇款用途：

签发行盖章

多余金额

百	十	万	千	百	十	元	角	分

科目（借）

对方科目（贷）

兑付日期 年 月 日

复核 记帐

兑付汇票后此联作联行往帐借方凭证

本汇票和解讫通知一并由汇款人自带，兑付行

（1）申请方办理

1）出纳向开户银行提交填写好的“银行汇票申请书”（需逐项写明申请人名称和账号、收款人名称和账号、兑付地点、汇票金额、汇票用途等），并加盖预留银行印鉴（即在开户银行预留的财务专用章、法定代表人等的个人签章）；由开户行审核并签发银行汇票。

2）出纳将开户银行加盖银行印章的“银行汇票申请书”（第一联）交会计做办理银行汇票的账务处理；同时将银行汇票的“银行汇票联”和“解讫通知联”交汇票申请人或直接交收款人。

注意：按照规定，申请方在异地办理采购时，凡在银行汇票金额内的款项可办理支付，而多余款项将由银行自动退回。申请方必须等到开户银行转回银行汇票第四联“多余款项收账通知联”后，才做收回多余款项的账务处理。

（2）收款方办理

1）收款方收到银行汇票后，应在出票金额以内，按照实际结算金额准确填写银行汇票（第二联）、银行汇票解讫通知联（第三联）；如果实际结算金额低于票面金额，还应填写多余金额，并在银行汇票（第二联）背面加盖收款方预留的银行印鉴。由出纳将银行汇票、银行汇票解讫通知联两联一起，并连同填制好的进账单交代理付款银行（通常为收款方开户银行）办理收款手续；代理付款行审核无误后付款，并在进账单加盖转讫章后退给出纳。

2）出纳将进账单的收账通知联交会计，做收款的账务处理。

注意：企业收到银行汇票也可以按规定以背书形式（票据的收款人或持有人在票据背面或者粘单上记载有关事项并签章的票据行为）转让，支付所欠款项。

银行汇票结算流程见图表 2—8。

图表 2—8　　银行汇票结算流程

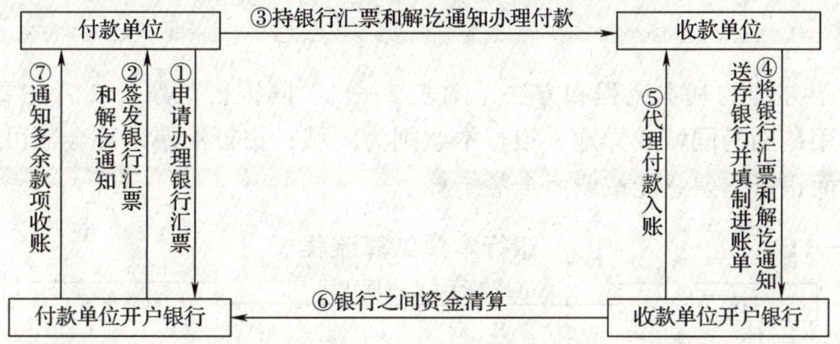

2. 银行本票结算及其业务办理

银行本票是申请人将款项交存出票银行后，由银行签发的，承诺在见票时无条件支付确定的金额给收款人或持票人的票据。银行本票分为不定额本票（图表 2—9）和定额本票（图表 2—10），定额本票票面金额有 1,000 元、5,000 元、10,000 元、50,000 元四种。

结算特点：见票即付，流动性很强；由银行签发保证兑付，信誉很高。

适用范围：单位和个人在同一票据交换区域办理（也称同城）的结算。

提示付款期限：自出票日起最长不得超过 2 个月。

图表 2—9

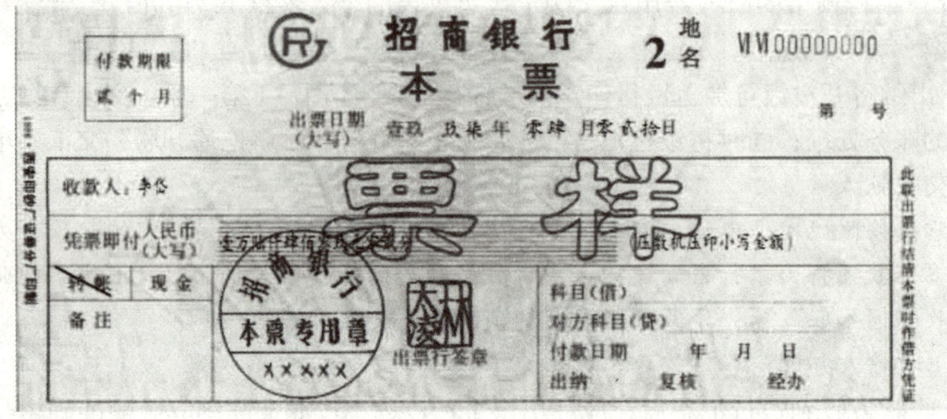

图表 2—10

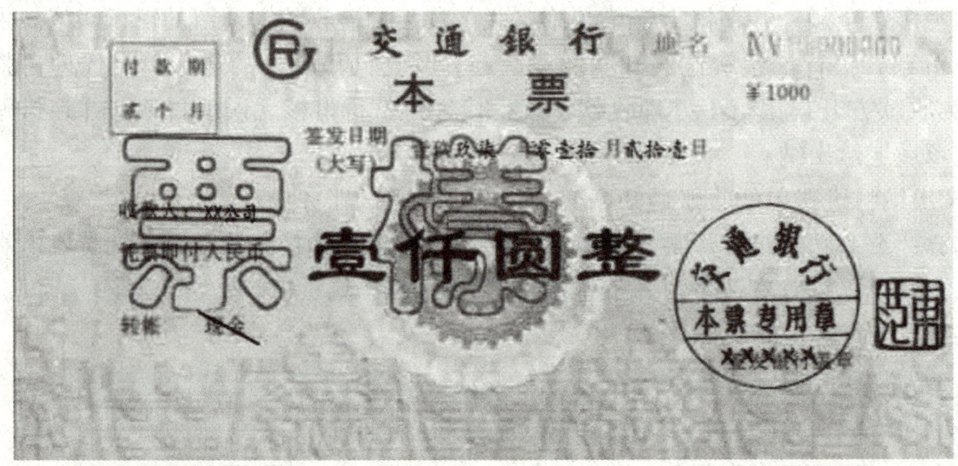

银行本票办理的基本流程和方法（图表 2—11）同银行汇票。二者主要区别在于：银行汇票适用范围为同城或异地，银行本票则为同城；银行汇票结算金额可能与票面金额不一致，而银行本票只能按票面金额结算。

图表 2—11　　银行本票结算流程

付款单位 —③持银行本票办理结算→ 收款单位

①申请办理银行本票（付款单位 → 付款单位开户银行）

②签发银行本票（付款单位开户银行 → 付款单位）

④持银行本票和进账单办理收款（收款单位 → 收款单位开户银行）

⑤代理付款入账（收款单位开户银行 → 收款单位）

⑥银行之间资金清算（收款单位开户银行 → 付款单位开户银行）

3. 支票结算及其业务办理

支票是出票人签发的，委托银行或其他金融机构见票时无条件支付确定的金额给收款人或持票人的票据。它主要包括：现金支票，只能用于支取现金；转账支票，只能用于转账；普通支票，既可以支取现金又可以转账。通常，企业使用的是现金支票（图表 2—12）和转账支票（图表 2—13）。

结算特点：手续简便灵活。

适用范围：单位和个人在同一票据交换区域（同城）的各种款项结算。全国支票影像系统支持全国使用。

提示付款期限：自出票日起 10 日内。

图表 2—12

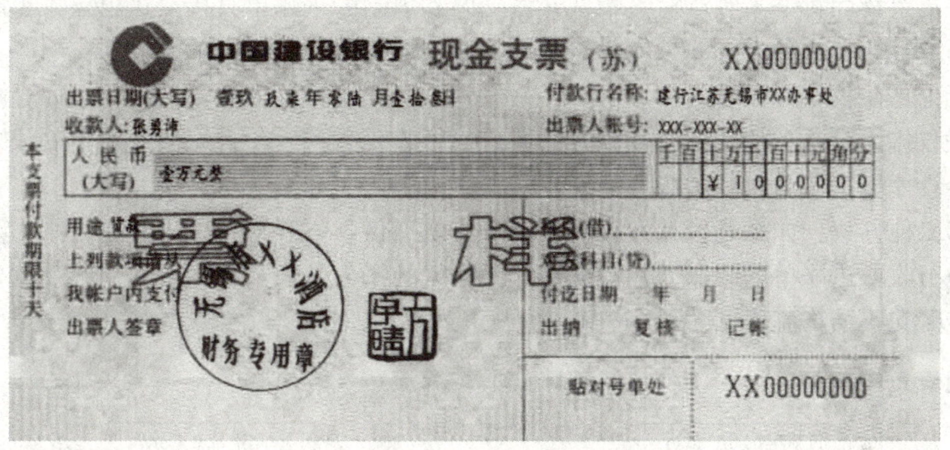

中国建设银行 现金支票（苏） XX00000000

出票日期(大写)　　付款行名称：建行江苏无锡市XX办事处

收款人：张勇沛　　出票人帐号：XXX-XXX-XX

人民币（大写）壹万元整　　¥10000000

用途 货款

上列款项请从

我帐户内支付

出票人签章

科目(借)

对方科目(贷)

付讫日期　年　月　日

出纳　复核　记帐

本支票付款期限十天

贴对号单处　XX00000000

图表 2—13

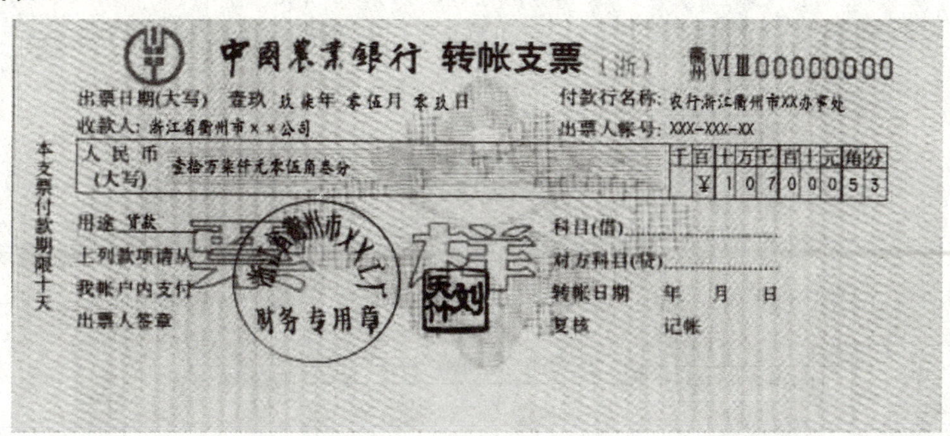

中国农业银行 转帐支票（浙） VIII00000000

出票日期(大写) 壹玖玖柒年零伍月零玖日　　付款行名称：农行浙江衢州市XX办事处

收款人：浙江省衢州市××公司　　出票人帐号：XXX-XXX-XX

人民币（大写）壹拾万柒仟元零伍角叁分　　¥10700053

用途 货款

上列款项请从

我帐户内支付

出票人签章

科目(借)

对方科目(贷)

转帐日期　年　月　日

复核　记帐

本支票付款期限十天

转账支票结算基本程序可分为签发、收受两个阶段（现金支票的办理参见任务 2—1，不再赘述）。

（1）签发转账支票的办理

付款方出纳在签发转账支票后，有以下两种办理方式：

第一种方式：出纳签发转账支票后，将转账支票存根交会计做付款的账务处理，同时持转账支票正本到开户银行办理转账付款手续。

第二种方式：出纳签发转账支票后，将转账支票存根交会计做付款的账务处理，将转账支票正本直接交收款方。

（2）收受转账支票的办理

依据收款收受方式不同，收款方出纳的操作也有以下两种方式：

第一种方式：如果收款方直接收到转账支票正本，可以委托开户银行收款或直接向付款人提示付款。委托收款方开户银行收款时，收款方出纳应作委托收款背书，在支票背面背书人签章栏签章，记载“委托收款”字样、背书日期，在被背书人栏记载开户银行名称，并将支票和填制的进账单送交开户银行委托办理收款；收款人也可持转账支票，在支票背面背书人签章栏签章，并将支票和填制的进账单直接交送出票人（即付款人）开户银行，这种方式即为向付款人提示付款。

无论是在收款方自己的开户银行还是付款人开户银行办理收款，银行退回进账单的回单联仅作为已受理的依据；收款方的开户银行收妥款项后，再退回进账单的收账通知联，会计才能据此做收款的账务处理。

第二种方式：如果是付款方直接将转账支票交付款方开户行办理转账，则出纳只需到开户行收取进账单的收账通知联交会计做收款的账务处理。

转账支票结算流程见图表 2—14。

图表 2—14　　转账支票结算流程

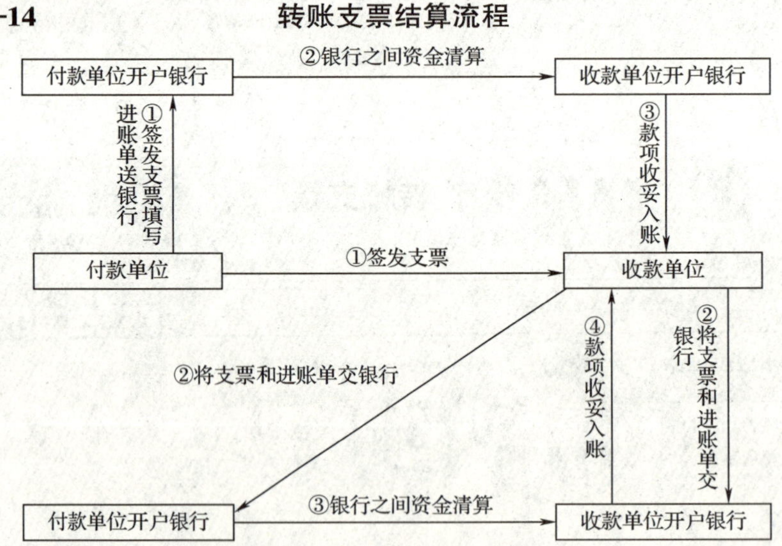

4. 商业汇票结算及其业务办理

商业汇票是指由付款人或收款人（或承兑申请人）签发，由承兑人承兑，并于到期日向收款人或被背书人支付款项的一种票据。承兑是指汇票的付款人（或保证人）愿意负担起票面金额支付义务的行为，通俗地讲，就是它承认到期将无条件地支付汇票金额的行为。商业汇票按照承诺付款人不同，分为商业承兑汇票（图表 2—15）、银行承兑汇票（图表 2—16）。

结算特点：付款期限最长不得超过 6 个月，到期无条件付款。

适用范围：同城和异地；在银行开立存款账户的法人以及其他组织之间，必须有真实的交易关系或债权债务关系。

提示付款期限：自汇票到期日起 10 日内。

图表 2—15

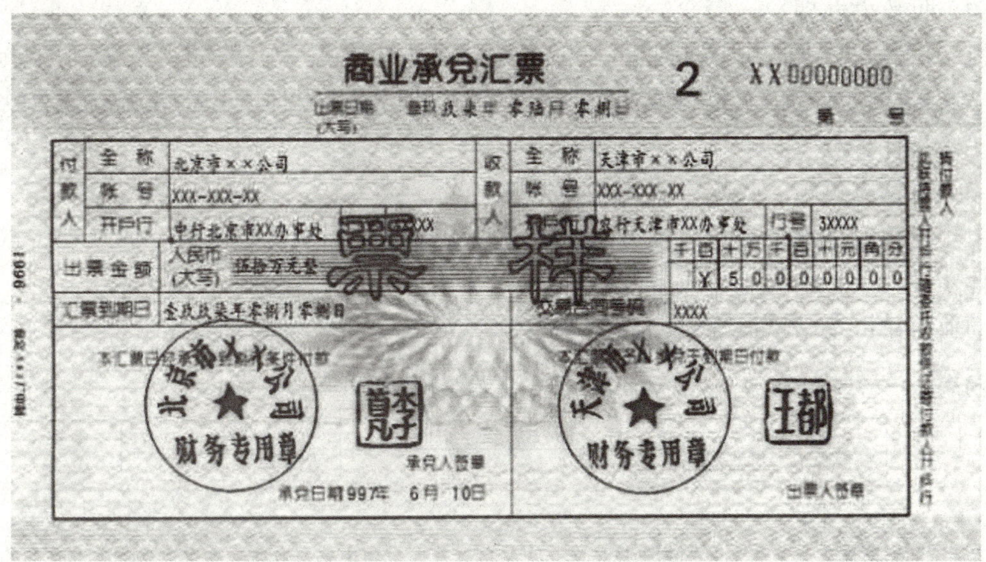

商业承兑汇票　2　XX00000000

出票日期（大写）　　　　　　　　汇票号码

付款人	全称	北京市××公司	收款人	全称	天津市××公司
	账号	XXX-XXX-XX		账号	XXX-XXX-XX
	开户行	中行北京市XX办事处		开户行	农行天津市XX办事处　行号 3XXXX
出票金额	人民币（大写）	伍拾万元整			¥500000000
汇票到期日			交易合同号码		XXXX

本汇票已经承兑，到期无条件付款　　承兑人签章　　承兑日期 1997年 6月 10日

本汇票请予以承兑于到期日付款　　出票人签章

图表 2—16

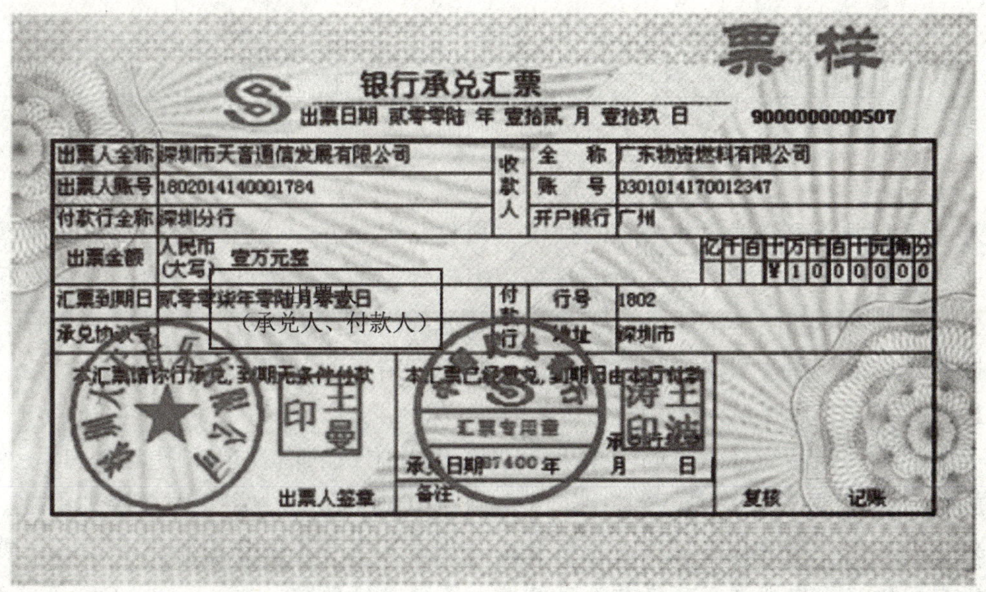

票样

银行承兑汇票

出票日期　贰零零陆　年　壹拾贰　月　壹拾玖　日　　9000000000507

出票人全称	深圳市天音通信发展有限公司	收款人	全称	广东物资燃料有限公司
出票人账号	1802014140001784		账号	0301014170012347
付款行全称	深圳分行		开户银行	广州
出票金额	人民币（大写）壹万元整			¥1000000
汇票到期日	贰零零柒年零陆月壹拾日	付款行	行号	1802
承兑协议编号			地址	深圳市

本汇票请你行承兑，到期无条件付款　　出票人签章

本汇票已经承兑，到期日由本行付款　　承兑日期　　年　　月　　日　　备注：

复核　　记账

商业汇票结算有出票、承兑、提示付款、付款几个阶段。商业承兑汇票和银行承兑汇票的结算业务办理流程相同。以下以商业承兑汇票为例，介绍有关业务办理。

（1）出票方办理

1）出票，由付款方（也可由收款方）签发商业承兑汇票（一式三联）。

2）承兑，由付款方承兑（第二联加盖预留银行印鉴），第二联交收款方，第一联（卡片）由承兑人留存，第三联为存根联，由出票人存查。

银行承兑汇票与商业承兑汇票的区别是银行承兑汇票由付款方签发，并向其开户银行申请承兑。

（2）收款方办理

提示付款，收款方（即商业承兑汇票持票人）应在提示付款期（汇票到期日起10日内）直接向付款人提示付款或通过开户银行委托收款，具体委托手续见委托收款结算方式（参见任务2—3）。

（3）付款方付款、收款方收到款项办理

由于收款方是通过委托收款方式收款，付款方是收到委托收款凭证后办理付款，因此具体步骤见委托收款结算方式。

商业承兑汇票结算流程见图表2—17。

图表2—17　　商业承兑汇票结算流程

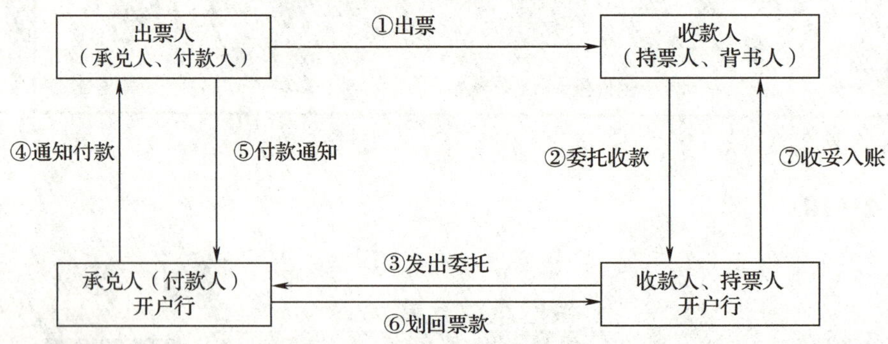

任务实施

万泉河啤酒公司结算业务中除向种粮大户收购大麦、专营店零售啤酒、日常零星开支等业务涉及现金收支外，基本上都是采用银行转账结算。因此，出纳一般情况下只要根据公司业务经办部门（采购部、销售部及其他部门）提出的要求，或递交来的结算单据，按照开户银行和公司财务制度的规定，办理好结算业务即可。

1. 2017年12月3日

→主管会计张茜审核采购部张林提交的预借差旅费的借款单（图表2—18），此笔为差旅费借款，部门主管领导已签字，因金额在10,000元以上需交财务经理审批。

分析：支付个人借款前应注意审核借款的原由、当事人签字、审批人签字，同时应查询借款人账户，原则上以前借款尚未清偿，不得再借新款。

→财务经理冯阳审核同意借款。

图表 2—18 **借 款 单**

2017 年 12 月 3 日

借款部门	采购部	借款人	张林	金额							
借款事由	预借差旅费			十	万	千	百	十	元	角	分
人民币（大写）	壹万壹仟元整			¥	1	1	0	0	0	0	0
部门主管	张杰			分管领导				程斌			

财务经理：冯阳 会计：张茜 出纳：方荷

→出纳方荷核对了借款单，签发现金支票（图表 2—19）交张林，并要求张林在支票使用登记簿（图表 2—20）上签字确认。

分析：万泉河啤酒公司规定，支付 1,000 元以上的款项，一般采取签发现金支票交由借款人（经办人）到开户行自行取现。

图表 2—19

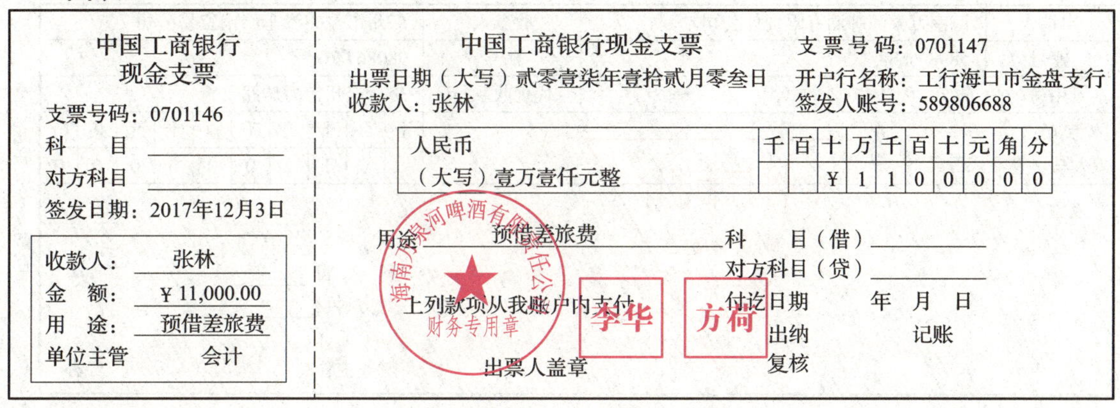

中国工商银行
现金支票
支票号码：0701146
科 目
对方科目
签发日期：2017年12月3日
收款人： 张林
金 额： ¥ 11,000.00
用 途： 预借差旅费
单位主管 会计

中国工商银行现金支票 支 票 号 码：0701147
出票日期（大写）贰零壹柒年壹拾贰月零叁日 开户行名称：工行海口市金盘支行
收款人：张林 签发人账号：589806688

人民币（大写）壹万壹仟元整	千	百	十	万	千	百	十	元	角	分
			¥	1	1	0	0	0	0	0

用途 预借差旅费 科 目（借）
对方科目（贷）
上列款项从我账户内支付 付讫日期 年 月 日
海南万泉河啤酒有限责任公司 财务专用章 李华 方荷
出票人盖章 出纳 记账
复核

图表 2—20 **空白支票签发登记簿**

领用日期	支票号码	领用人员	用途	收款单位	金额	批准人	销号日期	备注
2017.12.2	0701145	方荷	提现	—	100,000	张茜		
2017.12.3	0701146	张林	差旅费		11,000	张茜		

→制单会计刘悦根据借款单编制了记账凭证（制单具体操作参见任务 3—1）。

→出纳方荷根据记账凭证登记银行存款日记账（银行存款减少），将记账凭证退还刘悦。

2. 2017 年 12 月 3 日

→主管会计张茜审核了采购部张林提交的银行汇票签发申请，要求出纳办理银行汇票。

→出纳方荷填写银行汇票申请书（一式三联），逐项填写了汇款人、收款人、金额等信息，并加盖预留的银行印鉴。

→方荷将汇票申请书（一式三联）提交开户银行，银行审核并加盖银行印章后，收取了手续费，将汇票申请书（存根联）（图表 2—21）、银行收费单（图表 2—22）、银行汇票（第二联、第三联）（图表 2—23）退还方荷。

分析：办理汇票时如能确定收款人，应详细写明单位名称或个人姓名及账号。

→方荷通知采购部张林领取银行汇票（第二联、第三联），要求其在“银行汇票登记簿”上登记、签字（图表 2—24）。

→方荷将汇票申请书、银行收费单交制单会计刘悦，做银行汇票签发、支付手续费的账务处理（制单具体操作见任务 3—1）。

→出纳方荷根据记账凭证登记银行存款日记账（银行存款减少），将记账凭证退还刘悦。

图表 2—21　　中国工商银行 **汇票申请书**（存根）　　1

申请日期 2017 年 12 月 3 日　　第 1201 号

申请人	海南万泉河啤酒有限责任公司	收款人	广州市俊杰汽车经销贸易公司
账号	589806688	账号	98086776
用途	购车	代理收款行	交行广州市海珠路支行
人民币 （大写）壹拾贰万元整		千 百 十 万 千 百 十 元 角 分 ¥ 1 2 0 0 0 0 0 0	
备注：		科　目________ 对方科目________ 财务主管　　复核　　经办	

此联申请人留存

（印章：中国工商银行 海口市金盘支行 2017.12.03 转讫）

图表 2—22

中国工商银行

邮电费 / 手续费 / 空白凭证收费单　　总字第　号

单位名称：海南万泉河啤酒有限责任公司　　账号：589806688　　2017 年 12 月 3 日

收取费用				购买凭证			
项目		类别	金额	名称	数量	单价	金额
委托收款	笔	手续费	5.00				
汇兑	笔	邮费					
支票	笔	电费					
汇票	1 笔	附言加费					
人民币（大写）伍元整				合计（小写）5.00			
付款单位（经手人）盖章				收：________ 付：________ 复核员　　记账员			

此联交单位

（印章：中国工商银行 海口市金盘支行 2017.12.03 转讫）

图表 2—23

付款期 壹个月	中国工商银行 银行汇票	VII II 25863022
	2	第 02367 号

出票日期（大写） 贰零壹柒年壹拾贰月零叁日
代理收款行：交行广州市海珠路支行 行号：021

收款人：广州市俊杰汽车经销贸易公司 账号或地址：98086776

汇款金额 人民币（大写） 壹拾贰万元整

实际结算金额 人民币（大写）	千	百	十	万	千	百	十	元	角	分

申请人：海南万泉河啤酒有限责任公司 账号或地址：589806688
出票行：工行海口市金盘支行 行号：441
汇票用途：购买汽车
凭票付款
出票人签章：（印章：工商银行海口市金盘支行 汇票专用章）

多余金额									账户（借）
千	百	十	万	千	百	十	元	角	分

对方账户（贷）
兑付期限 年 月 日
复核 记账

本汇票与解讫通知一并由汇款人携带　兑付行兑付汇票后作联行往账借方传票

图表 2—24 银行汇票登记簿

签发日期	收款人			持票人		汇款用途	汇款金额	使用日期	实际结算金额	退回多余款	签字
	名称	开户银行	账号	部门	姓名						
2017.12.3	广州俊杰	交行海珠路支行	98086776	采购部	张林	购车	12 万				张林

3. 2017 年 12 月 10 日

→出纳方荷收到海口市景德贸易公司交来的转账支票正本，在背面填写开户银行名称，写上“委托收款”字样，加盖公司预留的银行印鉴，并填写银行进账单。

→方荷到开户银行办理收款手续。

→银行收妥款项后，方荷去银行取回开户银行盖章退回的进账单（收账通知）（图表 2—25）交制单会计刘悦。

→刘悦查阅应收账款明细账，确认该款项是海口市景德贸易公司支付欠本公司货款，作收回欠款的账务处理（制单操作具体参见任务 3—1）。

→方荷根据记账凭证，登记银行存款日记账（银行存款增加），将记账凭证退还刘悦。

图表 2—25

中国工商银行 **进账单**（收账通知）　3　№ 1227547

2017 年 12 月 10 日　第　号

付款人	全称	海口市景德贸易有限公司	收款人	全称	海南万泉河啤酒有限责任公司
	账号	460045201425252		账号	589806688
	开户银行	工行海口市海甸岛支行		开户银行	工行海口市金盘支行

人民币（大写）壹拾陆万叁仟捌佰元整	千	百	十	万	千	百	十	元	角	分
		¥	1	6	3	8	0	0	0	0

票据种类	转账支票	
票据张数	1	
支付前欠货款		中国工商银行 海口市金盘支行 2017.12.10 转讫 收款单位开户行盖章
单位主管　会计　复核　记账		

此联是交给收款人的收账通知

练一练

单项选择题（请在下列选项中选择一个正确答案并填在括号中）

1. 企业日常现金收付（或存取）是通过在开户银行开设的（　　）完成。
   A. 一般存款账户　　B. 基本存款账户　　C. 专用存款账户　　D. 临时存款账户
2. 出纳从开户银行办理银行汇票后，需将（　　）交会计做付款的账务处理。
   A. 银行汇票申请书　　B. 银行汇票联
   C. 银行汇票解讫通知联　　D. 付款通知书
3. 银行承兑汇票的签发人是（　　）。
   A. 付款人　　B. 收款人　　C. 收款人开户行　　D. 付款人开户行
4. 以下有关商业汇票的正确说法是（　　）。
   A. 商业汇票持票人应在汇票到期时，直接交付款人办理收款手续
   B. 商业汇票持票人应在汇票到期时，委托付款人开户行办理收款
   C. 商业汇票持票人应在汇票到期时，委托自己开户行办理收款
   D. 商业汇票持票人应在汇票到期时，由付款人主动办理付款手续

判断题（判断正误并在括号内填“√”或“×”）

1. 银行汇票和银行本票均由企业的开户银行签发。（　　）
2. 商业汇票签发人必须是付款人，承兑人可以是付款人或收款人。（　　）
3. 出纳签发支票时，除收款人一栏空白外，其他各项必须填写。（　　）

任务 2—3　银行结算业务的办理——其他支付结算业务办理

知识点	技能点
● 其他结算方式的适用范围及结算流程	● 能够正确填写其他结算方式相关单据并办理

任务描述

2017 年 12 月 10 日，万泉河啤酒公司财务部采用汇兑结算方式，将款项 34,000 元划转给南京天惠公司，偿还前欠货款。出纳到开户行办理了汇款手续。

2017 年 12 月 11 日，出纳从开户银行取回 2017 年 11 月公司电话费委托收款凭证。

任务分析

企业之间的款项结算除可以通过签发各种银行票据外，还可以通过汇兑、委托收款、托收承付等结算方式实现债权债务清算、款项的收付。那么，这些结算方式应如何选用与办理，办理中应注意哪些问题？

相关知识

一、汇兑结算及业务办理

1. 汇兑及其应用

汇兑是汇款人委托银行将其款项支付给收款人的结算方式。汇兑方式主要是用于异地间往来汇款，分为信汇、电汇两种方式。信汇是以邮寄方式将汇款凭证转给收款人指定的汇入行，电汇是以电报方式将汇款凭证转发给收款人指定的汇入行。信汇和电汇凭证分别见图表 2—26、图表 2—27。随着网络化进程的推进，目前主要的汇兑方式是电汇。

结算特点：划拨款项简单灵活。

适用范围：异地，单位和个人的结算。

2. 汇兑结算的业务办理

（1）汇款的业务办理

汇款方出纳填写信汇（一式四联或一式三联）、电汇凭证（需逐项填写汇款人名称和账号、收款人名称和账号、委托日期、汇款金额、汇款用途等），并在第二联加盖汇款人预留的银行印鉴，提交开户银行办理汇款。

图表 2—26

中国工商银行　信汇凭证（回单）　1

委托日期　年　月　日

汇款人	全称		收款人	全称	
	账号			账号	
	汇出地点	省　市/县		汇入地点	省　市/县
汇出行名称			汇入行名称		
金额	人民币（大写）		亿 千 百 十 万 千 百 十 元 角 分		
			支付密码		
汇出行签章			附加信息及用途： 复核：　记账：		

此联是汇出行给汇款人的回单

图表 2—27

利汇 2（中 1308）

□普通　□加急

中国银行　电汇凭证（汇款依据）　③　XV02368439

委托日期　年　月　日

汇款人	全称		收款人	全称	
	账号			账号	
	汇出地点	省　市/县		汇入地点	省　市/县
汇出行名称			汇入行名称		
金额	人民币（大写）		亿 千 百 十 万 千 百 十 元 角 分		
			支付密码		
			附加信息及用途： 复核　记账		

此联汇出行凭以汇出汇款

出纳将开户银行加盖“转讫章”的凭证回单联（第一联）交会计做付款的账务处理。

（2）收款的业务办理

收款方出纳到开户银行收取由开户行转来的信汇（第四联）、电汇的资金划拨补充凭证（贷方回单）交会计做收款的账务处理。

汇兑结算流程见图表 2—28。

二、委托收款结算及业务办理

1. 委托收款及其应用

委托收款是收款人委托银行向付款人收取款项的结算方式。单位和个人凭已承兑商业汇票、债券、存单等付款人债务证明办理款项的结算，均可采用委托收款方式。

结算特点：便于收款单位主动收款，不受金额起点限制。

适用范围：同城和异地，单位和个人均可采用。

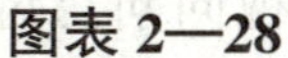

图表 2—28　　汇兑结算流程

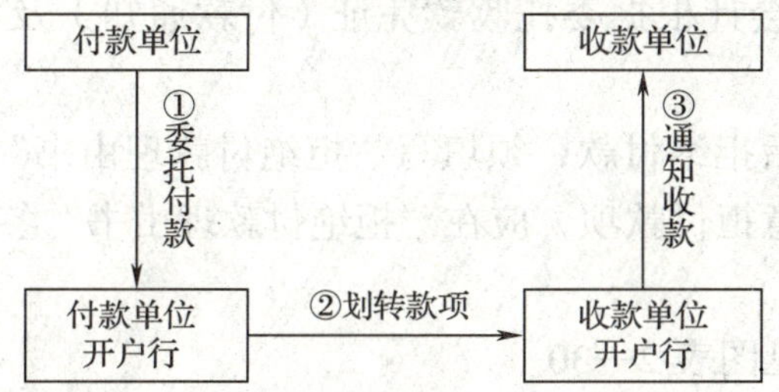

2. 委托收款的业务办理

（1）委托方的业务办理

1）办理委托。收款方出纳填写委托收款结算凭证（一式五联）（图表 2—29）（需逐项写明付款人和收款人的名称、账号、开户银行、委托日期、金额、委托收款凭据名称、附寄单证张数等），并在委托收款凭证第二联加盖收款方预留的银行印鉴，同时提交与交易有关的单据（如发票、合同、发货证明等），交开户银行办理委托收款。

图表 2—29

委电

委托收款　凭证（回单）1　　委托号码：第　　号

委托日期　　年　月　日

付款人	全　称		收款人	全　称	
	账　号			账　号	
	开户银行			开户银行	行号
委收金额	人民币（大写）				千 百 十 万 千 百 十 元 角 分
款项内容		委托收款凭据名称		附寄单证张数	
			款项收妥日期　年　月　日	收款人开户银行盖章　年　月　日	

此联是收款人开户行给收款人的回单

单位主管　　　　会计　　　　复核　　　　记账

出纳将开户银行加盖银行印章的委托收款凭证第一联——收账通知回单、银行收费凭证交会计，做付手续费和应收款的账务处理。

2）委托收款款项划回。企业采用委托收款方式委托开户银行收取的款项划回时，委托方出纳到开户行取回开户行转来的委托收款凭证的收款通知联，交会计做收款的账务处理。

（2）付款方的业务办理

付款方出纳接开户行通知，取回银行转来的第五联委托收款凭证，以及有关的债务证明（相关单据发票、货运单据等）。付款方应在收到委托收款凭证次日起 3 日内进行审核确认，办理付款手续。若开户银行在 3 日内未接到反馈信息，视同同意付款，自行办理转账。付款方会计根据委托收款凭证（付款通知）及相关凭证做付款的账务处理。

若付款方承付期满后拒绝付款，须填写"拒绝付款理由书"，由开户银行审核，并查验交易合同，银行同意拒付款项，应在"拒绝付款理由书"签署意见，退回委托收款银行交收款方。

委托收款结算流程见图表 2—30。

图表 2—30　　委托收款结算流程

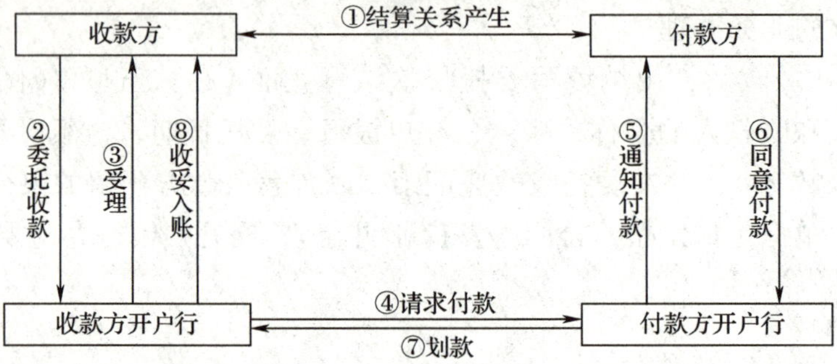

收款方
①结算关系产生
付款方
②委托收款
③受理
⑧收妥入账
⑤通知付款
⑥同意付款
收款方开户行
④请求付款
⑦划款
付款方开户行

三、托收承付结算及业务办理

1. 托收承付结算及应用

托收承付是收款人发货后根据购销合同委托银行向异地付款人收取款项，由付款人向银行承付的结算方式。

结算特点：主动托收、承认付款、银行监督。

适用范围：异地；订有购销合同单位之间的商品交易以及因商品交易而产生的劳务供应的款项；单位必须是国有企业、供销合作社以及经营管理较好并经开户银行审查同意的城乡集体所有制工业企业。

结算的有关规定：

（1）每笔结算起点一般为 1 万元，新华书店系统每笔结算起点 1,000 元。

（2）发货后主动委托收款。

（3）付款人在承付期内，未向银行表示拒绝付款，银行即视作承付。

（4）银行负责审核拒付理由；付款人拒付理由不足，银行应主动划款。

2. 托收承付结算业务办理

托收承付业务的办理基本同委托收款，所不同的是双方当事人的身份核定比委托收款方式要严格，即使用托收承付结算方式的收款单位和付款单位，必须是国有企业、供销合作社以及经营管理较好并经开户银行审查同意的城乡集体所有制工业企业。代销、寄销、赊销商品的款项，不得办理托收承付结算。

托收承付结算业务流程见图表 2—31。

图表 2—31　　　　托收承付结算流程

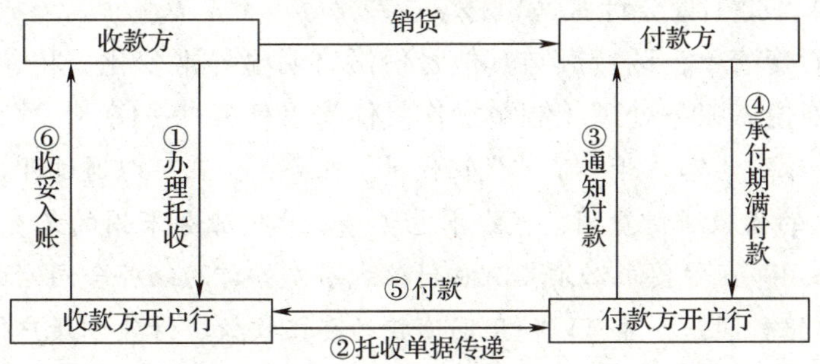

任务实施

1. 2017 年 12 月 10 日

→主管会计张茜根据本月付款计划，安排支付上月向南京天惠公司采购材料的货款，张茜要求出纳到银行办理汇款手续。

→出纳方荷填写电汇凭证（一式三联），逐项填写汇款人、收款人信息（名称、开户行、账号等），并在第二联加盖公司预留银行印鉴，提交开户行；开户行将第一联加盖银行印章退回方荷。

分析：因购货方天惠公司在异地（南京），出纳方荷选择了电汇方式支付货款。实务中，办理电汇时银行会收取汇兑手续费，在此业务中省略。手续费单据参见图表 2—22。

→方荷将电汇凭证（第一联）（图表 2—32）交制单会计刘悦做付款的账务处理（制单操作具体参见任务 3—1）。

图表 2—32

中国工商银行　**电汇凭证**（回单）　　　　NO：0288906

委托日期 2017 年 12 月 10 日　**1**　　　　第　号

<table>
<tr><td rowspan="3">汇款人</td><td>全称</td><td colspan="3">海南万泉河啤酒有限责任公司</td><td rowspan="3">收款人</td><td>全称</td><td colspan="3">南京天惠贸易有限责任公司</td></tr>
<tr><td>账号或住址</td><td colspan="3">589806688</td><td>账号或住址</td><td colspan="3">4590003234</td></tr>
<tr><td>汇出地点</td><td>海口市</td><td>汇出行名称</td><td>工行海口市金盘支行</td><td>汇入地点</td><td>南京市</td><td>汇入行名称</td><td>建行南京市夫子庙支行</td></tr>
<tr><td>金额</td><td colspan="7">人民币
（大写）叁万肆仟元整</td><td colspan="2">千 百 十 万 千 百 十 元 角 分
　　 ¥ 3 4 0 0 0 0 0</td></tr>
<tr><td colspan="5">汇款用途：支付前欠货款
上列款项已根据委托办理，如需查询，请持此回单来行面洽。
单位主管　会计　出纳　记账</td><td colspan="5">中国工商银行 海口市金盘支行 2017.12.10 转讫
（汇出行盖章）
年　月　日</td></tr>
</table>

此联是汇出行给汇款人的回单

2. 2017 年 12 月 11 日

→出纳方荷到开户银行取回金盘电信支局的委托收款结算凭证（图表 2—33）及所附发票（票据略），交主管会计张茜审核。

→张茜审核话费清单，话费额与其他月份没有明显异常变化，将“委托收款结算凭证”交制单会计刘悦做账务处理（制单操作具体参见任务 3—1）。

分析：目前，银行为客户开办了“代收代付”业务，企业可以通过开户银行代收或缴纳各项费用，如常见的代缴通信费用、代缴水电费等。此项业务采用的是委托收款结算方式，通常收款人收取公用事业费要求必须具有收付双方事先签订的经济合同，由付款人向开户银行授权，并经开户银行同意，才可以使用同城特约委托收款。付款方开户行收到传来委托收款凭证后，在约定付款期限内未收到付款方异议说明的，开户行视同同意全额付款。

图表 2—33

委电

委托收款　凭证（付款通知）　5　委托号码　第　号

委托日期　2017 年 12 月 5 日　付款期限 3 日

<table>
<tr><td rowspan="3">付款人</td><td>全　称</td><td colspan="3">海南万泉河啤酒有限责任公司</td><td rowspan="3">收款人</td><td>全　称</td><td colspan="10">海口市电信局金盘支局</td></tr>
<tr><td>账　号</td><td colspan="3">589806688</td><td>账　号</td><td colspan="10">256874585</td></tr>
<tr><td>开户银行</td><td colspan="3">工行海口市金盘支行</td><td>开户银行</td><td colspan="10">中行海口市金盘支行</td></tr>
<tr><td rowspan="2">托收金额</td><td colspan="6" rowspan="2">人民币
（大写）壹仟贰佰元整</td><td>千</td><td>百</td><td>十</td><td>万</td><td>千</td><td>百</td><td>十</td><td>元</td><td>角</td><td>分</td></tr>
<tr><td></td><td></td><td></td><td>¥</td><td>1</td><td>2</td><td>0</td><td>0</td><td>0</td><td>0</td></tr>
<tr><td>款项内容</td><td colspan="2">11 月份固定电话费</td><td>委托收款凭据名称</td><td colspan="2">发票</td><td>附寄单据张数</td><td colspan="10">1</td></tr>
<tr><td colspan="5">备注：
电划
中国工商银行
海口市金盘支行
2017.12.10
转讫</td><td colspan="12">付款人注意：
1. 根据结算办法，上列委托收款如在付款期限内未拒付时，即视同全部同意付款，以此联代付款通知。
2. 如需提前付款或多付款时，应另写书面通知送银行办理。
3. 如系全部或部分拒付，应在付款期限内另填拒绝付款理由书送银行办理。</td></tr>
</table>

此联是付款人开户行通知付款人按期承付通知

单位主管　会计　复核　记账　付款人开户银行收到日期 2017 年 12 月 10 日

知识链接

网上银行业务

网上银行业务是指银行利用 Internet 技术，通过 Internet 向客户提供账户查询、存款管理、转账汇款、在线支付等金融服务项目。网上银行是在 Internet 上的虚拟银行柜台，它不受时间、空间限制，能够在任何时间、任何地点、以任何方式为客户提供金融服务，使客户可以足不出户就能够安全便捷地完成日常结算工作，目前被普遍采用。网上银行适用于同城和异地的各种款项的结算。不同的银行，其网上银行业务办理的规定不同，以下以工商银行为例加以说明。

一、开通网银

企业开通网银，需在银行开立账户并提供开户行要求的材料，开通流程见图表 2—34。

图表 2—34　　　　网银开通流程

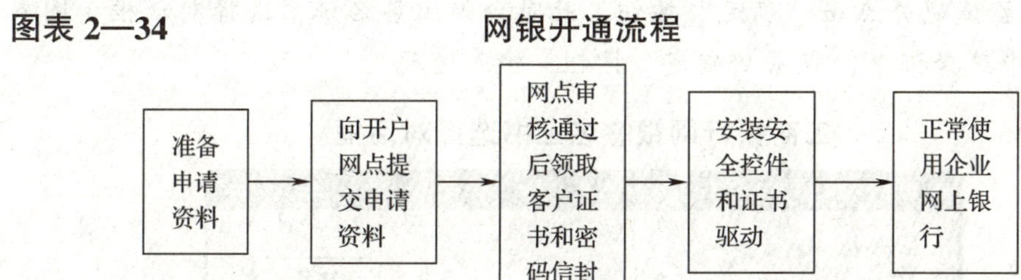

二、网上银行业务办理

1. 付款方业务办理

网上银行支付业务包括网上汇款、委托代扣、代发工资、在线缴费等。网上汇款是单位通过“企业网上银行”办理转账汇款类业务的总称，可通过逐笔或批量方式向全国范围内各家银行的企业账户办理人民币转账汇款。

以逐笔支付为例，出纳成功登录工商银行企业网上银行后，点击菜单中的“付款业务”菜单中“网上汇款——提交指令——逐笔支付”命令，进入“逐笔支付”界面（图表 2—35）。

图表 2—35　　　　工商银行网银支付界面

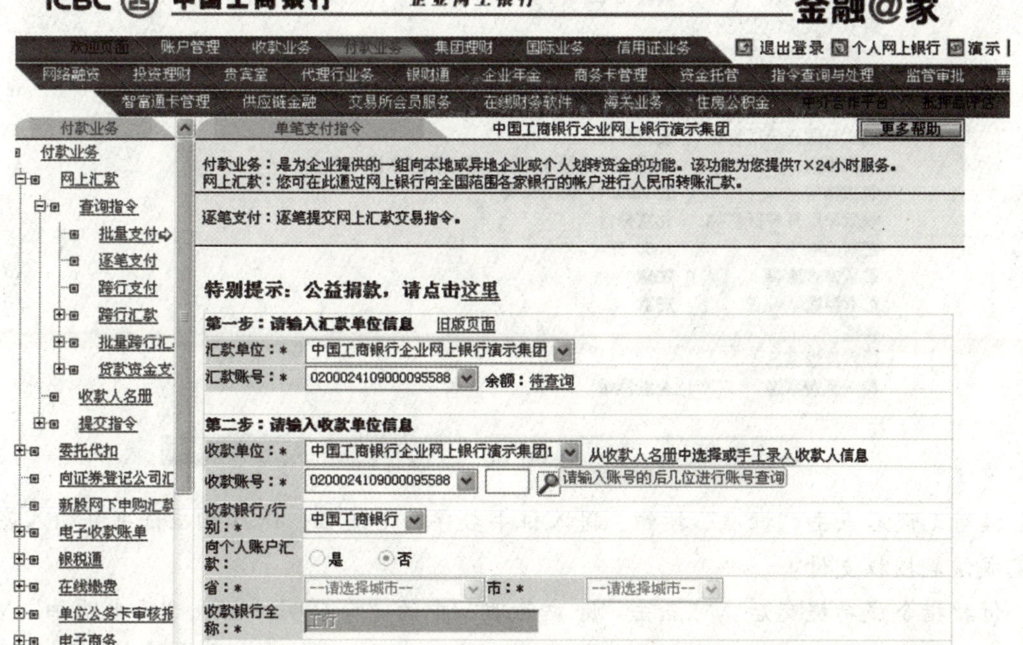

出纳填写该笔支付业务的详细信息，包括付款方单位名称和账号、收款方单位名称

和账号、汇款银行全称、收款单位账号是否为工商银行账号、收款方为非工商银行账号时收款银行全称、是否手工录入、全额的大写和小写、汇款方式（加急或普通）、汇款用途等。输入完毕后点击“确定”按钮，页面会显示刚才输入的信息，以便核对。核对无误后输入验证码并点击“确定”按钮，此时会弹出签名证书选择对话框（图表 2—36），在列表中选择证书，点击“确定”按钮，输入密码。

图表 2—36　　工商银行网银签名证书选择对话框

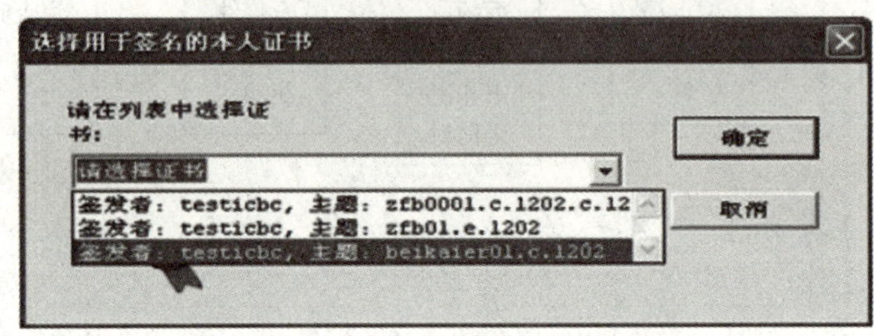

出纳办理完网银支付业务后，通常还需要主管会计或财务经理对网银支付业务进行审批授权。主管会计或财务经理登录工商银行企业网上银行后，点击菜单“付款业务”中“网上汇款——批准指令——逐笔支付”命令，出现批准逐笔支付信息（图表 2—37）。

图表 2—37　　工商银行网银批准界面

批准逐笔支付指令：审核、批准经办人员在网上提交的逐笔支付指令。

交易序号	HQP31333
授权状态	等待授权
支付提交人ID	vivi.c.0200
第一授权人ID	
一次批复时间	
汇款单位	中国工商银行企业网上银行演示集团分支一
汇款账号	0200020409000095588
汇款单位开户行名称	北京分行
收款单位	中国工商银行企业网上银行演示集团分支二
收款账号	0200020409000095588
收款单位开户行名称	北京分行
汇款金额	1.00 元
汇款方式选择	加急
汇款用途	货款
备注	
银行反馈信息	
指令受理渠道	企业网银

批准　拒绝　打印　返回

核对无误后点击“批准”按钮，进入证书数字签名流程，选择相应证书并输入密码后完成该笔授权支付。

付款指令成功提交后，可点击“账户管理”中的“今日明细”或“历史明细”，打印出已转账成功指令的电子回单（电子回单样本见图表 2—38），交会计人员编制记账凭证。

2. 收款方业务办理

收款方出纳可在开户银行柜台或自助回单打印机上打印收款回单，开通网银的还可通过网银系统查询并打印收款回单，交会计做收款的账务处理。

图表 2—38　　工商银行电子回单样本

国内支付业务付款回单

客户号：265002591578　　日期：2017年12月08日

付款人账号：589806688　　收款人账号：4590003234

付款人名称：海南万泉河啤酒有限责任公司　　收款人名称：南京天惠贸易有限责任公司

付款人开户行：工行海口市金盘支行　　收款人开户行：建设银行南京市夫子庙支行

金额：CNY10,000.00

人民币壹万元整

业务种类：汇款　业务编号：0000000000000 凭证号码：

用途：贷款

备注：普通

附言：/ 银行业务编号：A0142495C12017091600001973

自助打印，请避免重复

交易机构：14865　　建议渠道：网上银行　交易流水号：143981547-778　经办人

回单编号：2017120861607899 验证码：020F2RKLIRJ06300IF33

中国工商银行 电子回单专用章

练一练

单项选择题（请在下列选项中选择一个正确答案并填在括号中）

1. 在委托收款结算方式下，是由收款人到（　　）办理收款手续。

A. 收款人开户行　　B. 付款人开户行

C. 付款人　　D. 承兑人

2. 收款方企业采用委托收款方式收取款项时，由（　　）办理具体收款手续。

A. 企业销售人员　　B. 企业采购人员

C. 企业出纳　　D. 委托专业收账公司

判断题（判断正误并在括号内填“√”或“×”）

1. 汇兑结算方式适用于异地单位和单位之间、单位与个人之间结算，不适用于个人之间结算。（　　）

2. 委托收款方式的优点之一就是不受金额起点限制。（　　）

3. 出纳在办理异地托收承付结算时，其办理手续与委托收款结算一致。（　　）

4. 在实际工作中，如果购销双方无事先约定，付款方可自行根据需要选择一种结算方式。（　　）

任务 2—4　日记账登记及现金清查

知识点	技能点
● 日记账的登记方法	● 能够正确进行日记账的登记
● 库存现金清查方法	● 正确清点库存现金并处理清查结果

任务描述

2017 年 12 月 2 日营业结束，万泉河啤酒公司出纳方荷根据当日发生现金和银行存款收付的记账凭证，登记现金日记账、银行存款日记账，并结出余额，同时清点保险柜中的现金，与日记账余额进行核对（12 月 2 日涉及现金及银行存款收付业务见任务 2—1）。

2017 年 12 月 4 日营业结束，方荷清点保险柜中现金发现实存数比日记账余额多了 1,565 元。

2017 年 12 月 5 日，方荷查找出 12 月 4 日现金长款（溢余）的原因，并做相应处理。

任务分析

登记日记账、盘点库存现金是出纳每天营业结束后必须要做的工作，因此出纳应掌握根据相应凭证登记日记账的具体要求，以及盘点现金时，发生长款或短款的处理方法。

相关知识

一、库存现金、银行存款日记账的登记

企业每天都会发生大量现金、银行存款收付业务，为加强管理，及时了解和掌握收付动态和当日结存余额，企业应设置库存现金日记账、银行存款日记账，由出纳负责保管与登记。

库存现金、银行存款日记账由出纳根据审核后的记账凭证，按照业务发生的先后顺序逐日逐笔进行登记，每日终了结算出收付发生额合计数与余额。

每日终了，出纳应将库存现金日记账的结存数与库存现金实存数相核对，做到“日清月结”，保证“账实相符”。同时，出纳应将库存现金日记账与会计所登记的现金总

账核对，做到“账账相符”。

二、库存现金清查

库存现金清查的目的是保证账款相符，防止现金丢失和收支记账差错。库存现金清查包括由出纳每日进行的清点核对，以及专门的清查组或清查人员（如清查小组、审计人员）进行的定期和不定期盘点与核对。

库存现金清查的方法是“实地盘点法”。企业的出纳应每日在营业结束时对库存现金进行清点，并与现金日记账余额进行核对。如果出现“长款”（亦称溢余，即实际库存现金多于现金日记账余额）或“短款”（亦称短缺，即实际库存现金少于现金日记账余额），不能立即查明原因时，出纳应写出说明交会计做调整库存现金账面余额的账务处理，并根据记账凭证调整现金日记账当日余额，做到账实相符。

清查结束，清查人员应填写“现金盘点表”。实务工作中，出纳每日常规清查时一般不填写该表；如是专门组织的库存现金清查，则应按规定填写。

任务实施

1. 2017 年 12 月 2 日

→营业结束前，主管会计张茜审核了制单会计刘悦编制的当日经济业务的记账凭证交给出纳方荷。

→方荷将记账凭证按照凭证编号及业务发生时间的先后顺序整理、排列好，将当日涉及现金、银行存款的业务逐笔登记到库存现金日记账（图表 2—39）、银行存款日记账（图表 2—40）上[①]。

图表 2—39　　库存现金日记账

2017 年		凭证		摘要	对方科目	借方	贷方	余额
月	日	种类	号数					
12	2			承前页				3,500
	2	记	×	提取现金	银行存款	100,000		103,500
	2	记	×	支付大麦款	应付账款		70,000	33,500
	2	记	×	收专营店现金	其他应收款	7,653		41,153
	2	记	×	送存现金	银行存款		26,153	15,000
				本日合计		107,653	96,153	15,000

2. 2017 年 12 月 4 日

→营业结束，方荷清点当日库存现金，并核对库存现金日记账余额，发现多出 1,565 元，原因不明，方荷编制了库存现金盘点表和“长款说明”（图表 2—41、图表 2—42）。

→主管会计张茜在“长款说明”上签署意见，要求按“长款”处理。

① 库存现金日记账、银行存款日记账的登记过程在基础会计课程中已阐述，本任务仅显示登记结果。本书出纳任务以外的其他任务实施中将省略记账凭证审核及各会计账簿登记环节。

图表 2—40　银行存款日记账

2017 年		凭证		摘要	对方科目	借方	贷方	余额
月	日	种类	号数					
12	2			承前页				501,500
	2	记	×	提取现金	库存现金		100,000	401,500
	2	记	×	送存现金	库存现金	26,153		427,653
				本日合计		26,153	100,000	427,653

图表 2—41　库存现金盘点表

单位名称（盖章）	海南万泉河啤酒有限责任公司		编制人	方荷
截至日或盘点日	2017 年 12 月 4 日		复核人	张茜
清点现金			核对账目	
货币面额	张数	金额	项目	金额
100 元	130	13,000.00	现金账目余额	12,650.24
50 元	20	1,000.00	加：收入凭证未记账	—
20 元	10	200.00	减：付出凭证未记账	—
10 元	—	—	加：跨日收入	—
5 元	1	5.00	减：跨日借条	—
2 元	—	—	调整后现金余额	—
1 元	10	10.00	实点现金	14,215.24
5 角	—	—	长款	1,565.00
2 角	—	—	短款	
1 角	2	0.20		
5 分	—	—		
2 分	2	0.04		
1 分	—	—		
实点	合计	14,215.24		

财务负责人：冯阳　　　　出纳：方荷　　　　日期：2017.12.04

图表 2—42

关于现金盘点长款的说明

公司财务部：

本人在 12 月 4 日下午营业结束清点库存现金时，发现现金实有数比库存现金日记账余额多出人民币壹仟伍佰陆拾伍元整（￥1,565 元）。原因尚未查明，明日将继续查找。

特此说明。

出纳：方荷

2017 年 12 月 4 日

审核意见：　　盘盈款项暂作“长款”，待查明原因后再做处理。

财务部 张茜 2017 年 12 月 4 日

同意处理意见

冯阳　　2017 年 12 月 4 日

→经理冯阳审核签字。

→制单会计刘悦依据库存现金盘点表和“长款说明”，做现金增加账务处理（制单操作具体参见任务 3—2）。

→方荷依据记账凭证登记库存现金日记账，增加现金 1,565 元，使账实相符。

分析：出纳在盘点库存现金时，如发现账实不符，应及时查明原因，如当日不能查明，应写出书面说明，向会计主管报告，并据实登记入账。

3. 2017 年 12 月 5 日

→方荷查找原因，发现 12 月 4 日采购员张林报销差旅费时交回现金 1,565 元，已收取现金，开具了现金收款收据，但未将收款收据的记账联（图表 2—43）撕下交会计刘悦做账务处理，造成了刘悦漏记该笔收款业务，同时方荷也未登记库存现金日记账。

图表 2—43　　**收款收据**

2017 年 12 月 4 日　　No36470110

交款单位（或个人）	采购部 张林	交款方式	现金	金额								备注
				十	万	千	百	十	元	角	分	
人民币（大写）	壹仟伍佰陆拾伍元整	现金收讫			¥	1	5	6	5	0	0	
交款事由	差旅费结余款											

第二联 记账联

收款单位（××泉河啤酒有限公司 财务专用章）　主管　会计　出纳 方荷

→制单会计刘悦补做该笔业务（制单操作具体见任务 3—2）。

分析：由于出纳已在 12 月 4 日清查当日，补登了库存现金日记账，故在 5 日查出差错原因后，不再做处理。

练一练

单项选择题（请在下列选项中选择一个正确答案并填在括号中）

1. 现金清查过程中出现“长款”或“短款”，在原因未查明前，出纳应根据记账凭证对（　　）进行调整。

A. 库存现金日记账　B. 现金总账　C. 明细账　D. 均需调整

2. 库存现金清查方法为（　　）。

A. 技术推断法　B. 实地盘点法

C. 对账单法　D. 前述中任一方法

3. 必须由出纳登记的账簿为（　　）。

A. 库存现金日记账　B. 总分类账　C. 数量账　D. 备查账

判断题（判断正误并在括号内填“√”或“×”）

1. 企业每日营业结束后的现金盘点，一般是由出纳完成。（　　）
2. 出纳既要负责现金收付、保管，又要负责登记库存现金日记账、现金总账。（　　）

任务 3　资金结算业务核算

方荷在出纳岗位上工作时，深刻体会到财务工作“钱账分管”的原则，平时都是她负责现金、银行存款的收付和日记账登记，而填制记账凭证、登记总账、明细账都是由主管会计张茜、制单会计刘悦等人完成的。会计、出纳需要配合工作，才能很好地完成货币资金核算工作。

任务 3—1　现金、银行存款收付的核算①

知识点	技能点
● 资金结算涉及的账户 ● 各种资金结算的核算方法	● 能够正确地对各种资金结算业务进行核算

任务描述

2017 年 12 月 2 日，万泉河啤酒公司制单会计刘悦收到出纳提交的现金支票存根、付款申请单、收款收据、现金缴款单等单据，做相关账务处理（参见任务 2—1）。

2017 年 12 月 3 日，制单会计刘悦收到借款单、现金支票存根、银行汇票申请书和支付的手续费单据，做相关账务处理（参见任务 2—2）。

2017 年 12 月 10 日，制单会计刘悦收到海口景德公司转账付款的银行进账单，做相关账务处理（参见任务 2—2）。

2017 年 12 月 10 日，制单会计刘悦收到支付南京天惠公司货款的电汇回单，做相关账务处理（参见任务 2—3）。

2017 年 12 月 11 日，制单会计刘悦收到出纳从开户银行取回 2017 年 11 月公司电话费委托收款凭证，做相关账务处理（参见任务 2—3）。

任务分析

企业日常发生的对内、对外结算中，出纳和会计分工非常明确，出纳办理现金收

① 本任务仅针对会计岗位的工作，涉及出纳岗位工作（现金、银行存款收付）不再赘述，只反映会计的账务处理。

付、各种银行转账结算的手续；而会计则需根据经济业务产生的大量结算单据进行账务处理。那么会计如何识别各类结算单据，并根据其进行账务处理呢？

相关知识

一、资金结算涉及的账户

1.“库存现金”账户

“库存现金”账户用于核算企业的库存现金。本账户属于资产类账户，借方登记增加的库存现金，贷方登记减少的库存现金，期末借方余额反映企业持有的库存现金。

2.“银行存款”账户

“银行存款”账户用于核算企业存放在银行或其他金融机构的货币资金。本账户属于资产类账户，借方登记增加的银行存款，贷方登记减少的银行存款，期末借方余额反映企业存在银行或其他金融机构的货币资金。

本账户可按开户银行进行明细核算。

3.“其他货币资金”账户

“其他货币资金”账户用于核算企业的银行汇票存款、银行本票存款、信用卡存款、信用证保证金存款、存出投资款、外埠存款等其他货币资金。本账户属于资产类账户，借方登记增加的其他货币资金，贷方登记减少的其他货币资金，期末借方余额反映企业持有的其他货币资金。

本账户分别按“银行汇票”“银行本票”“信用卡”“信用证保证金”“存出投资款”“外埠存款”等进行明细核算。同时，还可以根据需要按银行汇票或本票收款单位、信用证的收款单位、外埠存款的开户银行等进行详细明细核算，如“其他货币资金——银行汇票（南京天惠公司）”。

4.“应付票据”账户

“应付票据”账户用于核算企业购买材料、商品和接受劳务供应等而开出、承兑的商业汇票（具体核算参见任务 12—2）。

5.“应收票据”账户

“应收票据”账户用于核算企业因销售商品、提供劳务等而收到的商业汇票（具体核算参见任务 19—2）。

二、银行汇票结算的账务处理

银行汇票结算的账务处理见图表 3—1。

三、银行本票结算的账务处理

银行本票核算类似银行汇票核算，区别在于其他货币资金的明细核算账户为“其他货币资金——银行本票”。此外，银行本票核算不会有结算剩余款退回这一步骤。

图表 3—1　　　　　银行汇票结算的账务处理

<table>
<tr><th colspan="2">处理方
结算步骤</th><th>申请人</th><th>收款人</th></tr>
<tr><td colspan="2">银行汇票签发</td><td>根据银行已盖章的汇票申请书存根联进行账务处理：
借：其他货币资金——银行汇票
　　贷：银行存款</td><td>—</td></tr>
<tr><td colspan="2">银行汇票交付</td><td>持汇票采购后，根据采购相关单据（如发票、收料单等）进行账务处理：
借：原材料等
　　应交税费——应交增值税（进项税额）
　　贷：其他货币资金——银行汇票</td><td>—</td></tr>
<tr><td rowspan="2">银行汇票结算</td><td>结算支付</td><td>—</td><td>根据从代理付款行取回的进账单（收账通知联）及销售相关单据（如发票等）进行账务处理：
借：银行存款
　　贷：主营业务收入
　　　　应交税费——应交增值税（销项税额）</td></tr>
<tr><td>结算剩余款项退回</td><td>根据出票行退回的“剩余款项入账通知书”进行账务处理：
借：银行存款
　　贷：其他货币资金——银行汇票</td><td>—</td></tr>
</table>

四、支票结算的账务处理

1. 付款方（签发方）

（1）会计依据现金支票签发后留存的存根做账务处理：

借：库存现金（或其他应收款等）

　　贷：银行存款

（2）会计依据转账支票签发后留存的存根做账务处理：

借：应付账款（原材料等）

　　贷：银行存款

2. 收款方（或持票方）

会计依据收到的进账单（收账通知联）做账务处理：

借：银行存款

　　贷：应收账款（主营业务收入等）

五、商业汇票结算的账务处理

1. 商业承兑汇票结算的账务处理

商业承兑汇票结算的账务处理见图表 3—2。

图表 3—2 商业承兑汇票结算的账务处理

<table>
<tr><th colspan="2">处理方
结算阶段</th><th>承兑人</th><th>收款人</th></tr>
<tr><td colspan="2">票据签发阶段</td><td>根据需承兑的商业汇票做账务处理：
借：原材料
应交税费——应交增值税（进项税额）
贷：应付票据</td><td>根据取得的商业汇票做账务处理：
借：应收票据
贷：主营业务收入
应交税费——应交增值税（销项税额）</td></tr>
<tr><td rowspan="2">票据到期阶段</td><td>承兑人付款</td><td>根据委托收款的付款通知做账务处理：
借：应付票据
贷：银行存款</td><td>根据委托收款的收账通知做账务处理：
借：银行存款
贷：应收票据</td></tr>
<tr><td>承兑人无法付款</td><td>根据委托收款凭证（已备注无款支付）的通知做账务处理：
借：应付票据
贷：应付账款</td><td>根据委托收款凭证（已备注无款支付）的通知做账务处理：
借：应收账款
贷：应收票据</td></tr>
</table>

2. 银行承兑汇票结算的账务处理

银行承兑汇票与商业承兑汇票相比，主要区别在于票据承兑人不同。商业承兑汇票承兑人为企业，银行承兑汇票承兑人为出票人开户行，只是在向开户行申请承兑时，需缴纳一笔承兑费用，承兑申请人将其作为“财务费用”入账。

银行承兑汇票的核算基本同商业承兑汇票。不同的是，若票据到期付款人无力付款，由开户行代为兑付，付款人将“应付票据”转入“短期借款”账户。

六、汇兑结算的账务处理

在汇兑结算方式下，收付款双方账务处理均通过“银行存款”账户核算。

1. 汇款方汇出款项

会计依据信汇（或电汇）凭证回单联及银行收费凭证做账务处理：

借：应付账款等

　　财务费用

　　贷：银行存款

2. 收款方收到款项

会计依据信汇凭证（收账通知联）或电汇的资金划拨补充凭证（贷方回单）、销货发票等做账务处理：

借：银行存款

　　贷：应收账款等

七、委托收款结算的账务处理

委托收款结算的账务处理见图表 3—3。

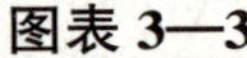

图表 3—3　　　　委托收款结算的账务处理

处理方 结算阶段	收款方（委托方）	付款方
委托收款申请阶段	根据委托收款回单联做账务处理： 借：应收账款 　　贷：主营业务收入 　　　　应交税费——应交增值税（销项税额）	—
收付款项阶段	根据委托收款的收账通知做账务处理： 借：银行存款 　　贷：应收账款	根据委托收款的付款通知做账务处理： 借：应付账款（原材料等） 　　贷：银行存款

八、托收承付结算的账务处理

托收承付的账务处理与委托收款基本相同，不再赘述。

任务实施

1. 2017 年 12 月 2 日

→制单会计刘悦收到方荷签发的现金支票存根（图表 3—4），做取现的账务处理。刘悦编制记账凭证（图表 3—5）。

图表 3—4

中国工商银行
现金支票存根

支票号码：0701145
科　　目＿＿＿＿＿＿＿＿
对方科目＿＿＿＿＿＿＿＿
出票日期：2017 年 12 月 2 日

收款人：方荷
金额：￥100,000.00
用途：备用金等

单位主管　　　　会计

2. 2017 年 12 月 2 日

→制单会计刘悦依据付款申请单（参见任务 2—1 的图表 2—3），查阅会计账簿“应付账款”明细账，核实是现金支付上月所欠收购种粮大户的大麦货款。刘悦编制记账凭证（图表 3—6）。

3. 2017 年 12 月 2 日

→制单会计刘悦依据收款收据（参见任务 2—1 的图表 2—4），做收回备用金的账务处理。刘悦编制记账凭证（图表 3—7）。

图表 3—5

记账凭证

字总 × 号
字分 号

2017 年 12 月 2 日

摘 要	总账科目	明细科目	借方金额	贷方金额	记账
提现	库存现金		100,000.00		
	银行存款			100,000.00	
合		计	100,000.00	100,000.00	

附件 1 张

会计主管： 记账： 审核： 制证：刘悦

图表 3—6

记账凭证

字总 × 号
字分 号

2017 年 12 月 2 日

摘 要	总账科目	明细科目	借方金额	贷方金额	记账
支付购大麦款	应付账款	刘福贵	70,000.00		
	库存现金			70,000.00	
合		计	70,000.00	70,000.00	

附件 1 张

会计主管： 记账： 审核： 制证：刘悦

图表 3—7

记账凭证

字总 × 号
字分 号

2017 年 12 月 2 日

摘 要	总账科目	明细科目	借方金额	贷方金额	记账
收回备用金	库存现金		7,653.00		
	其他应收款	专营店		7,653.00	
合		计	7,653.00	7,653.00	

附件 1 张

会计主管： 记账： 审核： 制证：刘悦

4. 2017 年 12 月 2 日

→制单会计刘悦收到现金缴款单（参见任务 2—1 的图表 2—5），做送存现金的账务处理。刘悦编制记账凭证（图表 3—8）。

5. 2017 年 12 月 3 日

→制单会计刘悦收到借款单（参见任务 2—2 的图表 2—18）和现金支票存根（图表 3—9），做预借差旅费账务处理。刘悦编制记账凭证（图表 3—10）。

图表 3—8

记账凭证

字总 × 号
字分 号

2017 年 12 月 2 日

摘　要	总账科目	明细科目	借方金额	贷方金额	记账
送存现金	银行存款		26,153.00		
	库存现金			26,153.00	
合　　计			26,153.00	26,153.00	

附件 1 张

会计主管：　记账：　审核：　制证：刘悦

分析：因为是个人向单位借款，形成了企业对个人的债权，企业一般设置“其他应收款”账户核算，按照部门、个人设置明细账户。

图表 3—9

中国工商银行
现金支票存根

支票号码：0701146
科　　目______
对方科目______
出票日期：2017 年 12 月 3 日

收款人：张林
金额：￥11,000.00
用途：预借差旅费

单位主管　　会计

图表 3—10

记账凭证

字总 × 号
字分 号

2017 年 12 月 3 日

摘　要	总账科目	明细科目	借方金额	贷方金额	记账
张林借差旅费	其他应收款	采购部（张林）	11,000.00		
	银行存款			11,000.00	
合　　计			11,000.00	11,000.00	

附件 2 张

会计主管：　记账：　审核：　制证：刘悦

6. 2017 年 12 月 3 日

→制单会计刘悦收到出纳方荷交来银行汇票申请书、银行收费单（参见任务 2—2 的图表 2—21、图表 2—22），做签发银行汇票、支付手续费的账务处理。刘悦编制记账凭证（图表 3—11）。

图表 3—11　　**记账凭证**

字总　×　号
字分　　　号

2017 年 12 月 3 日

摘　要	总账科目	明细科目	借方金额	贷方金额	记账
签发银行汇票	其他货币资金	银行汇票（广州俊杰）	120,000.00		
支付手续费	财务费用	手续费	5.00		
	银行存款			120,005.00	
合　计			120,005.00	120,005.00	

附件 2 张

会计主管：　　记账：　　审核：　　制证：刘悦

7. 2017 年 12 月 10 日

→制单会计刘悦收到银行进账单（参见任务 2—2 的图表 2—25）。

此笔业务为收到客户货款，刘悦核对了应收账款的明细账，确认了本公司与景德公司的该笔往来款，并调阅该笔凭证，核实了原始单据，做应收款收回的账务处理。刘悦编制记账凭证（图表 3—12）。

图表 3—12　　**记账凭证**

字总　×　号
字分　　　号

2017 年 12 月 10 日

摘　要	总账科目	明细科目	借方金额	贷方金额	记账
收景德公司货款	银行存款		163,800.00		
	应收账款	景德公司		163,800.00	
合　计			163,800.00	163,800.00	

附件 1 张

会计主管：　　记账：　　审核：　　制证：刘悦

8. 2017 年 12 月 10 日

→制单会计刘悦收到电汇回单（参见任务 2—3 的图表 2—32）。

此笔业务为支付货款，刘悦核对了应付账款的明细账，确认了支付前欠南京天惠公司的货款，做支付前欠货款的账务处理。刘悦编制记账凭证（图表 3—13）。

图表 3—13

记账凭证

2017 年 12 月 10 日　　字总 × 号　字分 号

摘　要	总账科目	明细科目	借方金额	贷方金额	记账
支付欠南京天惠公司货款	应付账款	南京天惠	34,000.00		
	银行存款			34,000.00	
合　计			34,000.00	34,000.00	

附件 1 张

会计主管：　记账：　审核：　制证：刘悦

9. 2017 年 12 月 11 日

→制单会计刘悦依据收到委托收款凭证（参见任务 2—3 的图表 2—33）、11 月份的电话费发票（略），做付款的账务处理。刘悦编制记账凭证（图表 3—14）。

图表 3—14

记账凭证

2017 年 12 月 11 日　　字总 × 号　字分 号

摘　要	总账科目	明细科目	借方金额	贷方金额	记账
支付 11 月份电话费	管理费用	办公费	1,200.00		
	银行存款			1,200.00	
合　计			1,200.00	1,200.00	

附件 2 张

会计主管：　记账：　审核：　制证：刘悦

单项选择题（请在下列选项中选择一个正确答案并填在括号中）

1. 在银行汇票结算方式下，收款方会计是依据（　　）做账务处理。

A. 银行汇票申请书　　B. 银行汇票

C. 进账单　　D. 剩余款项入账通知书

2. 签发支票，是直接通过（　　）账户核算。

A. 银行存款　　B. 其他货币资金

C. 应收票据　　D. 应收账款

3. 付款方签发转账支票交开户行后，会计应依据（　　）做付款的账务处理。

A. 开户行付款通知书　　B. 转账支票存根

C. 转账支票正本　　D. 进账单（收账通知）

4. 企业在银行办理各项结算业务时支付的各项费用应计入（　　）账户。

A. 营业外支出　　B. 其他业务支出

C. 财务费用　　D. 管理费用

判断题（判断正误并在括号内填“√”或“×”）

1. 签发银行汇票、银行本票的核算，均通过“其他货币资金”账户，只是明细核算账户不同。（　　）

2. 银行承兑汇票付款人到期无力付款，收款人应将“应收票据”转入“应收账款”账户。（　　）

3. 在汇兑结算方式下，汇款方无须通过“其他货币资金”账户核算，而直接通过“银行存款”账户核算。（　　）

任务 3—2　现金、银行存款清查的核算

知识点	技能点
● 银行存款清查方法 ● 未达账项 ● 货币资金清查涉及的账户及核算	● 能够正确进行现金长、短款的核算 ● 能够编制银行存款余额调节表

任务描述

2017 年 12 月 4 日，万泉河啤酒公司会计主管张茜根据开户银行提供的公司 11 月份银行对账单与公司银行存款日记账核对，发现两者余额不相符。

2017 年 12 月 4 日，制单会计刘悦收到出纳的库存现金长款说明（参见任务 2—4 的图表 2—42），做相关账务处理。

2017 年 12 月 5 日，制单会计刘悦收到出纳补交的 4 日未入账的现金收款收据（参见任务 2—4 的图表 2—43），做相关账务处理。

任务分析

银行存款作为一项货币资金，也是企业管理与控制的重点，应及时核对实存数。银

行存款存放在银行，如何判断是否账实相符呢?

货币资金管理遵循“钱账分管”原则，出纳每日营业结束对库存现金进行清查，若库存现金出现“长款”或“短款”时，应查明原因。但在查明原因之前，会计必须做相应账务处理，出纳应根据记账凭证调整库存现金日记账的记录，做到账实相符。

相关知识

一、银行存款的清查

为准确掌握企业在开户银行的存款实有数，保证银行存款账实相符，企业应做好银行存款的清查工作。

1. 清查方法

银行存款是企业存放在银行的款项，企业银行存款的实有数是通过银行定期提供的银行对账单来反映。所以，企业银行存款清查方法是将企业银行存款日记账与开户银行定期提供的银行对账单发生额、余额进行核对，确认是否账实相符。若账实不符，应编制银行存款余额调节表，使银行存款账面余额与银行对账单调节相符。如调节后仍账实不符，企业与银行应继续查明原因，及时处理。

2. 清查时间

银行对账单一般由开户银行按月提供（收付业务多的企业可以要求缩短提供周期），因此，企业银行存款清查按月定期进行，每月至少核对一次。

3. 清查人员

银行存款的日常清查由单位指定专人定期核对，非日常清查则由专门的清查组或清查人员负责。

4. 银行存款账实不符原因的查找

银行存款日记账余额与银行对账单余额核对，如果出现账实不符的情况，应及时查明原因。出现差错的原因主要有两个：一是银行和企业各自记账错误，二是存在未达账项。

首先，企业应保证自身的银行存款账簿记录正确。会计应将银行存款总账与银行存款日记账余额核对，如果两个账目不相符，则应对当期银行存款收付款凭证逐张核对，查找是否有错记、漏记。

其次，如果日记账和总账余额相符，则应将银行对账单与同期的银行存款日记账记录逐笔核对，查找下列情况是否存在：一是银行对账单上有记录，而企业的银行存款日记账上未记录的账项；二是企业的银行存款日记账上有记录，而银行对账单上未记录的账项。上述即通常所说的“未达账项”。

最后，如果在核对中发现未达账项，应编制“银行存款余额调节表”进行调节，以此判断双方余额是否相等。需要注意的是，银行存款清查核对、调节结果不论是否一致，银行存款余额调节表都不能作为调整账目的依据，因此，银行存款清查无须做相关的账务处理。

二、库存现金长款和短款的核算

依据会计核算的规定，对于库存现金清查中出现的现金长款（溢余）或短款（短缺），应先通过“待处理财产损溢——待处理流动资产损溢”账户进行核算；待查明原因后，再分别针对不同情况进行处理（图表 3—15）。

图表 3—15　　库存现金长款、短款的账务处理

时间	库存现金盘盈（长款）	库存现金盘亏（短款）
发生时	借：库存现金 　贷：待处理财产损溢	借：待处理财产损溢 　贷：库存现金
查明原因或经批准后	借：待处理财产损溢 　贷：其他应付款（应支付的） 　　营业外收入（无法查明原因的）	借：管理费用（无法查明原因的） 　其他应收款（应收责任人赔偿的） 　贷：待处理财产损溢

三、财产清查核算涉及的账户

“待处理财产损溢”账户用于核算企业在财产清查过程中查明的各种财产盘盈、盘亏和毁损的价值，以及物资在运输途中发生的非正常短缺与损耗。本账户借方登记盘亏、毁损的各种资产，以及经批准后转出的盘盈资产价值；贷方登记盘盈的各种资产价值，以及经批准后转出的盘亏资产价值；本账户在期末结账前应处理完毕，处理后本账户无余额。

本账户可按盘盈、盘亏资产种类和项目进行明细核算。

任务实施

1. 2017 年 12 月 4 日

→主管会计张茜将从开户银行拿到的 11 月份银行对账单（图表 3—16）与公司银行存款日记账（图表 3—17）进行核对。

→张茜发现银行存款日记账余额为 501,500 元，银行对账单余额为 469,000 元，由于 11 月 30 日月结时，银行存款日记账余额与“银行存款”总账余额已核对相符，判断有可能是未达账项造成两者余额不相符。

分析：在对银行对账单和银行存款日记账进行核对时，如果二者不相符，大多数情况是因为存在未达账项。因此，出纳应重点查找结算当月最后几日的对账单和日记账中相应的业务，将日记账中的借（贷）方发生额与对账单中的贷（借）方发生额进行核对，核对时主要是依据银行结算单据的种类、结算单据号、结算金额进行。

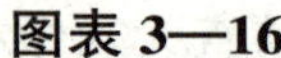

图表 3—16　　银行对账单

2017 年 11 月　　单位：元

2017 年		结算凭证		摘要	借方	贷方	余额
月	日	种类	号数				
11	1			上月余额			380,500
11	2	转支	#3603	付货款	48,000		332,500
11	2	转支	#2003	支付货款	36,800		295,700
11	3	现支	#8653	提现金	4,000		291,700
11	4	转支	#3605	付广告费	37,200		254,500
5 号 ~24 号业务略			略	略	略	略	略
11	25	转支	#3611	付代垫运杂费	6,000		248,500
11	25	特转	#1480	结息		28,300	276,800
11	26	本票	#8461	存入货款		95,380	372,180
11	26	转支	#3609	付保险费	40,000		332,180
11	27	现支	#8654	支取差旅费	3,500		328,680
11	28	本票	#5218	存入货款		190,060	518,740
11	28	转支	#3658	收货款		17,390	536,130
11	29	特转	#1902	支付贷款本息	125,000		411,130
11	29	汇划	#5412	收电汇汇款		158,000	569,130
11	30	现支	#8658	支取差旅费	2,780		566,350
11	30	缴款单	#24	存入现金		2,000	568,350
11	30	转托	#5721	支付电话费	11,752		556,598
11	30	汇票	#2005	购设备	57,400		499,198
11	30	委收	#1006	销售产品收入		18,950	518,148
11	30	转托	#1195	支付水电费	49,148		469,000
				月末余额			469,000

在银行存款日记账上没有反映的业务，编制调节表时调整银行存款日记账余额

与银行存款日记账不同

→张茜通过逐笔核对银行存款日记账和对账单上登记的结算凭证种类、结算凭证号、结算金额，发现以下情况：

在银行对账单上，有四笔记录在银行存款日记账上没有反映：一是开户行支付到期贷款本息 125,000 元，11 月 29 日银行划账支付，公司尚未收到银行划账通知；二是开户行在 11 月 29 日收到无锡电机公司汇款 158,000 元，银行已收妥入账，公司尚未收到银行收账通知；三是 11 月 30 日开户行代企业支付电话费 11,752 元，开户行已划款，公司未收到开户行的付款通知；四是 11 月 30 日开户行代企业支付水电费 49,148 元，开户行已划款，公司未收到开户行付款通知。

在银行存款日记账上，有两笔在银行对账单上没有反映：一是 11 月 27 日公司给种粮大户开出的转账支票 7,900 元，持票人尚未到银行办理转账，开户行未入账；二是 11 月 30 日公司收到经销商的转账支票 12,500 元，已入账，开户行尚未入账。

图表 3—17　　　　银行存款日记账

2017 年		凭证号	摘要	结算凭证		对方科目	借方	贷方	余额
月	日			种类	号数				
			期初余额						480,650
11	1	略	购入材料	转支	#3603	在途物资		48,000	432,650
11	2		偿付货款	转支	#2003	应付账款		36,800	395,850
11	3		提取现金	转支	#8653	库存现金		4,000	391,850
11	4		支付广告费	转支	#3605	销售费用		37,200	354,650
5 号 ~23 号业务略				略	略	略	略	略	略
11	24		支付保险费	转支	#3609	管理费用		40,000	214,500
11	24		代垫运杂费	转支	#3611	应收账款		6,000	208,500
11	25		销售产品	委收	#1006	主营业务收入	18,950		227,450
11	26		结息	回单	#1480	财务费用	28,300		255,750
11	26		购入设备	汇票	#2005	固定资产		57,400	198,350
11	26		预收货款	本票	#8461	预收账款	95,380		293,730
11	27		预付差旅费	现支	#8654	其他应收款		3,500	290,230
11	27		支付采购款	转支	#3618	原材料		7,900	282,330
11	28		预收货款	本票	#5218	预收账款	190,060		472,390
11	28		收回货款	转支	#3658	应收账款	17,390		489,780
11	30		存入现金	回单	#24	现金	2,000		491,780
11	30		预付差旅费	现支	#8658	其他应收款		2,780	489,000
11	30		销售产品	转支	#9432	主营业务收入	12,500		501,500
			本月合计				364,580	243,580	501,500

在银行对账单上没有反映的业务，编制调节表时调整银行对账单余额

与银行对账单不同

→张茜编制银行存款余额调节表：在银行对账单上有记录而银行存款日记账上没有反映的，属于银行已收、企业未收或银行已付、企业未付款项，应在银行存款余额调节表中调整银行存款日记账余额；在银行存款日记账上有记录而银行对账单上没有反映的，属于企业已收、银行未收或企业已付、银行未付款项，应在银行存款余额调节表中调整银行对账单余额。张茜编制完的银行存款余额调节表见图表 3—18。

调节后双方余额相等，张茜判断，截至 11 月 30 日公司银行存款账实相符。

图表 3—18　　银行存款余额调节表

2017 年 11 月 30 日　　单位：元

银行存款日记账余额：	501,500	银行对账单余额：	469,000
加：银行已收，企业未收		加：企业已收，银行未收	
①收取电机公司货款	158,000	①收取货款	12,500
减：银行已付，企业未付		减：企业已付，银行未付	
①支付贷款本息	125,000	①支付购粮款	7,900
②支付电话费	11,752		
③支付水电费	49,148		
调节后余额：	473,600	调节后余额：	473,600

编制人：张茜　　编制日期：2017 年 12 月 4 日

注意：

（1）银行对账单和银行存款日记账余额经过调整后相等，表示企业与银行双方记账基本没有错误。

（2）调整后的余额就是企业在对账单日期的银行存款实有数。

（3）余额调节表只作为核对银行存款的依据，不作为会计、出纳调账的依据，要等结算单据收到后企业才能进行账务处理，登记日记账、总账等。

2. 2017 年 12 月 4 日

→制单会计刘悦依据库存现金盘点表、长款说明（参见任务 2—4 的图表 2—41、图表 2—42），编制记账凭证（图表 3—19）。

分析：在账实不符的情况下，会计应首先调整账面金额，做到账实相符，将差额记入“待处理财产损溢”账户，待原因查明后再做进一步处理。

图表 3—19　　记账凭证

字总 × 号
字分　号

2017 年 12 月 4 日

摘　要	总账科目	明细科目	借方金额	贷方金额	记账
现金长款	库存现金		1,565.00		
	待处理财产损溢	待处理流动资产损溢		1,565.00	
合　　计			1,565.00	1,565.00	

附件 2 张

会计主管：　记账：　审核：　制证：刘悦

3. 2017 年 12 月 5 日

→制单会计刘悦收到补交的现金收款收据（参见任务 2—4 的图表 2—43），编制记账凭证（图表 3—20）。

分析：该笔业务为现金清查长款原因的处理。对清查中账实不符查明原因后，应尽快按照实际情况进行处理，并转销“待处理财产损溢”账户金额。因收据中所收现金是采购部张林交回出差借款的多余款项，刘悦将所收款项冲销张林的借款。

图表 3—20

记账凭证

字总 × 号
字分 号

2017 年 12 月 5 日

摘 要	总账科目	明细科目	借方金额	贷方金额	记账
现金长款处理	待处理财产损溢	待处理流动资产损溢	1,565.00		
	其他应收款	采购部（张林）		1,565.00	
合 计			1,565.00	1,565.00	

附件 1 张

会计主管： 记账： 审核： 制证：刘悦

练一练

单项选择题（请在下列选项中选择一个正确答案并填在括号中）

1. 对现金清查中长款的核算，不涉及（ ）账户。
   A. 待处理财产损溢——待处理流动资产损溢
   B. 库存现金
   C. 营业外收入
   D. 其他业务收入
2. 银行存款清查的方法是（ ）。
   A. 银行存款日记账与银行存款总账核对
   B. 银行存款日记账与银行存款明细账核对
   C. 银行存款日记账与银行对账单核对
   D. 银行存款日记账与银行存款核对
3. 对现金清查中出现的长款或短款进行账务处理时，入账的依据是（ ）。
   A. 库存现金日记账 B. 库存现金盘点表
   C. 银行对账单 D. 银行存款日记账

判断题（判断正误并在括号内填“√”或“×”）

1.“钱账分管”原则意味着出纳只管现金、银行存款等货币资金，会计负责现金、银行存款的记账。（ ）

2. 银行存款清查中存在未达账项时，应编制“银行存款余额调节表”进行调整，并依据调整后的金额进行账务处理。（ ）

3. 在对银行存款日记账和银行对账单进行核对时，一般按照银行结算单据种类、结算单据号、金额进行核对。（ ）

任务 4　日常经营管理费用的核算

知识点	技能点
● 管理费用的内容 ● 日常经营管理费用涉及的账户及核算	● 能够根据需要合理设置“管理费用”账户的项目 ● 能够正确进行日常经营管理费用的核算

任务描述

2017 年 12 月 4 日，万泉河啤酒公司采购部张林等 2 人出差回来报销差旅费。

2017 年 12 月 6 日，行政办公室杨敏杰持单据报销招待上海客户的费用。

2017 年 12 月 10 日，公司计划部申请支付为新建生产线项目进行的可行性研究费用。

制单会计刘悦对上述费用进行核算，并编制记账凭证。

任务分析

差旅费用、客户招待费用、可行性研究费用等，是企业为组织和管理生产经营而发生的相关开支，属于企业经营管理的费用范畴。这类开支的特点就是发生频繁、项目多。经营管理费用是企业费用控制的重点，会计核算中应设置专门账户反映经营管理费用的各个项目，以便于费用的分析与控制。

相关知识

一、经营管理费用的内容

企业为组织和管理企业生产经营活动而发生的各项费用被称为管理费用。管理费用包括企业在筹建期间发生的开办费、董事会和行政管理部门在企业的经营管理中发生的或者应由企业统一负担的公司经费（包括行政管理部门职工薪酬、物料消耗、低值易耗品摊销、办公费和差旅费）、董事会费（包括董事会成员津贴、会议费、差旅费等）、聘请中介机构费、咨询费（含顾问费）、诉讼费、业务招待费、技术转让费、研究费用、排污费以及企业生产部门和行政部门发生的固定资产修理费等。

二、日常经营管理费用核算涉及的账户

“管理费用”账户是核算企业为组织管理企业生产经营所发生的管理费用。本账户属于损益类的费用类账户，借方登记发生的日常经营管理费用，贷方登记期末转入“本年利润”账户金额，期末结转后本账户无余额。

由于管理费用内容繁多，因此“管理费用”账户使用多栏式账页，按费用项目进行明细核算。例如，常见的明细费用项目包括“差旅费”“招待费”“职工薪酬”“折旧”“办公费”“其他”等。

任务实施

1. 2017 年 12 月 4 日

→主管会计张茜审核采购部张林提交的差旅费报销单与所附的机票报销联、住宿费发票及其他费用发票。经核对，确认无误。

分析：差旅费报销时，会计首先要审核报销单据的真实、合法；其次，根据单位的费用报销规定，审核费用是否属于报销范围、金额是否在规定限额内等；再次，计算出差期间的补助金额；最后，审核主管部门审批签章是否齐全。

→制单会计刘悦依据差旅费报销单（图表 4—1）编制记账凭证（图表 4—2）。

分析：采购人员的差旅费属于企业的管理费用，按管理费用明细项目归属于差旅费。因张林出差已借款，刘悦将此费用冲销张林的借款。

图表 4—1　　差旅费报销单

2017 年 12 月 4 日　　单位：元

<table>
<tr><td rowspan="2">项目名称</td><td rowspan="2">摘要</td><td rowspan="2">金额</td><td rowspan="2">备注</td><td>部门</td><td>姓名</td></tr>
<tr><td>采购部</td><td>张林等</td></tr>
<tr><td>伙食补助</td><td>见背面</td><td>600.00</td><td></td><td>职别</td><td>职员</td></tr>
<tr><td>公杂费</td><td>见背面</td><td>5,035.00</td><td></td><td>出差地点</td><td>广州</td></tr>
<tr><td>住宿费</td><td></td><td>800.00</td><td>附单据 1 张</td><td>往返天数</td><td>1 天</td></tr>
<tr><td>会务费</td><td></td><td></td><td>附单据　张</td><td>出差事由</td><td>采购汽车</td></tr>
<tr><td rowspan="4">车船费</td><td>火车</td><td></td><td rowspan="4">附单据 4 张</td><td colspan="2">支出摘要说明</td></tr>
<tr><td>汽车</td><td></td><td rowspan="5" colspan="2"></td></tr>
<tr><td>飞机</td><td>3,000.00</td></tr>
<tr><td>其他</td><td></td></tr>
<tr><td colspan="2">合计报销金额</td><td>9,435.00</td><td></td></tr>
<tr><td colspan="4">合计人民币（大写）玖仟肆佰叁拾伍元整</td></tr>
<tr><td>借款金额</td><td>11,000.00</td><td>应退金额</td><td>1,565.00</td><td>应补金额</td><td></td></tr>
<tr><td>主管审核</td><td>程斌</td><td>部门审核</td><td>王刚</td><td>报销人</td><td>张林</td></tr>
</table>

单位负责人：　　财务经理：　　会计主管：张茜

图表 4—2

记账凭证

字总 × 号
字分 号

2017 年 12 月 4 日

摘 要	总账科目	明细科目	借方金额	贷方金额	记账
报销差旅费	管理费用	差旅费	9,435.00		
	其他应收款	采购部（张林）		9,435.00	
合 计			9,435.00	9,435.00	

附件 5 张

会计主管： 记账： 审核： 制证：刘悦

2. 2017 年 12 月 6 日

→主管会计张茜依照公司费用报销标准，审核行政办公室杨敏杰提供的费用报销单与所附的餐费发票、礼品发票等招待费单据。经核对，确认无误。

分析：报销招待费用时，会计应重点审核单据是否合法，金额是否准确；主管部门审核签章是否齐全；如果费用超过规定标准，是否附有特定的审批说明及主管领导批准签字等。

→出纳方荷签发现金支票给杨敏杰，并将现金支票存根交制单会计刘悦。

→制单会计刘悦收到费用报销单（图表 4—3）和现金支票存根（图表 4—4），编制记账凭证（图表 4—5）。

图表 4—3

费用报销单

报销日期：2017 年 12 月 6 日 附件：5 张

费用项目	类别	金额	负责人（签字）	李华
招待费用	餐费	1,100.00		
	礼品	500.00	审查意见	张茜
			报销人（签字）	杨敏杰
报销金额合计	¥1,600.00			
核实金额（大写）壹仟陆佰元整	¥1,600.00			
借款金额：	应退金额：	应补金额：1,600.00		

图表 4—4

中国工商银行
现金支票存根

支票号码：0701147
科　　目＿＿＿＿＿＿＿＿
对方科目＿＿＿＿＿＿＿＿
出票日期：2017 年 12 月 6 日

收款人：杨敏杰
金额：¥1,600.00
用途：招待费报销

单位主管　　　会计

图表 4—5　　　　**记账凭证**

字总　×　号
字分　　　号

2017 年 12 月 6 日

摘　要	总账科目	明细科目	借方金额	贷方金额	记账
付招待费	管理费用	招待费	1,600.00		
	银行存款			1,600.00	
合　　　计			1,600.00	1,600.00	

附件 7 张

会计主管：　　　记账：　　　审核：　　　制证：刘悦

3. 2017 年 12 月 10 日

→主管会计张茜审核公司计划部交来的费用报销单及所附业务咨询费发票、业务咨询合同，重点审核了业务咨询合同、主管领导的审批签字，确定该项支出符合开支标准。

→财务经理冯阳审批同意当日支付咨询费。

→出纳方荷到开户行办理电汇，并将开户行盖章退回的电汇回单联交制单会计刘悦。

分析：因异地支付（由海口向广州支付），确定采用汇兑方式结算。

→制单会计刘悦收到付款申请单（单据格式同前，类似的付款申请单考虑篇幅有限均略）及所附咨询费发票（图表 4—6）、电汇回单（图表 4—7），编制记账凭证（图表 4—8）。

图表 4—6

4401171320　　**广东增值税普通发票**　　№15605890

发票联　　开票日期：2017 年 12 月 10 日

购买方	名称：	海南万泉河啤酒有限责任公司			密码区			
	纳税人识别号：	914600100089806666						
	地址、电话：	海口市金盘大道 88 号 66819999						
	开户银行及账号：	工行海口市金盘支行 589806688						
货物或应税劳务、服务名称		规格型号	单位	数量	单价	金额	税率	税额
质量控制咨询服务			项	1	38,834.95	38,834.95	3%	1,165.05
合计						38,834.95		1,165.05
价税合计（大写）		⊗ 肆万元整			（小写）¥40,000.00			
销售方	名称：	广州天地咨询有限公司			备注	广州天地咨询有限公司 91442683956802085 发票专用章		
	纳税人识别号：	91442683956802085						
	地址、电话：	广州市珠江路 23 号 88172266						
	开户银行及账号：	建行广州市天河支行 3598745551						

第二联　发票联

收款人：　　复核：　　开票人：张明　　销售方：（章）

图表 4—7

中国工商银行　**电汇凭证**（回单）　　1 NO：0275426

委托日期 2017 年 12 月 10 日　　第　号

汇款人	全称	海南万泉河啤酒有限责任公司			收款人	全称	广州天地咨询有限公司		
	账号或住址	589806688				账号或住址	3598745551		
	汇出地点	海口市	汇出行名称	工行海口市金盘支行		汇入地点	广州市	汇入行名称	建行广州市天河支行

金额	人民币（大写）肆万元整	千	百	十	万	千	百	十	元	角	分
				¥	4	0	0	0	0	0	0

汇款用途：付咨询费	（汇出行盖章）
上列款项已根据委托办理，如需查询，请持此回单来行面洽。	中国工商银行 海口市金盘支行 2017.12.10 转讫 年　月　日
单位主管　会计　出纳　记账	

此联是汇出行给汇款人的回单

图表 4—8

记账凭证

字总　×　号
字分　　号

2017 年 12 月 10 日

摘　要	总账科目	明细科目	借方金额	贷方金额	记账
支付咨询费	管理费用	其他	40,000.00		
	银行存款			40,000.00	
合　计			40,000.00	40,000.00	

附件 3 张

会计主管：　　记账：　　审核：　　制证：刘悦

练一练

单项选择题（请在下列选项中选择一个正确答案并填在括号中）

1. 企业生产部门和行政部门的固定资产修理费应计入（　）账户。

A. 制造费用　B. 管理费用　C. 其他业务成本　D. 营业外支出

2. “管理费用”账户的登记多使用（　）账页。

A. 三栏式　B. 多栏式　C. 数量金额式　D. 两栏式

判断题（判断正误并在括号内填“√”或“×”）

1. 企业经营管理费用是因组织和管理企业生产经营活动而发生的，不应计入产品成本中的各项开支。（　）

2. 会计在审核企业经营管理费用开支时，应审核相关单证是否真实、合法，金额是否准确。（　）

项目 2　筹集资金的核算

企业从事生产经营活动，就需要筹集资金。筹资的渠道有两种：一是接受投资者投资，包括发行股票等方式；二是借入资金，包括银行借款、发行债券等方式。

任务 5　接受投资的核算

知识点	技能点
● 接受投入资产、收到资本的计量与确认	● 能够正确地对接受货币资金、实物资产、无形资产投资进行核算

任务描述

2017 年 12 月 15 日，万泉河啤酒公司召开股东会，会议作出以下决议：

1. 公司决定增资扩股，注册资本由原有的 6,000 万元扩大到 8,000 万元。

2. 增资扩股后，股东由 4 名增加到 5 名，新增上海裕达贸易公司，资本和持股结构变动见图表 5—1。

图表 5—1　　万泉河啤酒公司资本和持股结构变动　　单元：万元

增资前资本结构			增资后资本结构		
股东	资本额	持股比例	股东	资本额	持股比例
海南商贸集团	1,500	25%	海南商贸集团	1,600	20%
海口盛大百货集团	1,500	25%	海口盛大百货集团	1,600	20%
海南第一创投公司	1,500	25%	海南第一创投公司	1,600	20%
北京联创公司	1,500	25%	北京联创公司	1,600	20%
—	—	—	上海裕达贸易公司	1,600	20%
合计	6,000	100%	合计	8,000	100%

3. 增资方式

原有 4 名股东均以货币资金方式各增资 100 万元。上海裕达贸易公司则以三种方式出资，其中：工业专有技术出资，约定价值 500 万元；设备出资，约定开具增值税专用发票，价款 100 万元，增值税税额 17 万元；货币资金出资 1,150 万元；实际总出资 1,767 万元，占公司资本额 1,600 万元，出资比例为 20%。

4. 出资时间

股东会结束后 15 日内，本次增资资本到位。

公司在股东会结束后，分别在 12 月 16 日、19 日、20 日、21 日陆续收到股东的出资。财务部的会计要对上述增资资本进行核算。

任务分析

企业设立时，投资者必须投入资本。在经营过程中，企业可以根据需要增资扩股，既可能是原投资者追加投资，也可能是新投资者加入。本次万泉河啤酒公司接受了货币资金、设备、工业专有技术三种形式的投资，且新股东上海裕达贸易公司多出资 167 万元，才取得与老股东相同的出资比例。

那么，财务部该如何登记增加的资本，对接受的货币资金、设备、工业专有技术该如何入账，尤其对新股东实际出资超过应出资部分该如何处理呢？

相关知识

一、资本、资产的概念及关系

资本是所有者投入生产经营并能产生效益的资金。参照我国《公司法》的相关规定，资本可以理解为公司的注册资本，即由公司章程确定全体股东认缴或实缴的、依法经注册登记的出资额。资本仅指全体股东出资的那部分公司资产，法律允许的出资形式为货币或者实物、知识产权、土地使用权等能用货币估价并可以依法转让的非货币财产。

而资产是企业、自然人、国家拥有或控制的、能以货币来计量的经济资源，包括各种收入、债券及其他。企业资产可以理解为公司通过接受投资、举债筹集来的资金运用形式，如银行存款、应收账款、原材料、固定资产、无形资产等。

例如，本任务中万泉河啤酒公司新增资本 2,000 万元，体现为原投资者与新投资者投入的货币资金、设备、工业专有技术三种形式的资产。

资产是资本的载体，两者的关系可以表示为：资产 = 资本 + 其他积累 + 负债。

二、接受投资的核算

企业接受投资者投资，一方面增加了企业的资产，另一方面增加企业的资本。

1. 接受投入资产的核算

企业收到投资者以货币资金投资时，按实际收到的货币资金，增加“银行存款”。

企业接受非货币资产投资时，应按照投资合同或协议约定价值确定非货币资产的入账价值（投资合同或协议约定价值不公允的除外）。以非货币资产出资的，出资人应当依法办理其财产权的转移手续；在有关产权转移手续办理完毕后，接受投资企业才能确认并增加企业的相关资产。如万泉河啤酒公司接受上海裕达贸易公司的设备、工业专有技术，应分别按约定的 100 万元、500 万元，增加企业的“固定资产”“无形资产”。需要注意的是，如果接受投资企业在接受固定资产、原材料、库存商品等资产投资时，收到出资人开具的增值税专用发票注明的增值税额按税法规定可以抵扣，则记入“应交税费——应交增值税（进项税额）”。

2. 投入资本的核算

企业收到的投入资本，按照投资合同或协议约定的各投资者在注册资本中应享有的份额计量，专设“实收资本”账户（股份有限公司称“股本”）核算。

3. 投入资产与资本差额的核算

企业运营过程中，若新投资者加入，因投入资本的收益率通常高于企业初创期，且可以共同分享原已积累的经营成果，所以新投资者需要付出高于原投资者的出资额，才能取得与原投资者相同的出资比例。如上海裕达贸易公司按协议享有与原股东同等的出资比例，拥有公司资本 1,600 万元，但投入总价值为 1,767 万元的资产，超过其在注册资本中所占份额 1,600 万元的部分为 167 万元。

投资者投入资产价值超过其在注册资本中所占份额的部分，专设“资本公积——资本溢价”账户核算。

企业收到投资时，会计人员依据银行收款回单、增值税专用发票、投资合同或协议等单据编制会计分录如下：

借：银行存款（实际收到的货币资金）
　　原材料、库存商品、固定资产等（收到实物资产按投资合同约定的价值）
　　无形资产（收到知识产权、土地使用权等按投资合同约定的价值）
　　应交税费——应交增值税——进项税额（收到增值税专用发票按发票税额）
　　贷：实收资本（投资者的投资在注册资本中所占的份额）
　　　　资本公积（投资者出资额超过其在注册资本中所占份额的部分）

三、接受投资核算涉及的账户

1.“实收资本”（或“股本”）账户

有限责任公司通过“实收资本”账户，股份有限公司通过“股本”账户对收到的资本进行核算。本账户属于所有者权益类账户，贷方登记投资者的投资在注册资本或股本中所占的份额，借方登记企业按法定程序报经批准减少的注册资本，期末贷方余额反映企业实收资本或股本总额。

本账户可按照投资者进行明细核算。

2.“资本公积”账户

“资本公积”账户，核算企业收到投资者出资额超出其在注册资本或股本中所占份额的部分以及其他资本公积等。其他资本公积是指除净损益、其他综合收益和利润分配以外所有者权益的其他变动。

本账户属于所有者权益类账户，贷方登记资本溢价数，以及直接计入所有者权益的利得，借方登记资本公积使用数及直接计入所有者权益的损失，期末贷方余额反映企业的资本公积。

本账户应分别设置“资本溢价（股本溢价）”“其他资本公积”进行明细核算。

任务实施

1. 2017 年 12 月 16 日

→出纳方荷到开户银行取回股东追加投资到账的进账单，交制单会计刘悦。海南商贸集团进账单（收账通知）见图表 5—2，海口盛大百货集团、海南第一创投公司进账单金额相同，票据略。

→制单会计刘悦收到股东会决议（略）和出纳交来的进账单，分析收到的三笔款项均为投资款，且收到的资产价值与取得的资本额一致，合并做接受货币资金投资的账务处理。刘悦编制记账凭证（图表 5—3）。

图表 5—2

中国工商银行 **进账单**（收账通知） 3

2017 年 12 月 16 日

No1226841

第　　号

<table>
<tr><td rowspan="3">付款人</td><td>全称</td><td>海南商贸集团</td><td rowspan="3">收款人</td><td>全称</td><td colspan="10">海南万泉河啤酒有限责任公司</td></tr>
<tr><td>账号</td><td>186852014101442</td><td>账号</td><td colspan="10">589806688</td></tr>
<tr><td>开户银行</td><td>交行海南省分行营业部</td><td>开户银行</td><td colspan="10">工行海口市金盘支行</td></tr>
<tr><td colspan="5" rowspan="2">人民币
（大写）壹佰万元整</td><td>千</td><td>百</td><td>十</td><td>万</td><td>千</td><td>百</td><td>十</td><td>元</td><td>角</td><td>分</td></tr>
<tr><td>¥</td><td>1</td><td>0</td><td>0</td><td>0</td><td>0</td><td>0</td><td>0</td><td>0</td><td>0</td></tr>
<tr><td>票据种类</td><td colspan="2">转账支票</td><td colspan="12" rowspan="3">收款单位开户行盖章</td></tr>
<tr><td>票据张数</td><td colspan="2"></td></tr>
<tr><td colspan="3">增资人股款

单位主管　会计　复核　记账</td></tr>
</table>

（印章：中国工商银行 海口市金盘支行 2017.12.16 转讫）

此联是出票人开户银行交给收款人的收账通知

2. 2017 年 12 月 19 日

→出纳方荷从开户行取回股东北京联创公司电汇的增资到账的回单，见图表 5—4，金额 100 万元。

→制单会计刘悦收到资金划拨补充凭证，分析北京联创公司为原有股东，收到其货币形式增资额处理同上，编制记账凭证（图表 5—5）。

图表 5—3

记账凭证

字总 × 号
字分 号

2017 年 12 月 16 日

摘　　要	总账科目	明细科目	借方金额	贷方金额	记账
收货币资金增资	银行存款		3,000,000.00		
	实收资本	海南商贸集团		1,000,000.00	
		海口盛大百货		1,000,000.00	
		海南第一创投		1,000,000.00	
合　　计			3,000,000.00	3,000,000.00	

附件 4 张

会计主管：　　记账：　　审核：　　制证：刘悦

图表 5—4

中国工商银行　资金划拨补充凭证（贷方回单）

收报日期：2017-12-19

行名：工行海口市金盘支行
业务种类：汇兑
收款人账号：589806688　　付款人账号：01078364628
收款人户名：海南万泉河啤酒有限责任公司　　付款人户名：北京联创公司
大写金额：壹佰万元整
小写金额：1,000,000.00
发报流水号：00104578　　收报流水号：817002234
发报行行号：00123564　　收报行行号：311130000
打印日期：2017-12-19
用途：增资入股款项　　付款类型：非延期付款
客户附言：
银行附言：

中国工商银行 海口市金盘支行 2017.12.19 转讫

图表 5—5

记账凭证

字总 × 号
字分 号

2017 年 12 月 19 日

摘　　要	总账科目	明细科目	借方金额	贷方金额	记账
收货币资金增资	银行存款		1,000,000.00		
	实收资本	北京联创		1,000,000.00	
合　　计			1,000,000.00	1,000,000.00	

附件 1 张

会计主管：　　记账：　　审核：　　制证：刘悦

3. 2017 年 12 月 20 日

→主管会计张茜审核了公司办公室转来股东投入的专有技术资料、评估报告、公司审批意见等有关资料，公司审批报告见图表 5—6，附件等资料略。

→制单会计刘悦依据有关单据资料做接受无形资产投资的账务处理，编制记账凭证（图表 5—7）。

分析：因为工业专有技术属于无形资产，不具有实物形态，因此其价值一般聘请专业机构进行评估，经投资双方协议按约定价值作为无形资产的入账价值。

图表 5—6　　无形资产评审报告

上海裕达贸易公司专有技术入股评审报告

公司董事会：

根据董事会 2017 年 10 月 29 日第 15 号决议，本部针对上海裕达贸易公司拟投入本公司的专有技术进行了技术可行性研究和项目评估，情况如下：

公司聘请中国工业机械委员会下属酿造机械专业委员会对该专有技术进行了技术评审，委员会出具的评审报告（见附件一）中认为该专有技术达到投资协议中约定标准。

公司按照与上海裕达贸易公司约定，共同聘请了广州黄埔和信会计师事务所对该专有技术进行了价值评估，事务所已出具了资产评估报告（见附件二），评估价值 5,000,000 元，符合双方投资协议的约定。

以上报告可作为投资协议补充材料，提交公司股东会讨论。有关专有技术资料、评审报告、资产评估报告见附件。

公司行政部

图表 5—7　　记账凭证

字总 × 号
字分 号

2017 年 12 月 20 日

摘　要	总账科目	明细科目	借方金额	贷方金额	记账
收专有技术增资	无形资产	专有技术	5,000,000.00		
	实收资本	上海裕达		5,000,000.00	
合　计			5,000,000.00	5,000,000.00	

附件 2 张

会计主管：　　记账：　　审核：　　制证：刘悦

4. 2017 年 12 月 21 日

→主管会计张茜审核公司计划部转来的设备增值税专用发票及验收单，因该设备是股东投资投入，故审核了投资协议书。

→制单会计刘悦依据股东会决议（略）、增值税专用发票（图表 5—8）、固定资产交接（验收）单（图表 5—9），做接受设备投资的账务处理。刘悦编制记账凭证（图

表 5—10）。

分析：投资转入的实物资产，其价值一般由双方认可的评估价格或按照双方协议价格作为资产的入账价值；接受投资一方收到增值税专用发票后，说明设备产权已转移，且生产设备的增值税额按税法规定可以抵扣，因此可按发票价款及税款分别确认固定资产和增值税进项税额，同时确认实收资本。

设备属于固定资产，按照管理要求，使用部门领用时需要填制调拨单，财务部门一般是以卡片账的形式逐项登记固定资产详细内容。

图表 5—8

3100171130　　上海增值税专用发票　　№03348432

发票联　　开票日期：2017 年 12 月 20 日

购买方	名称：	海南万泉河啤酒有限责任公司			密码区			
	纳税人识别号：	914600100089806666						
	地址、电话：	海口市金盘大道 88 号 66819999						
	开户银行及账号：	工行海口市金盘支行 589806688						
货物或应税劳务、服务名称		规格型号	单位	数量	单价	金额	税率	税额
灌装生产线			条	1		1,000,000.00	17%	170,000.00
合计						1,000,000.00		170,000.00
价税合计（大写）		⊗ 壹佰壹拾柒万元整				（小写）￥1,170,000.00		
销售方	名称：	上海裕达贸易公司			备注	上海裕达贸易公司 913111008034635012 发票专用章		
	纳税人识别号：	913111008034635012						
	地址、电话：	上海市太平路 30 号 89176688						
	开户银行及账号：	工行上海市闵行支行 01078364628						

第二联　发票联

收款人：　　复核：　　开票人：王涛　　销售方：（章）

图表 5—9　　固定资产交接（验收）单

2017 年 12 月 21 日

固定资产编号	名称	规格	型号	计量单位	数量	建造单位	建造编号	资金来源	附属技术资料
G-14-2	灌装线			条	1			股东投资	
总价（净值）	土建工程费	设备费	安装费	运杂费	包装费	其他	合计	预计年限	净残值率
		1,000,000					1,000,000	5	5%
生产设备						原值	1,000,000	已提折旧	
验收意见	合格		验收人签单	秦志刚		保管使用人签章	王力		

图表 5—10

记账凭证

字总 × 号
字分 号

2017 年 12 月 21 日

摘 要	总账科目	明细科目	借方金额	贷方金额	记账
收实物增资	固定资产	生产设备	1,000,000.00		
	应交税费	应交增值税（进项税额）	170,000.00		
	实收资本	上海裕达		1,170,000.00	
合 计			1,170,000.00	1,170,000.00	

附件 3 张

会计主管： 记账： 审核： 制证：刘悦

5. 2017 年 12 月 21 日

→出纳方荷从开户行取回上海裕达贸易公司的增资到账的信汇回单（图表 5—11）。

→制单会计刘悦收到信汇回单，编制记账凭证（图表 5—12）。

分析：上海裕达贸易公司为新股东，依据协议出资货币资金 1,150 万元。现该公司所有实物及货币资金出资均已到位，应确认公司实收资本共 1,600 万元；此前收到专有技术和生产设备时已确认实收资本 617 万元（500 万元 +117 万元），现确认实收资本 983 万元（1,600 万元 −617 万元），多出资的 167 万元作为资本溢价处理。

图表 5—11 中国工商银行 **信汇凭证**（收账通知） 4 №0284322

委托日期 2017 年 12 月 21 日 第 号

汇款人	全称	上海裕达贸易有限公司			收款人	全称	海南万泉河啤酒有限责任公司										
	账号或住址	01078364628				账号或住址	589806688										
	汇出地点	上海市	汇出行名称	工行上海市闵行支行		汇入地点	海口市		汇入行名称		工行海口市金盘支行						
金额	人民币（大写）壹仟壹佰伍拾万元整						千	百	十	万	千	百	十	元	角	分	
							1	1	5	0	0	0	0	0	0	0	
汇款用途：投资款					（汇出行盖章）												
上列款项已根据委托办理，如需查询，请持此回单来行面洽。					年 月 日												
单位主管 会计 出纳 记账																	

（印章：中国工商银行 海口市金盘支行 2017.12.21 转讫）

此联是给收款人的回单

图表 5—12

记账凭证

字总 × 号
字分 号

2017 年 12 月 21 日

摘　　要	总账科目	明细科目	借方金额	贷方金额	记账
收货币资金增资	银行存款		11,500,000.00		
	实收资本	上海裕达		9,830,000.00	
	资本公积	资本溢价		1,670,000.00	
	合　　计		11,500,000.00	11,500,000.00	

附件 2 张

会计主管：　　记账：　　审核：　　制证：刘悦

知识链接

所有者权益

所有者权益是指企业资产扣除负债后由所有者享有的剩余权益。所有者权益来源于投资者投入的资本、留存收益、直接计入所有者权益的利得和损失。会计核算上，是通过实收资本、资本公积、其他综合收益（企业根据其他会计准则规定未在当期损益中确认的各项利得和损失）、盈余公积、未分配利润等来反映所有者权益。

一、实收资本

实收资本是企业实际收到的投资者按章程、协议约定的注册资本金。企业的实收资本一般与企业的注册资本相等。除非企业解散，否则实收资本不能被随意抽出。但企业的实收资本也并非不能变动，只是增减变动应严格依据法定程序办理。实收资本一般是投资者投入的、为谋求价值增值的原始投资，它体现了企业所有者对企业的基本产权关系。实收资本的构成比例是确定所有者参与企业经营决策的基础，也是企业进行利润分配的依据。

二、资本公积

1. 资本公积主要来源于投资者实际投入的资本超过其在企业注册资本（或股本）中所占份额的投资，以及直接计入所有者权益的利得和损失，它不直接表明所有者对企业的基本产权关系。资本公积的主要用途是经过股东会（或股东大会）决议通过后用来转增资本（或股本），资本公积不体现各所有者的占用比例，也不能作为所有者参与企业财务经营决策或进行利润分配的依据。

2. 资本公积的核算包括资本溢价（或股本溢价）核算、其他资本公积的核算、资本公积转增资本的核算。

三、留存收益

留存收益包括盈余公积和未分配利润两部分。留存收益是由企业实现的利润转化而来的，它是企业经营活动积累的结果，为了防止公司超额分配，我国《公司法》对盈余公积的提取作了明确规定。留存收益的核算见本书的项目 8。

练一练

单项选择题（请在下列选项中选择一个正确答案并填在括号中）

1. 投资者不能以（　　）对企业出资。

A. 货币资金　　B. 无形资产

C. 租入的固定资产　　D. 库存商品

2. 企业收到投资者投入的一批原材料，收到增值税专用发票注明价款100万元，增值税额17万元。假设不考虑其他因素，企业应确认的“实收资本”账户金额为（　　）。

A. 83万元　　B. 134万元　　C. 100万元　　D. 117万元

3. 企业接受投资者投资的核算，会涉及（　　）账户。

A. 盈余公积　　B. 应付利润　　C. 资本公积　　D. 利润分配

判断题（判断正误并在括号内填“√”或“×”）

1. 企业接受投资者的投资形式包括货币资金、实物资产、无形资产等。（　　）

2. 企业接受实物或无形资产投资，应按照其账面价值确认“实收资本”金额。（　　）

3. 企业收到投资者投入的资金，应全部计入“实收资本”或“股本”账户。（　　）

任务6　借款的核算①

知识点

- 长期、短期借款的核算
- 借款利息的核算

技能点

- 能够正确地对借款的取得、计息、归还进行核算

任务描述

万泉河啤酒公司2014年8月向银行借款100万元，用于酿造车间改造，期限5年，年利率1.44%，约定分期付息，2014年当年车间改造完工。

① 我国《企业会计准则——借款费用》中的借款包括企业向银行或其他金融机构等借入的资金、发行的债券和承担的带息债务。本任务中的“借款”仅指企业向银行或其他金融机构借入的资金，发行债券的筹资方式见“知识链接”。

2017年12月26日，出纳方荷从开户行取回第四季度公司利息结算单，包括贷款利息和存款利息。

2017年12月26日，公司收到开户行贷款批复通知，系半月前公司为灌装车间扩建增设第二条生产线申请的长期借款，期限5年，年利率7.5%，贷款总额1,200万元。

财务部需对借款进行核算。

任务分析

向银行借款是企业筹集资金的主要来源之一。借款核算主要包括取得借款、借款利息结算、借款本息归还等环节的业务核算，其中借款利息处理是借款核算中的重点内容。

通常，每个企业都开设银行存款账户并存有款项，那么企业获得的银行存款利息应如何核算？是否作为收益处理呢？

相关知识

一、借款的特点与形式

借款是指企业向银行或其他金融机构借入的各种款项。借款是负债的一项重要内容，其特点一是还本，二是支付利息，因此，企业要保证借款能够按时偿还、支付利息，以提高借款资金的使用效益。

企业的借款按用途分为：用于满足日常生产经营需要的借款，用于固定资产购建、改扩建、大修理的借款，用于对外投资的借款等。

按借款期限分，借入的期限在1年以下（含1年）的借款称为短期借款，1年以上（不含1年）的为长期借款。通常企业的短期借款主要用于日常周转资金的需要，长期借款主要用于满足企业购建固定资产等中长期资金需求。

企业借款的付息方式由借贷双方协商确定。一般情况下，绝大多数借款的利息是按月、季或年分期支付，到期还本，即分期付息、到期还本；也有到期一次性还本付息等方式。

二、借款核算的主要内容

1. 取得借款的核算

企业向银行申请的贷款，是由贷款银行将款项直接转入贷款单位开设的存款账户。因此，企业取得借款时，一方面增加银行存款，另一方面增加短期或长期借款。

取得借款时，会计人员根据收款凭证及贷款合同等单据，编制会计分录为：

借：银行存款（实际收到的货币资金）

　　贷：短期借款（一年及一年以下借款）

　　　　长期借款（一年以上借款）

2. 借款费用的核算

（1）借款费用的归集

借款费用是指企业因借款而发生的利息、辅助费用以及因外币借款而发生的汇兑差额等。借款费用在会计上有两种处理方法：一是在发生时予以费用化，即直接计入当期费用；二是在发生时予以资本化，计入资产的成本。借款按以下原则将利息费用计入有关成本、费用账户：

筹建期间发生的利息 ——→ 计入“管理费用”账户

正常生产经营周转借款利息 ——→ 计入“财务费用”账户

购建固定资产
- 尚未达到预定可使用状态前发生的利息 ——→ 计入“在建工程”账户
- 达到预定可使用状态后发生的利息 ——→ 计入“财务费用”账户

（2）借款费用的预提与支付

实际工作中，借款一般都是分期付息，到期还本。银行通常以每个月 20 日，或每个季度最后一个月的 20 日为结息日，21 日为付息日，借款利息直接在企业的银行存款账户中结算。借款利息费用的支付时间不同，会计处理略有不同，但短期借款与长期借款的核算相似。一次性还本付息类似分期付息、到期还本的借款核算，月末也分期预提借款利息，不同之处在于到期偿还本金时，一次性支付借款利息。

借款利息预提与支付的分录见图表 6—1。

图表 6—1　　借款利息的核算

<table>
<tr><th colspan="2">付息方式</th><th>短期借款</th><th>长期借款</th></tr>
<tr><td rowspan="6">分期付息</td><td rowspan="2">按月付息</td><td colspan="2">将利息结算单的利息费用直接计入相关成本、费用账户，同时减少银行存款</td></tr>
<tr><td>借：财务费用
　贷：银行存款</td><td>借：财务费用、在建工程等
　贷：银行存款</td></tr>
<tr><td rowspan="4">按季或年付息</td><td colspan="2">月末按合同利率预提利息，作为一项流动负债，专设“应付利息”账户反映</td></tr>
<tr><td>借：财务费用
　贷：应付利息</td><td>借：财务费用、在建工程等
　贷：应付利息</td></tr>
<tr><td colspan="2">到期支付利息，转销“应付利息”账户金额，实际支付利息与已预提利息之间的差额计入支付当期的成本、费用</td></tr>
<tr><td>借：应付利息（已预提利息）
　财务费用（当月应计利息）
　贷：银行存款</td><td>借：应付利息（已预提利息）
　财务费用、在建工程等（当月应计利息）
　贷：银行存款</td></tr>
<tr><td colspan="2" rowspan="4">一次性还本付息</td><td colspan="2">短期借款不超过 1 年，计提利息作为流动负债计入“应付利息”账户；长期借款超过 1 个会计年度，计提利息作为非流动负债计入“长期借款”账户中</td></tr>
<tr><td>借：财务费用
　贷：应付利息</td><td>借：财务费用、在建工程等
　贷：长期借款——应计利息</td></tr>
<tr><td colspan="2">到期支付利息、转销计提利息时计入的相关账户（此处不考虑本金）</td></tr>
<tr><td>借：应付利息
　贷：银行存款</td><td>借：长期借款——应计利息
　贷：银行存款</td></tr>
</table>

需要注意的是：按《企业会计准则》规定，企业长期借款应在资产负债表日按照实际利率法计算确定当期长期借款利息费用，若实际利率与合同利率差异较小的，也可以采用合同利率计算确定利息费用。实际工作中，借贷双方多为按照合同利率计算确定长期借款利息。

3. 到期归还本金的核算

借款到期归还，减少银行存款，转销短期或长期借款。即借记“短期借款”或“长期借款”账户，贷记“银行存款”账户。

归还借款时，会计人员根据付款凭证编制会计分录为：

借：短期借款（一年及一年以下借款）

　　长期借款（一年以上借款）

　　贷：银行存款（实际支付的货币资金）

三、借款核算涉及的账户

1.“短期借款”账户

“短期借款”账户用于核算企业向银行或其他金融机构等借入期限在 1 年以下（含 1 年）的各种借款。本账户属于负债类账户，贷方登记借入的各种短期借款，借方登记归还的短期借款，期末贷方余额反映企业尚未偿还的短期借款。

本账户可按借款种类、贷款人和币种进行明细核算。

2.“长期借款”账户

“长期借款”账户用于核算企业向银行或其他金融机构等借入期限在 1 年以上（不含 1 年）的各项借款。本账户属于负债类账户，贷方登记借入的各种长期借款，借方登记归还的长期借款，期末贷方余额反映企业尚未偿还的长期借款。

本账户可按贷款单位和贷款种类，分别按“本金”“应计利息”“利息调整”等进行明细核算。

3.“财务费用”账户

“财务费用”账户用于核算企业为筹集生产经营所需资金等而发生的筹资费用，包括利息支出（减利息收入）、汇兑损益以及相关的手续费、企业发生的现金折扣或收到的现金折扣等。本账户属于损益类的费用类账户，借方登记发生的财务费用，贷方登记发生的应冲减财务费用的利息收入、汇兑损益、现金折扣，期末应将本账户余额转入“本年利润”账户，结转后本账户无余额。

本账户可按费用项目进行明细核算。

4.“应付利息”账户

“应付利息”账户用于核算企业按照合同约定应支付的利息，包括吸收存款、分期付息到期还本的长期借款、企业债券等应支付的利息。本账户属于负债类账户，贷方登记在资产负债表日按照合同利率计算确定的应付未付利息，借方登记实际支付的利息，期末贷方余额反映企业应付未付的利息。

本账户可按存款人或债权人进行明细核算。

四、银行存款利息的账务处理

如项目 1 所述，企业在银行开设用于结算的基本存款等账户都属于活期存款，其存款利息结算时间同借款利息结算时间。在我国，银行虽然对企业结算存款户中的存款支付利息，但利率非常低，因此企业对银行存款利息采取了简化处理。

企业对从银行取得的存款利息不单独作为收益处理，而直接冲减财务费用，即借记“银行存款”账户，贷记“财务费用”账户。期末，企业对当期财务费用进行计算、分析时，不仅要看“财务费用”账户的余额，还应结合本账户的借贷发生额进行分析。

任务实施

1. 2017 年 12 月 26 日

→出纳方荷从开户行取回公司第四季度利息结算单交制单会计刘悦。

→制单会计刘悦依据贷款利息结算单（图表 6—2），审核了公司相关资料和账户资料，做支付贷款利息的账务处理。

图表 6—2　　中国工商银行　**利息借方**　传票　　传票编号

2017 年 12 月 26 日

<table>
<tr><td rowspan="3">付款人</td><td>全称</td><td>海南万泉河啤酒有限责任公司</td><td rowspan="3">收款人</td><td>全称</td><td colspan="10">工行海口市金盘支行</td><td rowspan="7">代贷方传票或支款通知附件　张</td></tr>
<tr><td>账号</td><td>589806688</td><td>账号</td><td colspan="10">285554811</td></tr>
<tr><td>开户银行</td><td>工行海口市金盘支行</td><td>开户银行</td><td colspan="10">工行海口市金盘支行</td></tr>
<tr><td colspan="5" rowspan="2">人民币
（大写）叁仟陆百元整</td><td>千</td><td>百</td><td>十</td><td>万</td><td>千</td><td>百</td><td>十</td><td>元</td><td>角</td><td>分</td></tr>
<tr><td></td><td></td><td></td><td>¥</td><td>3</td><td>6</td><td>0</td><td>0</td><td>0</td><td>0</td></tr>
<tr><td rowspan="2">摘要</td><td colspan="2" rowspan="2">中国工商银行 海口市金盘支行 2017.12.26 转讫
（银行盖章）</td><td colspan="12">科目（贷）……………………
对方科目（借）……………………</td></tr>
<tr><td colspan="12">复核　　记账　　制票</td></tr>
</table>

分析：企业在处理贷款利息业务时，首先应审核企业贷款种类，区分长期、短期借款；其次，应注意贷款用途及利息支付方式（一次或分次），如用于购建固定资产，应区分当期固定资产是否已达到预计可使用状态，确认利息费用归属；最后，利息多采取按月计息，按季度（或年）付息，因此要注意当期应负担的利息费用以及实际支付的利息金额。

刘悦首先确认该笔利息为 2014 年借入的酿造车间改造借款，改造早已完工，利息费用应计入“财务费用”。

其次，刘悦查阅长期借款明细账、应付利息明细账，其中 10 月、11 月已预提该笔长期借款利息 2,400 元，12 月份实际应付利息 1,200 元，因此 12 月份确认财务费用 1,200 元，转销预提利息费用 2,400 元。

刘悦编制记账凭证（图表 6—3）。

图表 6—3 记账凭证

字总 × 号
字分 号

2017 年 12 月 26 日

摘　要	总账科目	明细科目	借方金额	贷方金额	记账
支付贷款利息	财务费用	利息	1,200.00		
	应付利息		2,400.00		
	银行存款			3,600.00	
合　计			3,600.00	3,600.00	

附件 1 张

会计主管：　记账：　审核：　制证：刘悦

→刘悦依据存款利息结算单（图表 6—4），确认为银行存款利息的收入，直接冲减财务费用。刘悦编制记账凭证（图表 6—5）。

图表 6—4 中国工商银行 **利息贷方** 传票

传票编号

2017 年 12 月 26 日

付款人	全称	工商银行海口市金盘支行	收款人	全称	海南万泉河啤酒有限责任公司
	账号	285554811		账号	589806688
	开户银行	工行海口市金盘支行		开户银行	工行海口市金盘支行

人民币（大写）壹万壹仟贰佰叁拾伍元整	千	百	十	万	千	百	十	元	角	分
			¥	1	1	2	3	5	0	0

摘要	（银行盖章）	科目（贷）…………………… 对方科目（借）…………………… 复核　记账　制票

中国工商银行 海口市金盘支行 2017.12.26 转讫

代借方传票或收款通知附件 张

图表 6—5 记账凭证

字总 × 号
字分 号

2017 年 12 月 26 日

摘　要	总账科目	明细科目	借方金额	贷方金额	记账
收四季度存款利息	银行存款		11,235.00		
	财务费用	利息		11,235.00	
合　计			11,235.00	11,235.00	

附件 1 张

会计主管：　记账：　审核：　制证：刘悦

2. 2017 年 12 月 26 日

→制单会计刘悦收到出纳取回的银行存款进账单（图表 6—6），并核实了相关贷款协议书（略），根据贷款协议书、银行存款进账单确认贷款到账。刘悦编制记账凭证（图表 6—7）。

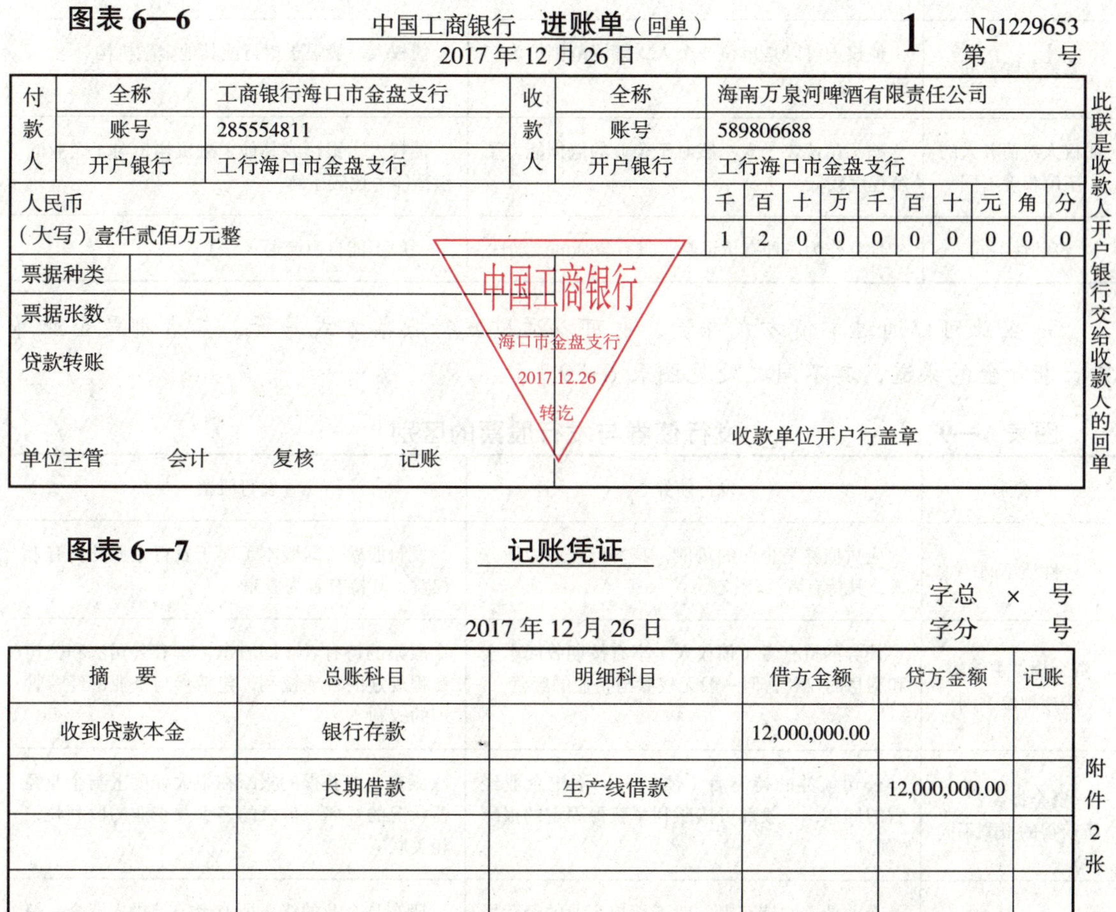

图表 6—6

中国工商银行　**进账单**（回单）　　1　　№1229653

2017 年 12 月 26 日　　第　　号

付款人	全称	工商银行海口市金盘支行	收款人	全称	海南万泉河啤酒有限责任公司
	账号	285554811		账号	589806688
	开户银行	工行海口市金盘支行		开户银行	工行海口市金盘支行

人民币（大写）壹仟贰佰万元整	千	百	十	万	千	百	十	元	角	分
	1	2	0	0	0	0	0	0	0	0

票据种类	
票据张数	
贷款转账 单位主管　会计　复核　记账	收款单位开户行盖章

中国工商银行 海口市金盘支行 2017.12.26 转讫

此联是收款人开户银行交给收款人的回单

图表 6—7

记账凭证

字总　×　号
字分　　号

2017 年 12 月 26 日

摘　要	总账科目	明细科目	借方金额	贷方金额	记账
收到贷款本金	银行存款		12,000,000.00		
	长期借款	生产线借款		12,000,000.00	
合　计			12,000,000.00	12,000,000.00	

附件 2 张

会计主管：　　记账：　　审核：　　制证：刘悦

知识链接

发 行 债 券

1. 债券是企业依照法定程序发行、向社会投资者出具的、约定在一定期限内还本付息的有价证券。应付债券是指企业为筹集长期资金发行债券形成的一项非流动负债。发行债券可作为企业的长期资金补充来源，但企业发行债券通常需要经董事会、股东会批准，向社会公众公开发行的债券必须经证券监督管理委员会批准，因此，发行债券很难成为一般企业的资金来源。

2. 发行债券与长期借款同为企业以举债方式筹集的长期资金，其不同之处见图表6—8。

图表6—8　发行债券与长期借款的区别

区别	发行债券	长期借款
筹资范围不同	债权人可以是单位或个人，筹资范围更为广泛	债权人一般限于银行或其他金融机构
债权人对债务人的了解程度不同	购买单位或个人一般对于企业的偿债能力了解程度较低	债权人（银行或其他金融机构）对于企业的偿债能力比较了解
流动性不同	债券作为一种有价证券，具有较强的流动性	一般不能自由流通

3. 企业可以通过举债方式筹资，也可以通过发行股票方式筹资，二者都是企业筹集长期资金的渠道，其不同之处见图表6—9。

图表6—9　发行债券与发行股票的区别

区别	发行债券	发行股票
性质不同	应付债券是企业的负债，其发行企业为债务人，其持有者为债权人	发行股票（即股本）属于发行企业的所有者权益，其持有者为股东
资金提供主体的法律地位不同	债券的持有者（债权人）享有按期收回本金和利息的权利，但一般无权参与企业的经营	股票的持有者（即股东）享有公司法和公司章程规定的各项权利，包括参与企业的经营管理的权利
资金提供者所获得的报酬不同	公司债券的持有者（债权人）不论企业经营的好坏，一般都可按照利率获得固定的报酬（利息）	股东所能获得的报酬在很大程度上与企业经营状况的好坏、盈余的多少及企业的股利政策相关联
资金提供者所承担的风险不同	企业债券的持有者一般不承担企业的经营风险，企业解散清算时，企业债券的持有者较股东享有优先的受偿权	股东是企业的终极所有者，其投入资金一般可以被认为是没有偿还期限的。企业解散清算时，股东只能参加剩余财产的分配，因此承担了更大的风险

4. 企业在发行债券时，可按照债券面值发行、溢价发行、折价发行；发行价格的确定一般取决于债券票面金额、票面利率、发行时市场利率以及债券期限长短。

5. 企业发行债券，专设“应付债券”账户核算。应付债券的核算包括发行时核算、计息和溢折价摊销的核算、还本付息的核算，其中计息和溢折价摊销的核算，是应付债券核算的重点和难点。

练一练

单项选择题（请在下列选项中选择一个正确答案并填在括号中）

1. 企业长期借款利息按规定应当在（　　）按照（　　）计算。

   A. 资产负债表日；实际利率　　B. 合同约定日；合同利率

   C. 资产负债表日；约定利率　　D. 合同约定日；实际利率

2. 企业在筹建期间发生的利息支出，应计入（　　）账户。

   A. 财务费用　　B. 管理费用

   C. 营业外支出　　D. 在建工程

3. 企业取得的银行存款利息应计入（　　）账户。

   A. 投资收益　　B. 其他业务收入

   C. 营业外收入　　D. 财务费用

判断题（判断正误并在括号内填“√”或“×”）

1. 正常生产经营周转的短期借款利息属于筹资费用，应计入“财务费用”账户中，在实际工作中，该部分利息一般采取月末预提的方式进行核算。（　　）

2. 企业在日常生产经营活动中发生的长期借款利息应予以资本化。（　　）

3. 一般情况下，企业当期“财务费用”利息明细账中的发生额并不能反映当期利息支出金额。（　　）

项目3　生产准备——非流动资产的核算

企业开展正常生产经营活动需要必要的资金、设备、材料等生产手段。例如，万泉河啤酒公司除周转的货币资金外，还拥有厂房、仓库、生产设备、运输车辆、生产用原材料、产成品，以及行政办公大楼、职工餐厅等配套服务设施，并短期持有其他公司股票，拥有“万泉河”啤酒商标。这些是维持企业生产经营活动必不可少的物资，都属于公司的资产。其中，货币资金（项目2讲述）、原材料（项目4讲述）、产成品（项目6讲述）、短期持有的股票（项目7讲述）是可以在一年或者超过一年的一个营业周期内变现、出售或耗用的资产，称为流动资产。而厂房、仓库、生产设备、运输车辆、行政办公大楼、职工餐厅和“万泉河”啤酒商标等资产不能在一年或超过一年的一个营业周期内转变为流动资金，称为非流动资产。本项目将主要阐述企业非流动资产的核算。

任务7　固定资产增加的核算

任务7—1　外购固定资产的核算

知识点

- 固定资产入账价值的确认
- 外购固定资产业务涉及的账户及核算

技能点

- 能够对固定资产取得进行分类并设置明细账
- 能够对外购固定资产进行核算

任务描述

2017 年 12 月 19 日，万泉河啤酒公司采购部张林交来购置一辆东风 1.5T 运输汽车的增值税专用发票及购车的相关资料。

财务部需对购车业务进行会计核算。

任务分析

企业外购的车辆、生产设备或厂房等资产具有实物形态且持有期限超过一个会计年度，被称为固定资产。外购固定资产分为需要安装和不需要安装两种情况。需要安装的固定资产在安装过程中还会发生相关的支出，与不需要安装的固定资产在会计处理上又有所不同。

相关知识

一、固定资产概述

万泉河啤酒公司的厂房、仓库、生产设备是生产啤酒必不可少的资产，运输车辆为采购材料或者销售啤酒提供服务，行政办公大楼是为了满足企业经营管理需要提供的办公场所，职工餐厅为企业内部职工提供餐饮等服务。这些资产都拥有可辨认的实物形态，并且它们的使用寿命都较长，会计核算中将其称为固定资产。

1. 固定资产的特征

固定资产具有以下特征：

（1）为生产商品、提供劳务、出租或经营管理需要而持有的。

（2）使用寿命超过一个会计年度。

2. 固定资产的确认原则

固定资产需同时满足以下两个条件才能确认：一是与固定资产有关的经济利益很可能流入企业，二是该项固定资产的成本能够可靠地计量。

二、固定资产入账价值的确认

固定资产应当按其实际取得时的成本进行初始计量。这里的成本即“历史成本”，亦称原始价值。它是指企业为购建某项固定资产达到预定可使用状态前所发生的一切合理的、必要的支出，具体包括：购买价款、相关税费以及可归属于该项固定资产，为使其达到预定可使用状态前所发生的运输费、装卸费、安装费和专业人员服务费、借款利息等，其中相关税费包括企业为取得固定资产而缴纳的关税、契税、耕地占用税、车辆购置税以及不得抵扣的增值税等。

根据现行的增值税暂行条例，若企业为增值税一般纳税人，购进机器设备等生产经营用固定资产时所支付的增值税进项税额，可凭增值税扣税凭证（增值税专用发票、海关进口增值税专用缴款书等）从销项税额中予以抵扣，即进项税额不纳入固定资产成本，应借记“应交税费——应交增值税（进项税额）”账户进行核算。

例如，万泉河啤酒公司购入一台设备，取得增值税专用发票上注明价款为30万元，增值税税额为5.1万元，支付包装费及安装费1万元，安装完毕投入使用，则该设备作为固定资产的入账价值为30+1=31（万元）。

此外，企业基于产品价格等因素的考虑，可能以一笔款项购入多项没有单独标价的固定资产。如果这些资产均符合固定资产的定义，并满足固定资产的确认条件，则应将各项资产单独确认为固定资产，并按各项固定资产公允价值的比例对总成本进行分配，分别确定各项固定资产的成本。

三、外购固定资产的核算

1. 购入不需要安装的固定资产

不需要安装的固定资产，应按购入固定资产时取得的增值税专用发票、运费发票、安装费发票、固定资产交接验收单、款项结算单等相关单据进行核算，会计分录如下：

借：固定资产

　　应交税费——应交增值税（进项税额）

　　贷：银行存款等

2. 购入需要安装的固定资产

当固定资产需要经过安装才能达到预定可使用状态时，则固定资产及相关费用的核算应依据安装过程分为两个阶段：

（1）在达到预定可使用状态前，应按购入固定资产时取得的增值税专用发票、运费发票、安装费发票、款项结算单等相关单据先计入“在建工程”账户核算，会计分录如下：

借：在建工程

　　应交税费——应交增值税（进项税额）

　　贷：银行存款等

（2）待固定资产安装完毕达到预定可使用状态时，再将“在建工程”账户余额全部转入“固定资产”账户核算，会计分录如下：

借：固定资产

　　贷：在建工程

四、外购固定资产核算涉及的账户

1.“固定资产”账户

“固定资产”账户用于核算企业持有的固定资产原价。本账户属于资产类账户，借方登记增加的固定资产原价，贷方登记减少的固定资产原价，期末借方余额反映固定资产的账面原价。

企业应当设置“固定资产登记簿”和“固定资产卡片”，可按照固定资产类别和项目进行明细核算。通常企业固定资产分为房屋、机器设备、交通工具、电子设备等大类，再按不同资产进行明细核算，例如“固定资产——房屋——行政办公楼”。

应该注意的是，融资租入的固定资产按照实质重于形式原则视同自有资产管理，可在本账户设置“融资租入固定资产”明细账户；经营性租入固定资产，所有权不属于本企业，不是企业资产，不在“固定资产”账户中反映，企业应当在备查账簿中登记反映。

2.“在建工程”账户

“在建工程”账户用于核算企业进行基建工程、安装工程、技术改造工程等在建工程发生的支出。本账户属于资产类账户，借方登记企业发生的各项工程支出，贷方登记完工转为固定资产的实际成本，期末借方余额反映尚未达到预定可使用状态的在建工程成本。

本账户按照“建筑工程”“安装工程”“在安装设备”“待摊支出”以及“单项工程”等进行明细核算。

任务实施

2017 年 12 月 19 日

→主管会计张茜审核了采购部提供的购车费用报销单。

分析：一般企业购置固定资产均有计划（或预算），并需要有关部门或领导批准，因此会计需对费用报销单中所附已审批的请购书、购置的相关票据、资产使用部门验收单据进行审核。

→制单会计刘悦收到购车的付款申请单（图表 7—1）及所附的增值税专用发票（图表 7—2），其他附件，如请购书、验收单、车辆购置税票、价格调节基金、车牌登记费等略。

图表 7—1　　**付款申请单**

付款日期：2017 年 12 月 19 日　　附件：6 张

<table>
<tr><td>项目</td><td>类别</td><td>金额</td><td rowspan="2">负责人（签字）</td><td rowspan="2">程斌</td></tr>
<tr><td>固定资产</td><td>运输汽车</td><td>93,600.00</td></tr>
<tr><td></td><td>其他税费</td><td>14,000.00</td><td rowspan="2">审查意见</td><td rowspan="2">张茜</td></tr>
<tr><td></td><td></td><td></td></tr>
<tr><td></td><td></td><td></td><td rowspan="2">经办人（签字）</td><td rowspan="2">张林</td></tr>
<tr><td></td><td></td><td></td></tr>
<tr><td colspan="3">付款金额合计</td><td colspan="2">￥107,600.00</td></tr>
<tr><td colspan="5">核实金额（大写）⊗ 壹拾万柒仟陆佰元整　　￥107,600.00</td></tr>
</table>

图表 7—2

4401171130　　广东增值税专用发票　　№5812346

发票联　　开票日期：2017 年 12 月 19 日

购买方	名称：	海南万泉河啤酒有限责任公司		密码区			
	纳税人识别号：	914600100089806666					
	地址、电话：	海口市金盘大道 88 号 66819999					
	开户银行及账号：	工行海口市金盘支行 589806688					
货物或应税劳务、服务名称	规格型号	单位	数量	单价	金额	税率	税额
东风汽车	1.5T	辆	1	80,000.00	80,000.00	17%	13,600.00
合计					80,000.00		13,600.00
价税合计（大写）	⊗ 玖万叁仟陆佰元整				（小写）¥93,600.00		
销售方	名称：	广州市俊杰汽车贸易经销公司		备注			
	纳税人识别号：	914402300089805555					
	地址、电话：	广州市海珠路 10 号 39487563					
	开户银行及账号：	交行广州市海珠路支行 98086776					

第二联　发票联

收款人：　　复核：　　开票人：孙涛　　销售方（章）

分析：因为购置的运输用汽车不需安装，所以购置支出直接计入固定资产成本。刘悦询问得知该车购置款项是采用银行汇票结算方式，让出纳方荷查阅“银行汇票登记簿”，查明 12 月 3 日已签发银行汇票（参见任务 2—2 的图表 2—21、图表 2—24），将购车款冲减“其他货币资金——银行汇票”账户。

刘悦编制记账凭证（图表 7—3）。

图表 7—3

记账凭证

字总 × 号
字分 号

2017 年 12 月 19 日

摘　要	总账科目	明细科目	借方金额	贷方金额	记账
支付购入车辆款	固定资产	运输设备（东风汽车）	94,000.00		
	应交税费	应交增值税（进项税额）	13,600.00		
	其他货币资金	银行汇票（广州俊杰汽车）		107,600.00	
合　计			107,600.00	107,600.00	

附件 7 张

会计主管：　　记账：　　审核：　　制证：刘悦

→张茜要求刘悦依据记账凭证及相关资料在固定资产登记簿上登记，并编制固定资产卡片（略）。

练一练

单项选择题（请在下列选项中选择一个正确答案并填在括号中）

1. 以下不计入外购固定资产成本的是（　　）。

A. 买价　　B. 相关税费

C. 为达到预定可使用状态的其他费用　　D. 对该项固定资产评估费用

2. 固定资产明细账采用（　　）。

A. 数量金额式　　B. 订本式

C. 卡片式　　D. 备查式

3. 企业 2017 年 5 月购入需要安装的设备，买入价 50,000 元，增值税 8,500 元，安装领用工程物资 2,755 元，支付安装工人工资 2,500 元，则该固定资产入账价值是（　　）元。

A. 62,000　　B. 58,500

C. 63,755　　D. 55,255

4. 以下需要在备查账簿中登记反映的事项是（　　）。

A. 未完工固定资产　　B. 借款购买的固定资产

C. 融资租入固定资产　　D. 经营性租入固定资产

判断题（判断正误并在括号内填“√”或“×”）

1. 外购需要安装的固定资产在达到预定可使用状态前，应反映在“在建工程”账户。（　　）

2. 企业持有固定资产是为生产、经营管理等需要，而非对外销售。（　　）

业务题

甲公司向乙公司一次购进三台不同型号且具有不同生产能力的设备 A、B、C，共支付款项 1,000 万元，增值税税额 170 万元，包装费 7.5 万元，全部以银行存款转账支付。假定设备 A、B、C 均满足固定资产的定义及确认条件，公允价值分别为 450 万元、400 万元和 150 万元。不考虑其他相关税费，甲公司为增值税一般纳税人，增值税进项税额可以抵扣。

要求：计算 A、B、C 设备的入账价值并编制会计分录。

任务 7—2　自行建造固定资产的核算[①]

知识点	技能点
● 自行建造固定资产的分类及特点 ● 自营方式建造固定资产业务涉及的账户及核算	● 能够对自营方式、出包方式建造固定资产各环节进行核算

任务描述

万泉河啤酒公司 2017 年 5 月召开临时股东会，决定扩大生产规模，其中采取自营方式新建灌装二车间生产线。该生产线 7 月 4 日动工，到 12 月底完工投入使用。在此期间公司为建造灌装二车间生产线采购了专用材料、专用工具、相关设备，并支付相关人员劳务费等。

2017 年 12 月 21 日，财务部收到开户行转来南京机电设备公司的委托收款凭证。公司已支付了采购设备款。

2017 年 12 月 30 日，仓储部提交本月材料领用清单，其中涉及灌装二车间生产线自营建造工程领用螺纹钢。

2017 年 12 月 30 日，财务部签发现金支票，支付灌装二车间生产线工程场地清理临时工人工资。

2017 年 12 月 30 日，财务部收到公司灌装二车间生产线竣工验收有关资料。

财务部需对支付设备款、材料领用及生产线竣工的业务进行会计核算。

任务分析

自营建造固定资产由企业自行采购工程材料并组织施工建造。企业自营建造过程中将涉及采购工程用物资、领用工程物资、支付劳务费用、工程项目借款的利息费用处理、项目竣工验收、工程完工剩余物资入库等相关业务。因此，企业自营建造固定资产方式下核算的重点是掌握采购工程物资、工程在建期间的料、工、费等费用处理，以及工程项目竣工验收等环节的核算。

相关知识

企业除通过外购方式取得固定资产外，还可以采取自行建造固定资产方式。企业自

① 本书如无特殊说明，固定资产均指生产经营用非不动产，并按其业务处理原则进行会计核算。

行建造固定资产包括自营建造和出包建造两种方式。

按现行增值税条例规定，建造动产和不动产的增值税会计核算略有不同。下列会计核算仅为建造动产，建造不动产的会计核算详见本任务知识链接。

一、自营方式建造固定资产的核算

自营工程，是指企业自行组织工程物资采购、自行组织施工人员建造固定资产的工程，主要分为三个阶段：

1. 工程准备阶段，应通过“工程物资”账户反映为工程准备的各种材料，购入的需要安装设备，以及工程辅助用的工具、器具等物资。根据购入材料及设备发票、收料单、银行进账单回单等单据进行核算，会计分录如下：

借：工程物资

　　应交税费——应交增值税（进项税额）

　　贷：银行存款等

2. 工程实施阶段，应通过“在建工程”账户反映工程建造过程中领用的各种物资、需安装设备、辅助工具，工程建设人员的薪酬、劳务费用，以及归属于在建工程项目的借款费用等各项支出。根据领料单、工资分配表、折旧计算表、借款利息计算表、转账支票存根等单据进行核算，会计分录如下：

借：在建工程

　　贷：工程物资

　　　　原材料

　　　　库存商品

　　　　应付职工薪酬

　　　　累计折旧

　　　　应付利息

　　　　银行存款等

3. 工程完工阶段，待工程建设达到预定可使用状态后，应将在“在建工程”账户中所归集的各项工程开支转入“固定资产”账户核算，会计分录如下：

借：固定资产

　　贷：在建工程

二、出包方式建造固定资产的核算

出包工程，是指企业通过招标方式将工程项目发包给建造承包方，由承包方负责工程物资采购、工程建造等全过程，出包方只需要按照工程建造的进度分期支付工程款。出包方式建造固定资产的核算分以下两个环节：

1. 工程建造期间分期支付工程款时，应根据支付给承包方工程价款的银行结算单据、增值税专用发票进行核算，会计分录如下：

借：在建工程

　　应交税费——应交增值税（进项税额）

　　贷：银行存款

2. 待工程达到预定可使用状态时，应将“在建工程”账户的工程成本全部结转到“固定资产”账户核算，会计分录如下：

借：固定资产

　　贷：在建工程

三、自营方式建造固定资产核算中特殊事项的处理

1. 工程项目建造期间，工程物资发生盘亏、报废、毁损（或盘盈）等情况，在扣除保险公司、过失人赔偿部分后，计入（或冲减）所建工程项目成本；如果是在达到预定可使用状态后发生的，则应计入营业外支出（或营业外收入）（图表 7—4）。

图表 7—4　　工程物资盘盈、盘亏的账务处理

业务类型	工程施工阶段	工程完工达到预定可使用状态后
发生盘盈时	借：工程物资 　贷：在建工程	借：工程物资 　贷：营业外收入
发生盘亏（或报废、毁损）时	借：在建工程 　其他应收款 　贷：工程物资 　　应交税费——应交增值税（进项税额转出）	借：营业外支出 　贷：工程物资 　　应交税费——应交增值税（进项税额转出）

值得注意的是，如果因自然灾害原因造成工程物资的盘亏（或报废、毁损），其对应的增值税进项税额部分不必进行进项税额转出。

2. 工程达到预定可使用状态，但尚未办理竣工决算，应根据工程造价或工程实际成本，按照暂估价转入固定资产，待办理竣工决算后再做调整。

四、自行建造固定资产核算涉及的账户

该项业务主要涉及“工程物资”“在建工程”“固定资产”等账户。

“工程物资”账户用于核算企业为在建工程准备的各种物资的实际成本，包括工程用材料、尚未安装的设备、为生产准备的工器具等。本账户属于资产类账户，借方登记为工程准备而购入的物资、需要安装设备等实际成本，贷方登记工程领用的工程物资等，期末借方余额反映尚未领用的工程物资、尚未安装的设备成本。

本账户按照“专用材料”“专用设备”“工器具”等进行明细核算。

任务实施

1. 2017 年 12 月 21 日

→出纳方荷从开户行取回委托收款结算凭证及所附销售发票、发货单。

→主管会计张茜将委托收款结算凭证与所附的销售发票、发货单以及仓储部门提供的入库单等进行核对，审核无误。

→制单会计刘悦收到委托收款的凭证（图表 7—5）、增值税专用发票（图表 7—6），其他单据略。

图表 7—5

委电

委托收款凭证（付款通知） 5 委托号码第 号

委托日期：2017 年 12 月 10 日 付款期限：3 日

<table>
<tr><td rowspan="3">付款人</td><td>全称</td><td>海南万泉河啤酒有限责任公司</td><td rowspan="3">收款人</td><td>全称</td><td colspan="10">南京机电设备有限责任公司</td></tr>
<tr><td>账号</td><td>589806688</td><td>账号</td><td colspan="10">38756484</td></tr>
<tr><td>开户银行</td><td>工行海口市金盘支行</td><td>开户银行</td><td colspan="10">建行南京市玄武支行</td></tr>
<tr><td rowspan="2">托收金额</td><td rowspan="2">人民币（大写）</td><td colspan="3" rowspan="2">叁佰伍拾壹万元整</td><td>千</td><td>百</td><td>十</td><td>万</td><td>千</td><td>百</td><td>十</td><td>元</td><td>角</td><td>分</td></tr>
<tr><td>¥</td><td>3</td><td>5</td><td>1</td><td>0</td><td>0</td><td>0</td><td>0</td><td>0</td><td>0</td></tr>
<tr><td>款项内容</td><td>销售机电设备款</td><td>委托收款凭据名称</td><td>销售发票、发货单</td><td>附寄单据张数</td><td colspan="10">2</td></tr>
<tr><td colspan="3">备注：
电划
中国工商银行
海口市金盘支行
2017.12.21
转讫</td><td colspan="12">付款人注意：
1. 根据结算办法，上列委托收款如在付款期限内未拒付时，即视同全部同意付款，以此联代付款通知。
2. 如需提前付款或多付款时，应另写书面通知送银行办理。
3. 如系全部或部分拒付，应在付款期限内另填拒绝付款理由书送银行办理。</td></tr>
</table>

此联是付款人开户行通知付款人按期承付通知

付款人开户银行收到日期 2017 年 12 月 18 日

图表 7—6

3201171130 **江苏增值税专用发票** No0421543

全国统一发票监制章 国家税务总局监制

发票联 开票日期：2017 年 12 月 9 日

<table>
<tr><td rowspan="4">购买方</td><td>名称：</td><td colspan="3">海南万泉河啤酒有限责任公司</td><td rowspan="4">密码区</td><td colspan="3" rowspan="4"></td></tr>
<tr><td>纳税人识别号：</td><td colspan="3">914600100089806666</td></tr>
<tr><td>地址、电话：</td><td colspan="3">海口市金盘大道 88 号 66819999</td></tr>
<tr><td>开户银行及账号：</td><td colspan="3">工行海口市金盘支行 589806688</td></tr>
<tr><td colspan="2">货物或应税劳务、服务名称</td><td>规格型号</td><td>单位</td><td>数量</td><td>单价</td><td>金额</td><td>税率</td><td>税额</td></tr>
<tr><td colspan="2">机电设备</td><td></td><td>套</td><td>1</td><td>3,000,000.00</td><td>3,000,000.00</td><td>17%</td><td>510,000.00</td></tr>
<tr><td colspan="2">合计</td><td></td><td></td><td></td><td></td><td>3,000,000.00</td><td></td><td>510,000.00</td></tr>
<tr><td colspan="2">价税合计（大写）</td><td colspan="7">⊗ 叁佰伍拾壹万元整 （小写）¥3,510,000.00</td></tr>
<tr><td rowspan="4">销售方</td><td>名称：</td><td colspan="3">南京市机电设备有限责任公司</td><td rowspan="4">备注</td><td colspan="3" rowspan="4">南京市机电设备有限责任公司
913201349089802876
发票专用章</td></tr>
<tr><td>纳税人识别号：</td><td colspan="3">913201349089802876</td></tr>
<tr><td>地址、电话：</td><td colspan="3">南京市玄武湖路 18 号 60096783</td></tr>
<tr><td>开户银行及账号：</td><td colspan="3">建行南京市玄武支行 38756484</td></tr>
</table>

第二联 发票联

收款人： 复核： 开票人：王涛 销售方：（章）

刘悦查询得知，该设备为公司在建工程购入的专用设备，计入“工程物资”账户，做采购付款的账务处理。刘悦编制记账凭证（图表7—7）。

图表7—7　　**记账凭证**

字总 × 号
字分 号

2017年12月21日

摘　　要	总账科目	明细科目	借方金额	贷方金额	记账
支付购入工程物资货款	工程物资	专用设备	3,000,000.00		
	应交税费	应交增值税（进项税额）	510,000.00		
	银行存款			3,510,000.00	
	合　　计		3,510,000.00	3,510,000.00	

附件3张

会计主管：　　记账：　　审核：　　制证：刘悦

2. 2017年12月30日

→主管会计张茜审核仓储部送来的本月工程物资领料单[①]，新建灌装二车间生产线工程领用螺纹钢100吨，审核无误，交制单会计刘悦。

→制单会计刘悦收到工程物资领料单（图表7—8），并编制记账凭证（图表7—9）。

图表7—8　　**工程物资领料单**

2017年12月15日　　编号：10

发料仓库	设备库	用途	自营建造灌装二车间生产线				
领料单位	灌装二车间						
编号	物资名称	规格型号	单位	数量		价格	
				请领	实发	单价	总价
A-103	螺纹钢	5号	吨	100	100	*6,700*	*670,000*
供应		发料	刘芳	部门主管	陈思	领料	秦方城

分析：领用工程物资建造工程，应将工程物资的成本计入“在建工程”账户，同时减少“工程物资”账户。

① 注：收料单中斜体字代表第二次填写的数据，以下图表皆同。

图表 7—9　　　　　　**记账凭证**

字总　×　号
字分　　　号

2017 年 12 月 30 日

摘　要	总账科目	明细科目	借方金额	贷方金额	记账
领用工程物资	在建工程	灌装二车间生产线	670,000.00		
	工程物资	螺纹钢		670,000.00	
合　计			670,000.00	670,000.00	

附件 1 张

会计主管：　　记账：　　审核：　　制证：刘悦

3. 2017 年 12 月 30 日

→主管会计张茜审核公司基建部门提交的支付灌装二车间生产线工程场地清理费的付款申请书及聘用临时工人劳务报酬分配表，核实了分管基建项目公司副总审批意见，审核无误。

→财务经理冯阳同意付款。

→出纳方荷签发现金支票交基建部门负责人李俊。

→制单会计刘悦收到付款申请书、现金支票存根（图表 7—10），并编制记账凭证（图表 7—11）。

图表 7—10

中国工商银行
现金支票存根

支票号码：0701149
科　　目＿＿＿＿＿＿
对方科目＿＿＿＿＿＿
出票日期：2017 年 12 月 30 日

收款人：李俊
金额：¥12,000.00
用途：二车间生产线场地清理费

单位主管　　　　会计

分析：企业自营在建工程项目实施过程中发生的人工费用应计入“在建工程”账户。

4. 2017 年 12 月 30 日

→主管会计张茜审核基建部门交来的灌装二车间生产线竣工验收、工程审计等相关单据，并查阅“在建工程——灌装二车间生产线”明细账，核实灌装二车间生产线建造总支出为 198.56 万元。

→制单会计刘悦收到固定资产交接（验收）单（图表 7—12）、工程审计书略，并编制记账凭证（图表 7—13）。

图表 7—11 记账凭证

字总 × 号
字分 号

2017 年 12 月 30 日

摘　要	总账科目	明细科目	借方金额	贷方金额	记账
支付在建二车间生产线	在建工程	灌装二车间生产线	12,000.00		
清理场地费	银行存款			12,000.00	
合　计			12,000.00	12,000.00	

附件 1 张

会计主管：　记账：　审核：　制证：刘悦

图表 7—12 固定资产交接（验收）单

2017 年 12 月 30 日

固定资产编号	名称	规格	型号	计量单位	数量	建造单位	建造编号	资金来源	附属技术资料
20-7	灌装二车间生产线							自有	
总价（净值）	土建工程费	设备费	安装费	运杂费	包装费	其他	合计	预计年限	净残值率
		1,973,600				12,000	1,985,600	15	5%
生产线						原值		已提折旧	
验收意见	合格，交付生产车间使用	验收人签章	王名		保管使用人签章		张雨		

分析：公司自建灌装二车间生产线，因属于自营建造，完工前各项支出在“在建工程”账户中反映；工程达到预定可使用状态后，应审核“在建工程”账户，确认固定资产成本，转入“固定资产”账户。

图表 7—13 记账凭证

字总 × 号
字分 号

2017 年 12 月 30 日

摘　要	总账科目	明细科目	借方金额	贷方金额	记账
灌装二车间生产线完工	固定资产	生产线（灌装二车间）	1,985,600.00		
验收转为固定资产	在建工程	灌装二车间生产线		1,985,600.00	
合　计			1,985,600.00	1,985,600.00	

附件 2 张

会计主管：　记账：　审核：　制证：刘悦

知识链接

相关增值税核算

一、购置不动产业务的会计核算

2016 年 5 月 1 日后，一般纳税人取得并按固定资产核算的不动产或不动产在建工程，其进项税额分年抵扣，即进项税额自取得之日起分 2 年从销项税额中抵扣，第一年抵扣比例为 60%（自取得之日起），第二年（第 13 个月时）抵扣比例为 40%。即在取得增值税专用发票时，上述进项税额中 60% 的部分于取得扣税凭证的当期从销项税额中抵扣；40% 的部分为待抵扣进项税额，于取得扣税凭证的当月起第 13 个月从销项税额中抵扣。

企业取得并按固定资产核算的不动产，主要有外购、自营建造、出包建造三种方式，会计核算举例如下：

1. 外购不动产

例 1：甲公司为一般纳税人，2017 年 1 月外购一座办公楼作为固定资产，支付价款 500 万元，增值税进项税额 85 万元，款项均以银行存款支付。经认证，增值税 2017 年准予抵扣 85（万元）×60%=51（万元），其余部分 2018 年抵扣。甲公司做有关会计分录如下：（单位：万元）

（1）2017 年 1 月

借：固定资产　　500

　　应交税费——应交增值税（进项税额）　　51

　　　　　　——待抵扣进项税额　　34

　　贷：银行存款　　585

（2）2018 年 1 月

借：应交税费——应交增值税（进项税额）　　34

　　贷：应交税费——待抵扣进项税额　　34

2. 自营建造不动产或不动产在建工程

例 2：甲公司为一般纳税人，2017 年 1 月准备自营建造一座办公楼，为此购入一批工程物资，价款 400,000 元，支付增值税 68,000 元，款项均以银行存款支付。经认证，增值税 2017 年准予抵扣 68,000（元）×60%=40,800（元），其余部分 2018 年抵扣。1—6 月，工程先后领用完该工程物资；支付工程人员工资 80,000 元。12 月底，工程达到预定可使用状态并交付使用。甲公司做有关会计分录如下：

（1）购入工程物资

借：工程物资——专用材料　　400,000

　　应交税费——应交增值税（进项税额）　　40,800

　　　　　　——待抵扣进项税额　　27,200

　　贷：银行存款　　468,000

（2）工程领用物资

借：在建工程——机关办公楼　400,000

　　贷：工程物资——专用材料　400,000

（3）分配工程人员工资

借：在建工程——机关办公楼　80,000

　　贷：应付职工薪酬　80,000

（4）12 月底，工程完工达到预定可使用状态并交付使用

借：固定资产——非生产用固定资产　480,000

　　贷：在建工程——机关办公楼　480,000

（5）2018 年 1 月，抵扣余下 40% 的增值税

借：应交税费——应交增值税（进项税额）　27,200

　　贷：应交税费——待抵扣进项税额　27,200

3. 出包建造不动产或不动产在建工程

例 3：甲公司为一般纳税人，2017 年 2 月 25 日将办公楼工程出包给乙公司承建，甲公司按规定根据工程进度支付工程款。工程初期，甲公司支付工程进度款 900,000 元，增值税 153,000 元，款项以银行存款支付。经认证，2017 年准予抵扣增值税 91,800 元；2018 年 6 月 10 日工程达到预定可使用状态，甲公司支付工程款 600,000 元，增值税 102,000 元，款项以银行存款支付。经认证，2018 年准予抵扣增值税 61,200 元；2018 年 6 月 25 日，工程经验收合格后交付使用。甲公司做有关会计分录如下：

（1）2017 年 2 月 25 日，支付工程款

借：在建工程——办公楼　900,000

　　应交税费——应交增值税（进项税额）　91,800

　　　　　　——待抵扣进项税额　61,200

　　贷：银行存款　1,053,000

（2）2018 年 2 月抵扣余下 40% 的增值税

借：应交税费——应交增值税（进项税额）　61,200

　　贷：应交税费——待抵扣进项税额　61,200

（3）2018 年 6 月 10 日，支付工程款

借：在建工程——办公楼　600,000

　　应交税费——应交增值税（进项税额）　61,200

　　　　　　——待抵扣进项税额　40,800

　　贷：银行存款　702,000

（4）2018 年 6 月 25 日，工程达到预定可使用状态，经验收合格交付使用

借：固定资产——非生产用固定资产　1,500,000

　　贷：在建工程——办公楼　1,500,000

（5）2019年6月抵扣余下40%的增值税

借：应交税费——应交增值税（进项税额） 40,800

贷：应交税费——待抵扣进项税额 40,800

二、增值税应税项目和非应税项目会计核算比较

增值税应税项目，是指需要缴纳增值税的项目，即属于该税种的征税范围项目。此时，一般纳税人企业支付的增值税可以作为进项税额抵扣，如前面所述业务处理。

非增值税应税项目，是指不属于该税种的征税范围项目，如职工宿舍楼、职工食堂、职工俱乐部等非生产经营用的职工集体福利设施。用于非增值税应税项目的各种财产物资，即使取得增值税专用发票，其支付的进项税额也均不得抵扣，而应计入相关的成本费用中；若原已经抵扣增值税的财产物资后又用于非增值税应税项目的，抵扣的进项税额应做转出处理；若自产产品用于非增值税应税项目的，属于视同销售行为。

二者在增值税的会计处理上有所不同，以外购和自营工程动产为例进行比较，见图表7—14。

图表7—14 增值税应税项目和非应税项目会计核算对比

业务类型	应税项目	非应税项目
外购	借：固定资产 应交税费——应交增值税（进项税额） 贷：银行存款	借：固定资产 贷：银行存款
在建工程领用生产用原材料	借：在建工程 贷：原材料	借：在建工程 贷：原材料 应交税费——应交增值税（进项税额转出）
在建工程领用自产产成品	借：在建工程 贷：库存商品	借：在建工程 贷：库存商品 应交税费——应交增值税（销项税额）

单项选择题（请在下列选项中选择一个正确答案并填在括号中）

1. 为自营建造固定资产购入的各种材料、工具等，其成本应计入（ ）。

A. 原材料 B. 低值易耗品 C. 工程物资 D. 在建工程

2. 企业向银行借入长期借款，进行自营建造固定资产，在该项工程未达到预定可使用状态前，所发生的利息支出计入（ ）。

A. 固定资产 B. 在建工程 C. 管理费用 D. 财务费用

判断题（判断正误并在括号内填“√”或“×”）

1. 企业自营建造固定资产所购入的设备，未安装前反映在“在建工程”账户。（ ）

2. 出包建造固定资产方式，是由出包方承担工程物资采购，承包方承担工程建造。（　）

3. 在出包建造固定资产方式下，出包方支付工程款的账务处理为借记“固定资产”账户，贷记“银行存款”账户。（　）

4. 经营租入固定资产的成本应在承租方账面上反映。（　）

任务8　固定资产折旧的核算

知识点

- 固定资产折旧计提范围
- 固定资产折旧的方法
- 固定资产折旧业务涉及的账户及核算

技能点

- 能够合理确定折旧计提的范围
- 能够合理选择折旧方法、计算折旧额及核算

任务描述

2017年12月30日，财务部编制固定资产折旧计算表，计提12月固定资产折旧。财务部需对折旧业务进行会计核算。

任务分析

固定资产在使用过程中，随着时间的推移其价值逐步降低，企业要对其价值的变化进行核算。在核算过程中，首先要了解什么是固定资产折旧，其次要掌握固定资产折旧的核算关键，即确定折旧计提范围与方法，以及每个会计期间折旧额的计算方法。

相关知识

一、固定资产折旧的含义

企业需要利用厂房、生产设备等劳动手段加工原材料，生产出合格的产品进行销售。在生产中，随着原材料的加工、时间的推移，厂房、设备逐步老化、陈旧，其原有的价值在逐渐下降。而这部分固定资产磨损价值需在产品销售价格中收回，即计入产品的生产成本中。由于厂房、设备等固定资产单位价值大、使用时间长，所以应采用合理的方法分摊其价值，在使用期限内分期逐次转移到产品成本中。会计上将固定资产在使用过程中因损耗而使其分期、逐次转移的价值称为固定资产折旧。

二、固定资产折旧范围的确定

固定资产折旧范围的确定，需要从空间范围、时间范围两个方面去把握。从空间范围上应当确定哪些固定资产需要计提折旧，哪些不需要计提折旧；从时间范围上应当确定需要计提折旧的固定资产从什么时间开始计提，什么时间停止计提。

1. 空间范围的确定

《企业会计准则——固定资产》规定，企业所持有的固定资产，除以下情况外，都应计提折旧：

（1）已提足折旧仍继续使用的固定资产。

（2）按照规定单独估价作为固定资产入账的土地。

值得注意的是，未使用、不需用、融资租入、经营租出的资产都是企业账上资产，均要计提折旧。经营租入的资产不是企业资产，不需要计提折旧。

2. 时间范围的确定

企业一般按月计提折旧，当月增加的固定资产当月不计提折旧，从下月起计提折旧；当月减少的固定资产，当月依旧计提折旧，从下月开始停止计提。即依据月初账面记录的固定资产的账面原值为依据计提折旧。

三、固定资产折旧方法——年限平均法

年限平均法又称直线法，是折旧计提的主要方法，是将固定资产的可使用价值在固定资产预计使用寿命内均衡分摊到各会计期间的一种方法。该方法计算出每个会计期间的折旧额是相等的。其折旧额的计算有以下两种方式：

1. 直接计算年折旧额

$$年折旧额=\frac{原值-预计净残值}{预计使用年限}$$

月折旧额＝年折旧额 /12

净残值，是指企业在未来固定资产处置时预计获得残值收入扣除预计处置费用后的金额。

2. 先计算折旧率再计算折旧额

$$年折旧率=\frac{1-预计净残值率}{预计使用年限（寿命）}\times 100\%$$

月折旧率＝年折旧率 /12

月折旧额＝固定资产原价 × 月折旧率

（1）预计净残值率，是指固定资产净残值与原值的比率。

（2）预计使用年限，即固定资产预计经济使用寿命，也称固定资产折旧年限。

（3）在计算固定资产折旧率时，可以按照个别固定资产逐个进行计算，会计称之为“个别折旧率”；也可以将性质、结构和使用年限接近的固定资产归为一类，按类计算平均折旧率。如将房屋建筑物划分为一类，将机器设备划分为一类，会计称之为“分类折旧率”；也可以将企业全部固定资产采用一个折旧率，即“综合折旧率”。

值得注意的是：由于采用年限平均法计提折旧时，每个固定资产在使用年限内每月的折旧额原则上不变，因此只需在取得时计算出月折旧额，并在固定资产明细账（卡片）上注明，以后不再每个月重复计算。

四、各固定资产月折旧额的计算

企业各类固定资产项目、型号繁多，但每月固定资产变动不大。在会计实务工作中，企业多采用年限平均法计提折旧，通常是在上月计提折旧额的基础上，对上月固定资产的增减情况进行调整后计算当月应计提的折旧额。其计算公式如下：

当月固定资产应计提的折旧额＝上月固定资产计提的折旧额＋上月增加的固定资产应计提的折旧额－上月减少的固定资产应计提的折旧额

在会计实务工作中，各月计提折旧的工作一般是通过编制固定资产折旧计算汇总表来完成。

五、固定资产折旧的核算

企业计提折旧时，应按照固定资产的使用部门及用途，将各项固定资产折旧额计入相关的成本费用账户，对应增加折旧额，专设“累计折旧”账户反映核算。根据固定资产折旧计算汇总表进行核算，会计分录如下：

借：制造费用（生产部门使用的固定资产）
　　管理费用（行政管理部门使用、未使用的固定资产）
　　销售费用（专设销售部门使用的固定资产）
　　在建工程（自行建造工程项目使用的固定资产）
　　其他业务成本（经营出租的固定资产）
　　研发支出（研发部门使用的固定资产）
　　贷：累计折旧

六、固定资产折旧核算涉及的账户

“累计折旧”账户用于核算企业固定资产的累计折旧。本账户属于固定资产的调整（即价值抵减）账户，贷方登记计提的折旧增加额，借方登记固定资产折旧额的减少，期末贷方余额反映提取的累计折旧额。

本账户可按照固定资产类别及项目进行明细核算。

七、固定资产折旧核算中应注意的问题

1. 已达到预定可使用状态的固定资产，如果尚未办理竣工决算手续的（如企业的厂房竣工后即投入使用，但因工程未决算尚不知完工的建造成本），应该按照估计价值暂估入账，并按照规定方法计提折旧；待办理竣工决算手续后，再按照实际成本调整原来的暂估价值，对原已计提的折旧额不需要进行调整。

例如：2016 年 12 月企业自行建造完工一项管理用固定资产，暂估入账价值 120,000 元，净残值率 5%，预计使用 10 年。

借：固定资产　　120,000

　　贷：在建工程　　120,000

2017 年 1 月开始计提折旧，120,000（1–5%）/(10×12)=950（元）。

借：管理费用　　950

　　贷：累计折旧　　950

2017 年 1—10 月做同样的会计处理，则“累计折旧”账户余额 9,500 元 。

假设 2017 年 10 月 31 日办理完成竣工决算手续，最终决算价值 150,000 元，则增加固定资产账面价值 150,000–120,000=30,000（元）。

借：固定资产　　30,000

　　贷：银行存款　　30,000

从 2017 年 11 月开始，按该资产剩余尚可使用年限、新的账面价值重新计算每月折旧额，原已计提的折旧不再调整。[150,000(1–5%)–9,500]/(10×12–10)=1,209.09(元)。

借：管理费用　　1,209.09

　　贷：累计折旧　　1,209.09

2. 企业对固定资产进行更新改造（如企业的变电站容量改造）时，因该项固定资产处于更新改造过程而停止使用，需将其账面价值转入在建工程；所以在更新改造期间不计提折旧，待更新改造的项目达到预定可使用状态并转为固定资产后，再按照重新确定的折旧方法、固定资产账面价值、尚可使用的寿命等计提折旧。

3. 企业因大修理而暂时停用的固定资产（如企业加工机床大修），大修理期间继续计提折旧，计提的折旧应计入相关成本费用。

4. 企业融资租入固定资产，应当采取与自有固定资产相一致的折旧政策。如果能合理确定租赁期满将取得该资产所有权，应在该资产尚可使用年限内计提折旧；如果无法确定租赁期满是否可以取得该资产所有权，应在租赁期与租赁资产尚可使用年限两者中按较短期间内计提折旧。

任务实施

说明：万泉河啤酒公司采用年限平均法计提固定资产折旧，并按照固定资产类别分类计提折旧。

2017 年 12 月 30 日

→制单会计刘悦查看本月公司固定资产变动情况，编制固定资产折旧计算汇总表，具体操作如下：

（1）审核 12 月份固定资产增减变动事项（图表 8—1）。

分析：12 月增加的三项资产应于 2018 年 1 月起计提折旧，本月减少的两项资产本月照提折旧，下月不再计提折旧。

图表 8—1　　　　12 月份固定资产增减变动事项

分类	固定资产项目	金额（万元）	年限（年）
增加变动	收到上海裕达贸易公司投入的专用生产设备，已安装使用	100	5
	销售部购入运输车辆 1 台，已投入使用	9.4	10（或 25 万公里）
	新建灌装二车间生产线竣工验收	198.56	15
减少变动	酿造车间压力设备 1 台，进行技术改良	50	10
	出售不需用变压器设备	22	10

（2）在 11 月份计提折旧额的基础上，根据 11 月份固定资产增减变动情况进行调整，以确定 12 月份应计提的折旧额。11 月份固定资产增减变动事项见图表 8—2。

图表 8—2　　　　11 月份固定资产增减变动事项

分类	固定资产项目	金额（万元）	年限（年）
增加变动	酿造车间新增 2 台设备	18	15
减少变动	灌装一车间报废生产线	120	20

分析：11 月份增加的 2 台设备，从 2017 年 12 月份开始计提折旧，净残值率为 5%，月折旧额 =180,000（1-5%）/（15×12）=950（元）；11 月份报废生产线净残值率 5%，从 12 月份开始不再计提折旧，月折旧额为 4,750（元）。

（3）刘悦编制固定资产折旧计算汇总表（图表 8—3）。

首先抄列 11 月份各类资产的折旧额，其次填列 11 月份新增设备和报废生产线的原值、月折旧额，最后计算 12 月份各类资产应计提折旧额。生产车间、销售部、行政部使用的固定资产折旧费对应计入“制造费用”“销售费用”“管理费用”账户。

图表 8—3　　　　固定资产折旧计算汇总表

2017 年 12 月　　　　单位：元

使用部门	固定资产类别	上月计提折旧额	上月增加固定资产		上月减少固定资产		本月应计提的折旧额	核算账户
			原值	折旧额	原值	折旧额		
酿造车间灌装车间	厂房	50,000					50,000	制造费用
	生产线	413,050			1,200,000	4,750	408,300	
	生产设备	50,000	180,000	950			50,950	
销售部	运输设备	9,000					9,000	销售费用
	办公设备	1,000					1,000	
行政部	房屋建筑物	45,000					45,000	管理费用
	办公设备	5,000					5,000	
合计		573,050		950		4,750	569,250	

制表人：张茜

→制单会计刘悦根据固定资产折旧计算汇总表，编制记账凭证（图表 8—4）。

图表 8—4 **记账凭证**

字总 × 号
字分 号

2017 年 12 月 30 日

摘　要	总账科目	明细科目	借方金额	贷方金额	记账
计提折旧	制造费用	折旧	509,250.00		
	销售费用	折旧	10,000.00		
	管理费用	折旧	50,000.00		
	累计折旧			569,250.00	
	合　计		569,250.00	569,250.00	

附件 1 张

会计主管：　　记账：　　审核：　　制证：刘悦

固定资产计提折旧的其他方法

企业固定资产可采用的计提折旧方法，除年限平均法（直线法）外，还包括工作量法、加速折旧法（双倍余额递减法、年数总和法）。企业所选择的折旧方法一经确定，不得随意变更。如果确需变更，应在当期会计报表附注予以说明。以下介绍其他几种计提折旧的方法。

一、工作量法

工作量法是根据企业固定资产的实际工作量计提折旧额的方法。该方法弥补了年限平均法注重使用寿命、不考虑使用强度的缺点，适用于对固定资产使用频度高（如交通运输工具）或者连续使用（如水力发电机）的企业。其计算公式如下：

$$单位工作量折旧额=\frac{固定资产原值\times(1-净残值率)}{预计总工作量}$$

某项固定资产月折旧额＝该项固定资产当月工作量 × 单位工作量折旧额

假设：本任务中的啤酒公司销售部共有运输车辆 10 台，每台价值 100,000 元，预计每台车有效运营公里数为 250,000 公里，本月 10 台车的总工作量为 25,000 公里，如果在不考虑净残值率的情况下，本月折旧额计算如下：

每台车每公里折旧额 =100,000 元 ÷250,000 公里 =0.4 元 / 公里

销售部 10 台车本月折旧总额 =25,000 公里 ×0.4 元 / 公里 =10,000 元

二、加速折旧法

加速折旧法又称递减折旧法，其特点是在固定资产有效使用年限内，前期多计提折旧，后期少计提折旧，从而相对加快折旧的速度。这样计提折旧较符合固定资产使用的

特点，即固定资产使用前期创造价值高，费用小；使用后期创造价值逐渐减少，维护费用上升。加速折旧法具体有以下两种：

1. 双倍余额递减法

双倍余额递减法是在不考虑固定资产净残值的情况下，根据每个会计期期初固定资产账面净值（固定资产原值－累计折旧－固定资产减值准备）与双倍的直线法折旧率计算固定资产折旧的方法。其计算公式为：

$$年折旧率=\frac{2}{预计使用年限}\times 100\%$$

年折旧额＝每个会计期期初固定资产账面净值 × 年折旧率

月折旧额＝年折旧额 /12

由于该方法不考虑净残值，以及每期折旧额逐期递减，为保证固定资产使用年限内各期折旧额合计数与应计提折旧额相等，该方法在固定资产使用到期前最后两年内，将固定资产净值扣除预计净残值后的余额进行平均摊销，也就是最后两年采用直线法计提折旧。

例如，某企业某项固定资产原值为 200,000 元，预计使用年限 5 年，预计净残值 5,000 元。该企业采用双倍余额递减法计提折旧，每年的折旧额计算如下：

$$年折旧率=\frac{2}{5}\times 100\%=40\%$$

第一年应计提折旧额：200,000×40% = 80,000（元）

第二年应计提折旧额：（200,000 － 80,000）×40% = 48,000（元）

第三年应计提折旧额：（200,000 － 80,000 － 48,000）×40% = 28,800（元）

第四年起按年限平均法计提折旧：

尚未摊销的折旧额 =200,000–80,000–48,000–28,800 － 5,000=38,200（元）

第四、第五年年折旧额均为：38,200÷2 = 19,100（元）

2. 年数总和法

年数总和法是将固定资产原值减去净残值后的差额乘以一个逐年递减的分数计算每年折旧额的方法，这个分数的分子代表固定资产尚可使用的年数，分母代表预计使用年限的年数总和。其计算公式如下：

$$年折旧率=\frac{尚可使用年限}{预计使用年限的年数总和}\times 100\%$$

预计使用年限的年数总和 =n（n+1）/2

年折旧额＝（固定资产原值－预计净残值）× 年折旧率

月折旧额＝年折旧额 /12

例如，某企业某项固定资产原值为 200,000 元，预计使用年限 5 年，预计净残值 5,000 元。该企业采用年数总和法计提折旧，每年的折旧额计算见图表 8—5。

图表 8—5　　　　采用年数总和法计算的折旧额

年份	尚可使用年限	原值 – 净残值	年折旧率	年折旧额	累计折旧额
1	5	195,000	5/15	65,000	65,000
2	4	195,000	4/15	52,000	117,000
3	3	195,000	3/15	39,000	156,000
4	2	195,000	2/15	26,000	182,000
5	1	195,000	1/15	13,000	195,000

影响折旧计提的主要因素包括固定资产原价、预计净残值、固定资产减值准备、使用寿命等；对于企业的一项固定资产来说，选择不同折旧方法会使每期计提的折旧额不同，但从该项固定资产在使用寿命内计提折旧的总额来看，不论选择哪种折旧计算方法，计提的折旧总额都是一样的，即等于原价减去净残值的余额。

结合上述例题数据，分别按照年限平均法、双倍余额递减法、年数总和法计算每年折旧及累计折旧总额（图表 8—6）（单位：元）。

图表 8—6　　　　不同折旧方法下折旧额的比较

年份	年折旧额		
	年限平均法	双倍余额递减法	年数总和法
1	39,000	80,000	65,000
2	39,000	48,000	52,000
3	39,000	28,800	39,000
4	39,000	19,100	26,000
5	39,000	19,100	13,000
合计	195,000	195,000	195,000

练一练

单项选择题（请在下列选项中选择一个正确答案并填在括号中）

1. 企业 10 月初固定资产原价为 3,000 万元，其构成为：生产用固定资产 2,000 万元（其中：已提足折旧仍继续使用固定资产 100 万元），经营性租出固定资产 600 万元，未使用固定资产 400 万元；该企业月折旧率 1%，则该企业当月应计提的折旧为（　　）。

A. 29 万元　　B. 30 万元　　C. 19 万元　　D. 25 万元

2. 企业生产车间里的管理部门使用的固定资产其折旧费用应计入（　　）账户。

A. 生产成本　　B. 制造费用

C. 管理费用　　　　D. 其他业务成本

判断题（判断正误并在括号内填"√"或"×"）

1. 采用年限平均法或工作量法计提折旧，其每期折旧额相等。（　）
2. 企业10月份减少设备1台，会计计算当月固定资产折旧时，仍应将该设备计提折旧。（　）
3. 出租固定资产，出租方不计提折旧，而由租入方计提折旧。（　）
4. 同一企业内部不同类别固定资产，可采用不同的折旧方法。（　）
5. 企业在9月份、10月份、11月份未发生固定资产的增减变动，那么这三个月的折旧额相等。（　）
6. "累计折旧"账户属于负债类账户，是固定资产的调整账户。（　）

任务9　固定资产后续支出的核算

知识点

- 固定资产后续支出的范围和分类
- 固定资产后续支出中费用化、资本化的界定
- 固定资产的改建、扩建或改良支出业务涉及的账户及核算
- 固定资产修理支出业务涉及的账户及核算

技能点

- 能够合理地确定固定资产后续支出费用化、资本化界限及核算
- 能够正确地对各种后续支出进行核算

任务描述

2017年12月5日，万泉河啤酒公司灌装一车间申请对现有包装生产线进行维修，为期5天，维修期间从仓库中领用维修备用件，并支付了海口市机电专业维修公司的维修费。

2017年12月10日，酿造车间根据需要对车间使用的1台压力设备进行技术改良以提高设备效能，预计改造过程需要3个月，车间设备管理人员到公司财务部办理设备停用手续。

2017年12月18日，酿造车间因压力设备技术改良，从仓库领用专用材料。

财务部对设备维修、设备改造业务进行核算。

任务分析

企业投入使用的固定资产，会因磨损影响到使用或安全，需进行维护、保养；或因生产规模扩大、功能改变的需要进行扩建、改建；或因技术进步、生产效率提高需要进行改良等。这些都是在相关固定资产已投入使用后发生的，从而产生相应的支出，在会计上称之为固定资产的后续支出。本任务中，公司对生产部门各个车间的生产设备进行了维修、改造，对专营店重新装修，发生的相关费用均属于固定资产后续支出的范畴。

会计上该如何认定固定资产的各项后续支出，这些支出应如何进行核算呢？

相关知识

一、固定资产后续支出的一般处理

固定资产的后续支出一般分为固定资产修理费用，固定资产改建、扩建或改良支出，固定资产装修费用等。《企业会计准则——固定资产》规定，固定资产后续支出中，符合固定资产确认条件的，应当计入固定资产成本；不符合确认条件的，应在发生时计入当期损益。

在会计实务中，对固定资产发生的各项后续支出，通常的处理方法如下：

1. 固定资产修理费用，应当直接计入当期费用；

2. 固定资产改扩建、改良支出，应当计入固定资产价值；

3. 如果不能区分固定资产修理还是固定资产改良，或者固定资产修理和改良结合在一起，则应按上述原则进行判断，其发生的后续支出，分别计入固定资产价值或计入当期费用。

二、固定资产修理费用的核算

一般意义上的固定资产修理支出，主要是企业为了维护固定资产正常运转和使用所进行的必要维护，仅仅只是确保固定资产正常工作状态，不会导致固定资产性能的改变或固定资产未来经济利益的增加，维修费用也不大。因此，固定资产修理费用应在发生时一次性计入当期损益（即费用化）。根据维修增值税专用发票、维修费付款结算单等单据进行核算，会计分录如下：

借：管理费用（生产部门及管理部门的固定资产）

　　销售费用（专设销售机构的固定资产）

　　应交税费——应交增值税（进项税额）

　　贷：银行存款等

三、固定资产改建、扩建或改良费用的核算

改建、扩建或改良后的固定资产，一般在外观上会发生实质性的变化，技术和质量

等内涵上有所提高，如延长了固定资产的使用寿命、使产品质量得到实质性提高、使产品成本得到实质性降低等。固定资产改建、扩建或改良支出一般都会为企业带来经济利益流入，符合固定资产确认条件，计入固定资产成本（即资本化）；若固定资产改建、扩建或改良支出不能为企业带来经济利益流入，则在发生时计入当期损益（即费用化）。

固定资产改建、扩建或改良支出的核算，一般通过“工程物资”“在建工程”“固定资产”账户核算。其基本核算步骤如下：

1. 改建、扩建或改良工程开始阶段

应将相应固定资产账面原值、已计提的累计折旧、固定资产减值准备全部转销，其差额转入“在建工程”账户核算，会计分录如下：

借：在建工程（差额）

　　累计折旧（已累计计提的折旧）

　　固定资产减值准备（已累计计提的减值准备）

　　贷：固定资产（账面原值）

2. 工程进行阶段

因工程需要而购买的材料、设备，计入“工程物资”账户；在未达到固定资产使用状态前与工程有关的借款费用，以及一切与工程相关的成本、费用计入“在建工程”账户。

（1）根据购入材料、设备的增值税专用发票及付款单据等进行核算，会计分录如下：

借：工程物资

　　应交税费——应交增值税（进项税额）

　　贷：银行存款等

（2）根据领料单、借款利息单、工资分配表等工程相关单据进行核算，会计分录如下：

借：在建工程（与工程相关的成本费用）

　　贷：工程物资

　　　　应付利息

　　　　应付职工薪酬

　　　　银行存款等

3. 工程完工（达到预定可使用状态）阶段

待固定资产发生改建、扩建或改良工程完工，达到预定可使用状态时，应将计入“在建工程”账户余额转入“固定资产”账户核算，会计分录如下：

借：固定资产

　　贷：在建工程（账户累计余额）

值得注意的是，改建、扩建或改良不动产时，增值税会计核算同自行建造不动产。

四、固定资产装修费用的核算

固定资产装修费用如果符合固定资产确认条件，则应计入固定资产账面价值，否则应计入当期费用。

计入固定资产账面价值的装修费，应当在“固定资产”账户下单设“固定资产装修”明细账户核算，并在两次装修期间与固定资产尚可使用年限两者中较短期间内采用合理方法单独计提折旧。固定资产再次装修时，应将该项固定资产相关“固定资产装修”明细账户余额减去已计提折旧后的差额，一次性计入当期营业外支出。

值得注意的是，纳税人 2016 年 5 月 1 日后，购进货物和设计服务、建筑服务用于新建不动产，或者用于改建、扩建、修缮、装饰不动产并增加不动产原值超过 50% 的，其进项税额依照有关规定分两年从销项税额中抵扣。不动产原值，是指取得不动产时的购置原价或作价。

例如，2017 年 6 月，万泉河啤酒公司对原办公大楼（尚可使用 20 年）进行装修改造。2017 年 12 月装修改造结束达到预定可使用状态，花费 600,000 元，增值税 102,000 元（假设全部可以一次抵扣），款项用银行存款支付，符合资本化确认条件，公司决定 10 年后再次进行装修。

1. 2017 年 12 月支付装修费

借：在建工程——办公楼装修　　600,000
　　应交税费——应交增值税（进项税额）　　102,000
　　贷：银行存款　　702,000

2. 2017 年 12 月办公楼达到预定可使用状态

借：固定资产——办公楼装修　　600,000
　　贷：在建工程——办公楼装修　　600,000

3. 2018 年 1 月，按照两次装修期间（10 年）与办公楼尚可使用年限（20 年）两者中较短期间内采用直线法单独计提折旧。600,000/（10×12）=5,000（元）

借：管理费用——折旧　　5,000
　　贷：累计折旧　　5,000

4. 假设 8 年后，公司决定提前对办公楼再次装修，已计提累计折旧 480,000 元，转销固定资产装修明细账户余额。

借：营业外支出　　120,000
　　累计折旧　　480,000
　　贷：固定资产——办公楼装修　　600,000

任务实施

1. 2017 年 12 月 5 日

→主管会计张茜审核了灌装一车间提交生产线维修的费用报销单，以及附件中的申请维修报告及公司审批意见、维修领料清单、海口市机电专业维修公司提供的增值税专用发票，审核无误。

→出纳方荷签发转账支票支付维修单位费用。

→制单会计刘悦收到增值税专用发票（图表 9—1）、领料单（图表 9—2）和转账支票存根（图表 9—3），其他单据（如费用报销单）略，并编制记账凭证（图表 9—4）。

图表 9—1

4600171130　　海南增值税专用发票　　№5712846

发　票　联　　开票日期：2017 年 12 月 5 日

购买方	名称：	海南万泉河啤酒有限责任公司	密码区				
	纳税人识别号：	914600100089806666					
	地址、电话：	海口市金盘大道 88 号 66819999					
	开户银行及账号：	工行海口市金盘支行 589806688					
货物或应税劳务、服务名称	规格型号	单位	数量	单价	金额	税率	税额
维修费		次	1	2,500.00	2,500.00	17%	425.00
合计					2,500.00		425.00
价税合计（大写）	⊗ 贰仟玖佰贰拾伍元整			（小写）¥2,925.00			
销售方	名称：	海口市机电专业维修公司	备注	海口市机电专业维修公司 914600100089807325 发票专用章			
	纳税人识别号：	914600100089807325					
	地址、电话：	海口市国贸路 10 号 68554321					
	开户银行及账号：	工行海口市国贸路支行 589807592					

第二联　发票联

收款人：　　复核：　　开票人：孙涛　　销售方：（章）

图表 9—2　　领料单

领用部门：灌装一车间　　2017 年 12 月 2 日　　单号：1716

编号	品名	单位	数量	单价	金额
	维修配件	个	5	*100.00*	*500.00*
用途	维修生产线				

主管：　　会计：刘悦　　发料人：丁亮　　领料人：王翔

图表 9—3

中国工商银行
转账支票存根

支票号码：089800102

科　　目＿＿＿＿＿＿＿

对方科目＿＿＿＿＿＿＿

出票日期：2017 年 12 月 5 日

收款人：海口市机电维修公司

金额：¥2,925.00

用途：付维修费用

单位主管　　会计

分析：因为是对公司现有生产线维修，修理费用数额较小，属于日常维修，因此费用一次性全部计入“管理费用”账户。

图表 9—4

记账凭证

字总 × 号
字分 号

2017 年 12 月 5 日

摘　要	总账科目	明细科目	借方金额	贷方金额	记账
支付维修费及领用配件	管理费用	维修费	3,000.00		
	应交税费	应交增值税（进项税额）	425.00		
	低值易耗品	维修配件		500.00	
	银行存款			2,925.00	
	合　计		3,425.00	3,425.00	

附件 3 张

会计主管：　　记账：　　审核：　　制证：刘悦

2. 2017 年 12 月 10 日

→主管会计张茜审核酿造车间提供的技术改造申请及公司审批意见。

→制单会计刘悦收到技术改造申请，见图表 9—5。

图表 9—5

技改申请报告

公司计划部：

因酿造车间主要设备自公司投入生产开始一直运行至今，随着技术更新，产品质量要求提高，当前设备已不能适应生产需要。根据目前同行设备发展情况，拟对车间核心设备——发酵装置进行技改。技改方案见附件手册。

酿造车间

2017 年 12 月 10 日

生产技术科审核意见（附件手册）

分析：因为是对生产车间（酿造车间）在用的设备进行技术改造，按照规定，会计应将该设备从“固定资产”账户转入“在建工程”账户，同时涉及该设备的其他相关账户“累计折旧”“固定资产减值准备”也应一并转入“在建工程”账户。

刘悦查阅“固定资产”“累计折旧”“固定资产减值准备”账簿，编制记账凭证（图表 9—6）。

3. 2017 年 12 月 18 日

→制单会计刘悦收到仓储部提交的工程物资领料单（图表 9—7）。

图表 9—6

记账凭证

字总 × 号
字分 号

2017 年 12 月 10 日

摘　要	总账科目	明细科目	借方金额	贷方金额	记账
生产设备转入更新改造	在建工程	发酵设备	250,000.00		
	累计折旧		200,000.00		
	固定资产减值准备		50,000.00		
	固定资产	生产设备		500,000.00	
	合　计		500,000.00	500,000.00	

附件 2 张

会计主管：　　记账：　　审核：　　制证：刘悦

图表 9—7

工程物资领料单

2017 年 12 月 18 日　　编号：18

发料仓库	设备库	用途	酿造车间技改				
领料单位	酿造车间						
编号	物资名称	规格型号	单位	数量		价格	
				请领	实发	单价	总价
C–110	压力仪器	CJ–10	台	3	3	*4,000*	*12,000*
供应		发料	刘芳	部门主管	陈思	领料	秦方城

分析：因为领用材料是用于酿造车间设备的技术改造，该设备技术改造期间发生的各项支出均计入“在建工程”账户，同时应减少工程物资成本。

刘悦编制记账凭证（图表 9—8）。

图表 9—8

记账凭证

字总 × 号
字分 号

2017 年 12 月 18 日

摘　要	总账科目	明细科目	借方金额	贷方金额	记账
更新改造工程领用	在建工程	发酵设备	12,000.00		
工程物资	工程物资	压力仪器		12,000.00	
	合　计		12,000.00	12,000.00	

附件 1 张

会计主管：　　记账：　　审核：　　制证：刘悦

单项选择题（请在下列选项中选择一个正确答案并填在括号中）

1. 以下说法不正确的是（　　）。

   A. 企业生产车间的固定资产修理费用应计入“制造费用”账户

   B. 企业行政部门的固定资产修理费用应计入“管理费用”账户

   C. 企业销售部门的固定资产修理费用应计入“销售费用”账户

   D. 企业生产车间、行政管理部门的固定资产修理费用应计入“管理费用”账户

2. 以下有关固定资产改、扩建的核算，不正确的说法是（　　）。

   A. 因工程需要购入的材料、设备，应计入“工程物资”账户

   B. 固定资产改、扩建开始时，会计核算上应先将该项固定资产账面原值、折旧等相关账户金额转销，差额转入“在建工程”账户

   C. 固定资产改、扩建开始时，不变动原值，只需将发生的各项支出计入“在建工程”账户，达到预定可使用状态后转入“固定资产”账户

   D. 改、扩建的固定资产如不能为企业带来经济利益的流入，其支出不能资本化

3. 企业对现有一台生产用设备进行日常修理，设备原价 100 万元，修理过程中材料费用 5,000 元，为购买材料支付增值税进项税额 850 元，支付维修劳务费 800 元，则该设备维修后价值为（　　）元。

   A. 1,005,850　　B. 1,000,000　　C. 1,005,000　　D. 1,006,650

判断题（判断正误并在括号内填“√”或“×”）

1. 固定资产更新改造等后续支出，应当计入固定资产成本中。（　　）
2. 企业日常发生的一般性设备维护费用，应当在发生时一次性计入当期损益中。（　　）
3. 固定资产装修支出应予以费用化。（　　）

任务 10　固定资产处置的核算

知识点	技能点
● 固定资产出售、报废、毁损核算业务涉及的账户及核算	● 能够准确地进行固定资产各种处置方式的核算

任务描述

2017 年 12 月 5 日，万泉河啤酒公司计划部提交了销售不需用设备的申请，以及设备购买方——海南兴达贸易公司提交的转账支票。

2017 年 12 月 25 日，财务部根据公司董事会议决定，对由 11 月下旬开始至 12 月底结束的灌装一车间生产线报废进行审核，并最终确定清理结果。

财务部需对处置设备进行核算。

任务分析

企业在生产经营过程中，对不使用或不需用的闲置固定资产一般会采取出售处理；对不能再继续使用的固定资产或由于遭受自然灾害等而发生非正常损失的固定资产采取报废处理。

本任务中固定资产的处置，首先导致企业所拥有的固定资产减少；其次在处置过程中产生出售闲置设备的收入以及清理费用；最后固定资产处置完毕，企业可能由此产生净收益（或净损失）。因此，固定资产处置的会计核算应关注固定资产转销、处置过程中收入和费用以及处置净损益三个环节的核算。

相关知识

企业固定资产处置除本任务中的出售、报废外，还包括毁损、对外投资、非货币性资产交换、债务重组等。固定资产处置，一般都应通过“固定资产清理”账户进行核算。

一、固定资产处置的核算

1. 固定资产转入清理的核算

对需要处置的固定资产应先转销该项固定资产账面原值及其已计提的固定资产累计折旧、固定资产减值准备。然后再将该项固定资产账面原值与累计折旧、减值准备账户之间的差额转入“固定资产清理”账户核算，会计分录如下：

借：固定资产清理

　　累计折旧

　　固定资产减值准备

　　贷：固定资产

2. 处置过程的核算

（1）处置过程中费用的核算

转入清理的固定资产，在清理过程中会发生相应的清理费用。这些费用均计入“固定资产清理”账户的借方。根据清理费用的发票、付款证明如转账支票存根等单据进行核算，会计分录如下：

借：固定资产清理

　　贷：银行存款等

（2）处置过程中收入和残料回收的核算

在出售固定资产时，企业会取得收入。报废固定资产后残料出售时，也会取得变价收入或残料回收入库。出售获得的收入或入库残料价值相应计入“固定资产清理”账户的贷方。根据收料单、收款证明、交税证明等单据进行核算，会计分录如下：

借：银行存款（或原材料）

　　贷：固定资产清理

　　　　应交税费——应交增值税（销项税额）

（3）处置过程中赔付的核算

如果由于自然灾害等意外原因或人为过失，造成企业固定资产发生了非正常损失，企业可能会获得保险公司或事故责任人的赔偿。企业应收的赔偿金额计入“固定资产清理”的贷方，会计分录如下：

借：其他应收款

　　贷：固定资产清理

3. 处置净损益的核算

固定资产处置结束后，应计算汇集到“固定资产清理”账户借贷方的金额。如果余额在借方，表明处置后发生了净损失，应将其转入“营业外支出”账户。如果余额在贷方，表明处置后发生了净收益，应将其转入“营业外收入”账户。处置结转完毕后，“固定资产清理”账户无余额。

净收益　　借：固定资产清理

　　　　　　　贷：营业外收入

净损失　　借：营业外支出

　　　　　　　贷：固定资产清理

二、固定资产处置核算涉及的账户

“固定资产清理”账户用于核算企业因出售、报废、毁损、对外投资、非货币性资产交换、债务重组等转出的固定资产价值以及清理过程中发生的费用等。本账户属于资产类账户，借方登记固定资产转入清理的净值和清理过程中发生的费用，贷方登记收回出售固定资产的价款、残料价值和变价收入，期末借方余额反映企业尚未清理完毕的固定资产的清理净损失。

本账户可按被清理的固定资产项目进行明细核算。

任务实施

1. 2017 年 12 月 5 日

→主管会计张茜审核了计划部提交销售不需用设备申请（因生产线报废造成变

压器设备闲置），公司审批意见，专业评估机构对该设备价值评估的报告，以及与购买该设备的海南兴达贸易公司签订的协议（交易价 5 万元）和开出的增值税专用发票。

→张茜查询该设备原值、已提折旧情况（原值 22 万元，已使用 8 年，已提折旧 17.6 万元，无减值准备），并填写固定资产清理损益计算表。

→制单会计刘悦收到出纳方荷取回的设备转让款银行进账单、增值税专用发票、固定资产清理损益计算表、设备出售申请等单据。

分析：本业务是销售不需用设备，会计上应先将该设备账面原值转入“固定资产清理”账户，同时涉及的相关账户金额（累计折旧、减值准备）等也相应转入“固定资产清理”账户；并将该设备清理期间发生的相关收入或支出也分别计入“固定资产清理”账户，最后确认出售该资产的净损益。

（1）刘悦依据设备出售申请（图表 10—1），做该设备转入清理的账务处理。刘悦编制记账凭证（图表 10—2）。

图表 10—1

设备出售申请

公司财务部：

因酿造车间设备改造添加了大功率变压器，原变压器不再使用，特此申请出售旧变压器。

计划部

2017 年 12 月 5 日

图表 10—2

记账凭证

字总 × 号

字分 号

2017 年 12 月 5 日

摘　要	总账科目	明细科目	借方金额	贷方金额	记账
处置不需用设备（变压器）	固定资产清理	变压器	44,000.00		
	累计折旧		176,000.00		
	固定资产	生产设备（变压器）		220,000.00	
合　计			220,000.00	220,000.00	

附件 1 张

会计主管：　记账：　审核：　制证：刘悦

（2）刘悦依据银行进账单（图表 10—3）及增值税专用发票（图表 10—4），做固定资产处置收入的账务处理。

分析：本业务是销售不需用设备，按照增值税条例规定，需要交纳增值税销项税额［50,000/（1+17%）］×17%=7,264.96（元）。

刘悦编制记账凭证（图表 10—5）。

图表 10—3

中国工商银行 **进账单**（收账通知） 3

No1229653

2017 年 12 月 5 日 第 号

付款人	全称	海南兴达贸易有限公司	收款人	全称	海南万泉河啤酒有限责任公司
	账号	45682157		账号	589806688
	开户银行	建行海口市滨海支行		开户银行	工行海口市金盘支行
人民币（大写）⊗ 伍万元整				千 百 十 万 千 百 十 元 角 分	¥ 5 0 0 0 0 0 0
票据种类	转账支票				
票据张数	1				
单位主管 会计 复核 记账				收款单位开户行盖章	

（印章：中国工商银行 海口市金盘支行 2017.12.05 转讫）

此联是收款人开户银行交给收款人的回单

图表 10—4

4600171130 **海南增值税专用发票** No5912967

发 票 联 开票日期：2017 年 12 月 5 日

购买方	名称：	海南兴达贸易有限公司		密码区			
	纳税人识别号：	914600100075606897					
	地址、电话：	海口市椰海大道 16 号 31937658					
	开户银行及账号：	建行海口市滨海支行 45682157					
货物或应税劳务、服务名称	规格型号	单位	数量	单价	金额	税率	税额
变压器		个	1	42,735.04	42,735.04	17%	7,264.96
合计					42,735.04		7,264.96
价税合计（大写）	⊗ 伍万元整			（小写）¥50,000.00			
销售方	名称：	海南万泉河啤酒有限责任公司		备注			
	纳税人识别号：	914600100089806666					
	地址、电话：	海口市金盘大道 88 号 66819999					
	开户银行及账号：	工行海口市金盘支行 589806688					

收款人： 复核： 开票人：刘悦 销售方：（章）

（印章：海南万泉河啤酒有限责任公司 914600100089806666 发票专用章）

第二联 记账联

图表 10—5

记账凭证

字总 × 号

2017 年 12 月 5 日 字分 号

摘 要	总账科目	明细科目	借方金额	贷方金额	记账
收到处置变压器变价收入	银行存款		50,000.00		
	固定资产清理	变压器	.	42,735.04	
	应交税费	应交增值税（销项税额）		7,264.96	
	合 计		50,000.00	50,000.00	

附件 2 张

会计主管： 记账： 审核： 制证：刘悦

（3）刘悦依据固定资产清理损益计算表（图表 10—6），做固定资产处置净损益的账务处理，编制记账凭证（图表 10—7）。

图表 10—6　　固定资产清理损益计算表

使用部门：灌装一车间　　2017 年 12 月 5 日

清理项目	K-102 变压器	清理原因	出售
固定资产清理借方发生额		固定资产清理贷方发生额	
清理支出内容	金额	清理收入内容	金额
固定资产净值	44,000.00	出售固定资产价款	42,735.04
借方合计	44,000.00	贷方合计	42,735.04
固定资产清理 ~~净收益~~ 净损失 金额：人民币壹仟贰佰陆拾肆元玖角陆分 ￥1,264.96			

制表人：张茜

图表 10—7　　记账凭证

字总 × 号
字分 — 号

2017 年 12 月 5 日

摘　要	总账科目	明细科目	借方金额	贷方金额	记账
结转处置变压器	营业外支出	非流动资产处置损失	1,264.96		
清理净损失	固定资产清理	变压器		1,264.96	
合　计			1,264.96	1,264.96	

附件 1 张

会计主管：　　记账：　　审核：　　制证：刘悦

（4）张茜通知公司计划部的资产管理人员核销该设备资料。

2. 2017 年 12 月 25 日

→主管会计张茜审核了灌装一车间提交的固定资产报废申请单，主管部门领导已审批同意报废。

→张茜查询该设备“固定资产清理”账户记录情况（借方 1.2 万元，贷方 12.7 万元），并填写公司固定资产清理损益计算表。

→制单会计刘悦收到固定资产清理损益计算表（图表 10—8）及固定资产报废申请单（略）。

图表 10—8　　　　固定资产清理损益计算表

使用部门：灌装一车间　　　　2017 年 12 月 25 日

清理项目	灌装生产线	清理原因	报废
固定资产清理借方发生额		固定资产清理贷方发生额	
清理支出内容	金额	清理收入内容	金额
固定资产净值	12,000.00	出售固定资产价款	127,000.00
借方合计	12,000.00	贷方合计	127,000.00
固定资产清理 净收益 ~~净损失~~ 金额：人民币壹拾壹万伍仟元整　￥115,000.00			

制表人：张茜

分析：该笔业务是固定资产报废业务处理中的最后一个环节，即对报废清理损益处理。会计应汇总“固定资产清理”相关明细账户的借方、贷方，将借贷方金额抵减，并根据相抵后的余额转销，确认营业外收支。

刘悦编制记账凭证（图表 10—9）。

图表 10—9　　　　记账凭证

字总　×　号
字分　　　号

2017 年 12 月 25 日

摘　要	总账科目	明细科目	借方金额	贷方金额	记账
结转处置固定资产	固定资产清理	生产线（灌装一车间）	115,000.00		
清理净收益	营业外收入	非流动资产处置利得		115,000.00	
合　计			115,000.00	115,000.00	

附件 2 张

会计主管：　　记账：　　审核：　　制证：刘悦

练一练

单项选择题（请在下列选项中选择一个正确答案并填在括号中）

1. 以下不通过“固定资产清理”账户核算的是（　　）。

A. 清理不需要、不使用的闲置固定资产

B. 正常、非正常报废的固定资产

C. 对外投资的固定资产

D. 对外捐赠的固定资产

2. 企业对现有一台设备进行清理，原值 100 万元，累计折旧 70 万元，清理过程中发生清理费用 5 万元，清理收入 70 万元（相关税费略），该项固定资产清理净收益为（　　）。

A. 70 万元　　B. 65 万元　　C. 30 万元　　D. 35 万元

3. 固定资产清理过程中发生的处置净损益，应在处置结束后转入（　　）。

A. 其他业务收入（或成本）账户　　B. 营业外收入（或支出）账户

C. 资产减值损失账户　　D. 投资收益账户

判断题（判断正误并在括号内填“√”或“×”）

固定资产处置结束后，“固定资产清理”账户应无余额。（　　）

任务 11　无形资产

知识点

- 无形资产的确认
- 无形资产取得、摊销、转让核算业务涉及的账户

技能点

- 能够正确地对无形资产取得、摊销、转让进行核算

任务描述

2013 年 10 月，万泉河啤酒公司以 120 万元购入龙泉啤酒（属于广东龙泉啤酒集团）在本地区的 5 年商标特许权。

2013 年，万泉河啤酒公司以 5 万元注册取得“万泉河”啤酒商标，尚不能确定使用期限。

2017 年 12 月，新增股东上海裕达贸易公司以 500 万元的工业专有技术入股，摊销期限 10 年。

2017 年 12 月末，财务部对公司的无形资产进行本月摊销核算。

任务分析

在生产经营过程中，除房屋建筑物、机器设备等固定资产可以为企业创造收益外，企业所掌握的生产技术、专利，所拥有的商标品牌也能为企业带来经济效益。这些资产

不具有实物形态，被称为无形资产。无形资产与固定资产同属于长期资产，其核算与固定资产有相同之处，但其价值摊销核算有别于固定资产折旧。

相关知识

一、无形资产及其确认

无形资产是指企业拥有或控制的、没有实物形态的可辨认非货币性资产。无形资产区别于其他资产的显著特征就是没有实物形态。通常所说的专利权、非专利技术、商标权、专营权、著作权、土地使用权等均为无形资产。

无形资产确认应满足以下两个条件：

1. 与该无形资产有关的经济利益很可能流入企业；
2. 该项无形资产的成本必须能够可靠计量。

二、无形资产取得的核算

无形资产同固定资产，按取得时的实际成本计价入账。由于无形资产取得的来源渠道不同，其入账价值的确定方式略有不同。

1. 外购的无形资产

企业外购的无形资产应以实际支付的价款作为其入账价值。对于大多数企业而言，无形资产的来源基本上都是外购取得。根据购入无形资产取得的增值税专用发票、付款证明等单据进行核算，会计分录如下：

借：无形资产
　　应交税费——应交增值税（进项税额）
　　贷：银行存款

2. 投资者投入的无形资产

投资者投入的无形资产，应当按投资合同或协议约定价值入账。根据资产产权转移证明、投资协议、增值税专用发票等单据进行核算，会计分录如下：

借：无形资产（投资合同或协议约定价值）
　　应交税费——应交增值税（进项税额）
　　贷：实收资本（投资人所占注册资本金份额部分）
　　　　资本公积（投资人超出所占注册资本金份额部分）

3. 自行研发的无形资产

企业自行开发的无形资产应当区分研究阶段支出与开发阶段支出。由于项目处于研究阶段，企业不能确定项目未来是否带来经济利益的流入，因此，研究阶段支出应当于发生时计入当期损益；项目进入开发阶段，意味着该项目能够有明确的市场前景，未来能够带来经济利益的流入，或者其开发成本能够得到补偿，因此本阶段支出计入无形资产账面价值。

简单而言，无形资产研究阶段支出费用化，开发阶段支出符合资本化条件的将其资本化。

企业根据研发过程中发生费用的相关单据、付款单据等进行核算，会计分录如下：

（1）研究阶段

①发生支出

借：研发支出——费用化支出

　　贷：银行存款

②期末结转

借：管理费用

　　贷：研发支出——费用化支出

（2）开发阶段

①发生支出

借：研发支出——资本化支出

　　贷：银行存款

　　　　应付职工薪酬等

②达到预定可使用状态

借：无形资产

　　贷：研发支出——资本化支出

三、无形资产摊销的核算

无形资产同固定资产一样，能在较长时间里给企业带来经济效益，但它所具有的价值总有一天会终结或消失。因此，无形资产也需要对逐渐减少的价值采用合理的方法进行分摊，会计核算上称为无形资产摊销。

1. 无形资产摊销的方法

（1）企业取得无形资产，首先应合理确定其使用寿命。无法确定使用寿命的无形资产，因无法确定摊销期则不分期摊销，而是在该无形资产不能为企业带来经济利益时一次性转销。例如，本任务中“万泉河”啤酒商标可以使用的时间在注册时无法确定，因此不分期摊销。

（2）无形资产能确定其使用寿命的，应该在其使用寿命内采取合理方法进行摊销。无形资产根据其经济利益的预期实现方式，可以采用生产总量法、直线法等方法摊销。无形资产摊销类似计提固定资产折旧，不同的是其净残值应当视为零。

2. 无形资产摊销的起止时间

对于使用寿命有限的无形资产应当自可供使用（即其达到预定用途）当月起开始摊销，处置当月不再摊销。

3. 无形资产摊销的核算方法

企业自用的无形资产，其摊销额计入管理费用；转让无形资产使用权（也称无形资产出租），其摊销额计入其他业务成本；无形资产包含的经济利益通过所生产的产品或其他资产实现的，其摊销金额应当计入相关资产成本。会计分录如下：

借：管理费用（自用）

其他业务成本（转让无形资产使用权）

制造费用

贷：累计摊销

四、无形资产转让的核算

一般情况下，企业拥有的无形资产自己使用，为企业创造经济利益，但也存在出租无形资产使用权、出售无形资产所有权的经济行为，在会计核算上将其统称为无形资产转让。

1. 出租无形资产

出租无形资产是将无形资产的一定期间的全部或部分使用权让渡给其他单位或个人，出租方保留对该项无形资产的所有权，受让方只取得无形资产使用权。

一般而言，出租无形资产属于企业的一项附营业务，其租金计入“其他业务收入”账户；出租期间无形资产的摊销额，计入“其他业务成本”账户。根据增值税专用发票、收款单、摊销计算表等单据核算，会计分录如下：

（1）取得转让使用权收入

借：银行存款

贷：其他业务收入

应交税费——应交增值税（销项税额）

（2）发生与该转让使用权有关的相关费用

借：其他业务成本

贷：累计摊销

银行存款

2. 出售无形资产

出售无形资产，即将无形资产的所有权转让。无形资产出售，应将取得的价款扣除该无形资产账面价值以及出售相关税费后的差额，计入当期损益（净收益计入“营业外收入”账户或净损失计入“营业外支出”账户），会计分录如下：

借：银行存款

累计摊销

无形资产减值准备

营业外支出（借方差额，出售无形资产净损失）

贷：无形资产

应交税费——应交增值税（销项税额）

营业外收入（贷方差额，出售无形资产净收益）

五、无形资产核算涉及的账户

1.“无形资产”账户

“无形资产”账户用于核算企业持有的无形资产成本。本账户属于资产类账户，借方登记外购无形资产成本、自行开发无形资产允许资本化的支出，贷方登记转销的无形资产价值，期末借方余额反映企业无形资产成本。

本账户可按无形资产项目进行明细核算。

2.“累计摊销”账户

“累计摊销”账户用于核算企业对使用寿命有限的无形资产计提的累计摊销额。本账户是“无形资产”账户的备抵（抵减）账户，借方登记处置无形资产转销的摊销额，贷方登记按期计提的无形资产摊销额，期末贷方余额反映企业无形资产的累计摊销额。

3.“研发支出”账户

“研发支出”账户用于核算企业进行研究与开发无形资产过程中发生的各项支出。本账户属于成本类账户，借方登记在研发过程中发生的各项支出，贷方登记结转入期间损益的费用化支出或结转入无形资产入账价值的资本化支出，期末借方余额反映企业正在进行无形资产研究开发项目满足资本化条件的支出。

本账户可按研究开发项目分设“费用化支出”“资本化支出”进行明细核算。

任务实施

2017 年 12 月 25 日

→主管会计张茜编制了无形资产摊销计算表（图表 11—1）。

图表 11—1　　无形资产摊销计算表

2017 年 12 月　　单位：元

项　目	账面金额	摊销期限	月摊销额	备注
龙泉啤酒商标使用权	1,200,000	5 年	20,000.00	直线法
工业专有技术	5,000,000	10 年	41,666.67	直线法
合计			61,666.67	

制表人：张茜

分析：股东上海裕达贸易公司投入的工业专有技术每月摊销额 =5,000,000/（10×12）=41,666.67（元）；“龙泉”啤酒商标每月摊销额 =1,200,000/（5×12）=20,000（元）。

→制单会计刘悦根据无形资产摊销计算表，编制记账凭证（图表 11—2）。

图表 11—2

记账凭证

2017 年 12 月 25 日

字总 × 号
字分 号

摘 要	总账科目	明细科目	借方金额	贷方金额	记账
摊销无形资产	管理费用	摊销	61,666.67		
	累计摊销		.	61,666.67	
合 计			61,666.67	61,666.67	

附件 1 张

会计主管： 记账： 审核： 制证：刘悦

练一练

单项选择题（请在下列选项中选择一个正确答案并填在括号中）

1. 某企业于 2015 年 10 月以 10 万元购入一项商标权，预计使用 5 年。2017 年 10 月，该企业将该商标权以 8 万元出售，按税法要求应缴纳的增值税为 0.45 万元，则出售该项商标权实现的收益为（ ）。

A. 1.55 万元 B. 2 万元 C. –2 万元 D. 8 万元

2. 以下有关无形资产表述不正确的说法是（ ）。

A. 无形资产区别于其他资产的显著特征就是没有实物形态

B. 无形资产摊销与固定资产折旧一样，一般需要在其使用寿命内合理分摊

C. 外购无形资产应以实际支付价款作为入账价值

D. 出租无形资产取得的租金收入应计入“营业外收入”账户

判断题（判断正误并在括号内填“√”或“×”）

1. 无形资产摊销原则是“本月投入使用无形资产，下月开始摊销，本月减少的无形资产，本月依旧摊销，下月起不再摊销”。（ ）

2. 自行研发的无形资产在研发阶段的支出应予以资本化，在开发阶段的支出应计入当期损益。（ ）

3. 能够判断使用寿命（期限）的无形资产，其价值在使用寿命内合理摊销，使用寿命不确定的无形资产不应分期摊销。（ ）

4. 企业出售无形资产取得的价款，不作为经营活动收入，应计入“营业外收入”账户。（ ）

业务题

甲公司在2018年5月以135,000元转让一项专有技术，该款项已到公司银行存款账户。该资产于2015年5月购入并投入使用，入账价值为300,000元，预计使用年限为5年，该项资产已计提减值准备2,000元，按税法要求应缴纳增值税7,642元。

要求：编制无形资产转让的会计分录。

项目 4　生产准备——材料采购的核算

企业生产经营过程中不仅需要准备制造产品的各种原料、辅料、包装材料，还需购入维修机器设备的专用工具、修理配件，以及办公桌椅等日常管理用品、用具。企业取得这些生产产品必备的物料及经营管理必需的用品、用具，统称为材料采购，这是企业生产经营过程中的重要环节。

材料采购业务涉及企业采购部门、仓储部门、财务部门，各部门之间的业务关系为：

1. 采购部门与供应商签订采购合同，将采购合同、材料采购相关发票送财务部结算。

2. 仓储部收到采购的材料，验收入库，开具一式多联的收料单，分别送采购部和财务部。

3. 财务部依据收到的采购材料发票、收料单及货款结算凭证做采购、材料入库、货款结算等相关业务的账务处理。

4. 采购部及时申请货款结算，财务部根据资金情况支付货款。

通常，根据付款时间不同，材料采购有三种形式：一手付款一手提货，先提货后付款，先付款后提货。这些采购都涉及材料采购成本、材料入库与付款的核算，但是由于采购形式不同，其账务处理各异。

任务 12　外购原材料的核算

任务 12—1　现款采购原材料的核算

知识点	技能点
● 现款采购方式 ● 材料采购成本的确定 ● 材料采购涉及的账户及核算	● 能够正确进行原材料的现款采购、入库及付款的核算

任务描述

万泉河啤酒公司采购部根据2017年12月采购计划，与海口市天涯外贸公司签订合同，采购啤酒花500公斤，约定款到自行提货。

2017年12月2日，采购部依据采购合同向财务部申请支付海口市天涯外贸公司采购啤酒花的货款，并于当日取得采购啤酒花的提货单和增值税专用发票，将增值税专用发票交财务部。

2017年12月3日，采购部联系海口市货运公司将采购的啤酒花运抵仓库，当即现金结算运费，取得运费发票一张，交财务部报销。

2017年12月3日，仓储部收到外购的啤酒花，验收入库，开具收料单并交财务部。

财务部收到上述单据后，进行采购啤酒花的核算。

任务分析

一手付款一手提货的采购形式，为通常所说的现款采购。采购材料必然会发生相关支出，那么哪些支出应确认为材料的采购成本？企业外购的材料因运输路途等原因，可能暂时无法到达企业，会计核算中还需要对已经验收入库的材料和在途未入库的材料区别反映。

相关知识

一、现款采购方式

现款采购即付款提货。在现款采购业务中，付款通常是指通过开户银行办理完货款结算手续，可以采用转账支票、汇兑的形式将货款划转到供应商的银行账户，也可以开出支票、银行汇票、银行本票等票据送交供应商，而货款不一定已到供应商账户。提货指的是取得提货单，通常企业单件、小批量采购业务付款后即可提取货物，而一些大宗采购业务因运输、物流配送等原因，付款后不一定能提取货物，但取得提货单即认定取得采购材料的所有权。

二、材料采购成本的确定

除发生购买价款外，采购材料还会发生相关税费、运杂费等采购费用。一般而言，材料入库前发生的合理支出都应计入材料的采购成本，包括买价、相关税费及其他归属于材料采购成本的采购费用等。

1. 买价

买价是指购入材料取得增值税专用发票（或普通发票）注明的货款金额。

值得注意的是，企业若为一般纳税人，其购买材料时取得相关增值税专用发票或海关完税凭证中单列的增值税额可以作为进项税额抵扣，不计入材料采购成本。企业购买材料若取得的是普通发票，买价中包含的增值税额应计入材料的采购成本。

2. 相关税费

相关税费通常是指企业购买材料支付的消费税、资源税等应计入材料采购成本的税费，以上税费已包含在材料的买价中。企业若进口材料，所缴纳的关税也一律计入进口材料的采购成本。

3. 其他归属于材料采购成本的采购费用

其他归属于材料采购成本的采购费用是指购入材料入库前发生的运输费、装卸费、保险费、包装费等运杂费，以及运输途中的合理损耗、入库前的挑选整理费用等。

应注意的是，一般纳税人企业购入材料支付的运输费等，其取得的增值税专用发票中单列的增值税额可以作为进项税额抵扣，不计入材料采购成本。

三、材料采购核算涉及的账户

为反映企业采购的材料是否入库，会计核算中设置“原材料”账户，反映已验收入库的材料；设置“在途物资”账户，反映在途或尚未验收入库的材料等物资。

1.“原材料”账户

“原材料”账户，在采用实际成本法下核算企业原材料的收入、发出和结存的实际成本。本账户属于资产类账户，借方登记入库原材料的实际成本，贷方登记发出原材料的实际成本，期末借方余额反映企业库存原材料的实际成本。

本账户应按材料的保管地点、类别、品种和规格进行明细核算。

2.“在途物资”账户

“在途物资”账户用于核算企业在采用实际成本法下购入但尚未验收入库的各种物资的采购成本。本账户属于资产类账户，借方登记购入但尚未验收入库物资的采购成本，贷方登记验收入库物资的采购成本，期末借方余额反映企业在途物资的采购成本。

本账户一般按供货单位和物资种类进行明细核算。

四、现款采购原材料的账务处理

现款采购原材料，会计依据采购原材料的增值税专用发票的发票联、付款的凭证以及收料单等单据，编制会计分录如下：

借：在途物资（原材料未入库时）

　　或原材料（原材料已入库，有收料单时）

　　应交税费——应交增值税（进项税额）

　　贷：银行存款（采用支票、汇兑、委托收款等结算方式时）

　　　　或其他货币资金（采用银行汇票、银行本票等结算方式时）

在途材料入库时，会计依据收料单，编制会计分录如下：

借：原材料

　　贷：在途物资

任务实施

1. 2017 年 12 月 2 日

→主管会计张茜审核采购部送来的付款申请单（格式参见任务 2—1 的图表 2—3，本书其他任务中的付款申请单均略）及所附的增值税专用发票与采购合同（略，本书其他任务中的采购合同均略）。经审核，确认无误。

分析：支付采购材料货款时，会计首先核实付款申请单、发票，采购合同中的品种、数量、金额是否一致，付款单位与供货单位是否一致；其次核实公司授权分管采购业务领导的签署意见。

→财务经理冯阳审核签字，同意当日付货款。

分析：万泉河啤酒公司大额资金的使用需经财务经理审批。

→出纳方荷判断为同城结算，开具转账支票，将转账支票正本交采购部办理采购业务，将转账支票存根交制单会计记账。

→制单会计刘悦收到付款申请单及所附的增值税专用发票（图表 12—1）和转账支票存根（图表 12—2）。

图表 12—1

4600171130　　　　**海南增值税专用发票**　　　　№03344114

发　票　联　　　　开票日期：2017 年 12 月 2 日

购买方	名称：	海南万泉河啤酒有限责任公司			密码区			
	纳税人识别号：	914600100089806666						
	地址、电话：	海口市金盘大道 88 号 66819999						
	开户银行及账号：	工行海口市金盘支行 589806688						
货物或应税劳务、服务名称		规格型号	单位	数量	单价	金额	税率	税额
啤酒花			公斤	500.00	90.00	45,000.00	17%	7,650.00
合计						45,000.00		7,650.00
价税合计（大写）		⊗ 伍万贰仟陆佰伍拾元整				（小写）￥52,650.00		
销售方	名称：	海口市天涯外贸公司			备注			
	纳税人识别号：	914600100089805555						
	地址、电话：	海口市南海大道 95 号 66817777						
	开户银行及账号：	工行海口市南海支行 898012377						

第二联　发票联

收款人：　　　复核：　　　开票人：王涛　　　销售方：（章）

海口市天涯外贸公司 914600100089805555 发票专用章

图表 12—2

中国工商银行
转账支票存根

支票号码：089800101
科　　目________________
对方科目________________
出票日期：2017 年 12 月 2 日

收款人：海口市天涯外贸公司
金额：¥52,650.00
用途：付货款

单位主管　　　　会计

分析：收到采购啤酒花的转账支票存根，说明采购材料的款项已支付；收到增值税专用发票，无收料单，说明采购的啤酒花尚未入库。此笔业务属于货款已支付而材料未入库的现款采购业务。

刘悦将增值税专用发票上注明的买价，作为啤酒花的采购成本计入“在途物资”账户；增值税专用发票上注明的增值税额作为进项税额予以抵扣；已支付的啤酒花采购款减少银行存款，编制记账凭证（图表 12—3）。

图表 12—3　　　　**记账凭证**

字总　×　号
字分　　　号

2017 年 12 月 2 日

摘　要	总账科目	明细科目	借方金额	贷方金额	记账
购啤酒花	在途物资	啤酒花	45,000.00		
	应交税费	应交增值税（进项税额）	7,650.00		
	银行存款			52,650.00	
合　　计			52,650.00	52,650.00	

附件 3 张

会计主管：　　　记账：　　　审核：　　　制证：刘悦

2. 2017 年 12 月 3 日

→主管会计张茜对采购部送来的费用报销单与所附采购啤酒花运费发票进行审核，其费用项目与金额一致，且分管领导同意付款并签字。

→出纳方荷支付现金，在费用报销单上加盖“现金付讫”戳记。

→制单会计刘悦收到费用报销单及运费发票（图表 12—4）。

刘悦核实此笔为 12 月 2 日现款采购啤酒花的运费，因尚未收到其收料单，将运费金额计入“在途物资——啤酒花”账户；运费发票中的增值税额计入“应交税费——

应交增值税（进项税额）”账户；支付的现金，减少“库存现金”账户，编制记账凭证（图表 12—5）。

图表 12—4

4600171130　　海南增值税专用发票　　№5812346

发票联　　开票日期：2017 年 12 月 03 日

<table>
<tr><td rowspan="4">购买方</td><td>名称：</td><td colspan="4">海南万泉河啤酒有限责任公司</td><td rowspan="4">密码区</td><td colspan="3" rowspan="4"></td></tr>
<tr><td>纳税人识别号：</td><td colspan="4">914600100089806666</td></tr>
<tr><td>地址、电话：</td><td colspan="4">海口市金盘大道 88 号 66819999</td></tr>
<tr><td>开户银行及账号：</td><td colspan="4">工行海口市金盘支行 589806688</td></tr>
<tr><td colspan="2">货物或应税劳务、服务名称</td><td>规格型号</td><td>单位</td><td>数量</td><td>单价</td><td colspan="2">金额</td><td>税率</td><td>税额</td></tr>
<tr><td colspan="2">运费</td><td></td><td>公斤</td><td>500.00</td><td>0.3720</td><td colspan="2">186.00</td><td>11%</td><td>20.46</td></tr>
<tr><td colspan="2">合计</td><td></td><td></td><td></td><td></td><td colspan="2">186.00</td><td></td><td>20.46</td></tr>
<tr><td colspan="2">价税合计（大写）</td><td colspan="5">⊗贰佰零陆元肆角陆分</td><td colspan="3">（小写）¥206.46</td></tr>
<tr><td rowspan="4">销售方</td><td>名称：</td><td colspan="4">海口市货运公司</td><td rowspan="4">备注</td><td colspan="3" rowspan="4">海口市货运公司
914600100280096537
发票专用章</td></tr>
<tr><td>纳税人识别号：</td><td colspan="4">914600100280096537</td></tr>
<tr><td>地址、电话：</td><td colspan="4">海口解放路 25 号 38786510</td></tr>
<tr><td>开户银行及账号：</td><td colspan="4">工行海口市龙华支行 2089807651</td></tr>
</table>

第二联　发票联

收款人：　　复核：　　开票人：孙涛　　销售方：（章）

图表 12—5　　记账凭证

字总 × 号
字分 号

2017 年 12 月 3 日

摘　要	总账科目	明细科目	借方金额	贷方金额	记账
付啤酒花运费	在途物资	啤酒花	186.00		
	应交税费	应交增值税（进项税额）	20.46		
	库存现金			206.46	
合　计			206.46	206.46	

附件 2 张

会计主管：　　记账：　　审核：　　制证：刘悦

3. 2017 年 12 月 3 日

制单会计刘悦收到仓储部门送来收料单（图表 12—6）。

说明：万泉河啤酒公司采购材料的发票由采购部提交财务部，仓储部收到材料，仅填写收料单中所收材料的名称、数量等信息，收料单中单价、运费等材料成本项目由财务人员依据发票填写。

在会计实务工作中，企业可以根据自身经营管理需要制定合理的材料入库操作流程。企业采购材料的发票也可以先交仓储部门，仓储部则需核实材料数量、单价、运费等项目，并据此填写收料单中的所有项目，然后将材料发票、收料单一并交财务部门记账。

图表 12—6　　收料单

材料科目：材料　　编号：001
材料类别：原料及主要材料　　收料仓库：材料库
供应单位：市天涯外贸公司　　2017 年 12 月 3 日　　发票号码：03344114

材料编号	材料名称	规格	计量单位	数量		实际价格				计划价格	
				应收	实收	单价	发票金额	运费	合计	单价	金额
	啤酒花		公斤	500.00	500.00	*90.372*	*45,000.00*	*186.00*	*45,186.00*		
备注											

采购员：李立　　检验员：李军　　记账员：刘悦　　保管员：冯荣

这两项数据由仓库管理人员填制

这几项数据由制单会计填制

分析：取得收料单，会计应做材料入库的核算，将收料单中的材料成本计入“原材料”账户的借方。

刘悦仅收到收料单，初步判断该批啤酒花为在途材料入库；其次，查阅“在途物资——啤酒花”明细账簿以及相关会计凭证，核对收料单中的供应商、入库数量与会计资料中前期记录一致，根据“在途物资——啤酒花”的账户记录，将收料单中的单价、发票金额、运费等项目填写完整（本书其他任务的收料单填写与此相同，不再赘述）。接着，依据收料单，将啤酒花的成本从“在途物资”账户转入“原材料”账户。刘悦编制记账凭证（图表 12—7）。

图表 12—7　　记账凭证

字总 × 号
字分 号

2017 年 12 月 3 日

摘　要	总账科目	明细科目	借方金额	贷方金额	记账
啤酒花入库	原材料	啤酒花	45,186.00		
	在途物资	啤酒花		45,186.00	
合　　计			45,186.00	45,186.00	

附件 1 张

会计主管：　　记账：　　审核：　　制证：刘悦

4. 条件变化后同一任务的账务处理

假设：2017 年 12 月 3 日，制单会计刘悦同时收到采购啤酒花的增值税专用发票、运费发票、收料单和转账支票存根联，应如何进行账务处理？

分析：刘悦同时取得材料采购、入库和付款的原始凭证，判断属于“货款已付，材料已入库”的现款采购业务。此业务与任务中“货款已付，材料未入库”的现款采购账务处理的区别在于：会计可以将收到的所有原始凭证一并进行账务处理。

刘悦应根据增值税专用发票的啤酒花买价和运费发票金额，计算采购啤酒花的实际成本，填写收料单，并将材料成本直接计入“原材料——啤酒花”账户，根据增值税专用发票和运费增值税专用发票中注明的增值税额，计入“应交税费——应交增值税（进项税额）”账户，根据转账支票存根联的结算金额，减少银行存款，根据运费发票已支付的现金，减少库存现金，编制会计分录如下：

借：原材料——啤酒花　　45,186.00
　　应交税费——应交增值税（进项税额）　　7,670.46
　　贷：银行存款　　52,650.00
　　　　库存现金　　206.46

练一练

单项选择题（请在下列选项中选择一个正确答案并填在括号中）

1. 某增值税一般纳税人企业从外地购进一批丙材料，取得的增值税专用发票上注明买价 30,000.00 元，增值税 5,100.00 元；取得运费增值税专用发票上注明运费 1,000.00 元，增值税 110.00 元；丙材料入库前的挑选整理费为 200.00 元。则该批材料的采购成本是（　　）元。

A. 31,000.00　　B. 31,500.00　　C. 31,200.00　　D. 36,520.00

2. 某增值税一般纳税人企业，2017 年 10 月 9 日收到甲材料的增值税专用发票上注明的价款为 21,200.00 元，增值税额 3,604.00 元，材料尚未验收入库。企业已于 10 月 2 日向销售方支付了一张票面金额为 25,000.00 元的银行汇票。则该企业 10 月 9 日的账务处理为（　　）。

A. 借：在途物资　　21,200.00
　　应交税费——应交增值税（进项税额）　　3,604.00
　　贷：应付账款　　24,804.00

B. 借：在途物资　　21,200.00
　　应交税费——应交增值税（进项税额）　　3,604.00
　　贷：其他货币资金——银行汇票　　24,804.00

C. 借：原材料　　21,200.00
　　应交税费——应交增值税（进项税额）　　3,604.00
　　贷：应付账款　　24,804.00

D. 借：原材料　　21,200.00
　　应交税费——应交增值税（进项税额）　　3,604.00
　　贷：其他货币资金——银行汇票　　24,804.00

任务 12—2　赊购原材料的核算

知识点	技能点
● 赊购方式 ● 现金折扣及账务处理 ● 赊购涉及的账户及核算	● 能够区分现款采购和赊购方式 ● 能够正确进行赊购原材料的采购、入库及付款的核算

任务描述

2017 年 12 月 3 日，万泉河啤酒公司采购部与乌鲁木齐啤酒物资有限公司签订合同采购麦芽 10 万公斤。合同约定，供应商当日发货，承担运费，采购方应在一个月内付款，并附加现金折扣条件为：2/10，1/20，n/30，现金折扣以买价计算，不包括增值税款。

2017 年 12 月 15 日，仓储部收到麦芽，验收入库，开具收料单送财务部。

2017 年 12 月 17 日，财务部收到采购麦芽的增值税专用发票。

2017 年 12 月 22 日，采购部与财务部协商后，申请在 20 日内支付采购麦芽的货款，享受 1% 的现金折扣。

任务分析

在日常采购业务中，因买卖双方长期的购销关系等原因，买方可能先取得货物后支付货款。此类型业务与现款采购不同之处是“材料先到，货款延期支付”，并经常会出现“材料到，发票未到”的情形。如果遇到这种情况，应如何进行账务处理？

当出现“材料先到，货款延期支付”的情况时，卖方为鼓励买方尽早付款，在合同中有时会附加提前付款的优惠条件，称为现金折扣。本任务中“现金折扣条件 2/10，1/20，n/30”应该如何理解？账务处理中应如何反映现金折扣？

相关知识

一、赊购方式

在企业采购业务中，买方根据卖方提供的商业信用，先取得材料而后付款的采购方式称为赊购。赊购通常表现为买方在约定的商业信用期内付款，或开出到期承兑付款的商业汇票两种情况。

二、现金折扣及账务处理

1. 概念

现金折扣（又称销售折扣）是指在赊购的商品交易中，卖方为了鼓励买方在规定的期限内早日偿付货款而给予的一种付款优惠条件。即买方在商业信用期内，若愿意提前付款，可以按采购合同约定的价款“少”付一部分货款。

2. 现金折扣的表示方法

现金折扣一般用符号“折扣率 / 付款期限”表示。例如，合同中约定“2/10，1/20，n/30”，表示的是：买方在 10 天内付款给予 2% 折扣；买方在 11 ~ 20 天内付款给予 1% 的折扣；如果买方在 21 ~ 30 天内付款则不享受折扣，表示为“n/30”。

3. 现金折扣的账务处理

在我国会计实务中，买方享受了现金折扣而少付的款项和卖方因此少收的款项均为一项理财费用，计入财务费用。

当采购附有现金折扣条件时，买方收到材料发票的金额是未考虑现金折扣的价款（即卖方以合同约定的全价开具销售发票）。按我国企业会计准则规定，买方以材料发票注明的买价计入材料的采购成本，买方如果在信用期内提前付款，少支付的款项应冲减财务费用。因此，采购材料发生的现金折扣不影响材料采购成本。

三、赊购核算涉及的账户

1.“应付账款”账户

“应付账款”账户用于核算企业与供货单位发生的债务和清偿情况。本账户属于负债类账户，贷方登记应付尚未支付的供货单位的款项，借方登记偿还的应付款项，期末贷方余额反映企业应付而未付的金额。

本账户应按债权人进行明细核算。

2.“应付票据”账户

“应付票据”账户用于核算企业因购买材料、商品或接受劳务等而开出、承兑的商业汇票，包括银行承兑汇票和商业承兑汇票。本账户属于负债类账户，贷方登记企业开出、承兑的商业汇票或以承兑商业汇票抵付货款等，借方登记商业汇票到期支付或无力支付转出的应付票据票面金额，期末贷方余额反映企业持有尚未到期的应付票据的票面金额。

本账户应按债权人进行明细核算。

为加强应付票据的管理，企业应当设置“应付票据备查簿”（图表 12—8），详细登记每一商业汇票的种类、号数、出票日期、到期日、票面金额、交易合同号、收款人姓名或单位名称以及付款日期和金额等信息。应付票据到期结清时，应在备查簿内逐笔予以注销。

图表 12—8　　应付票据备查簿

<table>
<tr><th colspan="2">年</th><th colspan="2">凭证</th><th rowspan="2">摘要</th><th rowspan="2">合同字号</th><th colspan="5">票据基本情况</th><th colspan="2">到期付款</th><th colspan="2">延期付款</th></tr>
<tr><th>月</th><th>日</th><th>字</th><th>号</th><th>号码</th><th>签发日期</th><th>到期日期</th><th>收款人</th><th>金额</th><th>日期</th><th>金额</th><th>日期</th><th>金额</th></tr>
<tr><td></td><td></td><td></td><td></td><td></td><td></td><td></td><td></td><td></td><td></td><td></td><td></td><td></td><td></td><td></td></tr>
<tr><td></td><td></td><td></td><td></td><td></td><td></td><td></td><td></td><td></td><td></td><td></td><td></td><td></td><td></td><td></td></tr>
<tr><td></td><td></td><td></td><td></td><td></td><td></td><td></td><td></td><td></td><td></td><td></td><td></td><td></td><td></td><td></td></tr>
</table>

四、赊购业务的账务处理

在赊购业务的账务处理中，根据是否取得材料发票账单，分为“材料已入库，发票账单已到”和“材料已入库，发票账单未到”两种类型，账务处理方式见图表 12—9。

图表 12—9　　赊购业务不同情况的账务处理

<table>
<tr><th colspan="2">业务类型</th><th>账务处理方式</th></tr>
<tr><td colspan="2">材料已入库，
发票账单已到</td><td>根据发票、收料单将材料采购成本直接计入“原材料”账户。会计分录为：
借：原材料
　　应交税费——应交增值税（进项税额）
　　贷：应付账款（或应付票据）</td></tr>
<tr><td rowspan="2">材料已入库，发票账单未到</td><td>月末之前收到发票账单</td><td>1. 收到材料时，因发票账单未到无法确定采购成本，仅按实收数量登记材料明细账，暂不进行账务处理
2. 待收到有关发票账单，与已收的收料单一并进行账务处理。会计分录同“材料已入库，发票账单已到”的处理</td></tr>
<tr><td>月末仍未收到发票账单</td><td>1. 收料当月末，为保证账实相符，可暂按采购材料的合同价、市价等估价入账。会计分录为：
借：原材料
　　贷：应付账款——暂估应付账款
2. 次月初，做相反的会计分录予以冲销，会计分录为：
借：应付账款——暂估应付账款
　　贷：原材料
3. 待收到发票账单后，按正常的采购业务处理。会计分录同“材料已入库，发票账单已到”的处理</td></tr>
</table>

付货款时，会计依据付款凭证编制会计分录如下：

借：应付账款

　　应付票据（商业汇票到期时）

　　贷：银行存款

　　　　财务费用（享受的现金折扣）

若商业承兑汇票到期无力付款时，会计依据退票等单据编制会计分录如下：

借：应付票据

　　贷：应付账款

若银行承兑汇票到期企业无力付款，银行垫付款项时，会计依据银行相关单据编制会计分录如下：

借：应付票据

　　贷：短期借款

任务实施

1. 2017 年 12 月 15 日

制单会计刘悦收到仓储部传来的收料单（图表 12—10）（此时收料单中有仓管部门填写的数量，实际价格各栏目及发票号码无数据）。

图表 12—10　　收料单

材料科目：材料　　编号：002

材料类别：原料及主要材料　　收料仓库：材料库

供应单位：乌市啤酒物资公司　　2017 年 12 月 15 日　　发票号码：2346581

材料编号	材料名称	规格	计量单位	数量		实际价格				计划价格	
				应收	实收	单价	发票金额	运费	合计	单价	金额
	麦芽		公斤	100,000.00	100,000.00	*5.60*	*560,000.00*		*560,000.00*		
备注											

采购员：李立　　检验员：李军　　记账员：刘悦　　保管员：冯荣

分析：收到收料单，无相关材料的发票，会计应与采购部核实相关采购情况，判断采购业务类型。

刘悦判断本业务属于“材料已入库，发票账单未到”的赊购业务，收料单暂不处理，待收到采购麦芽的发票时一并记账。

2. 2017 年 12 月 17 日

刘悦收到采购麦芽的采购合同与增值税专用发票（图表 12—11）。

刘悦首先核实该发票为 12 月 15 日已入库赊购麦芽的发票，其次填写 12 月 15 日收到的收料单中各实际价格栏目（图表 12—10）。

最后刘悦确定麦芽的入库成本和可以抵扣的增值税进项税额，同时将应付而未付的材料买价和增值税款计入“应付账款”账户。刘悦根据增值税专用发票和收料单编制记账凭证（图表 12—12）。

图表 12—11

4600171130　　　　**新疆增值税专用发票**　　　　№2346581

发　票　联　　　　开票日期：2017 年 12 月 3 日

购买方	名称：海南万泉河啤酒有限责任公司 纳税人识别号：914600100089806666 地址、电话：海口市金盘大道 88 号 66819999 开户银行及账号：工行海口市金盘支行 589806688				密码区			
货物或应税劳务、服务名称	规格型号	单位	数量	单价	金额	税率	税额	
麦芽		公斤	100,000.00	5.60	560,000.00	17%	95,200.00	
合计					560,000.00		95,200.00	
价税合计（大写）	⊗ 陆拾伍万伍仟贰佰元整				（小写）¥655,200.00			
销售方	名称：乌鲁木齐啤酒物资有限责任公司 纳税人识别号：916501100082801786 地址、电话：乌鲁木齐解放路 25 号 7878651 开户银行及账号：工行乌鲁木齐分行 2089807651				备注	乌鲁木齐啤酒物资有限责任公司 916501100082801786 发票专用章		

第二联　发票联

收款人：　　　复核：　　　开票人：孙涛　　　销售方：（章）

图表 12—12

记账凭证

字总 × 号
字分　号

2017 年 12 月 17 日

摘　要	总账科目	明细科目	借方金额	贷方金额	记账
购麦芽	原材料	麦芽	560,000.00		
	应交税费	应交增值税（进项税额）	95,200.00		
	应付账款	乌市啤酒物资公司		655,200.00	
合　计			655,200.00	655,200.00	

附件 2 张

会计主管：　　　记账：　　　审核：　　　制证：刘悦

3. 2017 年 12 月 22 日

→主管会计张茜审核采购部提交的采购麦芽付款申请书，查阅采购合同，除常规审核项目外，重点审核付款额。因公司在 20 日内付货款，可以享受 1% 的现金折扣，即折扣额 =560,000 × 1%=5600（元），因此实付货款额 =560,000 ×（1–1%）+95,200=649,600（元）。

→财务部经理冯阳审批，同意当日付款。

→出纳方荷判断为异地结算，以电汇结算方式办理。

→制单会计刘悦收到付款申请单（略）及电汇回单联（图表 12—13）。

图表 12—13

中国工商银行 **电汇凭证**（回单） NO：0289350

委托日期 2017 年 12 月 22 日

汇款人	全称	海南万泉河啤酒有限责任公司			收款人	全称	乌鲁木齐啤酒物资有限责任公司		
	账号或住址	589806688				账号或住址	2089807651		
	汇出地点	海口市	汇出行名称	工行海口市金盘支行		汇入地点	乌鲁木齐市	汇入行名称	工行乌鲁木齐分行
金额	人民币（大写）陆拾肆万玖仟陆佰元整								千 百 十 万 千 百 十 元 角 分：¥ 6 4 9 6 0 0 0 0
汇款用途：付货款					（汇出行盖章）				
上列款项已根据委托办理，如需查询，请持此回单来行面洽。					年 月 日				
单位主管 会计 出纳 记账									

此联是给汇款人的回单

（印章：中国工商银行 海口市金盘支行 2017.12.22 转讫）

刘悦判断此业务为支付赊购麦芽货款，查阅会计账簿“应付账款”明细账户，转销已记录的应付麦芽货款，将公司享受的 1% 现金折扣额计入“财务费用”账户；根据电汇回单联中的实际付款额，减少银行存款。刘悦编制记账凭证（图表 12—14）。

图表 12—14

记账凭证

字总 × 号
字分 号

2017 年 12 月 22 日

摘　要	总账科目	明细科目	借方金额	贷方金额	记账
付麦芽货款	应付账款	乌市啤酒物资公司	655,200.00		
	财务费用	现金折扣		5,600.00	
	银行存款			649,600.00	
合　　计			655,200.00	655,200.00	

附件 1 张

会计主管： 记账： 审核： 制证：刘悦

4. 条件变化后同一任务的账务处理

（1）假设一：若上述任务中其他条件均不变；直至 2018 年 1 月 3 日，万泉河啤酒公司财务部才收到 12 月 15 日入库麦芽的增值税专用发票，并当日支付货款。制单会计应该如何进行账务处理？

分析：此假设与本任务不同之处在于，万泉河啤酒公司 12 月末仍未收到本月入库麦芽的发票，属于赊购业务中的第二种形式——“材料已入库，发票账单未到”，其相关账务处理涉及三个环节：第一，应于 12 月末先暂估入账；第二，于 2018 年 1 月初，做相反会计分录冲销；第三，待 2018 年 1 月 3 日发票到时，再按采购业务进行处理。

万泉河啤酒公司的相关账务处理如下：

1）2017 年 12 月 15 日，制单会计刘悦收到仓储部传来麦芽验收入库的收料单，暂不进行账务处理。

2）2017 年 12 月 31 日，为保证账实相符，刘悦根据合同买价 560,000 元，对已入库的麦芽暂估入账，编制会计分录如下：

借：原材料——麦芽　　560,000.00

　　贷：应付账款——暂估应付账款　　560,000.00

3）2018 年 1 月 1 日，刘悦用相反会计分录冲回上月的暂估入账，编制会计分录如下：

借：应付账款——暂估应付账款　　560,000.00

　　贷：原材料——麦芽　　560,000.00

4）2018 年 1 月 3 日，刘悦收到采购麦芽的增值税专用发票和支付麦芽货款的电汇回单联，编制会计分录如下：

借：原材料——麦芽　　560,000.00

　　应交税费——应交增值税（进项税额）　　95,200.00

　　贷：银行存款　　655,200.00

提示：因 1 月 3 日支付货款，已超出现金折扣享受期，无现金折扣，电汇回单联中付款额为全额货款 655,200 元。

（2）假设二：若上述任务中其他条件均不变；2017 年 12 月 3 日，万泉河啤酒公司采购部向乌鲁木齐啤酒物资有限公司采购麦芽时，以一张 2018 年 2 月 25 日到期、面值为 655,200 元的银行承兑汇票结算货款。制单会计应该如何进行账务处理？

分析：本假设中，仍为赊购麦芽，唯一不同的是通过银行承兑汇票结算方式获得一定信用期，先取得材料后付款。

万泉河啤酒公司的相关账务处理如下：

1）2017 年 12 月 15 日，刘悦收到仓储部交来的外购麦芽收料单，暂不处理，待收到外购麦芽增值税专用发票时一并处理。

2）2017 年 12 月 17 日，刘悦收到采购员交来的外购麦芽增值税专用发票，与已办理的银行承兑汇票申请书、收料单一并处理，编制会计分录如下：

借：原材料——麦芽　　560,000.00

　　应交税费——应交增值税（进项税额）　　95,200.00

　　贷：应付票据——银行承兑汇票（乌市啤酒物资公司）　　655,200.00

3）2018 年 2 月 25 日，刘悦收到方荷从开户银行取回的银行承兑汇票到期的委托收款付款通知书，编制会计分录如下：

借：应付票据——银行承兑汇票（乌市啤酒物资公司）　　655,200.00

　　贷：银行存款　　655,200.00

练一练

单项选择题（请在下列选项中选择一个正确答案并填在括号中）

1. 某增值税一般纳税人企业在2017年9月18日赊购材料100件，增值税专用发票上注明的价款为10,000.00元，增值税额为1,700.00元。采购合同中约定的现金折扣条件为：2/10，1/20，n/30，计算现金折扣时不考虑增值税。企业于2017年9月27日付清货款，则该企业取得的材料入库成本为（　　）元。

A. 11,700.00　　B. 10,000.00　　C. 9,800.00　　D. 11,500.00

2. 某增值税一般纳税人企业从其他企业赊购一批原材料，买价为200,000.00元，增值税为34,000.00元，对方代垫运杂费6,000.00元，该原材料已验收入库。企业购买材料应付账款的入账价值为（　　）元。

A. 240,000.00　　B. 234,000.00　　C. 206,000.00　　D. 200,000.00

3. 某增值税一般纳税人企业在2017年10月8日赊购材料100件，增值税专用发票上注明的价款为15,000.00元，增值税额为2,550.00元。采购合同中约定的现金折扣条件为：2/10，1/20，n/30，计算现金折扣时不考虑增值税。企业在2017年10月16日支付货款时实际付款金额应为（　　）元。

A. 17,550.00　　B. 17,400.00　　C. 17,199.00　　D. 17,250.00

任务12—3　预付款采购原材料的核算

知识点	技能点
● 预付款采购方式及账务处理 ● 预付款涉及的账户及核算 ● 采购费用的分摊	● 能够准确辨别预付款方式采购 ● 能够正确进行预付款采购业务的预付货款、采购、货款结算的核算

任务描述

万泉河啤酒公司采购部与兰州啤酒物资公司签订合同采购麦芽5万公斤，大麦10万公斤。合同约定，采购方预付货款50,000元，货到验收后补付余款，供应商收到预付款后发货并代垫运费。

2017年12月10日，采购部向财务部门申请预付采购麦芽、大麦款。

2017年12月20日，财务部收到采购部传来采购麦芽、大麦的增值税专用发票、运费发票，当日同时收到仓储部开具的麦芽、大麦收料单。

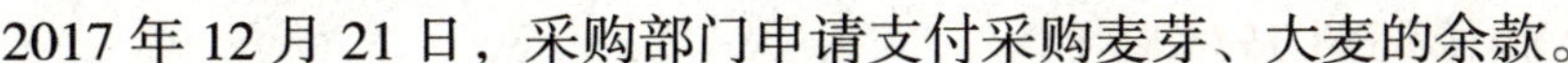

2017 年 12 月 21 日，采购部门申请支付采购麦芽、大麦的余款。

任务分析

先付款后收货的采购方式为预付款采购。一般情况下，预先支付的货款仅是材料采购款的一部分，预付款采购会涉及预付款、采购、结算货款三个环节业务的账务处理。会计核算中应设置什么账户反映预付款呢？

本任务中运费是采购麦芽、大麦共同发生的，应该选择合理的分配标准，分摊计入麦芽、大麦的采购成本。

相关知识

一、预付款采购方式及账务处理

企业按照购货合同规定，预先支付给供货单位部分货款，等收到货物后以预付款抵付货款，并结清剩余款项的采购方式称为预付款采购。

1. 预付货款

预付货款时，企业尚未取得采购材料的所有权，预付的款项实质上是企业对销货方的一项短期债权，属于企业的资产，账务处理中专设“预付账款”账户核算。

2. 采购材料

企业收到预付款采购材料的发票，确认材料采购成本的同时，将应支付的所有材料采购款项全部计入“预付账款”账户的贷方。

3. 尾款结算

采用预付款采购方式，预付货款通常仅支付部分采购款，收到材料后应及时结清货款，多退少补，转销“预付账款”账户余额。

值得注意的是，在预付款采购方式下预付款、采购、结算三个环节的账务处理中，款项核算均应通过“预付账款”账户，以保持信息记录的连贯性。

预付款采购各环节的账务处理见图表 12—15。

图表 12—15　　预付款采购各环节的账务处理

业务	“少补”型（预付款 < 货款）	“多退”型（预付款 > 货款）
	例：预付 1 万元，采购 2 万元材料	例：预付 2 万元，采购 1.5 万元材料
预付货款	借：预付账款　10,000.00 　贷：银行存款　10,000.00	借：预付账款　20,000.00 　贷：银行存款　20,000.00
采购材料	借：原材料　20,000.00 　应交税费——应交增值税（进项税额）　3,400.00 　贷：预付账款　23,400.00	借：原材料　15,000.00 　应交税费——应交增值税（进项税额）　2,550.00 　贷：预付账款　17,550.00
尾款结算	补付货款： 借：预付账款　13,400.00 　贷：银行存款　13,400.00	收回多付货款： 借：银行存款　2,450.00 　贷：预付账款　2,450.00

二、预付款采购核算涉及的账户

“预付账款”账户用于核算企业按照合同规定预付的款项。本账户是资产类账户，借方登记预付、补付的款项；贷方登记所购物资应支付款项和收回多付款项；期末余额如果在借方，反映企业预付的款项；期末余额如果在贷方，反映企业尚未补付的款项。

本账户应按照供货单位设置明细账进行明细核算。

如果企业不经常发生预付款项业务，也可以不设置本账户，用“应付账款”账户替代。

值得注意的是，期末在资产负债表中反映会计信息时，应分析“预付账款”和“应付账款”的各明细账户余额，按其余额性质重新分类列示（图表 12—16）。

图表 12—16　　预付账款、应付账款明细账余额报表列示一览表

账户	各明细账借方余额	各明细账贷方余额
预付账款（资产类账户）	为企业的一项债权，应列示在资产负债表中资产项目的“预付款项”栏目	为企业的一项负债，应列示在资产负债表中负债项目的“应付账款”栏目
应付账款（负债类账户）		

三、采购费用的分摊

日常采购业务中，为了降低采购费用，企业多采用批量采购。企业用一笔款项一次性购入多种材料时，采购过程中发生的运杂费等共同采购费用应选择合理的分配标准，分配计入不同材料的采购成本。在实际工作中，企业可根据具体情况按照重量、体积、件数、买价等不同标准分配采购费用，常用的分配标准是按照材料的重量分配。以材料按照重量标准分配为例，材料运费的分配公式如下：

$$材料采购费用分配率=\frac{采购费用金额}{所有材料的重量（分配标准）总和}$$

某种材料应分摊的采购费用 = 该种材料的重量（分配标准）× 材料采购费用分配率

任务实施

1. 2017 年 12 月 10 日

→主管会计张茜审核采购部提交的向兰州啤酒物资公司预付款申请书及采购合同，审核无误。

→财务部经理冯阳审批，同意当日付款。

→出纳方荷判断为异地结算，采用电汇结算方式办理预付货款。

→制单会计刘悦收到付款申请书和电汇回单联（图表 12—17）。

图表 12—17

中国工商银行 **电汇凭证**（回单） NO：8902350

委托日期 2017 年 12 月 10 日

汇款人	全称	海南万泉河啤酒有限责任公司			收款人	全称	兰州啤酒物资有限责任公司		
	账号或住址	589806688				账号或住址	189805796		
	汇出地点	海口市	汇出行名称	工行海口市金盘支行		汇入地点	兰州市	汇入行名称	工行兰州市分行

金额	人民币（大写）伍万元整	千	百	十	万	千	百	十	元	角	分
				¥	5	0	0	0	0	0	0

汇款用途：预付材料款	（汇出行盖章）
上列款项已根据委托办理，如需查询，请持此回单来行面洽。	年 月 日
单位主管 会计 出纳 记账	

（印章：中国工商银行 海口市金盘支行 2017.12.10 转讫）

此联是给汇款人的回单

刘悦根据电汇回单联等凭证中注明的付款用途，判断该笔款项为预付货款，一方面增加预付账款，另一方面减少银行存款。刘悦编制记账凭证（图表 12—18）。

图表 12—18 **记账凭证**

字总 × 号
字分 号

2017 年 12 月 10 日

摘 要	总账科目	明细科目	借方金额	贷方金额	记账
预付材料款	预付账款	兰州啤酒物资公司	50,000.00		
	银行存款			50,000.00	
合 计			50,000.00	50,000.00	

附件 2 张

会计主管： 记账： 审核： 制证：刘悦

2. 2017 年 12 月 20 日

刘悦收到采购麦芽、大麦的增值税专用发票（图表 12—19）、运费发票（图表 12—20）和收料单（图表 12—21），核对采购合同，判断该笔业务为收到预付款采购材料。

刘悦以采购麦芽、大麦的重量为分配标准，分配运费增值税发票中的运费金额，编制麦芽、大麦材料的运费分配表（图表 12—22）。

图表 12—19

6201171130　　**甘肃增值税专用发票**　　№62344111

发　票　联　　开票日期：2017 年 12 月 10 日

购买方	名称：	海南万泉河啤酒有限责任公司	密码区				
	纳税人识别号：	914600100089806666					
	地址、电话：	海口市金盘大道 88 号 66819999					
	开户银行及账号：	工行海口市金盘支行 589806688					
货物或应税劳务、服务名称	规格型号	单位	数量	单价	金额	税率	税额
麦芽		公斤	50,000.00	6.00	300,000.00	17%	51,000.00
大麦		公斤	100,000.00	4.00	400,000.00	17%	68,000.00
合计					700,000.00		119,000.00
价税合计（大写）	⊗ 捌拾壹万玖仟元整				（小写）¥819,000.00		
销售方	名称：	兰州啤酒物资有限责任公司	备注	兰州啤酒物资有限责任公司 916201100315608461 发票专用章			
	纳税人识别号：	916201100315608461					
	地址、电话：	兰州市国贸大道 8 号 6890321					
	开户银行及账号：	工行兰州市分行 189805796					

第二联 发票联

收款人：　　复核：　　开票人：李立　　销售方：（章）

图表 12—20

6201171130　　**甘肃增值税专用发票**　　№5812346

发　票　联　　开票日期：2017 年 12 月 10 日

购买方	名称：	海南万泉河啤酒有限责任公司	密码区				
	纳税人识别号：	914600100089806666					
	地址、电话：	海口市金盘大道 88 号 66819999					
	开户银行及账号：	工行海口市金盘支行 589806688					
货物或应税劳务、服务名称	规格型号	单位	数量	单价	金额	税率	税额
运费		公斤	150,000.00	0.0124	1,860.00	11%	204.60
合计					1,860.00		204.60
价税合计（大写）	⊗ 贰仟零陆拾肆元陆角整				（小写）¥2,064.60		
销售方	名称：	兰州货运公司	备注	兰州货运公司 916201102800965337 发票专用章			
	纳税人识别号：	916201102800965337					
	地址、电话：	兰州中山路 15 号 83786510					
	开户银行及账号：	工行兰州市中山分行 7651208980					

第二联 发票联

收款人：　　复核：　　开票人：王伟　　销售方：（章）

图表 12—21　　**收料单**

材料科目：材料　　　　　　　　　　　　　　　　　编号：004
材料类别：原料及主要材料　　　　　　　　　　　　收料仓库：材料库
供应单位：兰州啤酒物资公司　　2017 年 12 月 20 日　　发票号码：62344111

材料编号	材料名称	规格	计量单位	数量		实际价格				计划价格	
				应收	实收	单价	发票金额	运费	合计	单价	金额
	麦芽		公斤	50,000.00	50,000.00	*6.0124*	*300,000.00*	*620.00*	*300,620.00*		
	大麦		公斤	100,000.00	100,000.00	*4.0124*	*400,000.00*	*1,240.00*	*401,240.00*		
备注											

采购员：李立　　检验员：李军　　记账员：刘悦　　保管员：冯荣

图表 12—22　　**麦芽、大麦材料运费分配表**

分配对象	分配标准（公斤）	分配率（元 / 每公斤）	分配额（元）
麦芽	50,000	1,860 ÷ 150,000=0.0124	620.00
大麦	100,000		1,240.00
合计	150,000		1,860.00

提示：通常分配率保留四位小数；因小数误差的影响，大麦分配的运费金额需采用倒挤法计算，即 1,860−620=1,240（元）。

刘悦首先应将麦芽、大麦的买价和所分配的运费金额对应填入收料单的栏目中，并计算麦芽、大麦的入库成本；其次计算可抵扣的增值税进项税额，将应付采购麦芽、大麦的货款和代垫运费金额全部计入“预付账款”账户。刘悦编制记账凭证（图表 12—23）。

图表 12—23　　**记账凭证**

字总 × 号
字分 号

2017 年 12 月 20 日

摘　要	总账科目	明细科目	借方金额	贷方金额	记账
预付款采购	原材料	麦芽	300,620.00		
	原材料	大麦	401,240.00		
	应交税费	应交增值税（进项税额）	119,204.60		
	预付账款	兰州啤酒物资公司		821,064.60	
合　计			821,064.60	821,064.60	

附件 4 张

会计主管：　　记账：　　审核：　　制证：刘悦

3. 2017 年 12 月 21 日

→采购部申请支付采购麦芽、大麦的余款，主管会计张茜重点审核了付款申请书中的付款额，核实无误。

分析：核实预付款采购的尾款结算金额，应查阅采购合同和会计账簿“预付账款”明细账户，确认付款申请额与会计记录的尾款结算金额一致。

→财务经理冯阳审批，同意当日付款。

→出纳方荷判断为异地结算，采用电汇结算方式办理补付货款。

→制单会计刘悦收到电汇回单联（图表 12—24）。

图表 12—24

中国工商银行 **电汇凭证**（回单） NO：3510289

委托日期 2017 年 12 月 21 日

<table>
<tr><td rowspan="3">汇款人</td><td>全称</td><td colspan="3">海南万泉河啤酒有限责任公司</td><td rowspan="3">收款人</td><td>全称</td><td colspan="10">兰州啤酒物资有限责任公司</td><td rowspan="6">此联是给汇款人的回单</td></tr>
<tr><td>账号或住址</td><td colspan="3">589806688</td><td>账号或住址</td><td colspan="10">189805796</td></tr>
<tr><td>汇出地点</td><td>海口市</td><td>汇出行名称</td><td>工行海口市金盘支行</td><td>汇入地点</td><td colspan="3">兰州市</td><td colspan="3">汇入行名称</td><td colspan="4">工行兰州市分行</td></tr>
<tr><td rowspan="2">金额</td><td colspan="6" rowspan="2">人民币
（大写）柒拾柒万壹仟零陆拾肆元陆角整</td><td>千</td><td>百</td><td>十</td><td>万</td><td>千</td><td>百</td><td>十</td><td>元</td><td>角</td><td>分</td></tr>
<tr><td></td><td>¥</td><td>7</td><td>7</td><td>1</td><td>0</td><td>6</td><td>4</td><td>6</td><td>0</td></tr>
<tr><td colspan="5">汇款用途：补付货款
上列款项已根据委托办理，如需查询，请持此回单来行面洽。

单位主管　　会计　　出纳　　记账</td><td colspan="12">（汇出行盖章）
中国工商银行
海口市金盘支行
2017.12.21
转讫
年　　月　　日</td></tr>
</table>

刘悦判断该笔业务为预付款采购中的结算业务，根据电汇回单联中的实际付款额，减少银行存款，转销“预付账款——兰州啤酒物资”账户余额，编制记账凭证（图表 12—25）。

图表 12—25

记账凭证

字总 × 号
字分 号

2017 年 12 月 21 日

摘　要	总账科目	明细科目	借方金额	贷方金额	记账
补付货款	预付账款	兰州啤酒物资公司	771,064.60		
	银行存款			771,064.60	
合　计			771,064.60	771,064.60	

附件 1 张

会计主管：　　记账：　　审核：　　制证：刘悦

4. 条件变化后的同一任务账务处理

假设：2017 年 12 月 20 日，刘悦同时收到采购麦芽、大麦的增值税专用发票、运费发票、收料单和补付货款的电汇回单联，应如何进行账务处理？

分析：本假设与上述任务不同之处是，采购材料与货款结算业务的原始凭证同时取得，可以合并进行账务处理，直接转销“预付账款”账户余额，将补付的货款金额贷记

“银行存款”账户。

刘悦编制会计分录如下：

借：原材料——麦芽　　300,620.00
　　原材料——大麦　　401,240.00
　　应交税费——应交增值税（进项税额）　　119,204.60
　　贷：预付账款——兰州啤酒物资公司　　50,000.00
　　　　银行存款　　771,064.60

知识链接

存　　货

原材料是指企业在生产过程中经加工改变其形态或性质并构成产品主要实体的各种原料及主要材料、辅助材料、外购半成品（外购件）、修理用备件（备品备件）、包装材料、燃料等。原材料在企业对外提供的会计报表中归属于资产负债表中的存货项目，是企业资产信息的重要项目。

1. 存货核算内容

存货是指企业在日常活动中持有以备出售的产成品或商品，处在生产过程中的在产品，在生产过程或提供劳务过程中耗用的材料、物料等。存货核算内容多而复杂，涉及采购、生产、销售各环节，除原材料外，还有以下内容：

（1）在产品。在产品又称在制品，是指企业正在制造尚未完工的产品，反映在“生产成本”账户中。

（2）半成品。半成品是指经过一定生产过程并已检验合格交付半成品仓库保管，但尚未制造完工仍需进一步加工的中间产品，反映在“自制半成品”或“库存商品”账户中。

（3）产成品。产成品又称成品，是指制造业企业已经完成全部生产过程并验收入库，可以按照合同规定的条件送交订货单位，或者可以作为商品对外销售的产品，反映在“库存商品”账户中。

（4）商品。商品是指经过交换且非进入使用过程的产品（如进入商品流通企业的产品），包括外购或委托加工完成验收入库用于销售的各种商品，反映在“库存商品”账户中。

（5）周转材料。周转材料包括包装物及低值易耗品，反映在“周转材料”账户中。

（6）委托加工物资。委托加工物资是指委托给其他单位加工，但是其所有权还是属于委托单位的物资，反映在“委托加工物资”账户中。

（7）委托代销商品。委托代销商品又称托售商品，是指企业委托其他单位代销的商品，反映在“发出商品”账户中。

上述存货核算的内容将分别在本书的后续项目中阐述，存货核算内容虽多，但会计核算相似，核算的关键在于如何确定存货的取得与发出成本。

2. 存货与工程物资的区别

存货与工程物资的主要区别在于其流动性不同。存货通常在一年或者超过一年的一个营业周期内被消耗或经出售转换为现金、银行存款。存货具有较强的流动性，属于流动资产。而工程物资是企业取得的用于工程建造的各种物资，其最终目的是被耗用形成固定资产。因此工程物资归属于非流动资产。

练一练

单项选择题（请在下列选项中选择一个正确答案并填在括号中）

1. 企业为购买材料提前支付给销货方的款项应借记（　　）账户。

A. 长期待摊费用　　B. 预付账款　　C. 预收账款　　D. 银行存款

2. 不设置"预付账款"账户的企业，在采购的材料验收入库并同时收到其增值税专用发票时，应编制（　　）会计分录。

A. 借：银行存款
　　贷：应付账款

B. 借：应付账款
　　贷：银行存款

C. 借：原材料
　　应交税费——应交增值税（进项税额）
　　贷：应付账款

D. 借：原材料
　　应交税费——应交增值税（进项税额）
　　贷：应收账款

3. 某增值税一般纳税人企业采购甲、乙两种材料，取得运费增值税发票中注明的运费 2,000 元，增值税额 220 元。该企业按材料重量为分配标准，其中甲材料 100 公斤，乙材料 50 公斤。则甲材料应分摊的运费为（　　）元。

A. 1333.33　　B. 1480.00　　C. 520.00　　D. 666.67

任务 13　外购包装物与日常用具物品的核算

知识点	技能点
● 包装物核算内容 ● 包装物采购成本的确定 ● 包装物涉及的账户及核算 ● 材料入库的短缺、毁损核算	● 能够区分不同包装物并核算 ● 能够区分低值易耗品与固定资产并核算

任务描述

万泉河啤酒公司采购部与中山市玻璃瓶厂签订合同，采购啤酒瓶 100 万支。合同约定，由销售方代垫运杂费，并委托中山市腾飞运输公司将啤酒瓶运送至海口，采购方验货后一个月内付款。

2017 年 12 月 13 日，财务部收到采购部提交的采购啤酒瓶增值税专用发票和运费增值税专用发票。

2017 年 12 月 15 日，仓储部收到啤酒瓶，实际验收入库 99 万支，短缺 1 万支：其中 9,000 支卸货前已破损，其余 1,000 支为验收入库时搬运破损。

2017 年 12 月 25 日，财务部收到采购部、仓储部提交的啤酒瓶短缺处理说明。

财务部对上述采购啤酒瓶相关业务进行核算。

任务分析

企业生产产品时，不仅需要准备为销售产品所必需耗用的包装物，还需要准备内部储存材料、产品周转使用的包装容器。不同用途的包装物在会计核算中有所区别。

本任务中的外购啤酒瓶发生短缺与毁损，会计核算中需要如实反映，会计应如何进行账务处理呢？

相关知识

一、包装物核算内容

1. 包装物分类

日常所说的包装物根据其经济属性分为两类：一类为劳动对象，是企业生产和劳动价值的载体，构成产品实体；而另一类为劳动手段，为企业生产提供劳动条件，它本身并不形成产品实体。在会计核算中，这两类包装物应分别反映，见图表 13—1。

图表 13—1　　包装物的分类核算

<table>
<tr><th>类别</th><th colspan="2">用途、特点</th><th>会计核算账户</th><th>说明</th></tr>
<tr><td>劳动对象类</td><td colspan="2">为销售商品而使用的各种包装材料，如桶、箱、瓶、坛、袋等</td><td>周转材料——包装物</td><td>本账户反映随产品对外销售或出租、出借而流出企业的包装物</td></tr>
<tr><td rowspan="2">劳动手段类</td><td rowspan="2">用于储存和保管产品、材料而不对外出售、出租、出借的包装物</td><td>价值大，使用年限长（如储存清酒的储存罐）</td><td>固定资产</td><td rowspan="2">该类包装物在企业内部使用，不会流出企业</td></tr>
<tr><td>价值小，使用年限短（如检测样酒的试管）</td><td>周转材料——低值易耗品</td></tr>
</table>

2.“周转材料——包装物”账户核算的具体内容

在会计核算中，通过“周转材料——包装物”账户反映的包装材料，具体包括：

（1）生产过程中用于包装产品并作为产品组成部分的包装物

这些包装物主要用于产品的生产中，与原材料一样形成产品的实体，因此一般把它等同于原材料来进行核算，如装啤酒的啤酒瓶。

（2）随同商品出售不单独计价的包装物

这些包装物是在商品销售过程中，或为商品的保管提供方便、或为商品的美观考虑、或为顾客提供方便等而伴随着商品一同出售，不单独向顾客收取价款的包装材料，如商场销售服装的纸袋。

（3）随同商品出售单独计价的包装物

这些包装物尽管也随同商品一同出售，但因为价值较高，顾客一般有选择的权利，顾客若需要则在商品价格外单独收取费用，如食品销售中的礼品包装盒。

（4）出租或出借给购买单位使用的包装物

这些包装物一般也是与企业的销售有关，多为可以周转使用的包装物。企业出租包装物应向承租方收取租金，出借包装物则无偿提供给对方使用，如出租、出借桶装啤酒的啤酒桶。

3. 包装物采购成本

包装物与原材料都是企业生产过程中耗用的材料，包装物采购成本的确认与计量同原材料，这里不再赘述。

二、包装物核算涉及的账户

“周转材料”账户用于核算企业包装物、低值易耗品等周转材料的成本。本账户属于资产类账户，借方登记企业实际验收入库的周转材料成本，贷方登记发出周转材料的成本，期末借方余额反映企业库存的周转材料成本。

本账户按包装物、低值易耗品等周转材料类别、品种、规格进行明细核算。

如果企业的包装物、低值易耗品的品种多、金额大，也可以根据管理需要直接设置“包装物”“低值易耗品”总分类账户，而不再作为“周转材料”账户的明细账户核算。

三、材料入库时短缺、毁损的核算

企业外购的原材料、包装物等材料入库时，因材料挥发、腐烂、易碎等特性都可能会发生短缺、毁损。在会计核算中，对于尚未查明原因的短缺、毁损材料成本，先计入“待处理财产损溢——待处理流动资产损溢”账户；待查明原因后，再根据处理意见进行相应账务处理，具体处理方式见图表 13—2。

值得注意的是，非正常毁损的材料因无法用于生产产品，不能为企业带来产品价值的增值，购入时已抵扣的增值税，按税法有关规定应从增值税的进项税额中转出，即贷记“应交税费——应交增值税（进项税额转出）”。由自然灾害造成毁损，材料的进项税额不必转出。

图表 13—2　　　　材料入库时短缺、毁损的账务处理

<table>
<tr><th colspan="2">短缺原因、条件</th><th>账务处理方式</th></tr>
<tr><td rowspan="3">运输途中短缺与损耗</td><td>运输途中合理损耗</td><td>将合理损耗的材料成本计入实际入库材料的成本，相应提高入库材料的单位成本，无须单独进行账务处理</td></tr>
<tr><td>运输途中属运输部门、有关责任人及保险公司等赔偿的损耗</td><td>应将短缺的成本及应转出的进项税额计入“其他应收款”账户</td></tr>
<tr><td>运输途中的其他损耗</td><td>应按其实际成本及转出的不予抵扣的进项税额，扣除由保险公司等相关责任人赔偿部分计入当期“管理费用”账户</td></tr>
<tr><td rowspan="2">供货方发货短缺</td><td>尚未支付货款</td><td>按短缺数量及单价计算拒付金额，按实际入库数量、金额进行入库的账务处理</td></tr>
<tr><td>已支付货款</td><td>应将短缺部分的成本和增值税额先转入“应付账款”账户借方，待后期收回；也可以待后期由供货方补发材料</td></tr>
</table>

材料采购、入库发生短缺与毁损的相关账务处理如下：

（1）收到采购材料的发票，但材料尚未入库时：

根据发票做采购的账务处理，会计分录为：

借：在途物资

　　应交税费——应交增值税（进项税额）

　　贷：应付账款等

（2）材料入库发生短缺、毁损时：

根据收料单做材料入库的账务处理，会计分录为：

借：原材料等（实际入库材料的成本）

　　待处理财产损溢（短缺、毁损材料的成本及其进项税额）

　　贷：在途物资（转销在途物资账户金额）

　　　　应交税费——应交增值税（进项税额转出）

（3）查明材料短缺、毁损原因，处理时：

根据材料短缺、毁损的相关说明，做处理结果的账务处理，会计分录为：

借：其他应收款（相关责任人赔偿的损失）

　　管理费用（企业自己承担的损失）

　　应付账款（供货方少收取的款项）

　　贷：待处理财产损溢（转销待处理财产损溢账户金额）

任务实施

说明：万泉河啤酒公司包装物涉及不同规格的啤酒瓶、纸箱等，品种多、数量与金额大，因而直接将“包装物”作为总分类账户核算，不再设置“周转材料”账户。

1. 2017 年 12 月 13 日

制单会计刘悦收到采购部交来的增值税专用发票（图表 13—3）、运费增值税专用发票（图表 13—4）和采购合同。

图表 13—3

4420171130　　　　**广东增值税专用发票**　　　　№20344156

发　票　联　　　　开票日期：2017 年 12 月 13 日

购买方	名称：	海南万泉河啤酒有限责任公司			密码区			
	纳税人识别号：	914600100089806666						
	地址、电话：	海口市金盘大道 88 号 66819999						
	开户银行及账号：	工行海口市金盘支行 589806688						
货物或应税劳务、服务名称		规格型号	单位	数量	单价	金额	税率	税额
啤酒瓶			支	1,000,000.00	0.80	800,000.00	17%	136,000.00
合计						800,000.00		136,000.00
价税合计（大写）		⊗ 玖拾叁万陆仟元整				（小写）¥936,000.00		
销售方	名称：	中山市玻璃瓶厂			备注	中山市玻璃瓶厂 914420100089801234 发票专用章		
	纳税人识别号：	914420100089801234						
	地址、电话：	中山市长江路 2 号 6466112						
	开户银行及账号：	工行中山市支行 6450108011						

第二联　发票联

收款人：　　　复核：　　　开票人：赵刚　　　销售方：（章）

图表 13—4

4420171130　　　　**广东增值税专用发票**　　　　№5812346

发　票　联　　　　开票日期：2017 年 12 月 13 日

购买方	名称：	海南万泉河啤酒有限责任公司			密码区			
	纳税人识别号：	914600100089806666						
	地址、电话：	海口市金盘大道 88 号 66819999						
	开户银行及账号：	工行海口市金盘支行 589806688						
货物或应税劳务、服务名称		规格型号	单位	数量	单价	金额	税率	税额
运费			公斤	1,500.00	1.2400	1,860.00	11%	204.60
合计						1,860.00		204.60
价税合计（大写）		⊗ 贰仟零陆拾肆元陆角整				（小写）¥2,064.60		
销售方	名称：	中山市腾飞运输公司			备注	中山市腾飞运输公司 914420100089804674 发票专用章		
	纳税人识别号：	914420100089804674						
	地址、电话：	中山市解放路 25 号 38786510						
	开户银行及账号：	工行中山市支行 645010806						

第二联　发票联

收款人：　　　复核：　　　开票人：王杰　　　销售方：（章）

刘悦根据收到的票据和采购合同判断，此笔业务既无付款凭证也无入库的收料单，应属于赊购的在途材料。刘悦编制记账凭证（图表 13—5）。

图表 13—5

记账凭证

字总　×　号
字分　　　号

2017 年 12 月 13 日

摘　要	总账科目	明细科目	借方金额	贷方金额	记账
采购啤酒瓶	在途物资	啤酒瓶	801,860.00		
	应交税费	应交增值税（进项税额）	136,204.60		
	应付账款	中山玻璃瓶厂		938,064.60	
合　计			938,064.60	938,064.60	

附件 2 张

会计主管：　　记账：　　审核：　　制证：刘悦

2. 2017 年 12 月 15 日

刘悦收到收料单（图表 13—6）。

图表 13—6

收料单

材料科目：材料　　编号：003
材料类别：原料及主要材料　　收料仓库：材料库
供应单位：中山市玻璃瓶厂　　2017 年 12 月 15 日　　发票号码：20344156

材料编号	材料名称	规格	计量单位	数量		实际价格				计划价格	
				应收	实收	单价	发票金额	运费	合计	单价	金额
	啤酒瓶		支	1,000,000.00	990,000.00	*0.80*	*792,000.00*	*1,860.00*	*793,860.00*		
备注	10000 支破损，其中 9000 支为运输途中破损，1000 支入库搬运破损										

采购员：李立　　检验员：李军　　记账员：刘悦　　保管员：冯荣

刘悦查阅采购啤酒瓶合同、发票等凭证，判断该笔业务为赊购的啤酒瓶入库，且实收数量与采购数量不一致。

提示：为简化核算，啤酒瓶的运费全部计入实际入库啤酒瓶成本，不考虑损耗应分摊的部分。

刘悦首先根据实际验收入库啤酒瓶的数量确认入库啤酒瓶的采购成本为 990,000×0.80+1,860=793,860.00（元），并补充填写收料单；其次查阅会计账簿“在途物资——啤酒瓶”账户，转销已记录的金额；将毁损的 1 万支啤酒瓶已抵扣的增值税额，即 10,000×0.80×0.17=1,360.00（元）转出，计入“应交税费——应交增值税（进项税额转出）”账户；将在途啤酒瓶成本与入库啤酒瓶成本之差以及转出的进项税额，计入“待处理财产损溢——待处理流动资产损溢”账户。刘悦编制记账凭证（图表 13—7）。

图表 13—7

记账凭证

字总 × 号
字分 号

2017 年 12 月 15 日

摘 要	总账科目	明细科目	借方金额	贷方金额	记账
啤酒瓶入库	包装物	啤酒瓶	793,860.00		
	待处理财产损溢	待处理流动资产损溢	9,360.00		
	在途物资	啤酒瓶		801,860.00	
	应交税费	应交增值税（进项税额转出）		1,360.00	
合 计			803,220.00	803,220.00	

附件 1 张

会计主管： 记账： 审核： 制证：刘悦

3. 2017 年 12 月 25 日

→财务经理冯阳审核采购部、仓储部提交的啤酒瓶短缺说明，同意其提出的处理意见。

→制单会计刘悦收到啤酒瓶短缺说明（图表 13—8）。

图表 13—8

啤酒瓶短缺说明

总经理：

公司于 2017 年 12 月 15 日入库的啤酒瓶，毁损 1 万支，经查证，说明如下：

1. 中山市腾飞运输公司同意按啤酒瓶的买价和支付的增值税额赔偿运输途中损坏的 9000 支啤酒瓶成本。

2. 验收入库时搬运破损的 1000 支啤酒瓶，由公司自负。

特此说明。

2017 年 12 月 25 日

采购部 仓储部

同意上述处理意见

李华

2017.12.25

请按上述处理意见进行账务处理

冯阳

2017.12.25

刘悦判断此笔业务是对 12 月 15 日入库啤酒瓶毁损的处理。刘悦根据处理意见，将中山市腾飞运输公司负责赔偿的 9,000 支啤酒瓶买价及增值税额，即 9,000×0.80+9,000×0.80×17%=8,424.00（元），计入“其他应收款”账户；将公司自负的 1,000 支啤酒瓶买价及增值税额，即 1,000×0.80+1,000×0.80×17%=936.00（元），计入“管理费用”账户；转销“待处理财产损溢——待处理流动资产损溢”账户金额。刘悦编制记账凭证（图表 13—9）。

图表 13—9

记账凭证

字总 × 号
字分 号

2017 年 12 月 25 日

摘 要	总账科目	明细科目	借方金额	贷方金额	记账
处理毁损啤酒瓶	其他应收款	中山腾飞	8,424.00		
	管理费用	其他	936.00		
	待处理财产损溢	待处理流动资产损溢		9,360.00	
合 计			9,360.00	9,360.00	

附件 1 张

会计主管： 记账： 审核： 制证：刘悦

日常用具物品——低值易耗品

一、低值易耗品概念

在生产经营过程中各部门都需耗用一些日常用具与物品，如机修部门的修理配件、工具，管理人员用的办公桌椅等日常用具，生产工人的工作服等劳动保护用品，以及在经营过程中周转使用的包装容器等。这些用具与物品单位价值较低、使用期限相对于固定资产较短（一般在一年以内），在使用过程中保持其实物形态基本不变，会计核算中统称为低值易耗品。

二、低值易耗品与固定资产的划分

低值易耗品与固定资产都是在企业生产经营管理过程中多次使用、逐渐转移其价值但仍保持原有形态的资产。低值易耗品与固定资产同为劳动手段，为企业生产提供劳动条件，但是二者并不形成产品实体，只是通过摊销方式将自身价值逐渐转移到劳动对象——“产品”中去。

两者划分的主要标准是单位价值和使用期限，单位价值的量化视企业具体情况而定。

两者区别：固定资产的使用期限较长，使用寿命一般超过一个会计年度，能在一年以上的时间里为企业创造经济利益，为非流动资产；低值易耗品使用期限较短，使用寿命一般不超过一个会计年度，为存货项目，属于流动资产。

三、低值易耗品与包装物的异同

低值易耗品核算企业的日常用具、用品，包装物核算企业随同产品销售或随同产品出租、出借的包装容器，两者核算内容不同。两者相似之处在于能够多次使用、逐渐转移其价值但仍保持原有形态，所以会计核算中统称为周转材料。低值易耗品与包装物取得、领用的核算方法和账务处理相同。

练一练

单项选择题（请在下列选项中选择一个正确答案并填在括号中）

1. 下列选项，不属于会计核算中包装物核算内容的是（　　）。

A. 出租或出借给购买单位使用的包装物

B. 随同产品出售而单独计价的包装物

C. 用于储存和保管商品、材料而不对外出售或出租的包装物

D. 随同产品出售而不单独计价的包装物

2. 某增值税一般纳税人企业本期购入一批材料，买价 100 万元，增值税税额 17 万元。所购材料到达验收后发现材料短缺 10%，其中合理损耗 5%，另外 5% 的短缺尚待查明原因。该材料入账的实际成本为（　　）万元。

A. 117　　B. 100　　C. 95　　D.90

3. 某增值税一般纳税人企业本期购入 10,000 公斤甲材料，买价 20,000 元，增值税额为 3,400 元。所购材料到达验收后发现材料短缺 10 公斤，属运输途中合理损耗。该材料入库的数量金额式账簿中应登记的数量与入库成本分别为（　　）。

A. 10,000 公斤　20,000 元　　B. 10,000 公斤　23,400 元

C. 9,990 公斤　20,000 元　　D. 9,990 公斤　19,980 元

判断题（判断正误并在括号内填“√”或“×”）

1. 企业购入材料运输途中发生的合理损耗应计入材料成本，但不需要单独进行账务处理。（　　）

2. 企业采购材料途中的合理损耗，只提高了材料的实际总成本，材料单位实际成本不变。（　　）

项目 5　生产过程的核算

产品生产是企业投入材料、人工、其他费用，并使投入的物质资源增值，生产出产品为企业创造价值的系列活动。因此，企业的生产过程将伴随着材料费用、薪酬费用、其他费用及其产品生产成本计算等业务的核算。

产品生产的核算业务涉及企业生产部、仓储部、人事部和财务部，各部门之间的业务关系为：

1. 生产部依据生产计划，领用材料并组织人员生产。

2. 仓储部根据收到的领料申请发出材料，开具一式多联的领料单，分别送生产部、财务部。仓储部根据企业材料核算需要，可以按日将领料单送交财务部，也可以分次或月末一次性汇总送交财务部。

3. 人事部每月记录企业员工考勤，按工资标准编制工资表，并办理社会保险、住房公积金等与薪酬有关的各项业务。

4. 财务部根据领料单、工资表及其他单据核算产品生产的材料费、人工费和其他费用，月末计算完工产品的成本。

任务 14　领用材料的核算①

任务 14—1　领用原材料的核算

知识点	技能点
● 领用材料的计价方法	● 能够合理选用领用材料的计价方法
● 领用材料业务涉及的账户及核算	● 能够正确地进行领用材料的核算

① 项目 4、项目 5 中材料的收发业务均采用实际成本法核算，在会计实务工作中，材料的收发也可以采用计划成本法，见附录一。

任务描述

万泉河啤酒公司生产啤酒时，酿造车间首先要领用麦芽、啤酒花等主要原料，将它们按照工艺加工酿造为清酒；其次，清酒通过自动生产线输送至灌装车间装瓶、贴签、装箱。酿造车间每酿造一批清酒，就需对酿造设备进行一次消毒。可见，啤酒生产需耗费麦芽、啤酒花等原材料，以及清洗剂、消毒剂、胶水等辅助材料和啤酒瓶、标签、纸箱等包装材料。

2017 年 12 月 1 日，万泉河啤酒公司酿造车间根据酿造万泉河清爽啤酒 70,000 箱的生产计划，领用麦芽与啤酒花。

2017 年 12 月 3 日，灌装车间根据本月灌装万泉河清爽、纯生啤酒的生产计划，领用洗瓶的清洗剂和贴签用的胶水。

2017 年 12 月 15 日，酿造车间清洗设备，领用清洗剂和消毒剂。

2017 年 12 月 18 日，酿造车间根据酿造万泉河纯生啤酒 60,000 箱的生产计划，领用麦芽与啤酒花。

月末，仓储部将上述灌装、酿造车间的领料单及编制的本月领料单汇总表送交财务部。

财务部收到上述单据，对生产领用材料进行核算。

任务分析

企业外购材料因采购时间、地点不同，每批次材料的采购成本不一定相同。材料入库后，仓储部通常按类别分类存放，发料时可能一次性发出不同批次、价值不等的材料。财务部要将发出材料的成本简便地计算出来，可以根据企业管理和会计核算的需要，采用合理的方法确定发出材料的平均单价，再按平均单价计算领用材料的成本。

相关知识

一、材料收发的账簿登记

企业材料收发的核算涉及财务部与仓储部两个部门。仓储部负责材料收发数量的统计，一般设置材料台账，由仓管人员根据收发凭证序时逐笔登记收发数量并每日结出结存数量。财务部则对材料收发的数量和价值同时反映与核算，应设置数量金额式账簿，根据收发凭证逐笔登记收发数量和金额，或定期编制收发材料汇总表汇总登记。财务部应定期与仓储部核对材料的收发数量，做到账实相符。

二、领用材料的计价方法——加权平均法

加权平均法是将材料的月初结存实际成本与本月购进各批材料的实际成本之和除以月初材料结存数量和本月购进各批材料数量之和，计算出材料平均单价，从而确定本月领用材料成本和月末结存材料成本的一种方法。由于本月各批购进材料的实际成本和数量只能在月末一次性计算，即加权平均单价每月仅计算一次，所以加权平均法又称月末

一次加权平均法。

加权平均单价的计算公式为：

$$加权平均单价 = \frac{期初结存材料实际成本 + 本期购进材料实际成本}{期初结存材料数量 + 本期购进材料数量}$$

本期领用材料成本 = 本期领用材料数量 × 加权平均单价

本期结存材料成本 = 本期结存材料数量 × 加权平均单价

值得注意的是，当加权平均单价除不尽需四舍五入时，为保证结存材料核算的准确性，应采用倒挤法计算本期结存材料成本，计算公式如下：

期末结存材料成本 = 期初结存材料成本 + 本期购进材料成本 − 本期领用材料成本

如图表 14—2“原材料—啤酒花”明细账簿中，计算 12 月 31 日啤酒花的结存金额时，应采用 25,500.00+45,186.00−20,322.80=50,363.20（元）；而不能采用 570 × 88.36=50,365.20（元）。

加权平均法适用材料收发频繁的企业。此方法仅在月末一次性计算加权平均单价、领用材料及结存材料的成本，简化了会计核算工作，而且在市价上涨或下跌情况下，计算出来的领用材料单位成本趋于平均化。但是，由于平时对材料的发出和结存在账上只反映数量，不反映单价和金额，不利于加强材料的管理。

三、领用材料的核算

生产企业领用材料除主要用于生产产品外，也可能用于工程项目等其他用途。材料领用的核算，会计根据领料单一方面减少原材料，另一方面按用途将其材料成本分别计入相关资产成本或当期损益，编制会计分录如下：

借：生产成本（生产部门领用生产产品）

　　制造费用（生产部门领用一般耗用）

　　管理费用（行政管理部门领用）

　　销售费用（销售部门领用）

　　在建工程（在建工程项目领用）

　　贷：原材料

四、生产领用材料核算涉及的账户

1.“生产成本”账户

“生产成本”账户用于核算企业进行工业性生产发生的各项生产成本，包括生产各种产品（产成品、自制半成品等）、自制材料、自制工具、自制设备等。本账户属于成本类账户，借方登记企业发生的各项直接生产成本，贷方登记已经生产完成并已验收入库的产品成本，期末借方余额反映企业尚未加工完成的在产品成本。

本账户可按“基本生产成本”“辅助生产成本”及其核算对象和成本项目进行明细核算。

2.“制造费用”账户

“制造费用”账户用于核算企业生产车间（部门）为生产产品和提供劳务而发生的各项间接费用。本账户属于成本类账户，借方登记生产车间发生的机物料消耗，生产车间管理人员的工资等职工薪酬，生产车间计提的固定资产折旧，生产车间支付的办公费、水电费、劳动保护费、季节性和修理期间的停工损失等；贷方登记分配计入有关产品成本的间接费用；除季节性的生产性企业外，本账户期末应无余额。

本账户可按不同的生产车间、部门和费用项目进行明细核算。

任务实施

说明：万泉河啤酒公司鉴于麦芽等材料收发业务频繁，对材料领用的核算采用加权平均法。因财务部仅在月末才对生产领料进行账务处理，所以仓储部月末将麦芽、啤酒花、清洗剂、胶水等材料的领料单及领料汇总表一次性传送财务部。

2017 年 12 月 31 日

制单会计刘悦收到仓储部编制的领料汇总表（图表 14—1）及所附的本月酿造车间、灌装车间领料单（略）。

图表 14—1　　　　领料汇总表

2017 年 12 月　　　　附件：4 张

领用部门	品名	数量（公斤）	用途
酿造车间	麦芽	40,000	生产清爽
		70,000	生产纯生
	啤酒花	90	生产清爽
		140	生产纯生
	消毒剂	50	一般耗用
	清洗剂	800	一般耗用
灌装车间	清洗剂	1,400	一般耗用
	胶水	750	一般耗用

会计：刘悦　　　　制表：丁亮

分析：此项为领用原材料业务。该项业务处理的关键在于月末一次性计算各材料加权平均单价，并按领用材料用途归集材料成本。在会计实务工作中，通常编制原材料费用表以确认生产产品的材料费用和领用材料的成本。

（1）刘悦核实领料汇总表中各材料的数量与所附领料单数量、用途相符，根据领料汇总表编制本月原材料费用表。

1）查阅“原材料——啤酒花”明细账簿（图表 14—2）、“原材料——麦芽”明细账簿（图表 14—3），计算啤酒花、麦芽等各材料的加权平均单价。

图表 14—2　　原材料数量金额式明细分类账

材料名称：啤酒花　　　　单位：公斤　　　　存放地点：材料库

2017 年		凭证编号	摘要	收入			发出			借方	结存		
月	日			数量	单价	金额	数量	单价	金额		数量	单价	金额
11	20		发料				130.00	85.00	11,050.00	借	300.00	85.00	25,500.00
11	30		本月合计				220.00	85.00	18,700.00		300.00	85.00	25,500.00
12	3		收料	500.00	90.37	45,186.00				借	800.00		70,686.00
12	31		发料				230.00	88.36	20,322.80	借	570.00	88.36	50,363.20
12	31		本月合计	500.00		45,186.00	230.00	88.36	20,322.80		570.00	88.36	50,363.20

图表 14—3　　原材料数量金额式明细分类账（加权平均法）

材料名称：麦芽　　　　单位：公斤　　　　存放地点：材料库

2017 年		凭证编号	摘要	收入			发出			借方	结存		
月	日			数量	单价	金额	数量	单价	金额		数量	单价	金额
11	20		发料				40,000.00	5.50	220,000.00	借	50,000.00	5.50	275,000.00
11	30		本月合计	150,000.00		820,000.00	120,000.00		660,000.00		50,000.00	5.50	275,000.00
12	15		收料	100,000.00	5.60	560,000.00				借	150,000.00		835,000.00
	20		收料	50,000.00	6.01	300,620.00				借	200,000.00		1,135,620.00
	26		收料	80,000.00	5.64	451,240.00				借	280,000.00		1,586,860.00
	30		发料				110,000.00	5.67	623,700.00		170,000.00	5.67	963,160.00
	31		本月合计	230,000.00		1,311,860.00	110,000.00				170,000.00	5.67	963,160.00

啤酒花加权平均单价 $=\dfrac{25,500+45,186}{300+500}$=88.36 元 / 公斤

麦芽加权平均单价 $=\dfrac{275,000+1,311,860}{50,000+230,000}$=5.67 元 / 公斤

清洗剂、消毒剂、胶水因本月未购入，直接采用会计账簿中上月末的加权平均单价：

清洗剂加权平均单价 =10.00 元 / 公斤

消毒剂加权平均单价 =7.80 元 / 公斤

胶水加权平均单价 =8.00 元 / 公斤

2）用加权平均单价乘以领料汇总表中领用数量（参见图表 14—1），计算麦芽、啤酒花等各材料发出成本，填制本月原材料费用表（图表 14—4）。

分析：明确生产清爽、纯生啤酒所领用的麦芽、啤酒花，应将其材料成本分别计入

"生产成本"的各自明细账户；而领用的清洗剂、胶水和消毒剂因难以区分清爽、纯生两个产品各自用量，则将其成本计入"制造费用"账户；同时减少麦芽、啤酒花、清洗剂等原材料的成本。

图表 14—4 **原材料费用表**

编制单位：海南万泉河啤酒有限责任公司　　2017 年 12 月 31 日　　单位：元

应贷账户 / 应借账户	原材料					合计
	麦芽	啤酒花	清洗剂	消毒剂	胶水	
生产成本——清爽	226,800.00	7,952.40				234,752.40
生产成本——纯生	396,900.00	12,370.40				409,270.40
制造费用——机物料消耗			22,000.00	390.00	6,000.00	28,390.00
合　计	623,700.00	20,322.80	22,000.00	390.00	6,000.00	672,412.80

复核：　　制表：刘悦

（2）刘悦根据原材料费用表、领料汇总表及本月 4 张领料单，编制记账凭证（图表 14—5、图表 14—6）。

图表 14—5 **记账凭证**

字总　×　号
字分　1/2　号

2017 年 12 月 31 日

摘　要	总账科目	明细科目	借方金额	贷方金额	记账
领用原材料	生产成本	清爽	234,752.40		
	生产成本	纯生	409,270.40		
	制造费用	物料消耗	28,390.00		
	原材料	麦芽		623,700.00	
合　　计					

附件 2 张

会计主管：　记账：　审核：　制证：刘悦

图表 14—6 **记账凭证**

字总　×　号
字分　2/2　号

2017 年 12 月 31 日

摘　要	总账科目	明细科目	借方金额	贷方金额	记账
领用原材料	原材料	啤酒花		20,322.80	
	原材料	清洗剂		22,000.00	
	原材料	消毒剂		390.00	
	原材料	胶水		6,000.00	
合　　计			672,412.80	672,412.80	

附件　张

会计主管：　记账：　审核：　制证：刘悦

领用材料的其他计价方法

企业领用材料的计价方法可以根据各类材料实物流转方式、企业管理要求、材料性质等实际情况，合理选择个别计价法、先进先出法和移动加权平均法。对于性质和用途相似的材料，企业应当采用相同的成本计算方法，材料发出方法一旦确定，不得随意变更。如需要变更，应在会计报表附注中予以说明。下面分别介绍领用材料的其他几种计价方法：

1. 个别计价法

个别计价法是以每批（次）收入材料的实际成本作为领用该批（次）材料成本。

个别计价法确定的材料成本最为准确，但缺点是工作量大。此方法一般适用于不能替代使用以及为特定项目专门购入或制造的材料，如珠宝等。

例：如果万泉河啤酒公司麦芽的领用采用个别计价法，2017 年 12 月 1 日从仓库中领用成本价为 5.50 元的麦芽一批，数量 40,000 公斤；2017 年 12 月 18 日领用 12 月 17 日入库成本为 5.60 元的麦芽一批，数量 70,000 公斤。

2017 年 12 月麦芽的收、发、存成本见图表 14—7。

图表 14—7　　原材料数量金额式明细分类账（个别计价法）

材料名称：麦芽　　　　单位：公斤　　　　存放地点：材料库

2017 年		凭证编号	摘要	收入			发出			借方	结存		
月	日			数量	单价	金额	数量	单价	金额		数量	单价	金额
11	20		发料				40,000.00	5.50	220,000.00	借	50,000.00	5.50	275,000.00
11	30		本月合计	150,000.00		820,000.00	120,000.00		660,000.00		50,000.00	5.50	275,000.00
12	1		发料				40,000.00	5.50	220,000.00	借	10,000.00	5.50	55,000.00
	15		收料	100,000.00	5.60	560,000.00				借	10,000.00 100,000.00	5.50 5.60	55,000.00 560,000.00
	18		发料				70,000.00	5.60	392,000.00	借	10,000.00 30,000.00	5.50 5.60	55,000.00 168,000.00
	20		收料	50,000.00	6.01	300,620.00				借	10,000.00 30,000.00 50,000.00	5.50 5.60 6.01	55,000.00 168,000.00 300,620.00
	26		收料	80,000.00	5.64	451,240.00				借	10,000.00 30,000.00 50,000.00 80,000.00	5.50 5.60 6.01 5.64	55,000.00 168,000.00 300,620.00 451,240.00
	31		本月合计	230,000.00		1,311,860.00	110,000.00		612,000.00		170,000.00		974,860.00

2. 先进先出法

先进先出法以先购入的材料先发出这样一种材料实物流动假设为前提，先购入的材料成本在后购入材料成本之前转出，据此确定发出材料和期末材料的成本。先进先出法在会计实务工作中的具体操作是：收入材料时，逐笔登记收入材料的数量、单价和金额；发出材料按库存材料购入的时间顺序，从先到后逐笔发出。

例：如果万泉河啤酒公司麦芽的领用采用先进先出法，2017 年 12 月麦芽的收、发、存成本见图表 14—8（保留小数点后两位）。

图表 14—8　　原材料数量金额式明细分类账（先进先出法）

材料名称：麦芽　　　　单位：公斤　　　　存放地点：材料库

2017 年		凭证编号	摘要	收入			发出			借方	结存		
月	日			数量	单价	金额	数量	单价	金额		数量	单价	金额
11	20		发料				40,000.00	5.50	220,000.00	借	50,000.00	5.50	275,000.00
11	30		本月合计	150,000.00		820,000.00	120,000.00		660,000.00		50,000.00	5.50	275,000.00
12	1		发料				40,000.00	5.50	220,000.00	借	10,000.00	5.50	55,000.00
	15		收料	100,000.00	5.60	560,000.00				借	10,000.00 100,000.00	5.50 5.60	55,000.00 560,000.00
	18		发料				10,000.00 60,000.00	5.50 5.60	55,000.00 336,000.00	借	40,000.00	5.60	224,000.00
	20		收料	50,000.00	6.01	300,620.00				借	40,000.00 50,000.00	5.60 6.01	224,000.00 300,620.00
	26		收料	80,000.00	5.64	451,240.00				借	40,000.00 50,000.00 80,000.00	5.60 6.01 5.64	224,000.00 300,620.00 451,240.00
	31		本月合计	230,000.00		1,311,860.00	110,000.00		611,000.00		170,000.00		975,860.00

3. 移动加权平均法

移动加权平均法，即每购进一批材料就计算一次加权平均单价，每发出一次材料，都按上次结存材料的加权平均单价计算本次发出材料的成本。

移动加权平均单价的计算公式如下：

$$移动加权平均单价 = \frac{库存结存材料实际成本 + 本次购进材料实际成本}{库存结存材料数量 + 本次购进材料数量}$$

本次领用材料成本 = 本次领用材料数量 × 移动加权平均单价

移动加权平均法计价计算工作量较大，不适用于收发比较频繁的材料。其优点是材料计价工作可以分散在月内进行，能使管理者及时了解材料的结存情况，并且发出材料或库存材料成本较客观可信。

例：如果万泉河啤酒公司麦芽的领用采用移动加权平均法，2017 年 12 月麦芽的收、发、存成本见图表 14—9。

图表 14—9　原材料数量金额式明细分类账（移动加权平均法）

材料名称：麦芽　　单位：公斤　　存放地点：材料库

2017 年		凭证编号	摘要	收入			发出			借方	结存		
月	日			数量	单价	金额	数量	单价	金额		数量	单价	金额
11	20		发料				40,000.00	5.50	220,000.00	借	50,000.00	5.50	275,000.00
11	30		本月合计	150,000.00		820,000.00	120,000.00		660,000.00		50,000.00	5.50	275,000.00
12	1		发料				40,000.00	5.50	220,000.00	借	10,000.00	5.50	55,000.00
	15		收料	100,000.00	5.60	560,000.00				借	110,000.00	5.59	615,000.00
	18		发料				70,000.00	5.59	391,300.00	借	40,000.00	5.59	223,700.00
	20		收料	50,000.00	6.01	300,620.00				借	90,000.00	5.83	524,320.00
	26		收料	80,000.00	5.64	451,240.00				借	170,000.00	5.74	975,560.00
	31		本月合计	230,000.00		1,311,860.00	110,000.00		611,300.00		170,000.00		975,560.00

12 月 1 日领用麦芽的成本 =40,000 × 5.50=220,000（元）

12 月 15 日购进麦芽，计算的移动加权平均单价

$$平均单价=\frac{55,000+560,000}{10,000+100,000}\approx 5.59（元/公斤）$$

12 月 18 日领用麦芽的成本 =70,000 × 5.59=391,300（元）

12 月 20 日购进麦芽，再次计算的移动加权平均单价

$$平均单价=\frac{223,700+300,620}{40,000+50,000}\approx 5.83（元/公斤）$$

12 月 26 日购进麦芽，此时移动加权平均单价

$$平均单价=\frac{524,320+451,240}{90,000+80,000}\approx 5.74（元/公斤）$$

单项选择题（请在下列选项中选择一个正确答案并填在括号中）

在物价上涨的情况下，发出材料采用先进先出法计价，则会导致（　　）。

A. 期末库存材料成本升高，当期利润增加

B. 期末库存材料成本降低，当期利润减少

C. 期末库存材料成本升高，当期利润减少

D. 期末库存材料成本降低，当期利润增加

判断题（判断正误并在括号内填"√"或"×"）

企业计算发出材料的成本时，可在各个会计期间根据具体情况任意选择不同的计价方法计价。（　　）

计算题

甲公司 2018 年 3 月 1 日结存 A 材料 100 公斤，每公斤实际成本 100 元。本月发生如下有关业务：

（1）3 日，购入 A 材料 50 公斤，每公斤实际成本 105 元，材料已验收入库。

（2）5 日，发出 A 材料 80 公斤。

（3）20 日，购入 A 材料 80 公斤，每公斤实际成本 110 元，材料已验收入库。

（4）25 日，发出 A 材料 30 公斤。

请分别按先进先出法、加权平均法、移动加权平均法计算 A 材料期末结存的成本。（保留小数点后两位小数）

任务 14—2　领用包装物、低值易耗品的核算

知识点

- 一次转销法
- 领用包装物业务涉及的账户及核算

技能点

- 能够合理选用包装物、低值易耗品的摊销方法并核算

任务描述

2017 年 12 月 2 日、5 日、8 日，万泉河啤酒公司灌装车间根据灌装 60,000 箱纯生啤酒计划，分批领用啤酒瓶、标签及纸箱。

2017 年 12 月 14 日、17 日、20 日、23 日，灌装车间根据灌装 70,000 箱清爽啤酒计划，分批领用啤酒瓶、标签及纸箱。

2017 年 12 月 27 日，今夜啤酒吧与公司销售部签订租赁合同，租用桶装啤酒的啤酒桶 1 个。

月末，仓储部将出租啤酒桶的领料单和灌装车间本月上述各批次的领料单及编制的领料单汇总表送交财务部。

财务部收到上述单据，对领用包装材料进行核算。

任务分析

包装产品的包装物（如啤酒瓶、纸箱等）一般作为产品的组成部分，随商品一起销售，企业不再收回；而部分价值高，可以多次周转使用的包装物（如桶装啤酒的啤酒桶），企业则单独计价随商品一起销售或出租、出借给购货方。一次性使用的包装物领用核算同原材料，周转使用的包装物成本则根据企业业务和会计核算需要一次或分次转销其成本。

相关知识

一、包装物的摊销方法——一次转销法

采用一次转销法摊销包装物，即在领用包装物时，将其账面价值一次、全部计入相关资产成本或当期损益。一次转销法通常适用于生产产品领用的包装物和随同商品出售的包装物。

出租或出借包装物通常可以多次周转使用，若其数量不多、金额较小且业务不频繁，也可以采用一次转销法。但发出周转使用的包装物，以后收回或再次发出时，均应在备查簿上登记说明收发存情况，加强实物管理。

二、领用包装物的核算

领用包装物与领用原材料的会计核算类似，由于包装物具有可以出租、出借等特点，其核算又略有不同。会计应根据领料单按其用途不同，分别计入相关资产成本或当期损益，编制会计分录如下：

借：生产成本（生产部门领用生产产品，构成产品的组成部分）
　　制造费用（生产部门领用一般耗用）
　　管理费用（行政管理部门领用）
　　在建工程（在建工程项目领用）
　　销售费用（销售部门领用、出借给买方使用、随同商品出售不单独计价）
　　其他业务成本（出租给购买单位使用、随同商品出售单独计价）
　　贷：包装物

值得注意的是，出租或出借包装物报废时，回收的残料应作为当月包装物摊销额的

减少，冲减领用时计入的相关资产成本或当期损益。会计根据变卖残料的收款收据或收回的残料收料单，编制会计分录如下：

借：银行存款

原材料

贷：销售费用（出借包装物报废时残料回收）

其他业务成本（出租包装物报废时残料回收）

任务实施

说明：万泉河啤酒公司包装物、低值易耗品采用加权平均法计算领用材料的成本，采用一次转销法摊销其成本。

2017 年 12 月 31 日

（1）刘悦收到包装物领料单汇总表（图表 14—10）。

图表 14—10　　包装物领料单汇总表

2017 年 12 月　　附件：7 张

领用部门	品名	数量	用途
灌装车间	啤酒瓶	840,000 支	生产清爽
		720,000 支	生产纯生
	清爽标签	840,000 套	生产清爽
	纯生标签	720,000 套	生产纯生
	清爽纸箱	70,000 个	生产清爽
	纯生纸箱	60,000 个	生产纯生

会计：刘悦　　制表：丁亮

分析：该笔业务为领用包装物，采用一次转销法摊销包装物成本，业务处理类似领用原材料。

1）核实包装物领料单汇总表与所附领料单的数量、用途相符。

2）查阅会计账簿“包装物”的相关明细账资料，计算各包装材料的加权平均单价：啤酒瓶加权平均单价为 0.8 元 / 支，清爽标签、纯生标签加权平均单价为 0.1 元 / 套，清爽纸箱、纯生纸箱加权平均单价为 1.5 元 / 个。

3）计算领用包装材料的成本。因明确了生产清爽、纯生啤酒各自领用包装材料的数量，包装材料的成本直接计入“生产成本”清爽、纯生明细账户。刘悦编制包装物费用表（图表 14—11）。

4）根据包装物费用表、包装物领料单汇总表及所附的 7 张领料单，编制记账凭证（图表 14—12、图表 14—13）。

图表 14—11　　　　**包装物费用表**

编制单位：海南万泉河啤酒有限责任公司　2017 年 12 月 31 日　　　　单位：元

应贷账户 / 应借账户	包装物			合计
	啤酒瓶	标签	纸箱	
生产成本——清爽	672,000.00	84,000.00	105,000.00	861,000.00
生产成本——纯生	576,000.00	72,000.00	90,000.00	738,000.00
合　计	1,248,000.00	156,000.00	195,000.00	1,599,000.00

复核：　　　　制表：刘悦

图表 14—12　　　　**记账凭证**

字总　×　号
字分　1/2　号

2017 年 12 月 31 日

摘　　要	总账科目	明细科目	借方金额	贷方金额	记账
领用包装物	生产成本	清爽	861,000.00		
	生产成本	纯生	738,000.00		
	包装物	啤酒瓶		1,248,000.00	
	包装物	清爽标签		84,000.00	
合　　计					

附件 2 张

会计主管：　记账：　审核：　制证：刘悦

图表 14—13　　　　**记账凭证**

字总　×　号
字分　2/2　号

2017 年 12 月 31 日

摘　　要	总账科目	明细科目	借方金额	贷方金额	记账
领用包装物	包装物	纯生标签		72,000.00	
	包装物	清爽纸箱		105,000.00	
	包装物	纯生纸箱		90,000.00	
合　　计			1,599,000.00	1,599,000.00	

附件　张

会计主管：　记账：　审核：　制证：刘悦

（2）制单会计刘悦收到啤酒桶领料单（图表 14—14）。

图表 14—14

领料单

领用部门：销售部　　2017 年 12 月 27 日　　单号：2002

编号	品名	单位	数量	单价	金额
	啤酒桶	个	1	*2,000.00*	*2,000.00*
用途	出租今夜啤酒吧				

主管：　会计：刘悦　发料人：丁亮　领料人：李兰

1）刘悦查阅会计账簿“包装物——啤酒桶”明细账，确认啤酒桶的加权单价为2,000元。

2）公司采用一次转销法摊销包装物成本，出租领用啤酒桶的成本一次性计入“其他业务成本”账户。刘悦编制记账凭证（图表14—15）。

图表14—15　　记账凭证

字总 × 号
字分 号

2017年12月31日

摘　　要	总账科目	明细科目	借方金额	贷方金额	记账
摊销出租啤酒桶成本	其他业务成本	出租包装物	2,000.00		
	包装物	啤酒桶		2,000.00	
合　　计			2,000.00	2,000.00	

附件1张

会计主管：　　记账：　　审核：　　制证：刘悦

知识链接

分次摊销法和领用低值易耗品的核算

一、包装物的摊销方法——分次摊销法

1. 分次摊销法及适用范围

分次摊销法摊销包装物，在领用包装物时按照使用次数或使用期间分次将包装物的账面价值计入相关成本费用中。

分次摊销法通常适用于数量多、价值大的出租或出借包装物。

2. 分次摊销法涉及的核算账户

采用分次摊销法，为反映包装物的取得、领用、价值摊销，需在“包装物”账户下增设以下明细账户：

“包装物——在库”：反映取得入库尚未领用的包装物成本。

“包装物——在用”：反映领用的包装物成本。

“包装物——摊销”：反映已摊销的包装物成本。

例如：如果本任务中，万泉河啤酒公司出租啤酒桶采用分次摊销法摊销其领用成本，公司规定分两次摊销，即领用时摊销账面价值的50%、报废时摊销余下的50%。2018年12月20日，该啤酒桶收回报废，变卖残值50元交财务部。上述出租啤酒桶的相关业务应如何进行账务处理？

万泉河啤酒公司相关账务处理如下：

（1）2017 年 12 月 31 日，领用啤酒桶

①根据出租领用啤酒桶的领料单，按发出啤酒桶成本，编制会计分录如下：

借：包装物——啤酒桶（在用）　　2,000.00

　　贷：包装物——啤酒桶（在库）　　2,000.00

②摊销发出啤酒桶成本的 50%，编制会计分录如下：

借：其他业务成本——出租包装物　　1,000.00

　　贷：包装物——啤酒桶（摊销）　　1,000.00

（2）2018 年 12 月 20 日，啤酒桶报废

①根据收到变卖收回的 50 元现金收款收据，将报废啤酒桶的残值冲减原领用出租包装物的核算账户“其他业务成本”，编制会计分录如下：

借：库存现金　　50.00

　　贷：其他业务成本——出租包装物　　50.00

②根据啤酒桶报废申请书，查阅会计账簿“包装物——啤酒桶”明细账，根据啤酒桶每个 2,000 元的单价，计算摊销报废啤酒桶成本的另一半，编制会计分录如下：

借：其他业务成本——出租包装物　　1,000.00

　　贷：包装物——啤酒桶（摊销）　　1,000.00

③同时，啤酒桶报废，转销啤酒桶账面记录的“包装物——啤酒桶（在用）”和“包装物——啤酒桶（摊销）”的成本，编制会计分录如下：

借：包装物——啤酒桶（摊销）　　2,000.00

　　贷：包装物——啤酒桶（在用）　　2,000.00

提示：采用分次摊销法，包装物报废的账务处理完后，包装物下增设的在库、在用、摊销明细账户的账面记录全部结为零。

采用分次摊销法，以两次摊销为例，包装物从取得到报废的账务处理如下：

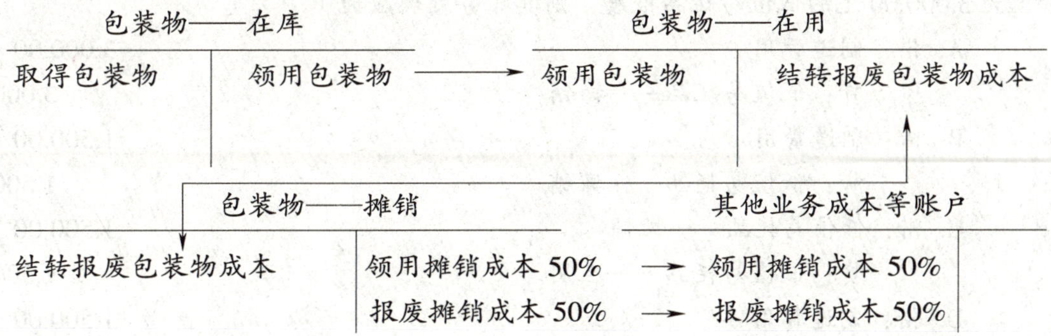

二、领用低值易耗品的核算

低值易耗品与包装物在会计核算中统称周转材料，二者的发出核算类似。

1. 领用低值易耗品的成本归集

领用低值易耗品时，会计根据领料单按其领用用途不同分别计入相关资产成本或当期损益，编制会计分录如下：

借：制造费用（生产部门领用一般耗用）

　　管理费用（行政管理部门领用）

　　在建工程（在建工程项目领用）

　　销售费用（销售部门领用）

　　贷：低值易耗品

2. 低值易耗品的摊销方法

低值易耗品的摊销方法同包装物，可以采用一次转销法或分次摊销法。

一次转销法适用于：

（1）价值较低或极易损坏的管理用具。

（2）小型工具、卡具以及在单件小批生产方式下为制造某批订货所用的专用工具等低值易耗品。

分次摊销法适用于每期领用数量与报废数量大致相等的低值易耗品。

练一练

单项选择题（请在下列选项中选择一个正确答案并填在括号中）

1. 企业对随同商品出售而单独计价的包装物进行账务处理时，该包装物的实际成本应结转到（　　）账户。

A. 制造费用　　B. 销售费用

C. 营业外支出　　D. 其他业务成本

2. 某企业低值易耗品采用分次摊销法核算，2017 年 10 月 6 日机修车间领用的一批价值为 3,000.00 元的低值易耗品报废，则其账务处理应为（　　）。

A. 借：制造费用　　3,000.00

　　贷：低值易耗品——摊销　　3,000.00

B. 借：制造费用　　1,500.00

　　贷：低值易耗品——摊销　　1,500.00

C. 借：低值易耗品——摊销　　1,500.00

　　贷：低值易耗品——在用　　1,500.00

D. 借：制造费用　　1,500.00

　　贷：低值易耗品——摊销　　1,500.00

　借：低值易耗品——摊销　　3,000.00

　　贷：低值易耗品——在用　　3,000.00

任务 15 委托加工物资的核算

知识点

- 委托加工方式
- 委托加工物资成本的确定
- 委托加工业务涉及的账户及核算

技能点

- 能够正确进行委托加工发出材料、支付运杂费及税费、验收入库等业务的核算

任务描述

万泉河啤酒公司与海口市富华粮食加工厂签订委托加工合同，约定由万泉河啤酒公司提供啤酒大麦 100,000 公斤，富华粮食加工厂负责将其加工成啤酒用麦芽。

2017 年 12 月 21 日，生产部申请发出委托加工的啤酒大麦，仓储部开具领料单送财务部。

2017 年 12 月 26 日，加工合格的麦芽验收入库，财务部收到仓储部开具的收料单。同日，生产部申请支付委托加工麦芽的加工费，并提交增值税专用发票一张。

财务部收到上述单据，对委托加工物资进行核算。

任务分析

在企业生产经营活动过程中，出于降低成本或自身生产条件及工艺方面的限制，需要将一些材料委托给外单位加工。委托加工业务涉及拨付原料、支付加工费和税费、收回委托加工材料等环节的业务处理。委托加工材料核算的关键在于确定委托加工材料的成本。

相关知识

一、委托加工方式

委托加工是指委托方提供原料及主要材料，受托方按照委托方的要求制造货物并收取加工费的业务。企业可以委托加工生产用的材料，也可以委托加工出售的商品。

会计核算和税法相关规定是，如果构成产品实体成分的“原料和主要材料”由委托方提供，受托方仅添加一些辅料进行加工的，则界定为委托加工业务；如果“原料和主要材料”由受托方提供并加工，按“实质重于形式”原则，这实际属于委托方的外购业务，应按材料采购业务进行处理。

二、委托加工物资成本的确定

委托加工物资成本的确定，类似于材料采购成本的确定，是委托加工物资入库之前发生的合理支出，具体包括：拨付加工的材料或半成品的实际成本，实际支付的加工费用，加工物资所支付的往返运输费、装卸费、保险费等以及应负担的相关税费。

委托加工物资的税费主要涉及增值税、消费税，具体处理如下：

1. 委托加工物资支付的加工费，按税法有关规定应交增值税。一般纳税人企业支付的加工费取得了增值税专用发票，发票中注明的增值税额可以作为进项税额予以抵扣，不计入委托加工物资的成本。

2. 委托加工物资如果是税法规定的应税消费品，按规定还应交消费税。如果收回的委托加工应税消费品直接出售，实际缴纳的消费税应计入委托加工物资的成本；如果收回后用于继续生产应税消费品，实际缴纳的消费税可以抵扣，不计入委托加工物资的成本。（委托加工物资应交消费税的具体分析与举例见知识链接）

三、委托加工物资业务的核算

委托加工物资业务通过“委托加工物资”账户归集需要委托加工物资的全部成本，会计核算主要分为以下三个阶段：

1. 发出委托加工物资时，委托方会计根据领料单编制会计分录如下：

借：委托加工物资

　　贷：原材料

2. 支付（或应付）加工费及相关税费时，委托方会计根据加工费的增值税专用发票、付款结算证明等单据编制会计分录如下：

借：委托加工物资（加工费）

　　应交税费——应交增值税（进项税额）

　　贷：银行存款（或应付账款）

3. 加工完毕收回入库时，委托方会计根据收料单和收回后的用途，一方面增加库存商品或原材料，另一方面转销“委托加工物资”账户的余额，编制会计分录如下：

借：库存商品（收回后作为商品直接对外出售）

　　原材料（收回后作为原材料继续加工）

　　贷：委托加工物资

四、委托加工物资核算涉及的账户

“委托加工物资”账户用于核算企业委托外单位加工的各种材料、商品等物资的实际成本。本账户属于资产类账户，借方登记发出加工物资的实际成本、支付的加工费、应负担的运杂费和按规定应计入委托加工物资成本的税金等，贷方登记加工完成收回的物资和退回剩余物资的实际成本，期末借方余额反映企业委托外单位加工尚未完成物资的实际成本。

本账户可按加工合同、受托加工单位以及加工物资的品种进行明细核算。

任务实施

1. 2017 年 12 月 21 日

制单会计刘悦收到发出大麦的领料单（图表 15—1）。

图表 15—1 **领料单**

领用部门： 2017 年 12 月 21 日 单号：2002

编号	品名	单位	数量	单价	金额
	大麦	公斤	100,000	*4.0124*	*401,240.00*
用　　途		委托加工啤酒麦芽			

主管： 会计：刘悦 发料人：丁亮 领料人：王翔

分析：根据领料用途，此笔为发出委托加工材料的业务。

刘悦首先查阅会计账簿“原材料——大麦”明细账簿，计算发出大麦的实际成本；其次做发出委托加工材料的账务处理，减少“原材料——大麦”成本，同时增加“委托加工物资”的成本。刘悦编制记账凭证（图表 15—2）。

图表 15—2 **记账凭证**

字总 × 号
字分 号

2017 年 12 月 21 日

摘　　要	总账科目	明细科目	借方金额	贷方金额	记账
发出委托加工材料	委托加工物资	麦芽	401,240.00		
	原材料	大麦		401,240.00	
合　　　　计			401,240.00	401,240.00	

附件 1 张

会计主管： 记账： 审核： 制证：刘悦

2. 2017 年 12 月 26 日

制单会计刘悦收到加工费的增值税专用发票（图表 15—3）。

刘悦查阅会计账簿“委托加工物资——麦芽”明细账户，确认此笔业务为已发出委托加工麦芽的加工费，将增值税专用发票注明的加工费计入委托加工物资的成本；将增值税额作为进项税额予以抵扣。由于尚未付款而没有付款票据，将增值税专用发票注明的价税总额计入“应付账款”账户。刘悦编制记账凭证（图表 15—4）。

图表 15—3

4600171130 **海南增值税专用发票** №03345264

发 票 联 开票日期：2017 年 12 月 26 日

购买方	名称：	海南万泉河啤酒有限责任公司			密码区			
	纳税人识别号：	914600100089806666						
	地址、电话：	海口市金盘大道 88 号 66819999						
	开户银行及账号：	工行海口市金盘支行 589806688						
货物或应税劳务、服务名称		规格型号	单位	数量	单价	金额	税率	税额
加工费			千克	100,000.00	0.50	50,000.00	17%	8,500.00
合计						50,000.00		8,500.00
价税合计（大写）		⊗ 伍万捌仟伍佰元整			（小写）¥58,500.00			
销售方	名称：	海口富华粮食加工厂			备注	海口富华粮食加工厂 914600100089807777 发票专用章		
	纳税人识别号：	914600100089807777						
	地址、电话：	海口市南海大道 95 号 66817777						
	开户银行及账号：	工行海口市南海支行 289807227						

第二联 发票联

收款人： 复核： 开票人：马力 销售方：（章）

图表 15—4 **记账凭证**

字总 × 号
字分 号

2017 年 12 月 26 日

摘 要	总账科目	明细科目	借方金额	贷方金额	记账
应付委托材料的加工费	委托加工物资	麦芽	50,000.00		
	应交税费	应交增值税（进项税额）	8,500.00		
	应付账款	海口富华厂		58,500.00	
合 计			58,500.00	58,500.00	

附件 1 张

会计主管： 记账： 审核： 制证：刘悦

3. 2017 年 12 月 26 日

制单会计刘悦收到麦芽收料单（图表 15—5）。

图表 15—5 **收料单**

材料科目：材料 编号：005

材料类别：原料及主要材料 收料仓库：材料库

供应单位：富华粮食加工厂 2017 年 12 月 26 日 发票号码：03345264

材料编号	材料名称	规格	计量单位	数量		实际价格				计划价格	
				应收	实收	单价	发票金额	运费	合计	单价	金额
	麦芽		公斤	80,000.00	80,000.00	5.64			451,240.00		
备注		委托加工麦芽									

采购员：李立 检验员：李军 记账员：刘悦 保管员：冯荣

刘悦根据收料单中的备注，判断此笔业务为委托加工的麦芽入库。刘悦查阅会计账簿“委托加工物资——麦芽”账户，转销委托加工物资的账面成本，增加原材料麦芽的成本。刘悦编制记账凭证（图表 15—6）。

图表 15—6 记账凭证

字总 × 号
字分 号

2017 年 12 月 26 日

摘　要	总账科目	明细科目	借方金额	贷方金额	记账
委托加工材料完工入库	原材料	麦芽	451,240.00		
	委托加工物资	麦芽		451,240.00	
合　计			451,240.00	451,240.00	

附件 1 张

会计主管：　记账：　审核：　制证：刘悦

知识链接

委托加工特定消费品的核算

如果委托加工物资是需要缴纳消费税的特定消费品，按税法规定，由受托方向委托方交货时代收代缴消费税。因消费税仅在生产、委托加工或进口环节一次性征收，委托方收回委托加工物资后，应将已缴纳的消费税按以下情况分别处理：

1. 委托加工物资收回后直接出售，已缴消费税计入委托加工物资的成本。

因委托加工物资在委托加工环节已征收消费税，出售时不再重复缴纳，收回委托加工物资时，将已缴纳的消费税额计入“委托加工物资”账户。

2. 委托加工物资收回后连续生产应税消费品，已缴纳消费税可以抵扣。

收回的委托加工物资作为原材料连续生产应税消费品，进入销售环节时仍需计算缴纳消费税。为避免重复纳税，收回委托加工物资时，将已缴纳的消费税额计入“应交税费——应交消费税”账户的借方，抵减继续生产后再次销售时重复计征的消费税。

例：某卷烟厂委托外单位加工烟丝，发出原材料烟叶价款 20 万元，支付受托方加工费用 5 万元，增值税 0.85 万元，消费税 1.5 万元，烟丝已经加工完毕验收入库，加工费用和税费尚未支付。

若卷烟厂收回烟丝直接出售或连续生产应税消费品卷烟，这两种情况下其账务处理不同，见图表 15—7。

图表 15—7　委托加工物资收回直接出售与连续生产的账务处理对比

阶段＼情况	委托加工烟丝收回后直接出售	委托加工烟丝收回后，连续生产应税消费品
发出烟叶	借：委托加工物资　200,000.00 贷：原材料　200,000.00	借：委托加工物资　200,000.00 贷：原材料　200,000.00
应付加工费及增值税、消费税	借：委托加工物资　65,000.00 应交税费——应交增值税（进项税额） 8,500.00 贷：应付账款　73,500.00	借：委托加工物资　50,000.00 应交税费——应交增值税（进项税额） 8,500.00 应交税费——应交消费税　15,000.00 贷：应付账款　73,500.00
收回烟丝	借：库存商品　265,000.00 贷：委托加工物资　265,000.00	借：原材料　250,000.00 贷：委托加工物资　250,000.00

练一练

单项选择题（请在下列选项中选择一个正确答案并填在括号中）

1. 甲公司为增值税一般纳税人。甲公司委托乙公司（增值税一般纳税人）代为加工一批属于应税消费品的原材料（非金银首饰），该批委托加工原材料收回后用于继续加工应税消费品。发出原材料实际成本为 620 万元，支付加工费 100 万元，增值税额为 17 万元，消费税额为 80 万元。该批委托加工原材料已验收入库，其实际成本为（　　）万元。

A. 720　　B. 737　　C. 800　　D. 817

2. 某企业为增值税一般纳税人。该企业委托其他单位（增值税一般纳税企业）加工一批属于应税消费品的原材料，该批委托加工原材料收回后直接用于销售。发出材料的成本为 18 万元，支付的加工费为 9 万元，支付的增值税为 1.53 万元，支付的消费税为 3 万元。该批原材料已加工完成并验收入库，则原材料成本为（　　）万元。

A. 27　　B. 28　　C. 30　　D. 31.53

任务 16　职工薪酬的核算

任务 16—1　薪酬费用的归集与计提

知识点	技能点
● 职工薪酬核算的内容 ● 职工薪酬费用的归集 ● 职工薪酬业务涉及的账户及核算	● 能够正确对工资、社会保险费、住房公积金、职工福利费、工会经费和职工教育经费进行计提与分配的核算

任务描述

2017 年 12 月 1 日，万泉河啤酒公司销售部新聘销售主管王平，人事部核定其月标准工资为 2,700 元，其中基本工资 2,000 元，岗位津贴 500 元，交通补贴 200 元。12 月 11 日 ~14 日王平因病请假四天。12 月万泉河啤酒公司无其他人事变动。

万泉河啤酒公司员工病假期间按标准工资的 50% 计发工资，公司以每月 21.75 天计算日标准工资。

万泉河啤酒公司按规定为职工缴纳五项社会保险和住房公积金，具体缴纳比例见图表 16—1。（备注：由于保险费率经常变动调整，因此保险费率以当地社保局公布的为准，以下数据仅供参考）

图表 16—1 社会保险和住房公积金缴纳比例一览表

"五险一金"类别		计提基础	计提比例	
			单位缴纳	职工个人缴纳
社会保险	基本养老保险费	工资总额	20%	8%
	基本医疗保险费		6%	2%
	失业保险费		2%	1%
	工伤保险费		0.5%	
	生育保险费		0.5%	
住房公积金			5%	5%

2017 年 12 月 26 日，人事部根据公司薪酬标准和上月 25 日至本月 24 日各部门员工考勤记录，编制 2017 年 12 月份工资表，送交财务部。

2017 年 12 月 31 日，财务部分配本月工资，分配本月为职工支付的社会保险费、住房公积金，并计提职工福利费、工会经费、职工教育经费。

财务部对上述业务进行核算。

任务分析

企业聘用职工，需要定期向职工支付一定的劳动报酬。企业不仅要给职工发放工资，而且要为职工支付社会保险费、住房公积金、职工教育费及职工福利费等多项报酬，这一系列的薪酬支出应如何归集到企业的成本费用中呢?

相关知识

一、职工薪酬的内容

职工薪酬是指企业为获得职工提供的服务或解除劳动关系而给予的各种形式的报酬或补偿。企业提供给职工配偶、子女、受赡养人、已故员工遗属及其他受益人的福利，也属于职工薪酬。

这里所称的职工主要包括三类人员：一是与企业订立劳动合同的所有人员，含全职、兼职和临时职工；二是虽未与企业订立劳动合同但由企业正式任命的人员，如董事会成员、监事会成员；三是在企业的控制和计划下，虽未与企业订立劳动合同或未由其正式任命，但向企业提供服务与职工类似的人员，也属于职工的范畴，包括通过企业与劳务中介公司、劳务公司签订用工合同而向企业提供服务的人员。

职工薪酬主要包括短期薪酬、离职后福利、辞退福利和其他长期职工福利。

1. 短期薪酬，是指企业在职工提供相关服务的年度报告期间结束后12个月内需要全部予以支付的职工薪酬，因解除与职工的劳动关系给予的补偿除外。

短期薪酬具体包括：职工工资、奖金、津贴和补贴，职工福利费，医疗保险费、工伤保险费和生育保险费等社会保险费，住房公积金，工会经费和职工教育经费，短期带薪缺勤，短期利润分享计划，非货币性福利以及其他短期薪酬。

带薪缺勤，是指企业支付工资或提供补偿的职工缺勤，包括年休假、病假、短期伤残、婚假、产假、丧假、探亲假等。

利润分享计划，是指因职工提供服务而与职工达成的基于利润或其他经营成果提供薪酬的协议。

2. 离职后福利，是指企业为获得职工提供的服务而在职工退休或与企业解除劳动关系后提供的各种形式的报酬和福利，属于短期薪酬和辞退福利除外，常见的如基本养老保险费。企业应将离职后福利计划分类为设定提存计划和设定收益计划。

3. 辞退福利，是指企业在职工劳动合同到期之前解除与职工的劳动关系，或者为鼓励职工自愿接受裁减而给予职工的补偿。

4. 其他长期职工福利，是指除短期薪酬、离职后福利、辞退福利之外所有的职工薪酬，包括长期带薪缺勤、长期残疾福利、长期利润分享计划等。

鉴于目前我国绝大多数中小企业的职工薪酬体现在短期薪酬和离职后福利中，本教材主要讲解这两部分薪酬中的工资、社会保险费、住房公积金等的核算。

二、职工工资的核算

我们日常所说的工资，不仅是职工工资（计时工资、计件工资、加班加点工资等），还包括奖金、各种津贴和补贴，它是职工薪酬中最主要的内容，是企业计算并提取职工社会保险费、住房公积金、职工福利费、工会经费、职工教育经费等薪酬项目的主要依据。

1. 工资的计算期间

企业一般按月计算工资，但不同企业工资的计算期间略有不同：

方式一：以自然月的1日～30日（或31日）为一个月，于月初或月末计算工资。行政、事业单位多采用月初计算的方式，企业多采用月末计算的方式。

方式二：企业选择临近月末的某一日为每月工资计算截止日，按上月此日至本月此日为一月，滚动计算月工资。例如，万泉河啤酒公司选择 25 日为每月工资计算截止日，则 2017 年 12 月的工资以 11 月 26 日 ~ 12 月 25 日为一个月计算。

2. 应付工资的计算

本月应付工资 = 月标准工资 − 缺勤应扣工资 + 加班加点工资

缺勤应扣工资 = 日标准工资 × 缺勤天数 × 应扣比例

日标准工资 = 月标准工资 ÷21.75

21.75 日指的是全年平均每月标准工作日，是从全年日历天数 365 天减去 104 个法定休息日后的余额除以 12 个月得出，即（365 − 104）÷ 12=21.75。

值得注意的是，计算日标准工资时法定休息日和法定节假日未计算工资，如遇法定休息日和法定节假日请假，也不应扣发工资。根据国家劳动法的规定，若法定节假日加班，每天加班费按三倍的日工资计算；若双休日加班，每天加班费按两倍的日工资计算；若平时延长工作时间的加班加点，每小时加班费按小时工资的 1.5 倍计算。

3. 工资费用的归集与计提核算

企业应遵循权责发生制的会计基础，在职工为其提供服务的会计期间，根据职工提供服务的受益对象，将工资费用计入相关资产成本或当期损益中，并将应付的职工薪酬确认为负债。

会计人员应依据工资表、工资分配汇总表，编制会计分录如下：

借：生产成本（生产部门中的生产工人工资）

　　制造费用（生产部门中的管理人员工资）

　　管理费用（行政管理部门人员工资）

　　销售费用（销售部门人员工资）

　　在建工程（在建工程建设人员工资）

　　研发支出（科研开发部门人员工资）

　　贷：应付职工薪酬——工资（企业应付工资的金额）

值得注意的是，如果同一生产车间职工同时生产几种产品，则发生的工资、福利费等职工薪酬，应采用一定方法（如按计时工资、计件工资等）分配计入各产品的成本，此内容将在成本会计课程中学习。

三、社会保险费、住房公积金的核算

社会保险费、住房公积金都是企业按照国家有关规定向社会保险经办机构、住房公积金管理机构缴纳缴存的职工薪酬项目。

企业应当在职工为其提供服务的会计期间，按照国家规定的计提基础和比例计算企业应承担的医疗保险费、工伤保险费和生育保险费等社会保险费（为职工缴纳的养老、失业保险属于离职后福利）以及住房公积金，根据受益对象计入相关资产成本或当期损益。

会计人员依据社会保险费、住房公积金计提、分配表，编制会计分录如下：

借：生产成本（生产部门中的生产工人社保费、住房公积金）

制造费用（生产部门中的管理人员社保费、住房公积金）

管理费用（行政管理部门人员社保费、住房公积金）

销售费用（销售部门人员社保费、住房公积金）

在建工程（在建工程建设人员社保费、住房公积金）

研发支出（科研开发部门人员社保费、住房公积金）

贷：应付职工薪酬——医疗保险费（企业承担的职工医疗保险费）

——工伤保险费（企业承担的职工工伤保险费）

——生育保险费（企业承担的职工生育保险费）

——住房公积金（企业承担的职工住房公积金）

四、职工福利费、工会经费、职工教育经费的核算

职工福利费主要用于企业向职工提供的生活困难补助、丧葬补助费、抚恤费、职工异地安家费、防暑降温费等职工福利支出，国家相关税法规定的最高提取比例为工资总额的 14%。通常为了便于所得税的汇算清缴，减少纳税调整工作，多数企业按工资总额的 14% 计提福利费。

工会经费和职工教育经费用于为改善职工文化生活、为职工学习先进技术和提高文化水平和业务素质所开展的工会活动和职工教育及职业技能培训等相关支出。国家相关税法规定工会经费的最高提取比例为工资总额的 2%，职工教育经费的最高提取比例为工资总额的 1.5%，对于从业人员技术要求高、培训任务重、经济效益好的企业，职工教育经费的提取也可按照工资总额的 2.5% 计提。

职工福利费、工会经费、职工教育经费会计上常常简称为“三费”，企业应当在职工为其提供服务的会计期间，按照国家规定的计提基础和比例计算应承担的三费，根据受益对象计入相关资产成本或当期损益，会计分录如下：

借：生产成本（生产部门中的生产工人福利费、教育经费、工会经费）

制造费用（生产部门中的管理人员福利费、教育经费、工会经费）

管理费用（行政管理部门人员福利费、教育经费、工会经费）

销售费用（销售部门人员福利费、教育经费、工会经费）

在建工程（在建工程建设人员福利费、教育经费、工会经费）

研发支出（科研开发部门人员福利费、教育经费、工会经费）

贷：应付职工薪酬——职工福利费

——工会经费

——职工教育经费

值得注意的是，期末（通常在年末）企业职工福利费、工会经费、职工教育经费当期的实际发生额大于预计金额的，应当补提应付职工薪酬；当期实际发生额小于预计金

额的，应当冲回多提的应付职工薪酬。

注：短期薪酬中的非货币性福利的具体核算见任务 16–2 中的知识链接。

五、养老保险、失业保险的核算

员工工作满一个月，企业必须按国家劳动法规定向社会保险经办机构为员工支付一定比例的养老、失业保险，二者是目前最常见的职工离职后福利中的设定提存计划。计提比例按各省、市人事劳动保障部门的规定，除此之外的，由企业自行制定比例。

设定提存计划，是指企业向独立的基金缴存固定费用后，不再承担进一步支付义务的离职后福利计划。对于设定提存计划，企业应当根据在资产负债表日为换取职工在会计期间提供的服务而应向单独主体缴存的提取金，确认为应付职工薪酬负债，并计入相关资产成本或当期损益。会计分录如下：

借：生产成本（生产部门中的生产工人养老、失业保险费）
　　制造费用（生产部门中的管理人员养老、失业保险费）
　　管理费用（行政管理部门人员养老、失业保险费）
　　销售费用（销售部门人员养老、失业保险费）
　　在建工程（在建工程建设人员养老、失业保险费）
　　研发支出（科研开发部门人员养老、失业保险费）
　　贷：应付职工薪酬——养老保险费
　　　　　　　　　　——失业保险费

六、职工薪酬业务核算涉及的账户

“应付职工薪酬”账户用于核算应付职工薪酬的提取、结算、使用等情况。本账户属于负债类账户，贷方登记已分配计入有关成本费用项目的职工薪酬的数额，借方登记实际发放职工薪酬的数额，期末贷方余额反映企业应付未付的职工薪酬。

本账户可以按照“工资”“职工福利费”“社会保险费”“住房公积金”“工会经费”“职工教育经费”“非货币性福利”等应付职工薪酬项目进行明细核算。

任务实施

1. 2017 年 12 月 26 日

主管会计张茜审核人事部提交的 12 月份工资表（图表 16—2）。

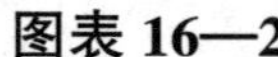
图表 16—2 **工资表**

2017 年 12 月 26 日

部门	姓名	基本工资	岗位津贴	交通补贴	工资合计	缺勤应扣工资	应发工资	代扣款项				实发工资
								住房公积金	社保费	个税	合计	
办公室	李华	3,000.00	2,000.00	300.00	5,300.00		5,300.00	265.00	583.00	28.56	876.56	4,423.44
办公室	吴平	3,000.00	1,500.00	300.00	4,800.00		4,800.00	240.00	528.00	15.96	783.96	4,016.04
办公室	王帆	3,000.00	1,000.00	300.00	4,300.00		4,300.00	215.00	473.00	3.36	691.36	3,608.64
办公室	张杰	3,000.00	1,000.00	300.00	4,300.00		4,300.00	215.00	473.00	3.36	691.36	3,608.64
财务部	张茜	3,000.00	1,000.00	200.00	4,200.00		4,200.00	160.00	352.00	0	512.00	3,688.00
财务部	方荷	2,000.00		100.00	2,100.00		2,100.00	105.00	231.00		336.00	1,764.00
…	…	…	…	…	…	…	…	…	…	…	…	…
销售部	王平	2,000.00	500.00	200.00	2,700.00	124.14	2,575.86	135.00	297.00		432.00	2,143.86
…	…	…	…	…	…	…	…	…	…	…	…	…
合计		146,300.00	11,000.00	15,000.00	172,300.00	480.62	171,819.38	8,615.00	18,953.00	1,715.52	29,283.52	142,535.86

总经理：李华　　　　复核：张茜　　　　制表：高山

分析：工资表重点审核本月员工的病事假扣发工资和本月增减变动员工的各工资项目计算是否正确。

（1）核对本月新增员工王平的应发工资

职工王平月标准工资为 2,700 元，本月请病假 4 天，其中 2 天为法定休息日，因此实际病假为 2 天。

王平应发工资 =2,700 － 2,700 ÷ 21.75 × 2 × 50%=2,575.86（元）

（2）核对王平本月应扣除的个人承担社会保险费、住房公积金费用

分析：在会计实务工作中，公司每月以工资表中职工工资合计为基数计提社会保险等其他职工薪酬，不考虑扣发病事假工资等各月工资总额的变动项目，以简化计算并办理相关缴纳手续。

王平应扣社会保险费 =2,700 × 11%=297（元）

王平应扣住房公积金 =2,700 × 5%=135（元）

（3）核对王平本月应扣个人所得税

由于王平的工资额达不到个人所得税的起征点 3,500 元，所以王平不缴纳个人所得税。

2. 2017 年 12 月 31 日

制单会计刘悦分配本月工资、社会保险费、住房公积金，并提取职工福利费、工会经费、职工教育经费。

（1）刘悦根据人事部交来的工资表，将不同部门职工工资计入相关的成本、费用账户，编制工资分配汇总表（图表 16—3）。

图表 16—3 工资分配汇总表

2017 年 12 月 31 日

部门		生产成本	制造费用	管理费用	销售费用	合计
基本生产	清爽	36,200.00				36,200.00
	纯生	34,500.00				34,500.00
机修车间			7,500.00			7,500.00
办公室				23,100.00		23,100.00
财务部				9,500.00		9,500.00
人事部				5,000.00		5,000.00
计划部				4,000.00		4,000.00
采购部				7,800.00		7,800.00
仓储部				4,500.00		4,500.00
销售部					39,719.38	39,719.38
合计		70,700.00	7,500.00	53,900.00	39,719.38	171,819.38

说明：因公司生产部酿造、灌装车间职工同时生产清爽、纯生两种啤酒，生产部门的职工薪酬按本月生产清爽、纯生两种啤酒的生产数量分配计入清爽、纯生啤酒的生产成本。生产车间人工费用的分配将在成本会计课程中学习，本书略。

刘悦根据工资分配汇总表，编制记账凭证（图表 16—4、图表 16—5）。

图表 16—4 记账凭证

字总 × 号
字分 1/2 号

2017 年 12 月 31 日

摘　要	总账科目	明细科目	借方金额	贷方金额	记账
分配工资	生产成本	清爽	36,200.00		
	生产成本	纯生	34,500.00		
	制造费用	薪酬	7,500.00		
	管理费用	薪酬	53,900.00		
合　计					

附件 1 张

会计主管：　记账：　审核：　制证：刘悦

图表 16—5 记账凭证

字总 × 号
字分 2/2 号

2017 年 12 月 31 日

摘　要	总账科目	明细科目	借方金额	贷方金额	记账
分配工资	销售费用	薪酬	39,719.38		
	应付职工薪酬	工资		171,819.38	
合　计			171,819.38	171,819.38	

附件 张

会计主管：　记账：　审核：　制证：刘悦

（2）刘悦以工资表中“工资合计金额”为计提基础，计提不同部门职工社会保险费、住房公积金并计入相关的成本费用，编制本月社会保险费、住房公积金费用分配表（图表16—6）。在实际工作中，企业通常不考虑每月工资的变动部分，而以标准工资为基数计算社保费、住房公积金等，如缺勤扣款、加班加点等都不计算在内。在本例中，销售部的基本工资＋岗位津贴＋交通补贴＝工资合计=40,200元，40,200元就是销售部计提各种费用的基础。接着刘悦编制记账凭证（图表16—7、图表16—8）。

图表16—6　　社会保险、住房公积金费用分配表

2017年12月31日

借方账户		计提基础	社会保险费（29%）	住房公积金（5%）	合计
生产成本	清爽	36,200.00	10,498.00	1,810.00	12,308.00
	纯生	34,500.00	10,005.00	1,725.00	11,730.00
制造费用		7,500.00	2,175.00	375.00	2,550.00
管理费用		53,900.00	15,631.00	2,695.00	18,326.00
销售费用		40,200.00	11,658.00	2,010.00	13,668.00
合计		172,300.00	49,967.00	8,615.00	58,582.00

图表16—7　　记账凭证

字总　×　号
字分　1/2　号

2017年12月31日

摘　　要	总账科目	明细科目	借方金额	贷方金额	记账
计提社会保险费、住房公积金	生产成本	清爽	12,308.00		
	生产成本	纯生	11,730.00		
	制造费用	薪酬	2,550.00		
	管理费用	薪酬	18,326.00		
合　　　计					

附件1张

会计主管：　　记账：　　审核：　　制证：刘悦

图表16—8　　记账凭证

字总　×　号
字分　2/2　号

2017年12月31日

摘　　要	总账科目	明细科目	借方金额	贷方金额	记账
	销售费用	薪酬	13,668.00		
	应付职工薪酬	社会保险费		49,967.00	
	应付职工薪酬	住房公积金		8,615.00	
合　　　计			58,582.00	58,582.00	

附件　张

会计主管：　　记账：　　审核：　　制证：刘悦

（3）同理，以工资表中“工资合计金额”为计提基础，刘悦计提不同部门职工本月的职工福利费、工会经费、职工教育经费，编制相应的费用分配表（图表 16—9）。接着刘悦编制记账凭证（图表 16—10、图表 16—11）。

图表 16—9　职工福利费、工会经费分配表、职工教育经费

2017 年 12 月 31 日

借方账户		计提基础	职工福利费（14%）	工会经费（2%）	职工教育经费（2.5%）	合计
生产成本	清爽	36,200.00	5,068.00	724.00	905.00	6,697.00
	纯生	34,500.00	4,830.00	690.00	862.50	6,382.50
制造费用		7,500.00	1,050.00	150.00	187.50	1,387.50
管理费用		53,900.00	7,546.00	1,078.00	1,347.50	9,971.50
销售费用		40,200.00	5,628.00	804.00	1,005.00	7,437.00
合计		172,300.00	24,122.00	3,446.00	4,307.50	31,875.50

图表 16—10　记账凭证

字总 × 号
字分 1/2 号

2017 年 12 月 31 日

摘　要	总账科目	明细科目	借方金额	贷方金额	记账
计提职工福利费、工会经费和职工教育经费	生产成本	清爽	6,697.00		
	生产成本	纯生	6,382.50		
	制造费用	薪酬	1,387.50		
	管理费用	薪酬	9,971.50		
合　计					

附件 1 张

会计主管：　　记账：　　审核：　　制证：刘悦

图表 16—11　记账凭证

字总 × 号
字分 2/2 号

2017 年 12 月 31 日

摘　要	总账科目	明细科目	借方金额	贷方金额	记账
	销售费用	薪酬	7,437.00		
	应付职工薪酬	福利费		24,122.00	
	应付职工薪酬	工会经费		3,446.00	
	应付职工薪酬	职工教育经费		4,307.50	
合　计			31,875.50	31,875.50	

附件 张

会计主管：　　记账：　　审核：　　制证：刘悦

知识链接

带薪缺勤的核算

带薪缺勤，是指企业支付工资或提供补偿的职工缺勤，包括年休假、病假、短期伤残假、婚假、产假、丧假、探亲假等。带薪缺勤分为累积带薪缺勤和非累积带薪缺勤。

1. 累积带薪缺勤。累积带薪缺勤是指带薪缺勤权利可以结转下期的带薪缺勤，本期尚未用完的带薪缺勤权利可以在未来期间使用。如企业实行累积带薪缺勤制度，职工每人每年可享受10个工作日的带薪休假，如因工作需要未能按时休假的，未休假部分可顺延至下一年度。有些累积带薪缺勤，在职工离开企业时，对于未行使的权利职工有权获得现金支付。

企业应当在职工提供服务从而增加了其未来享有的带薪缺勤权利时，确认与累积带薪缺勤相关的职工薪酬，并以累积未行使权利而增加的预期支付金额计量。借记“生产成本”“制造费用”“管理费用”“销售费用”“在建工程”等账户，贷记“应付职工薪酬——累积带薪缺勤”账户。

例，甲公司2017年度有10名生产工人和3名企业管理人员，因工作需要未能享受每人5天的带薪休假，根据公司规定可将未享受的带薪休假递延至2018年度。生产工人的日工资为300元，企业管理人员的日工资为200元。编制会计分录如下：

（1）2017年12月31日确认累积带薪缺勤时：

借：生产成本　3,000

　　管理费用　600

　　贷：应付职工薪酬——累积带薪缺勤　3,600

（2）2018年实际享受累积带薪缺勤时：

借：应付职工薪酬——累积带薪缺勤　3,600

　　贷：生产成本　3,000

　　　　管理费用　600

2. 非累积带薪缺勤。非累积带薪缺勤是指带薪缺勤权利不能结转下期的带薪缺勤，本期尚未用完的带薪缺勤权利将予以取消，并且职工离开企业时也无权获得现金支付。我国企业职工休婚假、产假、丧假、探亲假、病假期间的工资通常属于非累积带薪缺勤。由于职工提供服务本身不能增加其能够享受的福利，企业在职工未缺勤时不应当计提相关的费用和负债。企业应在职工实际发生缺勤的会计期间确认与非累积带薪缺勤相关的职工薪酬。

企业确认职工享有的与非累积带薪缺勤权利相关的薪酬，视同职工出勤确认的当期损益或相关资产成本。在通常情况下，与非累积带薪缺勤相关的职工薪酬已经包括在企业每期向职工发放的工资等薪酬中，因此，不必额外做相应的账务处理。

练一练

多项选择题（请在下列选项中选择两个或以上的正确答案并填在括号中）

1. 下列选项中，应计入应付职工薪酬的有（　　）。

   A. 为职工支付的培训费

   B. 为职工支付的养老保险

   C. 因解除职工劳动合同支付的补偿款

   D. 为职工进行健康体检而支付的检查费

2. 职工薪酬中所称的职工包括（　　）。

   A. 与企业订立了固定期限、无固定期限的劳动合同的所有人员

   B. 与企业订立了以完成一定工作作为期限的劳动合同的所有人员

   C. 未与企业订立劳动合同但由企业正式任命的独立董事、外部监事人员

   D. 通过企业与劳务中介公司签订用工合同而向企业提供服务的人员

判断题（判断正误并在括号内填“√”或“×”）

1. 工会经费和职工教育经费不属于职工薪酬的范围，不通过“应付职工薪酬”账户核算。（　　）

2. 企业为职工支付的医疗、养老、失业、工伤和生育等社会保险费应计入当期管理费用。（　　）

3. 车间管理人员的工资和福利费不属于直接工资，因而不能计入产品成本，应计入管理费用。（　　）

任务 16—2　职工薪酬的支付

知识点	技能点
● 支付职工工资及支付工资时代扣代缴业务的核算 ● 缴纳社会保险费、住房公积金业务的核算 ● 使用职工福利费、工会经费和职工教育经费的核算	● 能够正确进行工资发放，社会保险费、住房公积金缴纳，职工福利费、工会经费和职工教育经费使用的核算

任务描述

2017年12月6日，公司缴纳代扣11月份职工个人所得税。

2017年12月7日，公司缴纳12月份职工社会保险费。

2017年12月8日，公司缴纳12月份职工住房公积金。

2017年12月26日，财务部根据人事部编制的2017年12月份工资表委托银行代发工资。

2017年12月31日，财务部拨付给职工食堂本月伙食补贴24,122元。

财务部对上述业务进行核算。

任务分析

社会保险费、住房公积金除企业需要承担外，个人也需按照一定的基准和比例计算并上交至社会保险经办机构和住房公积金管理机构。个人承担的社会保险费、住房公积金通常是每月发工资时，由企业代扣代缴，这就使每月给职工实际发放的工资与应发工资不一致。企业每月发放工资时，还需按相关税法规定代扣代缴个人所得税。

发放工资时，会计应如何核算企业代扣的款项？缴纳社会保险费和住房公积金的核算时，会计不仅要考虑企业为职工缴纳的部分，还需同时考虑企业为职工代扣代缴的社会保险费和住房公积金。

相关知识

一、支付职工工资的核算

企业向职工支付工资、奖金、津贴和补贴时，要收回代垫或代缴的各种款项，例如个人所得税、个人承担的社会保险费、代垫的家属药费等。由于代垫、代扣款项，导致企业支付职工工资时应付工资与实发工资出现差额。

1. 代扣或收回企业为职工代垫的由职工个人承担的社会保险费、住房公积金

通常企业月初缴纳当月在职职工的社会保险费和住房公积金费用中，不仅包括企业为职工支付的部分，还包括职工个人应承担的部分，待企业发放工资时再扣还个人应承担的部分。由于支付工资与缴纳社会保险费和住房公积金的时间不同，企业扣发个人支付社会保险费、住房公积金的会计核算略有差异：

（1）发放工资时先代扣，后缴纳

如果企业发放工资时，先代扣个人应承担的社会保险费和住房公积金，应将代扣款项计入“其他应付款”的社会保险费、住房公积金等明细账户贷方；缴纳时，转销“其他应付款”。

（2）先代垫支付，发放工资时收回代垫款项

如果企业月初缴纳社会保险费和住房公积金时，为职工代垫了个人应支付的款项，

应将其先计入“其他应收款”的社会保险费、住房公积金等明细账户借方；发放工资扣回代垫款项时，则转销“其他应收款”。

2. 代扣的个人所得税

按税法相关规定，企业支付工资时，需承担为职工计算其应缴纳的个人所得税并代扣代缴的义务。企业发放工资时所代扣的个人所得税，应计入“应交税费——应交个人所得税”账户的贷方，待缴纳时再转销。

3. 支付工资的核算

会计根据工资表和付款凭证，编制会计分录如下：

借：应付职工薪酬（应付工资的金额）

　　贷：银行存款（实付工资的金额）

　　　　应交税费——应交个人所得税（代扣的个人所得税）

　　　　其他应收款（收回代垫的需个人承担的社保费、住房公积金等款项）

　　　　或其他应付款（代扣需个人承担的社保费、住房公积金等款项）

二、缴纳社会保险费、住房公积金的核算

企业缴纳社会保险费、住房公积金时，需同时考虑企业与职工分别承担的费用。会计根据付款凭证编制会计分录如下：

借：应付职工薪酬——社会保险费（企业应承担的社保费）

　　　　　　　　——住房公积金（企业应承担的住房公积金）

　　其他应收款（代垫的个人应承担的社保费、住房公积金等）

　　或其他应付款（缴纳已代扣的个人应承担的社保费、住房公积金等）

　　贷：银行存款

三、支付职工福利费、工会经费、职工教育经费的核算

通常情况下，企业按照权责发生制会计原则，每月已计提职工福利费、工会经费和职工教育经费，支付时则冲减已计提的“应付职工薪酬——职工福利费”等明细账户金额。会计根据付款凭证编制会计分录如下：

借：应付职工薪酬——职工福利费

　　　　　　　　——工会经费

　　　　　　　　——职工教育经费

　　贷：银行存款等

四、职工薪酬发放业务涉及的账户

“其他应收款”账户用于核算企业除应收账款、应收票据、预付账款等以外的其他各种应收、暂付款项，如应收保险公司或其他单位和个人的各种赔款、应收的各种罚款、应收的存出保证金、应收的包装物租金、应向职工收取的各种垫付款项等。本账户

属于资产类账户，借方登记发生的各种应收、暂付款项，贷方登记收回的各种应收、暂付款项，期末借方余额反映企业应收未收的其他应收款项。

本账户应当按照其他应收款的项目和不同债务人进行明细核算。

“其他应付款”账户是核算企业除应付票据、应付账款、预收账款、应付职工薪酬、应交税费、应付利息、应付股利等经营活动以外的其他各项应付、暂收的其他单位或个人的款项，如应付租入固定资产和包装物的租金、存入保证金（如收入包装物押金等）。本账户属于负债类账户，贷方登记发生的各种应付、暂收款项，借方登记偿还或转销的各种应付、暂收款项，期末贷方余额反映企业应付未付的其他应付款项。

本账户应当按照其他应付款的项目和不同债权人进行明细核算。

任务实施

1. 2017 年 12 月 6 日

→主管会计张茜填写代扣职工 2017 年 11 月的个人所得税扣缴报告书（具体计算与填写操作参照《税法实务》等书籍，本书略）。

→出纳方荷从银行取回扣款回单交会计刘悦。

→制单会计刘悦收到个人所得税税款扣款回执单（图表 16—12）。

图表 16—12

中国工商银行征税机关实时扣税业务客户回执
Industrial and Commercial Hank of China

中国工商银行 电子回单 专用章

付款方户名：海南万泉河啤酒有限责任公司
付款方账号：589806688
付款方开户行：211640
收款方户名：海口市地方税务局
收款方账号：37000000002278001
收款方开户行：国家金库海口市中心支库
入账日期：20171209　小写金额：1,708.60　　大写金额：壹仟柒佰零捌元陆角整
纳税人全称及纳税人识别号：海南万泉河啤酒有限责任公司 914600100089806666

缴款书交易流水号：2017120957434237
税票号码：320171209000002464
税种：个人所得税　时期：20171101-20171130　金额：1,708.60

打印日期：20171210　行号：-　打印柜员：9999　页码：[237]

此笔业务为缴纳个人所得税款。刘悦核实个人所得税税款缴款书中缴纳的税款与会计账簿“应交税费——应交个人所得税”中 11 月份的代扣金额一致，转销应交个人所得税额，编制记账凭证（图表 16—13）。

图表 16—13

记账凭证

字总 × 号
字分 　号

2017 年 12 月 6 日

摘　要	总账科目	明细科目	借方金额	贷方金额	记账
缴纳 11 月个人所得税	应交税费	应交个人所得税	1,708.60		
	银行存款			1,708.60	
合　计			1,708.60	1,708.60	

附件 1 张

会计主管：　记账：　审核：　制证：刘悦

2. 2017 年 12 月 7 日

→制单会计刘悦收到人事部申报办理的 12 月份的社会保险费通用缴款书（图表 16—14、图表 16—15）。

图表 16—14

中国工商银行征税机关实时扣税业务客户回执
Industrial and Commercial Bank of China

付款方户名：海南万泉河啤酒有限责任公司
付款方账号：589806688
付款方开户行：211640
收款方户名：海口市地方税务局
收款方账号：37000000002278001
收款方开户行：国家金库海口市中心支库
入账日期：20171208　小写金额：68,920.00　大写金额：陆万捌仟玖佰贰拾元整
纳税人全称及纳税人识别号：海南万泉河啤酒有限责任公司 914600100089806666

缴款书交易流水号：2017120857426758
税票号码：420171208000004450
税种：生育保险基金收入时期：20171201-20171231　金额：861.50
税种：失业保险基金收入时期：20171201-20171231　金额：5,169.00
税种：工伤保险基金收入时期：20171201-20171231　金额：861.50
税种：基本医疗保险基金收入时期：20171201-20171231　金额：13,784.00
税种：基本养老保险基金收入时期：20171201-20171231　金额：48,244.00

打印日期：20171209　行号：－　打印柜员：9999　页码：[542]

（印章：中国工商银行 电子回单专用章）

图表 16—15　　社保缴费核定汇总表

单位编号：914600100089806666　　单位名称（盖章）：海南万泉河啤酒有限责任公司

申报缴费所属期：201712　　申报时间：2017 年 12 月 07 日　　单位：元

项目 险种	人数	工资总额		费率（%）		单位缴费金额（5）	个人缴费金额（6）	应缴费金额（7）
		单位缴费总额（1）	职工缴费基数总额（2）	单位（3）	个人（4）			
基本养老保险费	54	172,300.00	172,300.00	20%	8%	34,460.00	13,784.00	48,244.00
基本医疗保险费	54	172,300.00	172,300.00	6%	2%	10,338.00	3,446.00	13,784.00
失业保险费	54	172,300.00	172,300.00	2%	1%	3,446.00	1,723.00	5,169.00
工伤保险费	54	172,300.00	172,300.00	0.5%		861.50		861.50
生育保险费	54	172,300.00	172,300.00	0.5%		861.50		861.50
合计						49,967.00	18,953.00	68,920.00
备注								

填报人：刘波　　联系电话：66819997　　单位负责人：李华

注：（5）=（1）×（3）；（6）=（2）×（4）；（7）=（5）+（6）

核定结果以社保局实际应收核定为准，此报表仅作参考。

分析：此笔为缴纳职工社会保险费业务。应注意，公司每月实际缴纳的社会保险费不仅包括公司为职工支付的部分，而且包括职工个人应支付的部分，应分别计入不同账户。

刘悦将社会保险费缴款书中单位缴纳的保费金额计入“应付职工薪酬——社会保险费”账户的借方，公司垫付的个人应缴纳金额，增加“其他应收款——社会保险费”账户；按缴纳的社保费总额，减少银行存款。刘悦编制记账凭证（图表 16—16）。

图表 16—16　　记账凭证

字总 × 号
字分 号

2017 年 12 月 7 日

摘　要	总账科目	明细科目	借方金额	贷方金额	记账
缴纳社会保险费	应付职工薪酬	社会保险费	49,967.00		
	其他应收款	社会保险费	18,953.00		
	银行存款			68,920.00	
合　计			68,920.00	68,920.00	

附件 2 张

会计主管：　　记账：　　审核：　　制证：刘悦

3. 2017 年 12 月 8 日

→主管会计张茜审核人事部计算的 12 月份住房公积金汇缴清册（图表 16—17）和住房公积金汇缴书（图表 16—18）。

→财务经理冯阳审批付款。

→出纳方荷办理网上转账，从银行取回网上转账回单（图表 16—19），交会计刘悦。

图表 16—17　职工住房公积金汇缴清册

所属月份：12 月份

单位盖章：

缴存比例：单位 5%　个人 5%　　总汇缴人数：54 人

填表时间：2017 年 12 月 08 日　　填表人：刘波

序号	姓名	个人住房公积金账号	缴交基数（元）	月缴存额（元）			
				合计	单位	个人	备注
1	李华	460102196901053723	5300		265	265	
2	王帆	460101195804095623	4300		215	215	
53	…	…	…	…	…	…	
54	…	…	…	…	…	…	
——	合（小）计	——————	172,300.00	17,230	8,615	8,615	

海南省住房公积金管理中心 业务专用章

（管理机构）复核：刘晓　2017 年 12 月 08 日

注：1. 本表一式三份，经管理机构审核后，管理机构、受委托银行、各单位留有一份。

2. 月缴存额以元为单位，见角进元。

图表 16—18　公积金汇缴书

<table>
<tr><td>种类</td><td></td><td colspan="3">2017 年 12 月 08 日</td><td colspan="3">附清册 3 张</td></tr>
<tr><td>单位名称</td><td colspan="4">海南万泉河啤酒有限责任公司</td><td colspan="3">□ 汇缴：2017 年 12 月份</td></tr>
<tr><td>公积金账号</td><td colspan="3">7839010171319</td><td colspan="2">开户银行</td><td colspan="2">工行海口市金盘支行</td></tr>
<tr><td rowspan="2">缴交金额（大写）</td><td colspan="3" rowspan="2">壹万柒仟贰佰叁拾元整</td><td colspan="4">佰 拾 万 仟 佰 拾 元 角 分</td></tr>
<tr><td colspan="4">¥ 1 7 2 3 0 0 0</td></tr>
<tr><td colspan="2">上月汇缴</td><td colspan="2">本月增加汇缴</td><td colspan="2">本月减少汇缴</td><td colspan="2">本月汇缴</td></tr>
<tr><td>人数</td><td>金额</td><td>人数</td><td>金额</td><td>人数</td><td>金额</td><td>人数</td><td>金额</td></tr>
<tr><td>53</td><td>16,960.00</td><td>1</td><td>270.00</td><td></td><td></td><td>54</td><td>17,230.00</td></tr>
<tr><td>付款行</td><td colspan="2">付款账号</td><td>支票号码</td><td colspan="4" rowspan="2">借：
贷：
中国工商银行 海口市金盘支行 2017.12.08 转讫
银行盖章</td></tr>
<tr><td></td><td colspan="2"></td><td></td></tr>
</table>

复核　　记账　　接柜

图表 16—19

国内支付业务付款回单

客户号：265002591578 日期：2017 年 12 月 08 日
付款人账号：589806688　　收款人账号：
付款人名称：海南万泉河啤酒有限责任公司　　收款人名称：
付款人开户行：工行海口市金盘支行　　收款人开户行：
金额：CNY17,230.00
人民币壹万柒仟贰佰叁拾元整

业务种类：代发划转　业务编号：000000000000 凭证号码：
用途：公积金
备注：公积金 /OBSS0033856196249GIR0000000000000
附言：/ 银行业务编号：A0142495C12017120800001973

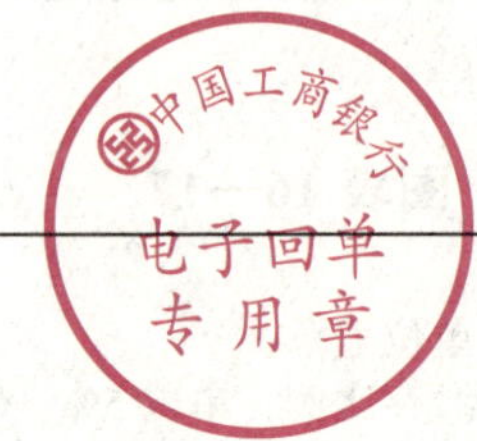

自助打印，请避免重复
交易机构：14865　　建议渠道：网上银行　交易流水号：143981547-941　经办人

回单编号：2017120861603699 验证码：020F2RKLIRJ06300IF18

分析：缴纳职工住房公积金业务处理类似缴纳社会保险费业务，需对企业和职工各自承担的费用分别反映。

因职工住房公积金由单位与个人各承担一半，刘悦根据“职工住房公积金汇缴清册”中“月缴存金额——单位合计金额”计入“应付职工薪酬——住房公积金”账户的借方，根据“月缴存金额——个人合计金额”计入“其他应收款——住房公积金”账户，待发放工资时向职工收回。刘悦编制记账凭证（图表 16—20）。

图表 16—20

记账凭证

2017 年 12 月 8 日　　字总 × 号　字分 号

摘　要	总账科目	明细科目	借方金额	贷方金额	记账
缴纳住房公积金	应付职工薪酬	住房公积金	8,615.00		
	其他应收款	住房公积金	8,615.00		
	银行存款			17,230.00	
合　计			17,230.00	17,230.00	

附件 3 张

会计主管：　记账：　审核：　制证：刘悦

4. 2017 年 12 月 26 日

→公司总经理审批签字，同意发放工资。

→出纳办理网上银行代发工资的相关业务。

→制单会计刘悦收到 2017 年 12 月工资表（参见图表 16—2）和网上转账付款回单（图表 16—21）。

图表 16—21

国内支付业务付款回单

客户号：265002591578 日期：2017 年 12 月 26 日
付款人账号：589806688　　收款人账号：
付款人名称：海南万泉河啤酒有限责任公司　　收款人名称：
付款人开户行：工行海口市金盘支行　　收款人开户行：
金额：CNY142,535.86
人民币壹拾肆万贰仟伍佰叁拾伍元捌角陆分

业务种类：代发划转　业务编号：0000000000000 凭证号码：
用途：工资
备注：工资 /OBSS0033856196760GIR000000000000
附言：/ 银行业务编号：A0142495C12017122600001001

中国工商银行 电子回单 专用章

自助打印，请避免重复
交易机构：14865　　建议渠道：网上银行　交易流水号：143911964-640　经办人

回单编号：2017122661603632 验证码：020F2RKLIRJ08902IF12

分析：此笔为发放工资业务，应注意扣发职工应交社会保险费、住房公积金和个人所得税事项的处理。

刘悦将 2017 年 12 月工资表中应发工资金额，计入“应付职工薪酬——工资”账户借方；收回的代垫职工社会保险费、住房公积金，则转销“其他应收款——社会保险费”“其他应收款——住房公积金”账户金额；工资表中代扣的个人所得税额，计入“应交税费——应交个人所得税”账户；按转账支票存根联中的实发工资额，减少银行存款。刘悦编制记账凭证（图表 16—22、图表 16—23）。

图表 16—22

记账凭证

字总　×　号
字分　1/2　号

2017 年 12 月 26 日

摘　要	总账科目	明细科目	借方金额	贷方金额	记账
发放工资	应付职工薪酬	工资	171,819.38		
	银行存款			142,535.86	
	其他应收款	社会保险费		18,953.00	
		住房公积金		8,615.00	
合　　计					

附件 2 张

会计主管：　　记账：　　审核：　　制证：刘悦

图表 16—23

记账凭证

字总 × 号
2017 年 12 月 26 日　　字分 2/2 号

摘　要	总账科目	明细科目	借方金额	贷方金额	记账
发放工资	应交税费	应交个人所得税		1,715.52	
合　计			171,819.38	171,819.38	

附件　张

会计主管：　　记账：　　审核：　　制证：刘悦

5. 2017 年 12 月 31 日

→主管会计张茜审核人事部提交支付职工食堂补贴的付款申请书。

→财务部经理冯阳审批付款。

→出纳方荷开具现金支票。

→制单会计刘悦收到现金支票存根联（图表 16—24）。

图表 16—24

中国工商银行
现金支票存根

支票号码：0701150
科　目________
对方科目________
出票日期：2017 年 12 月 31 日

收款人：李俊
金额：¥24,122.00
用途：职工食堂补贴

单位主管　会计

刘悦根据现金支票存根联中的用途，判断此款项应列支职工福利费，冲减已计提的“应付职工薪酬——职工福利”。刘悦编制记账凭证（图表 16—25）。

图表 16—25

记账凭证

字总 × 号
字分 　号

2017 年 12 月 31 日

摘　要	总账科目	明细科目	借方金额	贷方金额	记账
付职工食堂补贴	应付职工薪酬	职工福利费	24,122.00		
	银行存款			24,122.00	
合　计			24,122.00	24,122.00	

附件 1 张

会计主管：　　记账：　　审核：　　制证：刘悦

非货币性职工薪酬核算

通常情况下，企业给员工的报酬表现为支付货币资金，但企业也可能将本企业的产品发放给职工，为高层管理人员配备汽车，或租赁住房给职工免费使用等形式为职工提供非货币性福利。非货币性职工薪酬类似于货币性职工薪酬的核算，也分为确认和发放使用两个环节，不同形式非货币性职工薪酬的账务处理如下：

一、以自己生产的产品作为非货币性福利提供给职工

企业以自己生产的产品作为非货币性福利提供给职工的，首先，根据受益对象，按照该产品的公允价值，计入相关资产成本或当期损益，同时确认应付职工薪酬。即借记“管理费用”“生产成本”“制造费用”等账户，贷记“应付职工薪酬——非货币性福利”账户。

其次，领用产品发放给职工，应视同销售，确认产品销售收入，计算相关税费，同时结转产品销售成本。

例：如果万泉河啤酒公司于 2017 年 9 月给全体员工每人发放万泉河清爽啤酒四箱，作为中秋节的职工福利，共计 200 箱。当月万泉河清爽啤酒应结转的成本为每箱 20 元，市场售价为每箱 30 元。

海南万泉河啤酒公司 2017 年 9 月有关的账务处理如下：

1. 根据职工签领清爽啤酒的签领单，按实际发放数量和市场售价确认收入，计算相关税费，编制会计分录如下：

借：应付职工薪酬——非货币性福利　7,408.66
　贷：主营业务收入——清爽　6,000.00
　　应交税费——应交增值税（销项税额）　1,020.00
　　应交税费——应交消费税　388.66[①]

① 应交消费税税额的计算，参见项目 6 任务 22 任务实施 2，此处不做过多阐述。

2. 根据清爽啤酒出库单，结转产品成本，编制会计分录如下：

借：主营业务成本——清爽　　4,000.00

　　贷：库存商品——清爽　　4,000.00

3. 按职工所在部门，将非货币性职工薪酬分配计入相关成本费用，编制会计分录如下：

借：生产成本——清爽　　1,852.17

　　生产成本——纯生　　1,471.73

　　管理费用——薪酬　　2,232.60

　　销售费用——薪酬　　1,852.16

　　贷：应付职工薪酬——非货币性福利　　7,408.66

二、企业将拥有的房屋、汽车等资产无偿提供给职工使用

企业将拥有的房屋、汽车等资产无偿提供给职工使用的，应当根据受益对象，将该房屋或汽车每期损耗所计提的折旧计入相关资产成本或当期损益，同时确认应付职工薪酬。即按应计提的折旧额，借记“管理费用”“生产成本”“制造费用”等账户，贷记“应付职工薪酬——非货币性福利”账户。

同时，借记“应付职工薪酬——非货币性福利”账户，贷记“累计折旧”账户。

例：如果万泉河啤酒公司 2018 年 1 月为三名副总经理每人免费提供一辆海马汽车使用，海马汽车每月折旧费 1,000 元，其相关账务处理如下：

1. 计提 3 辆副总经理免费使用的海马汽车 1 月份的折旧额，根据折旧计算表，编制会计分录如下：

借：应付职工薪酬——非货币性福利　　3,000.00

　　贷：累计折旧　　3,000.00

2. 同时，分配非货币性职工薪酬，计入管理费用，编制会计分录如下：

借：管理费用——薪酬　　3,000.00

　　贷：应付职工薪酬——非货币性福利　　3,000.00

三、租赁住房等资产供职工无偿使用

租赁住房等资产供职工无偿使用的，应当根据受益对象，将每期应付的租金计入相关资产成本或当期损益，并确认应付职工薪酬。即按每期应支付的租金借记“管理费用”“生产成本”“制造费用”等账户，贷记“应付职工薪酬——非货币性福利”账户。

实际支付租赁费时，借记“应付职工薪酬——非货币性福利”账户，贷记“银行存款”账户。

例：如果万泉河啤酒公司 2018 年 1 月为引进的 3 名高级管理人员每人租赁一套高级公寓，月租金为每套 5,000 元。2018 年 1 月 11 日，共支付房屋租赁费 15,000 元，其相关账务处理如下：

1. 1 月 11 日，支付房屋租赁费，根据发票和转账支票存根，编制会计分录如下：

借：应付职工薪酬——非货币性福利　　15,000.00

　　贷：银行存款　　15,000.00

2. 月末，分配非货币性职工薪酬计入管理费用，编制会计分录如下：

借：管理费用——薪酬　　15,000.00

　　贷：应付职工薪酬——非货币性福利　　15,000.00

值得注意的是，如难以认定受益对象的非货币性福利，则直接计入当期损益的“管理费用”账户。

练一练

单项选择题（请在下列选项中选择一个正确答案并填在括号中）

1. 企业从应付职工工资中代扣的职工个人所得税，应借记（　　）账户。

A. 应付职工薪酬　B. 银行存款　C. 其他应收款　D. 其他应付款

2. 甲公司将 5 台自产的空调作为奖励发放给职工。该产品的成本为每台 1,500 元，计税价格为每台 2,000 元，增值税率 17%，则甲公司实际发放时计入应付职工薪酬借方的金额为（　　）元。

A. 11,700　B. 7,500　C. 10,000　D. 30,000

3. 下列各项中应计入其他应付款的是（　　）。

A. 应付融资租入大型设备的租金　B. 应付销货方代垫的运杂费

C. 应付经营租入车辆的租金　D. 应付企业负担的职工社会保险费

任务 17　产品生产其他费用的核算

知识点	技能点
● 产品生产其他费用的内容及核算 ● 产品生产成本的项目设置 ● 制造费用的归集及分配	● 能够正确进行水电费的支付与分配的核算 ● 能够在期末对制造费用进行分配并核算

任务描述

2017 年 12 月 10 日，出纳方荷向海口市供电公司结算电费的电卡中充值 100,000 元。

2017 年 12 月 26 日，方荷从银行取回公司支付 12 月份水费的委托收款凭证和发票。

2017 年 12 月 28 日，方荷从银行取回公司支付 12 月份耗用管道燃气费的委托收款凭证和发票。

2017 年 12 月 29 日，财务部收到海口供电公司 12 月份耗用电费的发票。

2017 年 12 月 31 日，财务部收到仓储部送来机修车间为日常维护设备领用 5 套专用工具的领料单。

12 月末，财务部根据公司计划部交来的本月各部门水、电、燃气耗用表，分配本月水、电、燃气费用。

任务分析

产品生产不仅需要耗费材料费、人工费，还会发生水电费等其他费用。水电等能源不仅是生产部门大量耗用，企业管理部门也需耗用，会计核算中水电费应根据使用部门进行归集与分配。

产品生产的其他费用，是产品成本的构成部分，其他费用是多项产品在生产过程中共同耗用的。会计核算中应采取恰当的方法将这些费用分配计入不同产品的成本。

相关知识

一、产品生产其他费用的核算

产品生产除主要的材料费、人工费以外还会发生为生产产品而耗用的燃料费、水电费、生产用固定资产的折旧费、机物料消耗（指车间发生的一些机器维修及使用过程中发生的燃料）、劳动保护费、季节性和修理期间的停工损失等。折旧费在固定资产折旧核算（参见任务 8）中已阐述，机物料等一般性消耗在本项目的材料领用中也已涉及，这里主要介绍水电费等燃料与外购动力的核算。

1. 支付燃料与动力费的核算

水电等费用通常采用委托收款方式按月结算，每月支付水电费时，将取得的增值税专用发票中的增值税借记“应交税费——应交增值税（进项税额）”，发票中的水电费用借记“应付账款”，实际支付的价税合计金额贷记“银行存款”账户。会计根据付款凭证编制会计分录如下：

借：应付账款

　　应交税费——应交增值税（进项税额）

　　贷：银行存款

值得注意的是，部分企业支付水电费时，也有购买充值卡先付费后消费的方式。充值时，会计根据付款凭证编制会计分录如下：

借：预付账款

　　贷：银行存款

收到水电费发票时，确认可抵扣增值税进项税额，会计分录如下：

借：应交税费——应交增值税（进项税额）

　　贷：预付账款

2. 分配燃料与动力费的核算

（1）外购燃料与动力分配额的确定

月末，财务部门需对本月支付的水电费进行归集与分配，但因水电费的结算时间不同，且每月所耗水电费变动不大，企业可以按当月支付当月耗用的水电费作为分配额，也可以按支付的上月实际耗用水电费作为分配额。

（2）外购燃料与动力分配标准

燃料、动力费用通常以当期仪表记录所耗用量作为分配标准，按用途计入企业各部门的相关费用中。若车间生产用动力无法按仪表数量直接计算计入产品成本，还可以采用生产工时比例法、机器工时比例法、定额耗用量比例法等方法再进行分配。

会计根据自制的水电燃气等其他费用分配表编制会计分录如下：

借：制造费用（生产部门耗用）

　　管理费用（行政管理部门耗用）

　　销售费用（销售部门耗用）

　　贷：应付账款（或预付账款）

二、产品生产成本的成本项目设置

企业一般根据材料费、人工费、其他费用将产品成本划分为直接材料、直接人工、制造费用三大项。产品生产耗费的材料费和人工费，能指定为特定产品所发生的，计入直接材料和直接人工；如果为几种产品共同发生的生产费用，则为间接生产费用，通常先计入“制造费用”，期末按一定的分配标准分配计入各种产品的成本。

三、制造费用的分配

企业应根据制造费用的性质、产品的性质以及生产方式，选择合理的、简单易行的方法分配制造费用。制造费用的分配方法通常有：生产工人工时比例法、生产工人工资比例法、机器工时比例法、产成品产量比例法等。

会计根据自制的制造费用分配表编制会计分录如下：

借：生产成本

　　贷：制造费用

说明：燃料动力及制造费用的分配，将在成本会计课程中学习，本书仅讲解如何进行会计核算。

任务实施

1. 2017 年 12 月 10 日

→财务部收到向海口市供电公司结算电费的电卡充值申请。

→经理冯阳审批同意转款。

→出纳方荷开具转账支票。

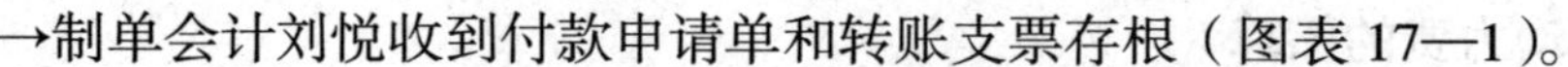

→制单会计刘悦收到付款申请单和转账支票存根（图表 17—1）。

图表 17—1

中国工商银行
转账支票存根

支票号码：089800103
科　　目________
对方科目________
出票日期：2017 年 12 月 10 日

收款人：海口市供电公司
金额：¥100,000.00
用途：预存电费

单位主管　　会计

刘悦根据转账支票存根中款项用途，判断此笔为预付电费，编制记账凭证（图表 17—2）。

图表 17—2

记账凭证

字总　×　号
字分　　　号

2017 年 12 月 10 日

摘　　要	总账科目	明细科目	借方金额	贷方金额	记账
支付预存电费	预付账款	供电公司	100,000.00		
	银行存款			100,000.00	
合　　　　计			100,000.00	100,000.00	

附件 2 张

会计主管：　　记账：　　审核：　　制证：刘悦

2. 2017 年 12 月 26 日

→出纳方荷从银行取回 12 月水费结算的委托收款凭证，交制单会计刘悦。

→制单会计刘悦收到委托收款凭证（图表 17—3）和所附增值税专用发票（图表 17—4）。

图表 17—3

委收号码：567821

委邮	委　托　收　款凭证（付款通知）	5

委托日期：2017 年 12 月 22 日

收款单位	全称	海口市自来水公司	付款单位	全称	海南万泉河啤酒有限责任公司
	账号或住址	245607138		账号或住址	589806688
	开户银行	中行海口市海甸支行		开户银行	工行海口市金盘支行

委收金额	人民币（大写）柒仟柒佰贰拾贰元整	千	百	十	万	千	百	十	元	角	分
					¥	7	7	2	2	0	0

款项内容	2017 年 12 月水费	委托收款凭据名称	发票	附寄单据张数	2

备注： 中国工商银行 海口市金盘支行 2017.12.26 转讫	付款人注意： 1. 根据结算办法，上列委托收款，如在付款期限内未拒付，即视同全部同意付款，以此联代付款通知。 2. 如需提前付或多付款时，应另写书面通知送银行办理。 3. 系全部或部分拒付，应在付款期限内另填拒绝付款理由书送银行办理。

此联系付款人开户银行给付款人按期付款的通知

单位主管　　会计　　复核　　记账　　付款人开户银行收到日期 2017 年 12 月 26 日

图表 17—4

4600171130　　　　**海南增值税专用发票**　　　　№06596587

发　票　联　　　　开票日期：2017 年 12 月 22 日

购买方	名称：	海南万泉河啤酒有限责任公司	密码区				
	纳税人识别号：	914600100089806666					
	地址、电话：	海口市金盘大道 88 号 66819999					
	开户银行及账号：	工行海口市金盘支行 589806688					
货物或应税劳务、服务名称		规格型号	单位	数量	单价	金额	税率	税额
自来水			吨	8,250.00	0.80	6,600.00	17%	1,122.00
合计						6,600.00		1,122.00
价税合计（大写）		⊗ 柒仟柒佰贰拾贰元整			（小写）¥7,722.00			
销售方	名称：	海口市自来水公司	备注	海口市自来水公司 914600100089805432 发票专用章			
	纳税人识别号：	914600100089805432					
	地址、电话：	海口市沿江三路 98 号 66224532					
	开户银行及账号：	中行海口市海甸支行 245607138					

第二联　发票联

收款人：　　复核：　　开票人：李明　　销售方：（章）

分析：此笔业务为缴纳公司 12 月耗用的水费。在会计实务中，支付的水电费通常先计入“应付账款”账户，期末再进行分配。

刘悦核实委托收款凭证和增值税专用发票中的金额一致，编制记账凭证（图表 17—5）。

图表 17—5

记账凭证

字总 × 号
字分 号

2017 年 12 月 26 日

摘 要	总账科目	明细科目	借方金额	贷方金额	记账
支付 12 月水费	应付账款	自来水公司	6,600.00		
	应交税费	应交增值税（进项税额）	1,122.00		
	银行存款			7,722.00	
合 计			7,722.00	7,722.00	

附件 2 张

会计主管： 记账： 审核： 制证：刘悦

3. 2017 年 12 月 28 日

刘悦收到方荷从开户行取回的委托收款凭证（图表 17—6）和所附的增值税专用发票（图表 17—7），并编制记账凭证（图表 17—8）。

图表 17—6

委收号码：546231

委邮

委 托 收 款 凭证（付款通知）

5

委托日期：2017 年 12 月 26 日

收款单位	全称	海口市管道燃气公司	付款单位	全称	海南万泉河啤酒有限责任公司
	账号或住址	188807132		账号或住址	589806688
	开户银行	工行海口市海甸支行		开户银行	工行海口市金盘支行
委收金额	人民币（大写）肆万肆仟零柒拾元整			千 百 十 万 千 百 十 元 角 分	¥ 4 4 0 7 0 0 0
款项内容	2017 年 12 月燃气费	委托收款凭据名称	发票	附寄单证张数	2
备注：			付款人注意： 1. 根据结算办法，上列委托收款，如在付款期限内未拒付，即视同全部同意付款，以此联代付款通知。 2. 如需提前付或多付款时，应另写书面通知送银行办理。 3. 系全部或部分拒付，应在付款期限内另填拒绝付款理由书送银行办理。		

中国工商银行 海口市金盘支行 2017.12.28 转讫

此联系付款人开户银行给付款人按期付款的通知

单位主管 会计 复核 记账 付款人开户银行收到日期 2017 年 12 月 28 日

分析：此笔业务为缴纳公司 12 月的管道燃气费，会计处理同水费，先计入“应付账款”账户，期末再进行分配。

图表 17—7

4600171130　　**海南增值税专用发票**　　№03598765

发　票　联　　开票日期：2017 年 12 月 26 日

购买方	名称：	海南万泉河啤酒有限责任公司			密码区			
	纳税人识别号：	914600100089806666						
	地址、电话：	海口市金盘大道 88 号 66819999						
	开户银行及账号：	工行海口市金盘支行 589806688						
货物或应税劳务、服务名称		规格型号	单位	数量	单价	金额	税率	税额
管道燃气			立方米	13,000.00	3.00	39,000.00	13%	5,070.00
合计						39,000.00		5,070.00
价税合计（大写）		⊗ 肆万肆仟零柒拾元整			（小写）¥44,070.00			
销售方	名称：	海口市管道燃气公司			备注	海口市管道燃气公司 914600100089805987 发票专用章		
	纳税人识别号：	914600100089805987						
	地址、电话：	海口市沿江四路 23 号 66227865						
	开户银行及账号：	工行海口市海甸支行 188807132						

收款人：　　复核：　　开票人：孙涛　　销售方：（章）

第二联　发票联

图表 17—8

记账凭证

字总 × 号
字分　号

2017 年 12 月 28 日

摘　要	总账科目	明细科目	借方金额	贷方金额	记账
支付 12 月燃气费	应付账款	燃气公司	39,000.00		
	应交税费	应交增值税（进项税额）	5,070.00		
	银行存款			44,070.00	
合　　计			44,070.00	44,070.00	

附件 2 张

会计主管：　　记账：　　审核：　　制证：刘悦

4. 2017 年 12 月 29 日

刘悦收到海口市供电公司 12 月的电费增值税专用发票（图表 17—9）。

分析：此笔业务为公司实际使用的 12 月份电费，收到增值税专用发票方可抵扣增值税进项税额，会计处理冲减“预付账款”账户，期末再对实际耗用的电费进行分配。

刘悦编制记账凭证（图表 17—10）。

5. 2017 年 12 月 31 日

刘悦根据计划部送来的本月各部门水、电、燃气的用量记录（略），查阅会计账簿、凭证、发票中记录的本月实际支付的水、电、燃气费金额。刘悦计算并编制 12 月水、电、燃气费用分配表（图表 17—11）。

因公司生产部门同时生产清爽、纯生两种啤酒，生产部门耗用的水、电、燃气费先归集计入“制造费用”账户，行政管理部门耗用计入“管理费用”账户。具体水、电、燃气费的分配计算将在成本会计课程中详细介绍，本书不再赘述。

图表 17—9

4600171130　　　　海南增值税专用发票　　　　№08939876

发　票　联　　　　开票日期：2017 年 12 月 28 日

购买方	名称：	海南万泉河啤酒有限责任公司			密码区			
	纳税人识别号：	914600100089806666						
	地址、电话：	海口市金盘大道 88 号 66819999						
	开户银行及账号：	工行海口市金盘支行 589806688						
货物或应税劳务、服务名称		规格型号	单位	数量	单价	金额	税率	税额
电			度	93,690	0.8	74,952.00	17%	12,741.84
合计						74,952.00		12,741.84
价税合计（大写）		⊗ 捌万柒仟陆佰玖拾叁元捌角肆分				（小写）￥87,693.84		
销售方	名称：	海口市供电公司			备注	2017 年 12 月电费发票		
	纳税人识别号：	914600100089801506						
	地址、电话：	海口市南海大道 95 号 66814201						
	开户银行及账号：	工行海口市南海支行 898012546						

收款人：　　复核：　　开票人：王芳　　销售方：（章）

第二联　发票联

图表 17—10　　　　记账凭证

2017 年 12 月 29 日　　　　字总 × 号　字分　号

摘　要	总账科目	明细科目	借方金额	贷方金额	记账
收到 12 月电费发票抵扣增值税	应交税费	应交增值税（进项税额）	12,741.84		
	预付账款	海口市供电公司		12,741.84	
合　　计			12,741.84	12,741.84	

附件 1 张

会计主管：　　记账：　　审核：　　制证：刘悦

图表 17—11　　　　水、电、燃气费用分配表

2017 年 12 月　　　　单位：元

应借账户	分配金额			
	水	电	燃气	合计
制造费用	6,300.00	74,452.00	39,000.00	119,752.00
管理费用	300.00	500.00		800.00
合计	6,600.00	74,952.00	39,000.00	120,552.00

刘悦根据水、电、燃气费用分配表编制记账凭证（图表 17—12、图表 17—13）。

图表 17—12

记账凭证

字总 × 号
字分 1/2 号

2017 年 12 月 31 日

摘　要	总账科目	明细科目	借方金额	贷方金额	记账
分配水、电、燃气费	制造费用	水费	6,300.00		
	制造费用	电费	74,452.00		
	制造费用	燃气费	39,000.00		
	管理费用	水电费	800.00		
合　计					

附件 1 张

会计主管：　　记账：　　审核：　　制证：刘悦

图表 17—13

记账凭证

字总 × 号
字分 2/2 号

2017 年 12 月 31 日

摘　要	总账科目	明细科目	借方金额	贷方金额	记账
	应付账款	自来水公司		6,600.00	
	预付账款	供电公司		74,952.00	
	应付账款	燃气公司		39,000.00	
合　计			120,552.00	120,552.00	

附件 张

会计主管：　　记账：　　审核：　　制证：刘悦

6. 2017 年 12 月 31 日

刘悦收到仓储部送交的机修车间领用专用维修工具的领料单（图表 17—14）。

图表 17—14

领料单

领用部门：机修车间　　2017 年 12 月 17 日　　单号：2001

编号	品名	单位	数量	单价	金额
	维修工具	套	5	*150.00*	*750.00*
用　途	日常维修				

主管：　　会计：刘悦　　发料人：丁亮　　领料人：张强

分析：专用工具在公司财务核算中归属于低值易耗品，机修车间领用低值易耗品，采用一次转销法摊销成本，计入“制造费用”账户。

刘悦查阅会计账簿“低值易耗品——维修工具”，填写领料单中的单价和专用工具的成本，编制记账凭证（图表17—15）。

图表17—15 **记账凭证**

字总 × 号
字分 号

2017年12月31日

摘 要	总账科目	明细科目	借方金额	贷方金额	记账
领用专用维修工具	制造费用	物料消耗	750.00		
	低值易耗品	维修工具		750.00	
合 计			750.00	750.00	

附件1张

会计主管： 记账： 审核： 制证：刘悦

7. 2017年12月31日

刘悦查阅会计账簿“制造费用”账户本月发生额为669,579.50元，依据万泉河啤酒公司清爽与纯生啤酒的实际产量分配制造费用，编制制造费用分配表（图表17—16）。

图表17—16 **制造费用分配表**

2017年12月

分配对象	分配标准（箱）	分配率	分配金额（元）
万泉河清爽	70,000	5.15	360,500.00
万泉河纯生	60,000	5.15	309,079.50
合计	130,000		669,579.50

提示：由于计算分配率时保留到两位小数，制造费用分配表中万泉河纯生啤酒的分配金额采用倒挤法计算，即669,579.50–360,500.00=309,079.50（元）。

刘悦根据制造费用分配表中清爽啤酒应分配的其他费用，计入“生产成本——清爽”账户；纯生啤酒应分配的其他费用，计入“生产成本——纯生”账户；转销“制造费用”账户余额。刘悦编制记账凭证（图表17—17）。

图表17—17 **记账凭证**

字总 × 号
字分 号

2017年12月31日

摘 要	总账科目	明细科目	借方金额	贷方金额	记账
分配制造费用	生产成本	清爽	360,500.00		
	生产成本	纯生	309,079.50		
	制造费用			669,579.50	
合 计			669,579.50	669,579.50	

附件1张

会计主管： 记账： 审核： 制证：刘悦

练一练

单项选择题（请在下列选项中选择一个正确答案并填在括号中）

1. 产品制造成本的其他费用中，不能直接分清应由何种产品负担的费用应（　　）。
   A. 直接计入当期损益
   B. 直接计入产品制造成本
   C. 作为待摊费用处理
   D. 作为制造费用处理，期末分配计入产品制造成本

2. 下列选项应当计入工业企业产品成本的是（　　）。
   A. 制造费用　　B. 管理费用　　C. 预付账款　　D. 财务费用

任务 18　完工产品成本的核算

知识点

- 产品成本计算期的确定
- 完工产品成本的计算
- 完工产品涉及的账户及核算

技能点

- 能够正确进行完工产品入库的核算

任务描述

2017 年 12 月，万泉河啤酒公司的啤酒生产情况如下：

2017 年 12 月 3 日开始灌装上月酿造的纯生啤酒并陆续入库，截至 12 月 12 日共入库 60,000 箱。

2017 年 12 月 15 日开始灌装本月酿造的清爽啤酒并陆续入库，截至 12 月 27 日共入库 70,000 箱。

2017 年 12 月 18 日投料生产的纯生啤酒，月末尚未开始灌装。

2017 年 12 月末，根据本月陆续验收入库所开具的纯生啤酒与清爽啤酒的入库单，仓储部编制本月产品入库单汇总表，并与上述入库单一并送交财务部。

2017 年 12 月末，财务人员计算本月入库的清爽啤酒与纯生啤酒的产品成本及月末正在酿造的纯生啤酒成本。

任务分析

企业产品生产具有连续性、周期性，产品从投料到完工需要一定时间。月末，当期投料生产的产品可能全部完工，也可能一部分完工而另一部分未完工，会计期末需要分别对完工产品与在产品的成本进行核算。

相关知识

一、产品成本计算期的确定

生产型企业产品从投料到完工需要一定时间，实际工作中多数产品的生产跨月完成，会计核算中应根据产品的生产方式合理确定产品成本计算期。

1. 企业按批订单式生产产品，可以选择每批产品的生产周期作为产品成本计算期，即在该批产品完工时计算产品成本，各批产品成本计算期各不相同，也不同于会计核算期。

2. 企业大量大批连续地重复生产一种或几种产品，每月末都会存在未完工的在产品。为及时掌握产品的生产成本，会计核算通常以月为产品成本计算期，月末将生产成本在本月完工产品与月末在产品之间进行分配。

二、完工产品成本的核算

1. 完工产品成本的计算

企业如果采用上述第二种方法，以月为产品成本计算期，月末既有完工产品又有在产品，则财务人员需将生产成本在完工与在产品之间进行分配，以确定完工产品的成本。

当月月末，产品发生的直接费用和各项已分配的间接费用计入“生产成本”各产品明细账户的借方。上月末尚未完工的在产品，转入本月继续加工，其上月末分配负担的成本即为本月月初在产品成本。月初在产品成本、本月发生的生产成本、本月完工产品成本、月末在产品成本之间的关系为：

月初在产品成本 + 本月发生的生产成本 = 本月完工产品成本 + 月末在产品成本

根据上述公式，则有：

本月完工产品成本 = 月初在产品成本 + 本月发生的生产成本 − 月末在产品成本

可见，计算完工产品成本，关键在于确定月末在产品成本。月末在产品成本可以采用不计算在产品成本法、在产品按固定成本计价法、在产品按所耗直接材料成本计价法、约当产量比例法、在产品按定额成本计价法、定额比例法等方法计算。这些方法将在成本会计课程中讲解，本书仅讲解完工产品入库的会计核算。

2. 完工产品入库的核算

根据自制的完工产品与月末在产品成本分配表、完工产品成本汇总表等单据进行核算，会计分录如下：

借：库存商品

　　贷：生产成本

三、完工产品核算涉及的账户

"库存商品"账户用于核算企业库存的各种商品的实际成本（或进价），包括库存产成品、外购商品、存放在门市部准备出售的商品、发出展览的商品以及寄存在外的商品等。

接受来料加工制造的代制品和为外单位加工修理的代修品，在制造和修理完成验收入库后，视同企业的产成品，也通过本账户核算。

本账户属于资产类账户，借方登记生产完成、验收入库的产成品实际成本，贷方登记发出产成品的实际成本，期末借方余额反映企业库存商品的实际成本。

本账户可按库存商品的种类、品种和规格等进行明细核算。

任务实施

说明：万泉河啤酒公司按月计算产品成本，月末在产品按所耗用直接材料计算。

月末在产品与完工产品成本计算将在成本会计课程中学习，本任务实施仅涉及完工产品入库的核算。

2017 年 12 月 31 日

（1）月末，制单会计刘悦分别计算清爽、纯生啤酒的完工产品与月末在产品成本，并自制完工产品与月末在产品成本分配表（图表 18—1、图表 18—2）。

首先，刘悦查阅会计账簿"生产成本"清爽、纯生啤酒的明细账户（参见图表 18—5、图表 18—6），将上月末余额和本月费用发生额合计分别填写完工产品与月末在产品成本分配表的"月初在产品成本"和"本月生产费用"栏目；其次，采用在产品按所耗用直接材料成本的方法，计算月末在产品的成本；最后，编制完工产品与月末在产品成本分配表（图表 18—1、图表 18—2）。

图表 18—1　　　　**完工产品与月末在产品成本分配表**

本月完工：70,000 箱

产品名称：清爽　　　　2017 年 12 月　　　　月末在产品：　　箱

摘要	直接材料	直接人工	制造费用	合计
月初在产品成本				
本月生产费用	1,095,752.40	55,205.00	360,500.00	1,511,457.40
生产费用合计	1,095,752.40	55,205.00	360,500.00	1,511,457.40
月末在产品成本				
产成品成本	1,095,752.40	55,205.00	360,500.00	1,511,457.40
单位成本	15.65	0.79	5.15	21.59

图表 18—2　　完工产品与月末在产品成本分配表

本月完工：60,000 箱

产品名称：纯生　　2017 年 12 月　　月末在产品：60,000 箱

摘要	直接材料	直接人工	制造费用	合计
月初在产品成本	1,147,270.40			
本月生产费用	1,147,270.40	52,612.50	309,079.50	1,508,962.40
生产费用合计	2,294,540.80	52,612.50	309,079.50	2,656,232.80
月末在产品成本	1,147,270.40			1,147,270.40
产成品成本	1,147,270.40	52,612.50	309,079.50	1,508,962.40
单位成本	19.12	0.88	5.15	25.15

（2）刘悦根据完工产品与月末在产品成本分配表和本月完工产品入库汇总表（略），计算、编制完工产品成本汇总表（图表 18—3）。

图表 18—3　　完工产品成本汇总表

2017 年 12 月　　单位：元

产品名称	计量单位	入库数量（箱）	单位成本	总成本
清爽	箱	70,000	21.59	1,511,457.40
纯生	箱	60,000	25.15	1,508,962.40
合计		130,000		3,020,419.80

提示：完工产品汇总表中的总成本和单位成本均按完工产品与月末在产品成本分配表中的产成品成本合计数、单位成本合计数填列。

（3）刘悦根据完工产品成本汇总表中清爽与纯生啤酒的总成本，增加入库的库存商品成本，转销完工产品生产成本，编制记账凭证（图表 18—4）。

图表 18—4　　记账凭证

字总 × 号
字分 号

2017 年 12 月 31 日

摘　要	总账科目	明细科目	借方金额	贷方金额	记账
完工产品入库	库存商品	清爽	1,511,457.40		
	库存商品	纯生	1,508,962.40		
	生产成本	清爽		1,511,457.40	
	生产成本	纯生		1,508,962.40	
合　计			3,020,419.80	3,020,419.80	

附件 4 张

会计主管：　　记账：　　审核：　　制证：刘悦

附："生产成本——清爽"多栏式账簿（图表 18—5）、"生产成本——纯生"多栏式账簿（图表 18—6）

图表 18—5　　　　生产成本——清爽明细账

2017 年		凭证编号	摘要	合计	直接材料	直接人工	制造费用
月	日						
12	31	×	领用麦芽啤酒花	234,752.40	234,752.40		
	31	×	领用包装材料	1,095,752.40	861,000.00		
	31	×	分配工资	1,131,952.40		36,200.00	
	31	×	计提社保、公积金	1,144,260.40		12,308.00	
	31	×	计提三费	1,150,957.40		6,697.00	
	31	×	分配制造费用	1,511,457.40			360,500.00
	31	×	完工产品入库	0.00	1,095,752.40	55,205.00	360,500.00

图表 18—6　　　　生产成本——纯生明细账

2017 年		凭证编号	摘要	合计	直接材料	直接人工	制造费用
月	日						
11	30		本月合计	1,147,270.40	1,147,270.40		
12	31	×	领用麦芽啤酒花	1,556,540.80	409,270.40		
	31	×	领用包装材料	2,294,540.80	738,000.00		
	31	×	分配工资	2,329,040.80		34,500.00	
	31	×	计提社保、公积金	2,340,770.80		11,730.00	
	31	×	计提三费	2,347,153.30		6,382.50	
	31	×	分配制造费用	2,656,232.80			309,079.50
	31	×	完工产品入库	1,147,270.40	1,147,270.40	52,612.50	309,079.50
	31		本月合计	1,147,270.40	1,147,270.40	0.00	0.00

练一练

单项选择题（请在下列选项中选择一个正确答案并填在括号中）

某企业"生产成本"账户的期初余额为 10 万元，本期为生产产品发生直接材料费用 80 万元，直接人工费用 15 万元，制造费用 20 万元，行政管理费用 10 万元，本期结转完工产品成本为 100 万元。假定该企业只生产一种产品，期末"生产成本"账户的余额为（　　）万元。

A. 5　　B. 15　　C. 25　　D. 35

项目 6　销售的核算

销售是企业生产经营业务链的最终环节，是企业利润的源泉。销售收入的实现，使企业产品生产耗费及其各辅助职能部门的费用得以收回，从而转入生产经营的又一次循环。销售核算涉及销售收入、销售成本、销售费用以及销售税费等业务的会计处理。

销售业务涉及企业销售部门、仓储部门、财务部门，各部门之间的业务关系为：

1. 销售部门与客户签订销售订单，开具一式多联的提货单，分别交财务部开发票、采购方提货、仓储部发货。

2. 仓储部核实提货单后，开具一式多联的产品出库单，分别送采购方、财务部。仓储部开具的出库单可以当日送交财务部，也可以分次或月末一次性汇总送交财务部。

3. 财务部依据销售部的提货单开具销售发票，并根据发票、收款凭证、出库单进行收入确认、收取货款、结转销售成本等相关的账务处理。财务部应会同销售部核查应收货款收回情况，及时催收货款。

任务 19　销售商品、材料的核算

任务 19—1　现销的核算

知识点

- 销售商品收入的确认
- 现销商品收入的确认
- 附有商业折扣条件的销售商品收入确认
- 销售收入涉及的账户及核算

技能点

- 能够正确进行现销业务的核算

任务描述

万泉河啤酒公司销售部 2017 年 12 月 1 日与海南易民贸易有限责任公司签订合同，销售清爽啤酒 60,000 箱、纯生啤酒 90,000 箱，合同条款约定采用付款提货方式。

公司啤酒销售定价为：清爽啤酒每箱 28 元，纯生啤酒每箱 35 元。若客户一次性购买清爽、纯生啤酒 100,000 箱（含 100,000 箱）以上，给予 2% 的商业折扣；一次性购买 200,000 箱（含 200,000 箱）以上，给予 5% 的商业折扣。

2017 年 12 月 2 日，海南易民贸易有限责任公司交来转账支票一张，销售部按合同开具了清爽、纯生啤酒的提货单。

2017 年 12 月 3 日，海南易民贸易有限责任公司提货，仓储部开具出库单并交付货物。

财务部需要对上述销售业务进行核算。

任务分析

收款发货属于企业常用的销售方式之一。销售核算中的关键是何时确认销售商品收入。销售商品收入一旦确认，会计就应在月末计算已销售商品的成本和应交的销售税费并进行相应的账务处理。

在日常销售业务中，企业为了促销产品，薄利多销，对购买数量、金额较大的客户，按商品定价给予价格上的优惠。例如，本任务中当购买方一次性提货达到 10 万箱、20 万箱时，万泉河啤酒公司分别给予 2%、5% 的价格优惠，购买方只需按折扣后的金额付款。这种价格优惠直接影响了商品销售额，即销售商品收入的确认。

相关知识

一、销售商品收入的确认

企业在销售商品时，只有同时符合以下五个条件时，才能确认收入：

1. 企业已将商品所有权上的主要风险和报酬转移给购货方

需要注意的是，转移给购货方商品所有权上的风险和报酬是指与商品所有权有关的主要风险和报酬，且需同时转移给购货方。其中，与商品所有权有关的风险，是指商品可能发生减值或毁损等形成的损失；与商品所有权有关的报酬，是指商品价值增值或通过使用商品等形成的经济利益。

判断企业是否已将商品所有权上的主要风险和报酬转移给购货方，应当关注交易的实质而不是形式，同时考虑所有权凭证的转移或实物的交付。如果与商品所有权有关的任何损失均不需要销货方承担，与商品所有权有关的任何经济利益也不归销货方所有，就意味着商品所有权上的主要风险和报酬转移给了购货方。

通常情况下，转移商品所有权凭证或交付实物后，商品所有权上的主要风险和报酬也随之转移。例如，本任务中如果海南易民贸易有限责任公司支付货款并提货，此后啤酒发生的毁损、贬值等任何损失均不需要万泉河啤酒公司承担，啤酒高价卖出所获得的利润也不归万泉河啤酒公司，则意味着该批啤酒所有权上的所有风险和报酬已转移给购货方。如果海南易民贸易有限责任公司支付货款并取得提货单但尚未提货，在这种情形下，万泉河啤酒公司只保留商品所有权上代保管的次要风险和报酬，应当视同商品所有权上的主要风险和报酬已经转移给购货方。

在一些特殊情况下，即使发出商品收取货款，也并不能表示商品所有权上的主要风险和报酬已转移给购货方。例如，某电梯生产企业销售电梯并负责安装，电梯已发出，并收到全部货款，但尚未安装检验。由于在电梯安装过程中可能会发生一些不确定因素而无法正常运行，在这种情况下，电梯发出并不能表示商品所有权上的主要风险和报酬已转移给购货方，销售方只有在安装完毕并检验合格后才能确认收入。

2. 企业既没有保留通常与所有权相联系的继续管理权，也没有对已售出的商品实施有效控制

通常情况下，企业售出商品后不再保留与商品所有权相联系的继续管理权，也不再对售出商品实施有效控制，商品所有权上的主要风险和报酬已转移给购货方，应在发出商品时确认收入。在某些特殊情况下，如商品售后再租回，由于企业仍对商品可以实施有效控制，此时即使发出商品收取货款也不能确认销售商品收入。

3. 收入的金额能够可靠计量

收入的金额能够可靠计量，是指收入的金额能够合理地估计。企业在销售商品时，商品销售价格通常已经确定，企业应按合同或协议价款确定收入金额。如果收入的金额不能够合理估计，暂不确认收入。例如，甲公司与乙公司签订协议，约定甲公司特制新产品，乙公司按甲公司制造成本的150%付款，由于协议中未确定新产品销售价格，新产品制造成本确认前，甲公司即使收到款项也不能确认收入。

4. 相关的经济利益很可能流入企业

相关的经济利益很可能流入企业，是指销售商品价款收回的可能性大于不能收回的可能性，即销售商品价款收回的可能性超过50%。企业在确定销售商品价款收回的可能性时，应结合以前和购货方交往的直接经验、政府有关政策、其他方面取得信息等因素进行分析，判断销售商品的价款能否收回。如果估计价款收回的可能性不超过50%，即使收入确认的其他条件均已满足，也不应当确认收入。

例如，甲公司向乙公司发出一批商品后，得知乙公司在另一项交易中发生了巨额亏损，资金周转十分困难，近期无法支付货款。在这种情况下，甲公司无法确认能否收回乙公司的货款，应在得知乙公司可以付款时再确认收入。

5. 相关的已发生的或将发生的成本能够可靠计量

通常情况下，销售商品相关的已发生或将发生的成本能够合理地估计。如果库存商品是本企业生产的，其生产成本能够可靠计量；如果库存商品是外购的，购买成本也能够可靠计量。但在某些特殊情况下，若不能合理估计商品成本，就不应确认收入，应将已收到的价款确认为负债。

例如，甲公司与乙公司签订协议，约定甲公司生产并向乙公司销售一台大型设备。限于自身生产能力不足，甲公司委托丙公司生产该大型设备的一个主要部件。甲公司与丙公司签订的协议约定，丙公司生产该主要部件发生的成本经甲公司认定后，其成本金额的 108% 即为甲公司应支付给丙公司的款项。假定甲公司本身负责的部件生产任务和丙公司负责的部件生产任务均已完成，并由甲公司组装后运抵乙公司，乙公司验收合格后及时支付了货款。但是，丙公司尚未将由其负责部件相关的成本资料交付甲公司认定。

在这种情况下，虽然甲公司已将大型设备交付乙公司，且已收到货款。但是，甲公司为该大型设备发生的相关成本因丙公司相关资料未送达而不能可靠地计量，也不能合理地估计。因此，甲公司收到货款时不应确认为收入。

需要说明的是，以上收入确认条件执行的是现行收入准则。2017 年 7 月，财政部对《企业会计准则第 14 号——收入》进行了修订，要求非上市企业自 2021 年 1 月 1 日起实施修订后的收入准则。修订后的收入准则规定，当企业与客户之间的合同同时满足下列条件时，企业应当在客户取得相关商品控制权时确认收入：

1. 合同各方已批准该合同并承诺将履行各自义务。

2. 该合同明确了合同各方与所转让商品或提供劳务相关的权利和义务。

3. 该合同有明确的与所转让商品或提供劳务相关的支付条款。

4. 该合同具有商业实质，即履行该合同将改变企业未来现金流量的风险、时间分布或金额。

5. 企业因向客户转让商品或提供劳务而有权取得的对价很可能收回。

二、现销业务销售收入的确认

现销业务是指企业在销售商品的同时收取货款，即“收款交货、钱货两清”的销售方式。

根据上述收入确认的五个条件，在收款交货的现销业务中，销售方按合同约定的售价已收到货款，并交付商品，商品所有权上的主要风险和报酬已转移给购货方，企业已取得经济利益的流入，也能确定销售商品的成本，符合销售商品收入确认的条件。所以，现销业务应在收到货款或取得索取货款的凭据，并将提货单交给购货方的当天确认收入，开具发票。

三、附有商业折扣条件的销售商品收入确认

商业折扣也称折扣销售，是销货方为鼓励购买者多买而给予的价格折让。商业折扣与现金折扣（参见任务 12—2）的主要区别在于，商业折扣是为了多销售产品给予的价格优惠（与销售数量有关），而现金折扣是为鼓励买方尽早付款少收部分货款（与收货

款时间相关）。

商业折扣在销售时已发生，销售方通常按扣除折扣后的金额开具发票。发生商业折扣，购买方只需按照折扣后的价格付款，销售方也按扣除折扣后的金额确定销售商品收入，并计算相关税费。也就是说，商业折扣直接影响销售方的销售额确定。

四、现销业务的核算

现销时，会计依据增值税专用发票记账联、收款凭证，编制会计分录如下：

借：银行存款

　　贷：主营业务收入

　　　　应交税费——应交增值税（销项税额）

五、销售收入核算涉及的账户

“主营业务收入”账户用于核算企业确认的销售商品、提供劳务等主营业务的收入。本账户属于损益类账户中收益类账户，贷方登记企业销售商品、自制半成品、提供劳务等实现的收入，借方登记发生的销售退回或销售折让，期末，应将本账户的余额转入“本年利润”账户，结转后本账户应无余额。

本账户应按商品或劳务种类进行明细核算。

任务实施

2017 年 12 月 2 日

→主管会计张茜审核销售部送来的提货单、销售合同以及海南易民贸易有限责任公司开具的转账支票正本。

说明：万泉河啤酒公司主管会计负责审核销售的相关单据，判断是否确认收入，并开具销售发票。

分析：本任务中，张茜首先应核对提货单与销售合同中的产品名称、数量及购货单位是否一致；其次，应重点审核商业折扣的计算，海南易民贸易有限责任公司一次性购买 150,000 箱啤酒，可以享受 2% 的折扣，即清爽每箱 27.44 元，纯生每箱 34.30 元；最后，应审核应收货款与转账支票金额是否相符。

张茜审核单据后，确认该笔为现销业务，于开出提货单当日确认收入，开具了增值税专用发票，将发票联和抵扣联交销售部转交客户，记账联交制单会计入账。

→出纳方荷持海南易民贸易有限责任公司开具的转账支票正本，并填写银行进账单到银行办理进账手续。

→制单会计刘悦收到增值税专用发票记账联（图表 19—1）和银行进账单（图表 19—2）。

图表 19—1

4600171130　　　　**海南增值税专用发票**　　　　№03344101

开票日期：2017 年 12 月 2 日

购买方	名称：	海南易民贸易有限责任公司			密码区			
	纳税人识别号：	914600100089800851						
	地址、电话：	海口市学院路 15 号 2433335						
	开户银行及账号：	工行海南省分行 148980754						
货物或应税劳务、服务名称	规格型号	单位	数量	单价	金额	税率	税额	
万泉河啤酒	清爽	箱	60,000.00	27.44	1,646,400.00	17%	279,888.00	
万泉河啤酒	纯生	箱	90,000.00	34.30	3,087,000.00	17%	524,790.00	
合计			150,000.00		4,733,400.00		804,678.00	
价税合计（大写）	⊗ 伍佰伍拾叁万捌仟零柒拾捌元整				（小写）¥5,538,078.00			
销售方	名称：	海南万泉河啤酒有限责任公司		备注	清爽售价：28×（1−2%）=27.44 元			
	纳税人识别号：	914600100089806666			纯生售价：35×（1−2%）=34.30 元			
	地址、电话：	海口市金盘大道 88 号 66819999						
	开户银行及账号：	工行海口市金盘支行 589806688						

第一联 记账联

海南万泉河啤酒有限责任公司 914600100089806666 发票专用章

收款人：　　复核：　　开票人：张茜　　销售方：（章）

图表 19—2

中国工商银行 **进账单**（收账通知）　　3　NO：1226456

2017 年 12 月 2 日

付款人	全称	海南易民贸易有限责任公司	收款人	全称	海南万泉河啤酒有限责任公司
	账号	148980754		账号	589806688
	开户银行	工行海南省分行		开户银行	工行海口市金盘支行

人民币（大写）	千	百	十	万	千	百	十	元	角	分
⊗ 伍佰伍拾叁万捌仟零柒拾捌元整	¥	5	5	3	8	0	7	8	0	0

票据种类	转账支票
票据张数	1

销售款

中国工商银行 海口市金盘支行 2017.12.02 转讫

单位主管　会计　复核　记账　　收款单位开户行盖章

此联收款人开户行交给收款人的收账通知

刘悦根据进账单中的金额，增加银行存款；根据增值税专用发票记账联中的销售金额，确认主营业务收入；将增值税额计入“应交税费——应交增值税（销项税额）”账户。刘悦编制记账凭证（图表 19—3）。

图表 19—3 记账凭证

字总 × 号
字分 号

2017年12月2日

摘　要	总账科目	明细科目	借方金额	贷方金额	记账
现销清爽、纯生啤酒	银行存款		5,538,078.00		
	主营业务收入	清爽		1,646,400.00	
	主营业务收入	纯生		3,087,000.00	
	应交税费	应交增值税（销项税额）		804,678.00	
合　计			5,538,078.00	5,538,078.00	

附件2张

会计主管：　记账：　审核：　制证：刘悦

提示：若海南易民贸易有限责任公司直至月末仍未提走所购啤酒，公司应将该批售出的啤酒作为代管商品，单独设置“代管商品”备查簿进行登记。

知识链接

收　入

一、收入的含义和特点

财务会计中的收入含义与日常所说的收入含义不同。日常所说的收入泛指给企业带来的所有收益。而财务会计中的收入是指企业在日常活动中形成的、会导致所有者权益增加的、与所有者投入资本无关的经济利益的总流入。

财务会计中的收入一般具有以下特点：

1. 强调企业在日常活动中形成的经济利益的总流入

经济利益是指直接或间接地流入企业的现金或现金等价物。日常活动是指企业为完成其经营目标而从事的经常性活动以及与之相关的其他活动。如制造业企业生产并销售产品，是企业为完成其经营目标所从事的经常性活动，由此形成的经济利益的总流入构成收入；对外出售不需用的原材料、对外转让无形资产使用权、对外投资所收取的利息或现金股利等活动，虽不属于企业的经常性活动，但属于企业为完成其经营目标所从事的与经常性活动相关的活动，由此形成的经济利益的总流入也构成收入。

财务会计中企业日常活动形成的经济利益（即收入）有别于非日常活动形成的经济利益（即利得）。例如，企业处置固定资产活动（如企业出售闲置设备、房产等）、出售无形资产的所有权（如转让专利权）等活动，也能为企业带来经济利益的流入，但是属于偶发的交易或事项中产生，不属于日常活动，由此产生的经济利益总流入，是一项利得，应当确认为营业外收入。

2. 收入会导致企业所有者权益的增加

收入形成的经济利益总流入，可能表现为企业资产的增加，也可能表现为企业负债的减少，或者两者兼而有之。根据“资产－负债＝所有者权益”的会计等式，企业取得收入一定能增加所有者权益。这里强调的收入是取得日常活动经济利益的总流入，而不是指扣除相关成本、费用后的净收入。

需要注意的是，企业为第三方或客户代收的款项，如代国家收取的增值税、代垫运杂费等，一方面增加企业的资产，另一方面增加企业的负债，并不导致所有者权益的增加，因此不构成企业的收入。

3. 收入与所有者投入资本无关

企业接受投资者投入资本，也是一项经济利益流入，但所有者投入资本是为享有企业资产的剩余权益，由此形成的经济利益的总流入不构成收入，而应确认为企业所有者权益。

二、收入的分类

1. 收入按企业从事日常活动的性质不同，分为销售商品收入、提供劳务收入和让渡资产使用权收入等①（图表 19—4）。

图表 19—4　　收入按性质不同的分类

类型	取得收入的主要形式
销售商品收入	1. 制造业企业销售自行生产的产品 2. 商品流通企业销售购进商品 3. 企业销售原材料、包装物等其他存货视同销售商品
提供劳务收入	服务性企业提供旅游、运输、饮食、广告、咨询、代理、培训、安装等收入
让渡资产使用权收入	1. 金融企业对外贷款形成的利息收入，以及同业之间发生往来形成的利息收入等 2. 企业转让商标权、专利权、版权等无形资产使用权形成的使用费收入 3. 企业对外出租资产收取的租金，进行债权性投资收取的利息、进行股权投资取得的现金股利

2. 收入按企业经营业务的主次不同，分为主营业务收入和其他业务收入（图表 19—5）。

图表 19—5　　收入按业务主次不同的分类

类型	举例	界定标准
主营业务收入	如制造业企业生产并销售产品、商品流通企业销售商品，酒店的客房收入、餐饮收入等，商业银行的贷款利息收入、办理结算的手续费收入等	企业为完成其经营目标所从事的经常性活动实现的收入，一般占企业总收入的比重较大，对企业的经济效益产生较大影响
其他业务收入	如制造业企业对外销售材料、对外出租固定资产、对外转让无形资产的使用权、出租包装物等收入	企业为完成其经营目标所从事的与经常性活动相关的活动实现的收入，是企业日常活动中次要交易的收入，一般占企业总收入的比重小，对企业的经济效益影响较小

单项选择题（请在下列选项中选择一个正确答案并填在括号中）

1. 下列选项中，符合会计要素收入定义的是（　　）。

① 本项目仅阐述销售商品收入的核算，提供劳务收入和让渡资产使用权收入的核算见附录三。

A. 出售材料收入　　B. 出售无形资产净收益

C. 转让固定资产净收益　　D. 向购货方收取的增值税税额

2. 对于在合同中规定了买方有权退货条款的销售，如无法合理确定退货的可能性，则符合商品销售收入确认条件的时点是（　　）。

A. 发出商品时　　B. 收到货款时

C. 签订合同时　　D. 买方正式接受商品或退货期满时

3. 甲企业为增值税一般纳税人，售出商品 10,000 件，单价 100 元，增值税率 17%，给予购货方的商业折扣为 10%，则甲企业销售商品的收入应为（　　）元。

A. 1,000,000　　B. 1,170,000

C. 900,000　　D. 1,053,000

判断题（判断正误并在括号内填“√”或“×”）

1. 企业在销售商品时，如果估计价款收回的可能性不大，即使收入确认的其他条件均已满足，也不应确认收入。（　　）

2. 企业在销售商品时如果提供商业折扣，在确认收入时应将商业折扣的部分扣除。（　　）

3. 企业的收入包括主营业务收入、其他业务收入和营业外收入。（　　）

任务 19—2　赊销的核算

知识点	技能点
● 赊销商品收入的确认 ● 附有现金折扣条件的销售商品收入确认 ● 赊销涉及的账户及核算	● 能够正确进行赊销业务的核算

任务描述

2017 年 12 月 12 日，万泉河啤酒公司销售部与广西北海康宝贸易有限责任公司签订合同，销售清爽啤酒 20,000 箱，每箱 28 元。合同条款约定发货后一个月内付款，并附加现金折扣条件为：2/10，1/20，n/30。

2017 年 12 月 12 日，销售部开具提货单，按合同条款约定联系物流公司发出清爽啤酒，代垫了运杂费。

2017 年 12 月 21 日，财务部收到广西北海康宝贸易有限责任公司支付的货款。

财务部需要对上述销售业务进行核算。

任务分析

企业采用先发货后收款的销售方式，发出商品时尚未收到货款，按销售商品收入确认的条件，应何时确认收入？

本任务中，为鼓励客户尽早付款，公司在销售合同中附加了现金折扣条件。我们在项目 4 采购核算的学习中，已经知道现金折扣并不影响购货方材料采购成本，那么对于销售方来讲，现金折扣是否影响销售商品收入金额的计量呢？

相关知识

一、赊销业务销售收入的确认

赊销是信用销售的俗称，即先发货后收款的销售方式。赊销是以商业信用为基础，销售方与购买方签订销售协议后，销售方先发出货物，而买方按照协议在规定日期内付款。赊销使商品的让渡和货款收取的实现在时间上分离开来，它实质上是提供信用的一种形式。

赊销货款的收取一般有两种形式：一是销货方在合同约定的商业信用期内收款，二是采用商业汇票到期委托银行收款。

在赊销业务过程中，购销双方已经在销售合同中注明收款时间，或收到已承兑的商业汇票，表明经济利益很可能流入企业；一般情况下销售方发出商品，表明商品所有权上的主要风险和报酬已经转移给购货方，符合销售商品收入确认的条件。所以，赊销应在发出商品时确认收入，开具销售发票。

值得注意的是，一笔赊销业务销售方确认收入的同时，确认了一项应收账款。若由于购买方日后资金周转困难等原因，销售方无法收回货款时，销售方不能调整已确认的收入，应按照应收账款核算的相关规定，对该笔应收账款确认坏账。

二、附有现金折扣条件的销售收入确认

在赊销业务中，销售方为及时回笼资金，通常在销售合同中附加现金折扣条件。企业销售商品时，现金折扣是否发生以及折扣额多少要视买方付款情况而定。因此，销售方发出商品后应按合同约定的售价确认收入，不考虑可能发生的折扣额。如果购货方享受了现金折扣，销售方少收的货款应在实际收款时计入当期的财务费用。

三、赊销业务的核算

赊销时，会计依据增值税专用发票记账联，编制会计分录如下：

借：应收账款

　　或应收票据（收到商业汇票时）

　　贷：主营业务收入

　　　　应交税费——应交增值税（销项税额）

收款时，会计依据收款凭证，编制会计分录如下：

借：银行存款

　　财务费用（发生的现金折扣）

　　贷：应收账款

　　　　或应收票据（商业汇票到期收款）

若商业承兑汇票到期收不到款时，会计依据退票等单据，编制会计分录如下：

借：应收账款

　　贷：应收票据

四、赊销核算涉及的账户

1. “应收账款”账户

“应收账款”账户用于核算企业因销售商品、提供劳务等经营活动，应向购货单位或接受劳务单位收取的款项，包括应收取的销售商品、提供劳务价款及代购货单位垫付的包装费、运杂费等。本账户属于资产类账户，借方登记发生的应收款项，贷方登记收回的应收款项，期末借方余额反映企业尚未收回的应收款项，期末如为贷方余额，反映企业预收的账款。

本账户可按债务人进行明细核算。

2. “应收票据”账户

“应收票据”账户用于核算企业因销售商品、提供劳务等而收到的商业汇票，包括银行承兑汇票和商业承兑汇票。本账户属于资产类账户，借方登记因销售商品、提供劳务等而收到的商业汇票票面金额，贷方登记商业汇票到期或背书转让及向银行贴现的票面金额，期末借方余额反映企业持有的商业汇票的票面金额。

本账户可按开出、承兑商业汇票的单位进行明细核算。

值得注意的是，企业应当设置“应收票据备查登记簿”（图表 19—6），逐笔登记商业汇票的种类、号数和出票日、票面金额、交易合同号和付款人、承兑人、背书人的姓名或单位名称、到期日、背书转让日、贴现日、贴现率和贴现净额以及收款日和收回金额、退票情况等资料。商业汇票到期结清票款或退票后，在备查登记簿中应予注销。

图表 19—6　　应收票据备查登记簿

年		凭证		摘要	合同		票据基本情况				承兑人及单位名称	背书人及单位名称	贴现		承兑		转让			
月	日	字	号		字	号	号码	签发日期	到期日期	金额			日期	净额	日期	金额	日期	受理单位	票面金额	实收金额

1. **2017 年 12 月 12 日**

→主管会计张茜审核销售部交来的提货单、销售合同，分析该笔为先发货后收款的赊销业务，发出商品确认收入，开具增值税专用发票。同时，张茜审核销售部提交的代购货方垫付运费的付款申请书，同意当日支付代垫运费。

→出纳方荷查看已按程序审批的付款申请书，判断为同城结算，开具转账支票。

→制单会计刘悦收到增值税专用发票记账联（图表 19—7）和付款申请书（略）及转账支票存根（图表 19—8）。

图表 19—7

4600171130　　**海南增值税专用发票**　　№03344102

开票日期：2017 年 12 月 12 日

购买方	名称：	北海康宝贸易有限责任公司			密码区			
	纳税人识别号：	914500100089853241						
	地址、电话：	北海市学院路 15 号 2433335						
	开户银行及账号：	工行北海市支行 5608980754						
货物或应税劳务、服务名称		规格型号	单位	数量	单价	金额	税率	税额
万泉河啤酒		清爽	箱	20,000.00	28.00	560,000.00	17%	95,200.00
合计						560,000.00		95,200.00
价税合计（大写）		⊗ 陆拾伍万伍仟贰佰元整			（小写）¥655,200.00			
销售方	名称：	海南万泉河啤酒有限责任公司			备注	海南万泉河啤酒有限责任公司 9146001000898066666 发票专用章		
	纳税人识别号：	914600100089806666						
	地址、电话：	海口市金盘大道 88 号 66819999						
	开户银行及账号：	工行海口市金盘支行 589806688						

收款人：　　复核：　　开票人：张茜　　销售方：（章）

第一联　记账联

图表 19—8

中国工商银行
转账支票存根

支票号码：089800107

科　　目________

对方科目________

出票日期：2017 年 12 月 12 日

收款人：联合运输公司
金额：¥2,000.00
用途：代垫运费

单位主管　　会计

分析：代垫运费是一项往来款项，不符合销售收入确认的基本条件，不属于收入。企业赊销业务的应收账款包括销售货款、增值税额和代垫运费。

刘悦将上述款项合计记入“应收账款”账户，并确认收入和增值税销项税额。刘悦编制记账凭证（图表 19—9）。

图表 19—9

记账凭证

2017 年 12 月 12 日

字总 × 号
字分 号

摘　　要	总账科目	明细科目	借方金额	贷方金额	记账
向北海康宝公司赊销清爽	应收账款	北海康宝	657,200.00		
啤酒并代垫运费	主营业务收入	清爽		560,000.00	
	应交税费	应交增值税（销项税额）		95,200.00	
	银行存款			2,000.00	
合　　计			657,200.00	657,200.00	

附件 2 张

会计主管：　　记账：　　审核：　　制证：刘悦

2. 2017 年 12 月 21 日

制单会计刘悦收到出纳方荷取回的资金划拨补充凭证（图表 19—10）。

图表 19—10

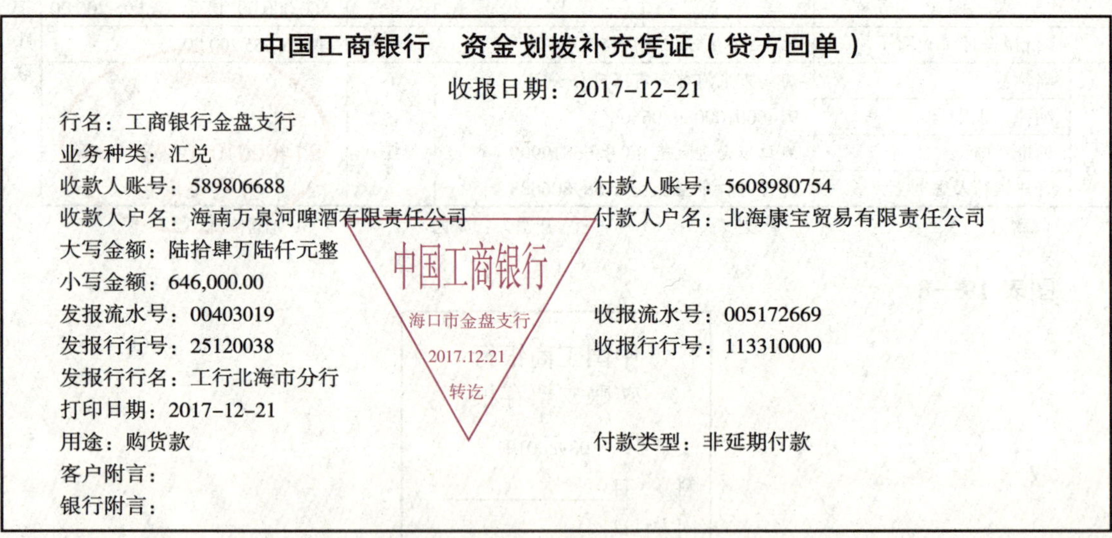

中国工商银行　资金划拨补充凭证（贷方回单）

收报日期：2017-12-21

行名：工商银行金盘支行
业务种类：汇兑
收款人账号：589806688　　付款人账号：5608980754
收款人户名：海南万泉河啤酒有限责任公司　　付款人户名：北海康宝贸易有限责任公司
大写金额：陆拾肆万陆仟元整
小写金额：646,000.00
发报流水号：00403019　　收报流水号：005172669
发报行行号：25120038　　收报行行号：113310000
发报行行名：工行北海市分行
打印日期：2017-12-21
用途：购货款　　付款类型：非延期付款
客户附言：
银行附言：

此笔业务为收货款。刘悦首先查阅会计账簿“应收账款——北海公司”明细账和相关会计凭证，核实为收到前欠货款；但是实收款与应收款金额不一致，查阅销售合同后，判断差额是北海公司 12 月 21 日支付货款，享受了合同约定的现金折扣条件 2/10。折扣金额 11,200 元（20,000 × 28 × 2%）应作为理财费用，计入“财务费用”账户。刘悦编制记账凭证（图表 19—11）。

图表 19—11　　**记账凭证**

字总 × 号
字分　号

2017 年 12 月 21 日

摘　要	总账科目	明细科目	借方金额	贷方金额	记账
收到北海康宝公司前欠货款	银行存款		646,000.00		
	财务费用	现金折扣	11,200.00		
	应收账款	北海康宝		657,200.00	
合　计			657,200.00	657,200.00	

附件 1 张

会计主管：　记账：　审核：　制证：刘悦

3. 条件变化后的同一任务账务处理

假设：2017 年 12 月 12 日，万泉河啤酒公司销售部与广西北海康宝贸易有限责任公司签订销售合同时，已了解到对方在最近一项商品交易中发生了巨额亏损，资金周转十分困难，近期无法支付货款。但是，考虑长期商业合作关系，以及该公司一直以来的良好商业信誉，万泉河啤酒公司决定协助对方渡过难关，仍然发出清爽啤酒 20,000 箱，并代垫运杂费 2,000 元。2018 年 3 月 5 日，北海康宝公司资金压力缓解，及时支付了货款。对于上述业务，万泉河啤酒公司会计应如何做账务处理？

分析：本任务假设中，不同之处在于发出商品时，已知与该项商品交易相关的经济利益不能流入企业，不能确认销售商品收入，应于买方可以付货款时再确认。发出商品时不能确认收入时，专设“发出商品”账户核算发出商品的成本。

万泉河啤酒公司相关账务处理如下：

（1）2017 年 12 月 12 日

1）根据代垫运费的转账支票存根联，编制会计分录如下：

借：应收账款——北海康宝　　2,000.00
　贷：银行存款　　2,000.00

2）根据清爽啤酒出库单，按清爽啤酒每箱 20 元的单位成本做发出商品业务处理，编制会计分录如下：

借：发出商品——北海康宝（清爽）　　400,000.00
　贷：库存商品——清爽　　400,000.00

（2）2018 年 3 月 5 日

1）收到北海公司支付货款的资金划拨补充凭证，确认收入，并开具增值税专用发票，编制会计分录如下：

借：银行存款　　657,200.00
　贷：主营业务收入——清爽　　560,000.00
　　应交税费——应交增值税（销项税额）　　95,200.00
　　应收账款——北海康宝　　2,000.00

2）查阅会计账簿中的发出商品成本，结转销售成本，编制会计分录如下：

借：主营业务成本——清爽　400,000.00

　　贷：发出商品——北海康宝（清爽）　400,000.00

此账务处理涉及一个新的账户即“发出商品”，它是核算企业商品销售未满足收入确认条件但已发出商品的成本。本账户属于资产类账户，借方登记发出商品的成本，贷方登记发出商品满足收入确认条件时应结转的销售成本及退回发出商品的成本，期末借方余额反映企业销售商品中不满足收入确认条件的已发出商品的成本。本账户可按购货单位、商品类别和品种进行明细核算。

练一练

单项选择题（请在下列选项中选择一个正确答案并填在括号中）

1. 丙企业赊销一批商品，商品标价 10,000.00 元，增值税率为 17%，商业折扣 20%，现金折扣条件为 2/10，n/20。企业销售商品时代垫运费 200 元，则丙企业应确认的销售商品收入为（　　）元。

A. 8,000.00　　B. 7,840.00　　C. 8,200.00　　D. 8,040.00

2. 某企业在 2017 年 10 月 8 日销售商品 100 件，增值税专用发票上注明的价款为 10,000.00 元，增值税额为 1,700.00 元，合同约定的现金折扣条件为：2/10，1/20，n/30，计算现金折扣时不考虑增值税。如果购买方在 2017 年 10 月 24 日付清货款，该企业实际收款金额应为（　　）元。

A. 11,466.00　　B. 11,500.00　　C. 11,583.00　　D. 11,600.00

3. 某企业在 2017 年 10 月 8 日销售商品 100 件，增值税专用发票上注明的价款为 15,000.00 元，增值税额为 2,550.00 元，合同约定的现金折扣条件为：2/10，1/20，n/30，计算现金折扣时不考虑增值税。企业在 2017 年 10 月 14 日收到货款，该企业的账务处理为（　　）。

A. 借：银行存款　17,250.00

　　贷：应收账款　17,250.00

B. 借：银行存款　17,250.00

　　主营业务收入　300.00

　　贷：应收账款　17,550.00

C. 借：银行存款　17,550.00

　　贷：应收账款　17,550.00

D. 借：银行存款　17,250.00

　　财务费用　300.00

　　贷：应收账款　17,550.00

4. 企业对于已经发出但尚未确认销售收入的商品成本，应借记的会计账户是（　　）。

A. 在途物资　　B. 库存商品　　C. 发出商品　　D. 主营业务成本

任务 19—3　预收款销售的核算

知识点	技能点
● 预收款销售商品收入的确认 ● 预收款销售涉及账户及核算	● 能够正确进行预收款销售业务的核算

任务描述

2017 年 12 月 18 日，万泉河啤酒公司销售部与湛江康乐有限责任公司签订合同，销售清爽啤酒 20,000 箱，每箱 28 元；纯生啤酒 10,000 箱，每箱 35 元；合同条款约定分两次支付货款，运费由销售方承担。

2017 年 12 月 20 日，财务部收到湛江康乐有限责任公司预付货款的 30%。

2017 年 12 月 26 日，财务部收到湛江康乐有限责任公司支付的剩余货款，销售部联系物流公司向湛江康乐有限责任公司发出清爽、纯生啤酒。

财务部需要对上述销售业务进行核算。

任务分析

企业在销售产品时，还可以采用先收款后发货的销售方式。在这种方式下，会计核算的关键仍是销售商品收入确认的时间，其次是收到预收货款的账务处理。

相关知识

一、预收款销售商品收入的确认及核算

预收款销售，是指购买方在商品尚未收到前按合同或协议约定分期付款，销售方在收到最后一笔款项时才交货的销售方式。

1. 预收货款

企业收到预收货款尚未发出商品，商品所有权未转移，不能确认收入，应将预收的货款确认为一项负债，专设“预收账款”账户核算。

会计人员根据收款凭证，编制会计分录：

借：银行存款

　　贷：预收账款

2. 收剩余款、发出商品

销售方收到最后一笔款发出商品时，商品所有权上的主要风险和报酬转移给购货

方，满足销售商品收入确认条件，确认收入并转销预收账款。

会计人员根据增值税专用发票记账联、收款凭证，编制会计分录：

借：银行存款（收到的尾款）

　　预收账款（转销预收的账款）

　　贷：主营业务收入

　　　　应交税费——应交增值税（销项税额）

二、预收款销售核算涉及的账户

“预收账款”账户用于核算企业按照合同约定预收的款项。本账户属于负债类账户，贷方登记预收的货款和收到的补付货款，借方登记销售实现转销的预收货款和退回多收的货款，期末贷方余额反映企业预收的款项，期末借方余额反映企业应收的款项。

本账户可按购货单位进行明细核算。

若企业预收账款业务不多，也可以不设置“预收账款”账户，用“应收账款”账户替代。

值得注意的是，期末在资产负债表中反映会计信息时，应分析“预收账款”和“应收账款”的各明细账余额，按其余额性质重分类列示（图表 19—12）。

图表 19—12　　预收账款、应收账款明细账余额报表列示一览表

账户	各明细账贷方余额	各明细账借方余额
预收账款（负债类账户）	为企业的一项负债，应列示在资产负债表中负债项目的“预收款项”栏目	为企业的一项债权，应列示在资产负债表中资产项目的“应收账款”栏目
应收账款（资产类账户）		

任务实施

1. 2017 年 12 月 20 日

制单会计刘悦收到出纳方荷取回的资金划拨补充凭证（图表 19—13）。

图表 19—13

中国工商银行　资金划拨补充凭证（贷方回单）

收报日期：2017-12-20

行名：工行海口市金盘支行

业务种类：汇兑

收款人账号：589806688　　付款人账号：148980754

收款人户名：海南万泉河啤酒有限责任公司　　付款人户名：湛江康乐有限责任公司

大写金额：贰拾柒万叁仟元整

小写金额：273,000.00

发报流水号：30190040　　收报流水号：726690051

发报行行号：00382512　　收报行行号：311130000

发报行行名：工行湛江分行

打印日期：2017-12-20

用途：预付购货款　　付款类型：非延期付款

客户附言：

银行附言：

（印章：中国工商银行 海口市金盘支行 2017.12.20 转讫）

刘悦根据凭证中注明的款项用途“预付购货款”，判断为预收货款业务，与销售部核对无误后，编制记账凭证（图表 19—14）。

图表 19—14

记账凭证

字总　×　号
字分　　　号

2017 年 12 月 20 日

摘　要	总账科目	明细科目	借方金额	贷方金额	记账
预收湛江康乐货款	银行存款		273,000.00		
	预收账款	湛江康乐		273,000.00	
	合　计		273,000.00	273,000.00	

附件 1 张

会计主管：　　记账：　　审核：　　制证：刘悦

2. 2017 年 12 月 26 日

→出纳方荷从银行取回湛江康乐有限责任公司支付货款的资金划拨补充凭证，并通知了销售部。

→主管会计张茜审核销售部开具的清爽啤酒 20,000 箱、纯生啤酒 10,000 箱提货单和销售合同，核实该笔货款已全部收到，发出货物当日应确认收入，开具增值税专用发票。

→制单会计刘悦收到增值税专用发票记账联（图表 19—15）和资金划拨补充凭证（图表 19—16）。

图表 19—15

4600171130　　**海南增值税专用发票**　　№03344103

（监制章：全国统一发票监制章 海南 国家税务总局监制）

开票日期：2017 年 12 月 26 日

购买方	名称：湛江康乐有限责任公司				密码区			
	纳税人识别号：914408100089800001							
	地址、电话：湛江市学院路 15 号 2433335							
	开户银行及账号：工行湛江市支行 148980754							
货物或应税劳务、服务名称	规格型号	单位	数量	单价	金额	税率	税额	
万泉河啤酒	清爽	箱	20,000.00	28.00	560,000.00	17%	95,200.00	
万泉河啤酒	纯生	箱	10,000.00	35.00	350,000.00	17%	59,500.00	
合计			30,000.00		910,000.00		154,700.00	
价税合计（大写）	⊗ 壹佰零陆万肆仟柒佰元整				（小写）￥1,064,700.00			
销售方	名称：海南万泉河啤酒有限责任公司				备注			
	纳税人识别号：914600100089806666							
	地址、电话：海口市金盘大道 88 号 66819999							
	开户银行及账号：工行海口市金盘支行 589806688							

第一联 记账联

（印章：海南万泉河啤酒有限责任公司 914600100089806666 发票专用章）

收款人：　　复核：　　开票人：张茜　　销售方：（章）

图表 19—16

中国工商银行　资金划拨补充凭证（贷方回单）

收报日期：2017-12-26

行名：工行海口市金盘支行
业务种类：汇兑
收款人账号：589806688　　付款人账号：148980754
收款人户名：海南万泉河啤酒有限责任公司　　付款人户名：湛江康乐有限责任公司
大写金额：柒拾玖万壹仟柒佰元整
小写金额：791,700.00
发报流水号：00401930　　收报流水号：517002669
发报行行号：00382512　　收报行行号：311130000
打印日期：2017-12-26
用途：购货款　　付款类型：非延期付款
客户附言：
银行附言：

（印章：中国工商银行 海口市金盘支行 2017.12.26 转讫）

刘悦根据资金划拨补充凭证判断该笔货款为收到预收款销售的尾款。刘悦查阅会计账簿“预收账款——湛江康乐”明细账户，转销预收款，并做收入确认的账务处理。刘悦编制记账凭证（图表 19—17）。

图表 19—17　　**记账凭证**

字总 × 号
字分 号

2017 年 12 月 26 日

摘　要	总账科目	明细科目	借方金额	贷方金额	记账
预收款销售（湛江康乐）	预收账款	湛江康乐	273,000.00		
	银行存款		791,700.00		
	主营业务收入	清爽		560,000.00	
	主营业务收入	纯生		350,000.00	
	应交税费	应交增值税（销项税额）		154,700.00	
合　计			1,064,700.00	1,064,700.00	

附件 2 张

会计主管：　　记账：　　审核：　　制证：刘悦

单项选择题（请在下列选项中选择一个正确答案并填在括号中）

1. 企业采用预收账款方式销售商品，确认收入的时点是（　　）。
   A. 收到货款时　　B. 按合同约定的日期
   C. 发出商品并收到最后一笔尾款时　　D. 收到商品销售货款时
2. 预收账款情况不多的企业，可以不设“预收账款”账户，而将预收的款项直接计入（ ）账户。

A. 应收账款 B. 预付账款 C. 其他应收款 D. 应付账款

判断题（判断正误并在括号内填“√”或“×”）

1. 采用预收款销售商品时，应在收到第一笔款项时确认收入。（ ）

2. 预收账款为企业的一项负债，应列示在资产负债表中负债项目的“预收账款”栏目中。（ ）

3. 预收账款借方登记企业实际收到的预收款项。（ ）

任务 19—4 代销的核算

知识点	技能点
● 支付手续费方式代销 ● 支付手续费方式委托方、受托方代销商品收入的确认及核算	● 能够分别对委托方、受托方的支付手续费方式代销进行核算

任务描述

万泉河啤酒公司销售部与海口大福商贸行签订合同，委托大福商贸行代销纯生啤酒 10,000 箱。合同约定大福商贸行按每箱 40 元对外销售，公司按售价的 10% 支付大福商贸行代销手续费。大福商贸行若一个月内未售出啤酒，可以退货。

2017 年 12 月 1 日，销售部开出提货单，仓储部向大福商贸行发出 10,000 箱纯生啤酒。

2017 年 12 月 31 日，销售部收到大福商贸行交来的代销清单，10,000 箱纯生啤酒全部售出。

财务部需对上述销售业务进行核算。

任务分析

在日常销售业务中，因客户资金问题或因新产品、保质期较短的产品特性等原因，企业可能先发出商品交付给受托方销售，待受托方售出商品后再结算货款，若商品未售出还可以退货。在这种销售形式的业务中，委托方发出商品时不知道受托方能否售出商品，不能确认收入。因此，何时确认收入，是这种销售方式核算的关键，也是进行相关账务处理的前提。

相关知识

一、支付手续费方式的代销

支付手续费方式代销，是指由委托方与受托方签订合同或协议，委托方根据受托方所代销的商品数量向受托方支付一定比例手续费的销售方式。

二、支付手续费方式委托代销商品收入的确认及核算

1. 发出商品

支付手续费方式委托代销，委托方在发出商品时，不能确认受托方能否售出商品，商品所有权上的风险和报酬并未转移，委托方仍对发出商品实施有效控制。因此，委托方在发出商品时，不确认收入，将发出的“库存商品”转入“发出商品”账户。

会计人员根据出库单，编制会计分录：

借：发出商品

　　贷：库存商品

2. 收到受托方的代销清单

受托方销售代销商品后，代销商品所有权上的风险和报酬才转移；按合同、协议约定，此时委托方能够取得与代销商品相关的经济利益。所以，会计核算中委托方在收到受托方开具的代销清单时，按协议代销价确认代销商品销售收入，开具发票，并做收入确认、结转销售成本的账务处理。

会计人员根据代销清单和增值税专用发票记账联，编制会计分录：

借：应收账款

　　贷：主营业务收入

　　　　应交税费——应交增值税（销项税额）

同时，按已代销的商品数量对应结转销售商品成本，编制会计分录：

借：主营业务成本

　　贷：发出商品

3. 结算代销手续费

委托方确认收入后，按合同、协议规定计算应支付给受托方的手续费。代销手续费是为销售商品而发生的费用，计入销售费用。

会计人员根据销售部的付款申请单，编制会计分录：

借：销售费用

　　贷：应收账款（转销应收的货款）

4. 收取货款

委托方收到受托方货款，代销商品销售业务结束，实收货款为扣除代销手续费后的金额。会计人员根据收款凭证编制会计分录：

借：银行存款

　　贷：应收账款

值得注意的是，委托方也可在收到代销商品款时同步结算代销手续费，以简化相关的账务处理。

会计依据收款凭证、销售部的付款申请单，编制会计分录：

借：销售费用（代销手续费）

　　银行存款（实收的货款）

　　贷：应收账款（已代销商品的货款实现）

任务实施

1. 2017 年 12 月 1 日

制单会计刘悦收到销售部送来的代销合同和仓储部发出纯生啤酒的出库单（图表 19—18）。

图表 19—18　　出　库　单

购货单位：大福商贸行　　2017 年 12 月 1 日　　编号：00214

产品名称	计量单位	数量	单位成本	金额	备注
纯生啤酒	箱	10,000	*25.00*	*250,000.00*	代销
合计		10,000		*250,000.00*	

会计：刘悦　　发货人：王中　　提货人：刘刚　　制单人：夏丹

刘悦根据代销合同判断此笔为支付手续费方式的委托代销业务，发出代销啤酒，不确认收入。刘悦查阅会计账簿“库存商品——纯生”明细账，计算并在出库单上填写单位成本（每箱单价 25.00 元）和发出库存商品的成本。刘悦编制记账凭证（表 19—19）。

图表 19—19　　记账凭证

字总 × 号
字分　号

2017 年 12 月 1 日

摘　要	总账科目	明细科目	借方金额	贷方金额	记账
发出代销商品	发出商品	纯生	250,000.00		
	库存商品	纯生		250,000.00	
合　计			250,000.00	250,000.00	

附件 1 张

会计主管：　　记账：　　审核：　　制证：刘悦

2. 2017 年 12 月 31 日

→主管会计张茜审核销售部交来大福商贸行开具的代销清单，确认收入，开具增值税专用发票；审核销售部申请结算代销手续费的付款申请单，核对应付代销手续费为 400,000×10%=40,000（元）。

→财务经理冯阳审批同意支付代销手续费。

→制单会计刘悦收到代销清单（略）、付款申请单（略）和增值税专用发票的记账联（图表 19—20）。

图表 19—20

4600171130　　海南增值税专用发票　　№03344104

国家税务总局监制

开票日期：2017 年 12 月 31 日

购买方	名称：海口大福商贸行 纳税人识别号：914600100089800001 地址、电话：海口市学院路 15 号 2433335 开户银行及账号：工行海南省分行 140010008980754				密码区			
货物或应税劳务、服务名称	规格型号	单位	数量	单价	金额	税率	税额	
万泉河啤酒	纯生	箱	10,000.00	40.00	400,000.00	17%	68,000.00	
合计					400,000.00		68,000.00	
价税合计（大写）	⊗ 肆拾陆万捌仟元整				（小写）¥468,000.00			
销售方	名称：海南万泉河啤酒有限责任公司 纳税人识别号：914600100089806666 地址、电话：海口市金盘大道 88 号 66819999 开户银行及账号：工行海口市金盘支行 589806688				备注	海南万泉河啤酒有限责任公司 914600100089806666 发票专用章		

第一联 记账联

收款人：　　复核：　　开票人：张茜　　销售方：（章）

（1）刘悦根据代销清单、增值税专用发票的记账联，确认收入，编制记账凭证（图表 19—21）。

图表 19—21

记账凭证

2017 年 12 月 31 日　　字总 × 号　字分 号

摘　　要	总账科目	明细科目	借方金额	贷方金额	记账
大福商贸行代销商品收入	应收账款	大福商贸行	468,000.00		
	主营业务收入	纯生		400,000.00	
	应交税费	应交增值税（销项税额）		68,000.00	
合　　计			468,000.00	468,000.00	

附件 2 张

会计主管：　　记账：　　审核：　　制证：刘悦

（2）刘悦查阅会计账簿“发出商品——纯生”明细账户，结转发出代销商品的成本，编制记账凭证（图表 19—22）。

图表 19—22　　　　　　**记账凭证**

字总 × 号
字分 号

2017 年 12 月 31 日

摘　要	总账科目	明细科目	借方金额	贷方金额	记账
结转代销商品成本	主营业务成本	纯生	250,000.00		
	发出商品	纯生		250,000.00	
合　计			250,000.00	250,000.00	

附件 0 张

会计主管：　　　　记账：　　　　审核：　　　　制证：刘悦

（3）根据结算代销手续费的付款申请单（图表 19—23），确认销售费用，编制记账凭证（图表 19—24）。

图表 19—23　　　　　　**付款（用款）申请单**

日期：2017 年 12 月 31 日　　　　附件：1 张

部门	用途	申请金额	负责人（签字）	李立
销售部	代销手续费	40,000.00		
			审查意见	冯阳
			经办人（签字）	王刚
金额合计	￥：40,000.00			
核准金额（人民币大写）⊗肆万元整　￥40,000.00				

会计：张茜　　　　出纳：　　　　收款人：

图表 19—24　　　　　　**记账凭证**

字总 × 号
字分 号

2017 年 12 月 31 日

摘　要	总账科目	明细科目	借方金额	贷方金额	记账
代销手续费	销售费用	代销费	40,000.00		
	应收账款	大福商贸行		40,000.00	
合　计			40,000.00	40,000.00	

附件 1 张

会计主管：　　　　记账：　　　　审核：　　　　制证：刘悦

知识链接

支付手续费方式的受托代销

同一笔代销商品业务涉及委托方与受托方两个会计主体的核算。本任务介绍了委托方的相关业务处理，下面阐述受托方代销商品收入的确认及相关账务处理。

一、受托代销商品销售收入的确认

支付手续费方式代销，受托方按代销协议的售价销售代销商品，并按协议价与委托方结算代销商品的货款。受托方受托代销商品取得的经济利益是按售出代销商品款的一定比例返还的手续费，其实质是一种劳务收入。因此，受托方售出代销商品，不确认收入，在结算代销商品款时，按应收取的手续费确认收入。

二、受托代销商品的账务处理

1. 取得代销商品

受托方取得代销商品，代销商品的所有权仍归属委托方，不能作为购进商品核算，专设“受托代销商品”账户反映代销商品的成本（即代销商品的协议价），同时设置“受托代销商品款”账户，确认一笔负债。

2. 售出代销商品

受托方售出代销商品，按税法规定应向购买方开具发票，但此时并不按发票中的销售额确认收入。受托方应将售出代销商品的货款计入“银行存款”，按税法规定应交的增值税计入“应交税费——应交增值税（销项税额）”，并转销“受托代销商品”。

3. 取得委托方开具的代销商品增值税专用发票

受托方收到委托方开具的代销商品增值税专用发票的发票联，将应支付的增值税作为进项税额予以抵扣，并确认一项负债，计入“应付账款”账户。

4. 结算代销商品货款并确认代销收入

受托方结算代销商品货款、确认代销收入的处理如下：

 应支付代销商品的货款——→转销已计入的“受托代销商品款”
+应付代销商品的增值税——→转销已计入的“应付账款”
−应收取的手续费 ——→确认“主营业务收入”或“其他业务收入”
―――――――――――――
 实际结算金额 ——→减少“银行存款”

三、受托代销商品核算涉及的账户

1.“受托代销商品”账户

“受托代销商品”账户用于核算企业采用收取手续费方式受托代销的商品。本账户属于资产类账户，借方登记收到受托代销商品的成本，贷方登记企业售出代销商品结转的成本，期末借方余额反映企业尚未销售的受托代销商品成本。

本账户可按委托单位、资产类别进行明细核算。

2.“受托代销商品款”账户

“受托代销商品款”账户用于核算企业采用收取手续费方式收到的代销商品款。本账户属于负债类账户，贷方登记收到受托代销商品的价款，借方登记企业售出代销商品结清的代销商品款，期末贷方余额反映企业收到代销商品应支付的款项。

本账户可按委托单位、资产类别进行明细核算。

例：以本任务中的万泉河啤酒公司与大福商贸行的代销业务为例，下面将支付手续费方式代销的受托方与委托方有关账务处理进行对比（图表 19—25）。

图表 19—25　支付手续费方式代销的委托方与受托方账务处理比较

万泉河啤酒公司（委托方）账务处理	大福商贸行（受托方）账务处理
1. 发出代销啤酒，根据出库单，编制会计分录： 借：发出商品——纯生　250,000.00 　贷：库存商品——纯生　250,000.00	1. 收到代销啤酒，根据入库单，编制会计分录： 借：受托代销商品——纯生　400,000.00 　贷：受托代销商品款——万泉河公司　400,000.00
	2. 售出代销商品，根据向购货方开具增值税专用发票的记账联和代销商品出库单，编制会计分录： 借：银行存款　468,000.00 　贷：受托代销商品——纯生　400,000.00 　　应交税费——应交增值税（销项税额）　68,000.00
2. 收到大福商贸行的代销清单： ①开具增值税专用发票，确认收入，编制会计分录： 借：应收账款——大福商贸行　468,000.00 　贷：主营业务收入——纯生　400,000.00 　　应交税费——应交增值税（销项税额） 　　68,000.00 ② 结转销售成本，编制会计分录： 借：主营业务成本——纯生　250,000.00 　贷：发出商品——纯生　250,000.00 ③确认代销手续费，编制会计分录： 借：销售费用——代销费　40,000.00 　贷：应收账款——大福商贸行　40,000.00	3. 根据代销统计，向万泉河啤酒公司开具代销清单。根据万泉河啤酒公司开具的增值税专用发票联中的增值税额，编制会计分录： 借：应交税费——应交增值税（进项税额）　68,000.00 　贷：应付账款——万泉河公司　68,000.00
3. 根据大福商贸行转来代销货款净额的进账单，编制会计分录： 借：银行存款　428,000.00 　贷：应收账款——大福商贸行　428,000.00	4. 支付万泉河啤酒公司代销啤酒货款，并计算代销手续费，确认代销收入，编制会计分录： 借：受托代销商品款——万泉河公司　400,000.00 　应付账款——万泉河公司　68,000.00 　贷：银行存款　428,000.00 　　其他业务收入——代销　40,000.00

练一练

单项选择题（请在下列选项中选择一个正确答案并填在括号中）

1. 企业采用收取手续费的方式委托代销商品，其商品销售收入的确认时点为（　　）。

A. 向受托方发出代销商品时　　B. 收到受托方开出的商品代销清单时

C. 收到受托方汇来的销售款项时　　D. 向受托方支付手续费时

2. 在收取手续费代销方式下，受托方应按（　　）确认收入。

A. 向购货方销售代销商品金额

B. 向委托方实际支付的代销商品金额

C. 代销协议中约定取得的代销商品金额

D. 向委托方收取的代销手续费金额

3. 在收取手续费代销方式下，受托方收到代销商品，应贷记（　　）账户。

A. 应付账款　　　　B. 库存商品

C. 受托代销商品款　　　　D. 受托代销商品

任务 19—5　销售折让与退回的核算

知识点	技能点
● 销售折让及核算 ● 销售退回及核算	● 能够区分销售折让与销售退回业务并核算

任务描述

2017 年 12 月 5 日，万泉河啤酒公司收到湛江康乐有限责任公司的商洽电函。公司于 2017 年 11 月 25 日销售给湛江康乐有限责任公司的 10,000 箱清爽啤酒，因生产日期不符合合同规定，湛江康乐有限责任公司要求给予价格上的优惠，或者退货。

2017 年 12 月 6 日，销售部门与湛江康乐有限责任公司协商，同意给予原销售价格 2% 的优惠（不考虑增值税）。

财务部收到价格优惠审批的相关资料，并对上述业务进行核算。

任务分析

产品销售后，由于产品质量、品种或规格等不符合合同规定，购货方可能要求退货。为了避免购货方退货造成更大损失，销售方往往在价格上给予购货方一定的减让，在此种情况下，价格的减让对销售商品收入有无影响？若购货方要求退货，又应如何进行账务处理？

相关知识

销售折让是指企业因售出商品的质量不合格、产品规格不符合要求等原因，而在价格上给予购货方一定减让。销售退回是指企业因售出商品的质量不合格、产品规格不符合要求等原因发生的退货行为。

销售折让或销售退回都因发出商品不符合合同要求而发生。两者区别在于，折让并不退货，只影响收入，不影响销售商品成本。两者相同的是，折让与退回都应按发生时间分情况处理，账务处理原则相同。销售折让与退回的账务处理见图表 19—26。

图表 19—26　　销售折让、销售退回的账务处理

<table>
<tr><th rowspan="2">类型</th><th rowspan="2">核算内容</th><th colspan="3">账务处理原则</th></tr>
<tr><th>发生在确认销售收入之前</th><th>发生在确认销售收入之后</th><th>资产负债表日后事项</th></tr>
<tr><td>销售折让</td><td>冲减销售收入</td><td>直接按扣除销售折让后的金额，确认收入</td><td>冲减发生当期的销售商品收入，如按规定允许扣减增值税额的，还应冲减已确认的应交增值税销项税额
会计依据红字增值税专用发票，编制会计分录：
借：主营业务收入
　　应交税费——应交增值税（销项税额）
　　贷：应收账款等</td><td rowspan="2">按资产负债表日后事项进行处理</td></tr>
<tr><td>销售退回</td><td>1. 冲减销售收入
2. 冲减销售成本
3. 涉及现金折扣的，调整财务费用</td><td>冲减“发出商品”，增加“库存商品”
会计依据红字出库单，编制商品退库的会计分录：
借：库存商品
　　贷：发出商品</td><td>冲减退回当期的销售商品收入、销售商品成本及增值税销项税额
1. 会计依据红字增值税专用发票，编制冲减销售收入的会计分录：
借：主营业务收入
　　应交税费——应交增值税（销项税额）
　　贷：应收账款等
若涉及现金折扣，需同时调整财务费用，则会计分录：
借：主营业务收入
　　应交税费——应交增值税（销项税额）
　　贷：应收账款等
　　　　财务费用
2. 会计依据红字出库单，编制冲减成本的会计分录：
借：库存商品
　　贷：主营业务成本</td></tr>
</table>

需要注意的是，由于年度财务报告编制需要一定的时间，资产负债表日与财务报告批准报出日之间往往存在时间差，这段时间发生的一些事项（如销售折让与退回等）可能对财务报告使用者有重要影响。因此，企业会计准则专门规范了资产负债表日后事项的会计处理，此内容将在以后学习，本书不做阐述。

任务实施

1. 2017 年 12 月 6 日

→主管会计张茜审核销售部门交来的销售折让审核表，核实原开具销售发票中的各项目内容，重点审核了应给予的折让金额和主管销售领导的审批签字。

→制单会计刘悦收到销售折让审核表（图表 19—27）。

图表 19—27　　销售折让审核表

日期：2017 年 12 月 6 日　　单位：元

货品名称	原开发票明细					折让明细			
	销售日期	送货单号	销售数量	销售金额	原单价	新单价	单价差	折让数量	折让金额
万泉河清爽	2017.11.25	3085	10,000	280,000.00	28.00	27.44	0.56	10,000	5,600.00
客户名称	湛江康乐有限责任公司								
折让原因	生产日期不符合合同规定								
折让率	给予原销售价格 2% 的优惠								

总经理：李华　　业务主管：吴中　　会计：刘悦　　经办：刘平

刘悦分析此笔为销售折让业务，已确认销售收入，折让额应冲减 12 月的销售商品收入，并减少应收账款。刘悦编制记账凭证（图表 19—28）。

图表 19—28　　记账凭证

字总 × 号
字分　号

2017 年 12 月 6 日

摘　要	总账科目	明细科目	借方金额	贷方金额	记账
销售折让	主营业务收入	清爽	5,600.00		
	应收账款	湛江康乐		5,600.00	
合　计			5,600.00	5,600.00	

附件 1 张

会计主管：　　记账：　　审核：　　制证：刘悦

2. 条件变化后的同一任务账务处理

（1）假设一：如果万泉河啤酒公司销售部与湛江康乐有限责任公司协商后，因销售价格优惠的比例达不成一致意见，湛江康乐有限责任公司要求退货。2017 年 12 月 10 日，公司收到退回的 10,000 箱清爽啤酒。会计要进行相应的处理。

分析：假设中与上述任务的不同之处是：发生销售退回，财务部应开具红字销售发票，并按销售退回业务处理。

万泉河啤酒公司的相关账务处理如下：

1）制单会计刘悦根据红字增值税专用发票的记账联，冲减退回当月 12 月份的销售商品收入、增值税销项税额，并转销应收账款，编制会计分录如下：

借：主营业务收入——清爽　280,000.00
　　应交税费——应交增值税（销项税额）　47,600.00
　　贷：应收账款——湛江康乐　327,600.00

2）同时，刘悦根据仓储部开具的退回 10,000 箱万泉河清爽啤酒的红字出库单，查阅相关会计凭证，按已结转的销售成本 200,000 元，冲减退回当月 12 月份的销售成本，编制会计分录如下：

借：库存商品——清爽　200,000.00
　　贷：主营业务成本——清爽　200,000.00

（2）假设二：若湛江康乐有限责任公司 2017 年 11 月 25 日购买清爽啤酒 10,000 箱，每箱 28 元，11 月 30 日支付货款时享受了 2% 的现金折扣，收货后因生产日期不符合合同规定，于 2017 年 12 月 10 日全部退货。万泉河啤酒公司 12 月 10 日退回湛江康乐有限责任公司所有货款。会计要进行相应的处理。

分析：假设二与假设一不同的是，湛江康乐有限责任公司退回商品，并且已享受了现金折扣。

万泉河啤酒公司的相关账务处理如下：

1）刘悦首先查阅相关会计凭证，根据红字增值税专用发票冲减原确认的商品销售收入，将湛江康乐有限责任公司已享受的现金折扣 5,600 元冲减财务费用，同时退还实收的货款，编制会计分录如下：

借：主营业务收入——清爽　280,000.00
　　应交税费——应交增值税（销项税额）　47,600.00
　　贷：银行存款　322,000.00
　　　　财务费用　5,600.00

2）将已结转的销售成本冲减 12 月份的销售成本，会计分录同假设一。

判断题（判断正误并在括号内填“√”或“×”）

1. 企业在确认销售商品收入后发生的销售折让，应在实际发生时计入财务费用。（　　）

2. 企业在销售商品收入确认之后发生的销售退回，应在实际发生时仅冲减发生当期的收入，无须做其他账务处理。（　　）

任务 19—6 销售材料的核算

知识点	技能点
● 销售货物开具普通发票时销售收入的计量 ● 销售材料涉及的账户及核算	● 能够辨别销售商品与销售材料并正确进行核算

任务描述

2017 年年末，万泉河啤酒公司仓储部对存货盘存后发现一批国产酵母。因为公司已经调整产品配方而改用进口酵母，该批国产酵母不再使用，所以仓储部建议公司对外出售这批酵母。

2017 年 12 月 29 日，万泉河啤酒公司将库存国产酵母出售给海口市宏峰食品厂。该厂生产规模较小，属于小规模纳税人，财务部向其开具了普通发票。

当日，海口市宏峰食品厂提货，仓储部开具了领料单。

财务部需对上述业务进行核算。

任务分析

酵母是生产啤酒的一种材料。企业库存材料主要用于生产耗用，但对不需用、存储过剩的材料也可能对外销售。企业销售材料与销售商品的核算同为销售，但在核算账户上有所区别。

在本任务中，销售酵母开具了普通发票，和以前销售啤酒开具增值税发票不同。那么，开具不同类型的发票，对销售收入的计量有何影响呢？

相关知识

一、销售材料与销售商品核算的区别

企业销售原材料、包装物等材料视同商品销售，收入确认应同时满足销售商品收入确认的条件。

销售材料与销售商品同为销售，其区别在于：

销售商品是企业的经常性活动，销售商品实现的收入占企业总收入的比重大，计入“主营业务收入”账户，对应销售成本计入“主营业务成本”账户。

销售材料是企业日常活动中的次要交易，占企业总收入的比重较小，为了与企业的经常性活动有所区分，应在“其他业务收入”账户核算实现的收入，对应在“其他业务成本”账户核算销售材料的成本。

二、销售货物发票开具及销售收入的计量

1. 销售货物发票开具类型

企业销售货物应开具发票，缴纳增值税。根据企业经营规模、年销售额和会计核算的健全程度，企业可划分为增值税一般纳税人和小规模纳税人两类。不同类型的增值税纳税人领用、开具发票类型均有严格规定（图表 19—29）。

图表 19—29　　不同增值税纳税人开具发票类型

增值税纳税人的划分	开具发票类型
一般纳税人	向一般纳税人销售货物开具增值税专用发票
	向消费者个人销售货物开具普通发票 向小规模纳税人销售货物通常开具普通发票
小规模纳税人	一般只能开具普通发票 若购货方为增值税一般纳税人需开具增值税专用发票的，可向国税局申请代开

2. 不同销售发票中收入的计量

目前，绝大多数企业开具的增值税专用发票与普通发票是价税分离的，发票中的销售额与销售货物应缴纳的增值税分别列示，即销售额不含增值税，销售收入即发票中注明的销售额。但也有些普通发票中仅注明销售额，且销售额中含增值税额，确认销售收入时应将普通发票的含税销售额换算为不含税销售额作为销售收入，换算公式如下：

不含税销售额 = 含税销售额 ÷（1+ 增值税税率）

应交增值税额 = 不含税销售额 × 增值税税率

三、销售材料业务的会计核算

1. 会计人员根据收款凭证和相关发票，确认收入，编制会计分录：

借：银行存款

　　或应收账款

　　贷：其他业务收入

　　　　应交税费——应交增值税（销项税额）

2. 会计人员根据领料单，结转材料成本，编制会计分录：

借：其他业务成本

　　贷：原材料

　　　　或周转材料

四、销售材料核算涉及的账户

1.“其他业务收入”账户

“其他业务收入”账户用于核算企业确认的除主营业务活动以外的其他经营活动实现的收入，包括销售材料、出租固定资产、出租无形资产、出租包装物和商品等实现的收入。本账户属于损益类中收益类账户，贷方登记企业实现的各项次要活动业务收入，期末将本账户余额转入“本年利润”账户，结转后本账户无余额。

本账户应按其他业务收入的种类进行明细核算。

2.“其他业务成本”账户

“其他业务成本”账户用于核算企业除主营业务活动以外的其他经营活动所发生的支出，包括销售材料的成本、出租固定资产的累计折旧、出租无形资产的摊销额、出租包装物的成本或摊销额等。本账户属于损益类中费用类账户，借方登记发生的其他业务成本，期末将本账户余额转入“本年利润”账户，结转后本账户无余额。

本账户应按其他业务成本的种类进行明细核算。

任务实施

1. 2017年12月29日

→主管会计张茜收到销售部销售酵母的提货单，重点审核销售的原因及分管领导审批意见。因海口市宏峰食品厂为小规模纳税人，张茜向其开具了普通发票。

→制单会计刘悦收到普通发票的记账联（图表19—30）。

图表19—30

4600171320　　海南增值税普通发票（国家税务总局监制）　　№15605882

开票日期：2017年12月29日

购买方	名称：	海口市宏峰食品厂		密码区			
	纳税人识别号：	914600100089807309					
	地址、电话：	海口市金盘大道68号66819976					
	开户银行及账号：	工行海口市金盘支行432301384					
货物或应税劳务、服务名称	规格型号	单位	数量	单价	金额	税率	税额
酵母		公斤	100	20.00	2,000.00	17%	340.00
合计					2,000.00		340..00
价税合计（大写）	⊗贰仟叁佰肆拾元整			（小写）¥2,340.00			
销售方	名称：	海南万泉河啤酒有限责任公司		备注	海南万泉河啤酒有限责任公司 914600100089806666 发票专用章		
	纳税人识别号：	914600100089806666					
	地址、电话：	海口市金盘大道88号66819999					
	开户银行及账号：	工行海口市金盘支行5898066088					

收款人：　　复核：　　开票人：　　销售方：（章）

第一联 记账联

由于万泉河啤酒公司的主营业务为生产并销售各类啤酒，销售原材料仅为公司的次要业务，所以应将其收入计入“其他业务收入”账户。刘悦编制记账凭证（图表 19—31）。

图表 19—31　　　　**记账凭证**

字总　×　号
字分　　　号

2017 年 12 月 29 日

摘　要	总账科目	明细科目	借方金额	贷方金额	记账
销售材料	应收账款	海口宏峰食品厂	2,340.00		
	其他业务收入	销售材料		2,000.00	
	应交税费	应交增值税（销项税额）		340.00	
合　计			2,340.00	2,340.00	

附件 1 张

会计主管：　　记账：　　审核：　　制证：刘悦

2. 2017 年 12 月 29 日

刘悦收到仓储部交来的领料单（图表 19—32）。

图表 19—32　　　　**领　料　单**

领用部门：销售部　　2017 年 12 月 29 日　　单号：2012

编号	品名	单位	数量	单价	金额
	国产酵母	公斤	100	*15.00*	*1,500.00*
用　途		出售			

主管：　　会计：刘悦　　发料人：丁亮　　领料人：张强

刘悦查阅会计账簿“原材料——国产酵母”明细账，填写领料单中单位成本和销售材料的成本。刘悦编制记账凭证（图表 19—33）。

图表 19—33　　　　**记账凭证**

字总　×　号
字分　　　号

2017 年 12 月 29 日

摘　要	总账科目	明细科目	借方金额	贷方金额	记账
结转销售材料成本	其他业务成本	销售材料	1,500.00		
	原材料	国产酵母		1,500.00	
合　计			1,500.00	1,500.00	

附件 1 张

会计主管：　　记账：　　审核：　　制证：刘悦

练一练

单项选择题（请在下列选项中选择一个正确答案并填在括号中）

1. 下列选项中，应计入其他业务成本贷方的是（　　）。

A. 销售材料的成本　　B. 出租固定资产的累计折旧

C. 出租包装物的成本或摊销额　　D. 结转入本年利润的销售材料成本

2. 某增值税一般纳税人企业在2017年11月8日销售甲材料100吨，开具普通发票上注明的价税合计款为17,550.00元，企业适用的增值税率为17%。则该企业的账务处理为（　　）。

A. 借：应收账款　17,550.00
　　贷：主营业务收入　15,000.00
　　　　应交税费——应交增值税（销项税额）　2,550.00

B. 借：应收账款　17,550.00
　　贷：其他业务收入　15,000.00
　　　　应交税费——应交增值税（销项税额）　2,550.00

C. 借：应收账款　20,533.50
　　贷：其他业务收入　17,550.00
　　　　应交税费——应交增值税（销项税额）　2,983.50

D. 借：应收账款　17,550.00
　　贷：主营业务收入　17,550.00

任务20　销售费用的核算

知识点

- 销售费用核算内容
- 销售费用涉及的账户及核算

技能点

- 能够辨别销售费用与其他成本费用的界限
- 能够正确对各项销售费用进行核算

任务描述

2017年12月23日，万泉河啤酒公司销售部申请支付参加海南商品交易会的场地租赁费。

2017 年 12 月 24 日，销售部报销本月购买办公用品、车队油费等费用。

公司与海南千里马物流有限公司签订长期运输协议，2017 年 12 月 25 日，销售部结算本季度的销售啤酒运费。

财务部需对上述业务进行核算。

任务分析

企业销售商品过程中会发生广告费、运输费及销售人员的工资、业务费等各项支出，这些支出是产品完工入库后发生的，不属于产品生产成本，也有别于企业日常经营费用，是为销售商品而特定发生的销售费用。会计人员要掌握销售费用的核算内容及其账务处理。

相关知识

一、销售费用核算内容

销售费用是指企业销售商品和材料、提供劳务等过程中发生的各种费用，包括保险费、包装费、展览费、广告费、商品维修费、预计产品质量保证损失、运输费、装卸费等以及为销售本企业商品而专设的销售机构（含销售网点、售后服务网点等）的职工薪酬、业务费、折旧费等经营费用。

应注意的是：

1. 企业发生的与专设销售机构相关的固定资产修理费用等后续支出，应计入销售费用。

2. 一般纳税人销售商品、材料发生的运输费，按税法相关规定，凭取得的增值税专用发票抵扣增值税，这部分支出不计入销售费用。

二、销售费用的核算

会计依据相关费用的增值税专用发票，编制会计分录：

借：销售费用

　　应交税费——应交增值税（进项税额）

　　贷：银行存款

　　　　其他应付款

三、销售费用核算涉及的账户

“销售费用”账户用于核算企业销售商品和材料、提供劳务的过程中发生的各种费用。本账户属于损益类账户中费用类账户，借方登记企业发生的销售费用，期末将本账户余额转入“本年利润”账户，结转后本账户无余额。

本账户按费用项目进行明细核算。

任务实施

1. 2017 年 12 月 23 日

→主管会计张茜审核销售部的费用报销单及所附发票与交来的参加海南商品交易会场地租赁协议的金额一致，分管销售的领导已审批。

→财务经理冯阳审批，安排下月初付款。

→制单会计刘悦收到费用报销单（略）及所附发票（图表 20—1）。

图表 20—1

4600171320　　　　**海南增值税普通发票**　　　　№15605890

发票联　　　　开票日期：2017 年 12 月 23 日

购买方	名称：	海南万泉河啤酒有限责任公司			密码区			
	纳税人识别号：	914600100089806666						
	地址、电话：	海口市金盘大道 88 号 66819999						
	开户银行及账号：	工行海口市金盘支行 589806688						
货物或应税劳务、服务名称		规格型号	单位	数量	单价	金额	税率	税额
场地租赁费			项	1	19,417.48	19,417.48	3%	582.52
合计						19,417.48		582.52
价税合计（大写）		⊗ 贰万元整				（小写）￥20,000.00		
销售方	名称：	海口会展中心			备注			
	纳税人识别号：	914600100089805270						
	地址、电话：	海口市益民路 23 号 8817226						
	开户银行及账号：	建行海口市天河支行 3598715						

第二联 发票联

收款人：　　　复核：　　　开票人：吴天　　　销售方：（章）

（印章：海口会展中心 914600100089805270 发票专用章）

刘悦判断该笔业务为销售费用，属于广告宣传费项目。刘悦编制记账凭证（图表 20—2）。

图表 20—2　　　　**记账凭证**

字总 × 号
字分　 号

2017 年 12 月 23 日

摘　要	总账科目	明细科目	借方金额	贷方金额	记账
交易会场地费	销售费用	广告宣传费	20,000.00		
	其他应付款	海口会展中心		20,000.00	
	合　计		20,000.00	20,000.00	

附件 1 张

会计主管：　　　记账：　　　审核：　　　制证：刘悦

2. 2017 年 12 月 24 日

→主管会计张茜收到销售部的费用报销单，重点审核报销单中各项费用开支的合理性、合法性，分管销售领导审批签字。

→财务经理冯阳审批同意付款。

→出纳方荷核实各审批手续齐全，开具现金支票。

→制单会计刘悦收到费用报销单（图表 20—3）（注：费用报销单所附办公用品发票、油料费等发票均为普通发票）和现金支票存根（图表 20—4）。

刘悦根据费用报销单中各项支出，按销售费用明细核算项目分类，编制记账凭证（图表 20—5）。

图表 20—3

费用报销单

报销日期：2017 年 12 月 24 日　　附件：10 张

费用项目	类别	金额	负责人（签字）	李华
销售费用	办公用品	500.00		
	油料费	20,000.00	审查意见	冯阳
	其他	2,500.00		
			报销人（签字）	肖长城
报销金额合计			¥23,000.00	
核实金额（大写）⊗贰万叁仟元整　¥23,000.00				
借款金额：		应退金额：		应补金额：

图表 20—4

中国工商银行
现金支票存根

支票号码：0701148

科　　目________

对方科目________

出票日期：2017 年 12 月 24 日

收款人：肖长城
金额：¥23,000.00
用途：销售费用

单位主管　　会计

图表 20—5

记账凭证

字总 × 号
字分 号

2017 年 12 月 24 日

摘　要	总账科目	明细科目	借方金额	贷方金额	记账
付销售部费用	销售费用	运输费	20,000.00		
	销售费用	业务费	3,000.00		
	银行存款			23,000.00	
	合　计		23,000.00	23,000.00	

附件 2 张

会计主管：　记账：　审核：　制证：刘悦

3. 2017 年 12 月 25 日

→主管会计张茜审核销售部本季与海南千里马物流公司结算运费的付款申请单与所附发票金额一致，分管销售领导审批签字。

→财务部经理冯阳审批，同意当日付款。

→出纳方荷开具转账支票并到开户银行办理转账。

→制单会计刘悦收到付款申请单（略）及所附发票（图表 20—6）、转账支票存根（图表 20—7）。

刘悦判断此笔费用为销售商品的运费，应计入"销售费用"。刘悦编制记账凭证（图表 20—8）。

图表 20—6

4600171130　**海南增值税专用发票**　№00117578

发票联

开票日期：2017 年 12 月 25 日

购买方	名称：	海南万泉河啤酒有限责任公司			密码区			
	纳税人识别号：	914600100089806666						
	地址、电话：	海口市金盘大道 88 号 66819999						
	开户银行及账号：	工行海口市金盘支行 589806688						
货物或应税劳务、服务名称		规格型号	单位	数量	单价	金额	税率	税额
运费				1	18,600.00	18,600.00	11%	2,046.00
合计						18,600.00		2,046.00
价税合计（大写）		⊗ 贰万零陆佰肆拾陆元整				（小写）¥20,646.00		
销售方	名称：	海南千里马物流公司			备注			
	纳税人识别号：	914600965337370102						
	地址、电话：	海口市千里马路 88 号 67119999						
	开户银行及账号：	工行海口市千里马支行 979806798						

第二联 发票联

海南千里马物流公司 914600965337370102 发票专用章

收款人：王凯　复核人：李山　开票人：李刚　销售方：（章）

图表 20—7

中国工商银行
转账支票存根

支票号码：089800113
科　　目
对方科目
出票日期：2017 年 12 月 25 日

收款人：海南千里马物流公司
金额：￥20,646.00
用途：付运输费

单位主管　　　　会计

图表 20—8　　　　　**记账凭证**

字总 × 号
字分　　号

2017 年 12 月 25 日

摘　　要	总账科目	明细科目	借方金额	贷方金额	记账
销售商品运费	销售费用	运输费	18,600.00		
	应交税费	应交增值税（进项税额）	2,046.00		
	银行存款			20,646.00	
	合　　计		20,646.00	20,646.00	

附件 2 张

会计主管：　　　　记账：　　　　审核：　　　　制证：刘悦

练一练

单项选择题（请在下列选项中选择一个正确答案并填在括号中）

1. 下列选项中，应当计入销售费用的是（　　）。
   A. 为扩大销售而发生的业务招待费　B. 专设销售机构人员的工资
   C. 采购人员工资　D. 销售商品的税费
2. 销售费用期末应结转入（　　）账户。
   A. 主营业务成本　B. 其他业务成本
   C. 本年利润　D. 利润分配

判断题（判断正误并在括号内填“√”或“×”）

1. 增值税一般纳税人企业销售商品发生的运费，其相关增值税不能作为进项税额抵扣。 （　　）

2. 企业专设销售机构使用的固定资产发生修理费，应计入管理费用。 （　　）

3. 企业预计的产品质量保证损失，应计入产品销售成本。 （　　）

任务 21　销售商品成本的核算

知识点	技能点
● 销售商品成本计量 ● 销售商品成本涉及的账户及核算	● 能够正确结转销售商品成本

任务描述

2017 年 12 月末，万泉河啤酒公司仓储部送来本月销售清爽、纯生啤酒的出库单及编制的出库单汇总表。

财务部计算并结转本月销售啤酒的成本。

任务分析

制造业企业外购材料，然后加工生产成产成品，这些入库产成品称为“库存商品”。企业销售发出库存商品，意味着先行垫付的产品成本应从销售商品收入中收回。因此，会计核算确认销售商品收入后，按配比原则必须确认销售商品成本，即发出库存商品的价值。在项目 5 生产过程的核算中，我们知道市场上材料费、人工费和其他费用的变动，导致企业每批产品的生产成本略有差异，如果按实物流结转计算发出商品成本，工作量极大，为简易核算，可按存货发出的计价方法计算销售商品的成本。

相关知识

一、销售商品成本的计量

有收必有支，企业确认销售商品收入时，应匹配计量该销售商品的成本。销售商品成本也就是归集已确认收入并发出库存商品的成本。库存商品属于存货，存货发出的计价方法有个别计价法、先进先出法、加权平均法、移动加权平均法等，企业应根据生产经营管理的具体情况，选择适合的计价方法计算发出商品的成本，即结转销售商品成本。

由于企业选择的发出库存商品计价方法不同，会计可以期末一次性结转销售商品成本，也可以确认一笔销售收入，结转一次销售成本。

二、销售商品成本的核算

会计依据出库单，编制会计分录：

借：主营业务成本

　　贷：库存商品

三、销售商品成本核算涉及的账户

“主营业务成本”账户用于核算企业根据确认销售商品、提供劳务等主营业务收入时应结转的成本。本账户属于损益类中费用类账户，借方登记销售商品、提供劳务等的成本，期末将本账户余额转入“本年利润”账户，结转后本账户无余额。

本账户按主营业务的种类进行明细核算。

任务实施

说明：万泉河啤酒公司的库存商品发出采用月末一次加权平均法计价。

2017 年 12 月 31 日

制单会计刘悦收到仓储部送来 12 月销售清爽、纯生啤酒的出库单汇总表（图表 21—1）及所附的三张出库单（略）。

图表 21—1　　出库单汇总表

2017 年 12 月　　附件 3 张

产品名称	计量单位	数量	单位成本	金额	备注
万泉河清爽	箱	100,000	*20.75*	*2,075,000.00*	代销
万泉河纯生	箱	100,000	*25.07*	*2,507,000.00*	
合计		200,000		*4,582,000.00*	

会计：刘悦　　制单人：夏丹

刘悦核实出库单汇总表与所附各出库单中销售数量相符。

刘悦查阅会计账簿“库存商品”明细账户，填写出库单汇总表中单位成本和本月销售清爽、纯生啤酒的总成本，并编制记账凭证（图表 21—2）。

图表 21—2 记账凭证

字总 × 号
字分 号

2017 年 12 月 31 日

摘　要	总账科目	明细科目	借方金额	贷方金额	记账
结转销售成本	主营业务成本	清爽	2,075,000.00		
	主营业务成本	纯生	2,507,000.00		
	库存商品	清爽		2,075,000.00	
	库存商品	纯生		2,507,000.00	
合　计			4,582,000.00	4,582,000.00	

附件 4 张

会计主管：　　记账：　　审核：　　制证：刘悦

单项选择题（请在下列选项中选择一个正确答案并填在括号中）

1. 在收取手续费代销方式下，委托方结转销售商品的成本，其账务处理为（　　）。
   A. 借：主营业务成本
   　　贷：库存商品
   B. 借：主营业务成本
   　　贷：发出商品
   C. 借：其他业务成本
   　　贷：库存商品
   D. 借：其他业务成本
   　　贷：发出商品
2. 下列选项中可能属于主营业务成本核算内容的是（　　）。
   A. 出售固定资产发生的清理费　　B. 出租无形资产支付的服务费
   C. 提供劳务时支付的成本　　D. 销售原材料结转的材料成本

判断题（判断正误并在括号内填“√”或“×”）

1. 企业销售商品的成本只能是发生一笔销售，结转一次销售商品的成本。（　　）
2. 销售商品的成本也就是发出商品的成本。（　　）
3. 销售商品的成本计算可以采用加权平均法、移动加权平均法等存货计价方法。（　　）

任务 22　销售环节税费的核算

知识点

- 销售环节的税费
- 销售环节税费涉及的账户及核算

技能点

- 能够正确计提销售环节各项税费
- 能够正确进行税费缴纳的核算

任务描述

2017 年 12 月 8 日，出纳方荷到银行取回电子缴税回单。

2017 年 12 月 31 日，财务部计提本月销售环节应缴纳的相关税费。

任务分析

企业生产经营自始至终都离不开税费的缴纳，销售环节是国家征税的关键环节。按税法有关规定，啤酒生产企业在销售环节需要缴纳增值税、啤酒特定消费品的消费税以及附加的城市维护建设税、教育费附加。万泉河啤酒公司财务部门每月月末按本月销售额、销售量计算应缴纳各种税费并进行核算。

相关知识

一、销售环节的税费①

本书以一般纳税人制造业企业为例讲解，本任务仅涉及制造业企业销售环节税费的核算，各项税费的具体计算将在税法实务课程中学习。

制造业企业在销售环节应向国家缴纳以下税费：

1. 增值税。企业生产产品所创造的新增加价值应交增值税。

2. 消费税。企业生产的产品若为税法规定的应交消费税的产品，按其销售额或销售量计算、缴纳消费税。

3. 城市维护建设税和教育费附加。城市维护建设税和教育费附加是按企业每月实际缴纳的增值税和消费税税额的一定比例计算的附加税费。

二、增值税额的确定及核算

1. 增值税额的确定

制造业企业生产产品的增值额在实际经济活动中难以精确计量，在纳税实务中，通常按每月销售额减去当月购进的材料、燃料、动力等成本后的差额来计算。也就是说增值税税额采用税款抵扣的方式来确定，企业从采购、生产到销售各环节通常以取得的增值税专用发票为依据，以发票上的金额计算产品的增值额和应交增值税。增值税额的确定见图表 22—1。

例如：某企业生产甲产品的销售价为 2,000 元，销售时按 17% 的税率向购货方收取销售环节的增值税 340 元。企业生产甲产品耗费原材料、燃料、动力等外购项目金额为 1,000 元，外购时向销售方支付采购环节的增值税 170 元。如不考虑其他因素，税法中所说的甲产品增值额为 1,000 元，按 17% 的税率应交增值税 170 元，即为销售环节收取的销项税额 340 元减去采购环节支付的进项税额 170 元。

① 本任务仅阐述制造业企业销售环节的税费核算。不同行业、同行业的不同企业由于经济业务不同，涉及的税费也各不相同，见附录二。

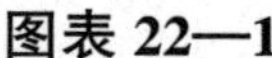
图表 22—1　　增值税税额的确定

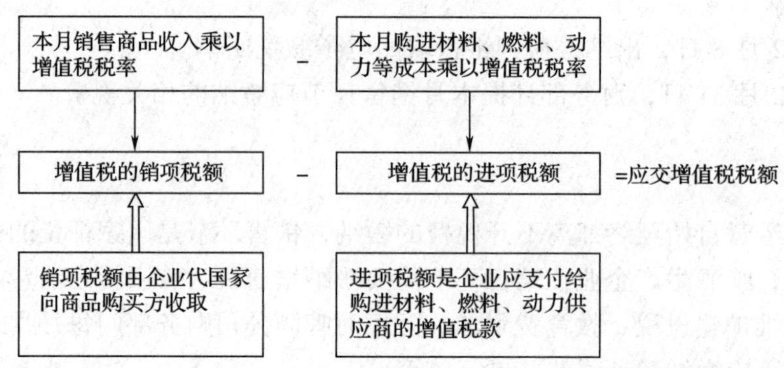

由上可见，增值税实质上是企业在销售产品时先代国家收取税款，再扣除其生产过程中已经支付的税款（税法对允许扣除的增值税税额有严格的规定，详见附录二），差额按期上缴国家。因此，会计核算中应交增值税是企业对国家的一项负债，通常在“应交税费——应交增值税”账户中反映。

2. 期末增值税的计算与反映

期末，若企业本期的销项税额大于进项税额，其差额即为本期应交的增值税额。期末，若企业本期的销项税额小于进项税额，其差额在下期滚动计算增值税时，可以继续抵减应交税额，即税法所说的留抵税额。

为了分别反映增值税一般纳税人欠交增值税款和待抵扣增值税的情况，确保企业及时足额缴纳增值税，避免出现企业用以前月份欠交增值税抵扣以后月份未抵扣的增值税的情况，企业应在“应交税费”账户下设置“未交增值税”二级明细账户，核算企业月末从“应交税费——应交增值税”账户转入当月未交或多交增值税；同时，在“应交税费——应交增值税”账户下设置“转出未交增值税”和“转出多交增值税”三级明细账户。

3. 以月为纳税期限缴纳增值税的一般纳税人，月末增值税的会计处理

通常情况下，一般纳税人以月为纳税期限缴纳增值税，月末计算增值税时有以下两种情况：

（1）企业本月销项税额大于进项税额，会计计算出本月应交未交的增值税时，编制会计分录：

借：应交税费——应交增值税（转出未交增值税）

　　贷：应交税费——未交增值税

月末，企业转出未交增值税后，“应交税费——应交增值税”账户余额通常为零。

企业按税法规定次月 15 日前缴纳增值税时，会计依据电子缴税回单编制会计分录：

借：应交税费——未交增值税

　　贷：银行存款

（2）企业本月销项税额小于进项税额，出现留抵税额时，会计不用编制会计分录，此时“应交税费——应交增值税”账户下的借方余额，反映企业尚未抵扣的增值税。

三、销售环节除增值税外的其他税费核算

除增值税外，制造业企业在销售环节应交的消费税以及附加的城市维护建设税和教育费附加属于企业销售商品的一项费用，专设“税金及附加”账户核算。根据税法相关规定，企业一般在生产经营次月的 15 日内向所在辖区的税务局办理相关税费的申报与缴纳。

根据权责发生制的核算基础，企业应于生产经营当月月末计提各项税费，会计依据自制的税费计算凭证，编制会计分录：

借：税金及附加

　　贷：应交税费——应交消费税

　　　　　　　　——应交城市维护建设税

　　　　　　　　——应交教育费附加

企业实际缴纳税费时，会计依据电子缴税回单，编制会计分录：

借：应交税费——应交消费税

　　　　　　——应交城市维护建设税

　　　　　　——应交教育费附加

　　贷：银行存款

四、销售环节税费核算涉及的账户

1.“税金及附加”账户

“税金及附加”账户用于核算企业经营活动发生的消费税、城市维护建设税、资源税和教育费附加及房产税、土地使用税、车船税、印花税等相关税费。本账户属于损益类中费用类账户，借方登记企业按规定计算确定的与经营活动相关的税费，期末将本账户余额转入“本年利润”账户，结转后本账户无余额。

2.“应交税费”账户

“应交税费”账户用于核算企业按照税法规定计算应缴纳的各种税费，企业代扣代缴的个人所得税也通过本账户核算。本账户属于负债类账户，贷方登记企业按规定计算应缴纳的各种税费，借方登记企业实际缴纳的各种税费，期末贷方余额反映企业尚未缴纳的税费，期末借方余额反映企业多缴或尚未抵扣的税费。

本账户按应交税费项目进行明细核算。

值得注意的是，增值税一般纳税人应当在“应交税费”账户下设置“应交增值税”“未交增值税”“预交增值税”“待抵扣进项税额”“待认证进项税额”“待转销项税额”“增值税留抵税额”“简易计税”“转让金融商品应交增值税”“代扣代交增值税”等

二级明细账户。

为了核算企业应交增值税的发生、抵扣、缴纳、退税及转出情况，一般纳税人企业应在“应交税费”总分类账户下设“应交增值税”二级明细账户，“应交增值税”二级明细账户的借方发生额，反映企业购买货物或接受劳务、服务支付的进项税额、实际缴纳的增值税以及按照规定因扣减销售额而减少的销项税额等；贷方发生额，反映销售货物或提供应税劳务、服务应缴纳的增值税税额、出口货物退税、转出已支付或应分担的增值税等；期末借方余额，反映企业尚未抵扣的增值税，留待下期继续抵扣。“应交税费——应交增值税”二级明细账户分别设置“进项税额”“销项税额”“销项税额抵减”“已交税金”“转出未交增值税”“减免税款”“出口抵减内销产品应纳税额”“出口退税”“进项税额转出”“转出多交增值税”等专栏。

任务实施

1. 2017 年 12 月 8 日

→主管会计张茜在国税局网站填报增值税和消费税纳税申报表，在地税局网站填报城市维护建设税、教育费附加的纳税申报表并完成网上划缴税款工作（具体计算与填写操作参照税法实务课程，本书略）。

→出纳方荷到银行取回电子缴税回单。

→制单会计刘悦收到电子缴税回单（图表 22—2），其中增值税（税额 375,350.50 元）、消费税（税额 174,897.50 元）、城市维护建设税（税额 38,517.36 元）和教育费附加（税额 16,507.44 元）。

图表 22—2

中国工商银行征税机关实时扣税业务客户回执
Industrial and Commercial Bank of China

付款方户名：海南万泉河啤酒有限责任公司
付款方账号：589806688
付款方开户行：211640
收款方户名：海口市国家税务局
收款方账号：37000000002278001
收款方开户行：国家金库海口市中心支库
入账日期：20171209　小写金额：605,272.80　大写金额：陆拾万伍仟贰佰柒拾贰元捌角整
纳税人全称及纳税人识别号：海南万泉河啤酒有限责任公司 914600100089806666

缴款书交易流水号：2017120957434237
税票号码：320151028000002464
税种：增值税　时期：20171101-20171130　金额：375,350.50
税种：消费税　时期：20171101-20171130　金额：174,897.50
税种：城市建设税　时期：20171101-20171130　金额：38,517.36
税种：教育费附加　时期：20171101-20171130　金额：16,507.44

打印日期：20171210　行号：–　打印柜员：9999　页码：[237]

刘悦根据电子缴税回单的税额，编制记账凭证（图表22—3）。

图表22—3 记账凭证

字总 × 号
字分 号

2017年12月8日

摘 要	总账科目	明细科目	借方金额	贷方金额	记账
缴纳11月税费	应交税费	未交增值税	375,350.50		
	应交税费	应交消费税	174,897.50		
	应交税费	应交城建税	38,517.36		
	应交税费	应交教育费附加	16,507.44		
	银行存款			605,272.80	
合 计			605,272.80	605,272.80	

附件1张

会计主管： 记账： 审核： 制证：刘悦

2. 2017年12月31日

说明：万泉河啤酒公司为增值税一般纳税人，其适用的啤酒增值税率为17%，啤酒的消费税额为250元/吨，城市维护建设税率为7%，教育费附加费率为3%。

（1）刘悦查阅会计账簿“应交税费——应交增值税”明细账，编制应交增值税税额计算表（图表22—4）。

图表22—4 **增值税税额计算表**

2017年12月31日

项目	行次	金额
销项税额	1	1,130,182.96
进项税额转出	2	1,400.80
进项税额	3	1,081,784.50
本月应交增值税	4=1+2−3	49,799.26
期初留抵税额	5	0
本月预交增值税	6	0
本月应交未交增值税	7=4−5−6	49,799.26

分析：前述企业采购、生产环节涉及增值税进项税额、进项税额转出的核算，销售环节涉及增值税销项税额的核算。月末会计需根据“应交税费——应交增值税”多栏式明细账的相关记录分析，本月是否有应交未交的增值税，需转出未交增值税等。

刘悦根据增值税税额计算表，编制记账凭证（图表22—5）。

图表 22—5　　　　　　记账凭证

字总　×　号
字分　　　号

2017 年 12 月 31 日

摘　　要	总账科目	明细科目	借方金额	贷方金额	记账
结转 12 月未交增值税	应交税费	应交增值税（转出未交增值税）	49,799.26		
	应交税费	未交增值税		49,799.26	
合　　计			49,799.26	49,799.26	

附件 1 张

会计主管：　　　　记账：　　　　审核：　　　　制证：刘悦

（2）刘悦计算本月销售万泉河清爽、纯生啤酒的消费税，编制消费税税额计算表（图表 22—6）。

图表 22—6　　　　　　消费税税额计算表

2017 年 12 月 31 日

产品名称	销售量（箱）	销售量（吨）	税率	应交消费税额（元）
万泉河清爽	100,000	777.33	250 元 / 吨	194,332.50
万泉河纯生	110,000	855.06	250 元 / 吨	213,765.00
合计	210,000	1,632.79		408,097.50

备注：1 吨啤酒 =988 升。

万泉河清爽销售量 =100,000 箱 ×12 瓶 / 箱 ×0.64 升 / 瓶 ÷988=777.33 吨。

万泉河纯生销售量 =110,000 箱 ×12 瓶 / 箱 ×0.64 升 / 瓶 ÷988=855.06 吨。

刘悦根据消费税税额计算表，编制记账凭证（图表 22—7）。

图表 22—7　　　　　　记账凭证

字总　×　号
字分　　　号

2017 年 12 月 31 日

摘　　要	总账科目	明细科目	借方金额	贷方金额	记账
计提 12 月消费税	税金及附加		408,097.50		
	应交税费	应交消费税		408,097.50	
合　　计			408,097.50	408,097.50	

附件 1 张

会计主管：　　　　记账：　　　　审核：　　　　制证：刘悦

（3）刘悦根据本月应交增值税额、消费税额，计算并编制应交城市维护建设税、教育费附加计算表（图表 22—8）。

图表 22—8　　城市维护建设税、教育费附加计算表

2017 年 12 月 31 日

项目	行次	金额
增值税额	1	49,799.26
消费税额	2	408,097.50
流转税额	3=1+2	457,896.76
应交城市维护建设税	4=3×7%	32,052.77
应交教育费附加	5=3×3%	13,736.90

刘悦根据应交的城市维护建设税、教育费附加计算表，编制记账凭证（图表 22—9）。

图表 22—9　　记账凭证

字总　×　号
字分　　　号

2017 年 12 月 31 日

摘　　要	总账科目	明细科目	借方金额	贷方金额	记账
计提 12 月城建税、教育费附加	税金及附加		45,789.67		
	应交税费	应交城建税		32,052.77	
	应交税费	应交教育费附加		13,736.90	
合　　计			45,789.67	45,789.67	

附件 1 张

会计主管：　　记账：　　审核：　　制证：刘悦

知识链接

“应交税费——应交增值税（已交税金）”账户核算说明

目前，绝大多数一般纳税人企业以月为纳税期限，次月 15 日内申报纳税，其增值税的月末会计处理见相关知识所述。但值得注意的是，有些一般纳税人企业，也会出现本月缴纳本月的增值税，这时需通过“应交税费——应交增值税（已交税金）”账户核算。

例如，企业有适用 1 天、3 天、5 天、10 天、15 天为一个纳税期限缴纳增值税的业务，按税法规定，企业在期满之日起 5 日内预交增值税款时，应编制会计分录：

借：应交税费——应交增值税（已交税金）

　　贷：银行存款

月末，企业计算增值税时，若“应交税费——应交增值税（已交税金）”账户反映的预交本月增值税大于应交未交增值税时，则需转出多交增值税，编制会计分录：

借：应交税费——未交增值税

　　贷：应交税费——应交增值税（转出多交增值税）

月末，企业计算增值税时，若“应交税费——应交增值税（已交税金）”账户反映的预交本月增值税小于应交未交增值税时，则需转出未交增值税，编制会计分录：

借：应交税费——应交增值税（转出未交增值税）

　　贷：应交税费——未交增值税

企业次月缴纳以前各月未交增值税，仍通过“应交税费——未交增值税”账户核算，编制会计分录：

借：应交税费——未交增值税

　　贷：银行存款

单项选择题（请在下列选项中选择一个正确答案并填在括号中）

1. 下列税金中，不通过“税金及附加”账户核算的是（　　）。

A. 应缴纳的城市维护建设税

B. 销售应税消费品应缴纳的消费税

C. 应缴纳的教育费附加

D. 销售商品应缴纳的增值税

2. 下列税金中，与企业计算损益无关的是（　　）。

A. 消费税　　B. 一般纳税人企业的增值税

C. 所得税　　D. 城市维护建设税

判断题（判断正误并在括号内填“√”或“×”）

1. 只要是制造业企业，其增值税的核算均要计算增值税的进项税额与销项税额。（　　）

2. 城市维护建设税、教育费附加仅根据企业应缴纳的增值税计算。（　　）

项目 7　对外投资的核算

为了获得收益或实现资本增值，企业向被投资单位投放资金的经济活动称为对外投资。企业对外投资可以采取购买证券交易市场的上市交易股票、债券、基金的形式，也可以直接对其他企业进行股权、债权投资。企业对外投资可以是短期持有获取价差收益，也可以长期持有实现多元化经营，或对材料供应商、产品销售商进行投资，使企业得到可持续性发展，获取长期收益。

当前我国中小企业的对外投资形式主要采取短期持有公开上市交易的股票、债券、基金的投资，本项目仅围绕此投资形式介绍其核算。

任务 23　交易性金融资产的核算

知识点

- 交易性金融资产的划分
- 交易性金融资产的初始成本计量
- 交易性金融资产持有期间收益的确认
- 交易性金融资产的期末计量
- 交易性金融资产处置时的损益确认

技能点

- 能够对交易性金融资产的取得、持有期间收益、期末计量、处置进行核算

任务描述

2017 年 12 月 5 日，万泉河啤酒公司计划部委托海通证券营业部买入海马股份股票 1 万股，股票款和相关交易税费从公司的股票资金账户中扣除，计划部将该股票交易单送交财务部。

2017年12月10日，公司计划部将2017年5月6日买入的1万股罗牛山股票全部卖出，股票款和相关交易税费在股票资金账户中结算，计划部将该股票交易单送交财务部。

2017年12月31日，财务部收到计划部送来的12月31日公司持有股票的对账单，对股票的期末价值进行计量。

提示：本任务中所有的交易费用均未取得增值税专用发票。

任务分析

企业对外投资涉及取得投资、持有期间收到分红派息和处置等业务的处理。那么，会计核算中首先应设置相应的账户反映取得的投资成本。会计期末，随着证券交易市场上的股票、债券、基金价格的不断波动，按会计准则规定，企业应以持有投资的期末价值反映会计信息，因而要计算并反映投资成本与期末价值之间的差额。处置股票时，企业还需计算并反映投资的损益。

相关知识

一、交易性金融资产的划分

在会计核算中，企业为了赚取证券交易市场的价差收入而购入的公开上市交易的、短期持有的股票、债券、基金等金融资产，被划分为交易性金融资产，需要专设“交易性金融资产”账户核算。

二、买卖交易性金融资产的结算资金核算

企业买卖公开上市交易的股票、债券、基金等金融资产，必须委托证券公司办理。所以，企业首先应在证券公司开设本单位的专用资金结算账户，并确保有足额的投资资金。企业存放在证券公司资金结算账户的投资资金，在“其他货币资金”账户中专设“存出投资款”明细账户核算。

“其他货币资金——存出投资款”账户借方登记企业划入证券公司资金结算账户的投资资金和卖出股票、债券、基金收回的资金，贷方登记企业买入股票、债券、基金支付的资金和从资金结算账户转回的投资资金，期末借方余额反映企业在证券公司资金结算账户的投资资金余额。

1. 企业转款到证券公司资金结算账户

根据转账支票存根等单据，编制会计分录：

借：其他货币资金——存出投资款

　　贷：银行存款

2. 企业从证券公司资金结算账户转回款项

根据进账单（收账通知联）等单据，编制会计分录：

借：银行存款

　　贷：其他货币资金——存出投资款

三、交易性金融资产的核算

1. 取得投资的初始成本计量

企业取得交易性金融资产，应当按照取得时的公允价值（即交易所挂牌交易的买入价）作为初始投资成本，在“交易性金融资产——成本”明细账户中核算。

企业取得交易性金融资产时，支付的印花税与支付给券商的佣金等相关交易费用，一次性计入当期损益中的“投资收益”账户，不计入初始投资成本。发生的交易费用取得增值税专用发票的，进项税额经认证后可以从当期销项税额中抵扣。

值得注意的是：

（1）企业取得交易性金融资产时，支付的价款中若包含取得前已宣告但尚未发放的现金股利或已到付息期但尚未领取的债券利息，不应单独确认为应收项目，而应计入交易性金融资产的初始投资成本。

（2）企业收到取得前已宣告但尚未发放的现金股利或已到付息期但尚未领取的债券利息，不应冲减交易性金融资产的初始投资成本，而应确认“投资收益”。

例：2017年5月6日，万泉河啤酒公司购入证券交易市场上罗牛山股票1万股，交易价为每股11.9元，其中含已宣告尚未发放的2016年度现金股利每10股1元，购入时的交易税费780元（未取得增值税专用发票），共支付交易款119,780元。2017年5月8日，收到罗牛山股票发放的2016年度现金股利1,000元。

2017年5月6日，取得罗牛山股票时，根据股票交易单等，编制会计分录：

借：交易性金融资产——罗牛山股票（成本）　　119,000.00

　　投资收益　　780.00

　　贷：其他货币资金——存出投资款　　119,780.00

2017年5月8日，收到罗牛山股票发放现金股利时，根据收款凭证编制会计分录：

借：其他货币资金——存出投资款　　1,000.00

　　贷：投资收益　　1,000.00

2. 持有期间收到分红派息的核算

企业持有交易性金融资产期间，收到被投资单位宣告发放的现金股利或分期付息、一次还本的债券投资按票面利率计算的利息，属于持有期间的收益，确认为投资收益。

需要注意的是，企业只有在同时满足三个条件时，才能确认交易性金融资产所取得的股利收入并计入投资收益：一是企业收取股利的权利已经确认，二是与股利相关的经济利益很可能流入企业，三是股利的金额能够可靠计量。

（1）被投资单位宣告发放现金股利、应计利息时，根据相关通知，编制会计分录：

借：应收股利

　　贷：投资收益

（2）收到被投资单位发放的现金股利、应计利息时，根据收款凭证，编制会计分录：

借：其他货币资金——存出投资款

　　贷：应收股利

3. 期末计量

资产负债表日（资产负债表涵盖期间的最后一日，如年末、月末等），交易性金融资产应当按照公允价值进行期末计量。企业持有的交易性金融资产期末公允价值与账面余额（交易性金融资产账户中成本与公允价值变动明细账户之和）之间的差额，属于企业未实现的投资损益，一方面计入当期损益的“公允价值变动损益”账户，另一方面调整交易性金融资产的账面余额，计入“交易性金融资产——公允价值变动”账户。

若交易性金融资产期末公允价值高于账面余额，根据股票对账单，编制会计分录：

借：交易性金融资产——公允价值变动

　　贷：公允价值变动损益

若交易性金融资产期末公允价值低于账面余额，则做相反会计分录。

4. 处置时损益的确认

交易性金融资产处置时，需要考虑以下两个问题：

（1）确认处置时损益

交易性金融资产处置时的损益包括两部分，一是确认该交易性金融资产处置日的公允价值与账面余额之间的差额为投资收益，二是将已计入“公允价值变动损益”账户的持有期间未实现的损益结转到“投资收益”账户，确认持有期间投资变动的损益。

（2）计算应交增值税

按增值税相关规定，金融商品转让按盈亏（卖出价－买入价）相抵后的余额作为销售额计算增值税。若相抵后出现负差，可结转下一纳税期与下期转让金融商品销售额相抵，但年末时仍出现负差的，不得转入下一个会计年度。金融商品转让，不得开具增值税专用发票，所以处置交易性金融资产时，会计人员需自行计算应交的增值税。值得注意的是，金融商品转让按盈亏相抵后的余额为含税销售额，应换算为不含税销售额计算应交增值税。计算公式如下：

转让金融商品应交增值税＝［（卖出价－买入价）/（1+6%）］×6%

处置交易性金融资产时，具体的账务处理见图表 23—1。

图表 23—1　　**交易性金融资产处置的账务处理**

类型	若尚未发生期末计量	若期末计量累计为未实现的收益	若期末计量累计为未实现的损失
1. 确认处置时投资损益	借：其他货币资金——存出投资款 　　贷：交易性金融资产——成本 　　　　投资收益 若为投资损失，投资收益则在借方	借：其他货币资金——存出投资款 　　贷：交易性金融资产——成本 　　　　交易性金融资产——公允价值变动 　　　　投资收益 若为投资损失，投资收益则在借方	借：其他货币资金——存出投资款 　　交易性金融资产——公允价值变动 　　贷：交易性金融资产——成本 　　　　投资收益 若为投资损失，投资收益则在借方
2. 转销未实现的损益		借：公允价值变动损益 　　贷：投资收益	借：投资收益 　　贷：公允价值变动损益
3. 计算应交增值税	若卖出价大于买入价： 借：投资收益 　　贷：应交税费——转让金融商品应交增值税 若卖出价小于买入价： 借：应交税费——转让金融商品应交增值税 　　贷：投资收益		

四、交易性金融资产核算涉及的账户

1.“交易性金融资产”账户

“交易性金融资产”账户用于核算企业为交易目的所持有的股票投资、债券投资、基金投资等交易性金融资产的公允价值。企业持有的直接指定为以公允价值计量且其变动计入当期损益的金融资产，也在本账户核算。本账户属于资产类账户，借方登记取得交易性金融资产的成本和资产负债表日其公允价值高于账面余额的差额，以及处置交易性金融资产时转销的公允价值变动损失；贷方登记资产负债表日交易性金融资产公允价值低于账面余额的差额，以及处置交易性金融资产时转销的成本和公允价值变动收益。

本账户可按交易性金融资产的类别和品种，分别以“成本”“公允价值变动”等进行明细核算。

2.“应收股利”“应收利息”账户

“应收股利”账户用于核算企业应收取的现金股利和应收取其他单位分配的利润。本账户属于资产类账户，借方登记投资持有期间，被投资单位宣告发放的现金股利或利润，贷方登记实际收到的现金股利或利润。本账户期末借方余额反映企业尚未收回的现金股利或利润。本账户可按被投资单位进行明细核算。

“应收利息”账户用于核算企业根据合同或协议规定应向债务人收取的利息。本账户属于资产类账户，借方登记资产负债表日，持有分期付息、一次性还本的债券投资按票面利率计算确定的应收未收利息，贷方登记实际收到的利息，本账户借方余额反映企业尚未收回的利息。本账户可按被投资单位进行明细核算。

3.“投资收益”账户

“投资收益”账户用于核算企业确认的投资收益或投资损失。本账户属于损益类中收益类账户，贷方登记确认的投资收益，借方登记确认的投资损失，期末应将本账户余额转入“本年利润”账户，结转后应无余额。

本账户可按投资项目进行明细核算。

4.“公允价值变动损益”账户

“公允价值变动损益”账户用于核算企业交易性金融资产等以公允价值计量的资产，其公允价值变动形成的应计入当期损益的利得或损失。本账户属于损益类中收益类账户，贷方登记资产负债表日资产公允价值高于其账面余额的差额，借方登记资产负债表日资产的公允价值低于其账面余额的差额，期末应将本账户余额转入“本年利润”账户，结转后本账户无余额。

本账户可按以公允价值计量的资产类别进行明细核算。

任务实施

1. 2017 年 12 月 5 日

制单会计刘悦收到计划部交来的海马股票交易单（图表 23—2）。

图表 23—2

海通证券海口营业部交易单

客户名称：海南万泉河啤酒有限责任公司

日期	股东账号	股票代码	股票名称	业务标志	发生数量	成交价	佣金	印花税	其他费用	交易金额	资金余额
20171205	××	××	海马股份	买入	10,000	12.00	780.00			120,780.00	379,220.00

分析：该笔业务为购入股票。刘悦核实公司取得该投资旨在短期持有、获取证券市场差价，将其划分为交易性金融资产。

购入股票的核算应根据股票交易单中的买入数量和成交价，计算购入股票的初始成本；按股票交易单中的佣金和其他费用之和，确认投资收益；按股票交易单中交易金额，减少存放在证券公司资金结算账户的投资资金。刘悦编制记账凭证（图表 23—3）。

图表 23—3

记账凭证

字总 × 号
字分 号

2017 年 12 月 5 日

摘　要	总账科目	明细科目	借方金额	贷方金额	记账
买入海马股票	交易性金融资产	海马股票（成本）	120,000.00		
	投资收益		780.00		
	其他货币资金	存出投资款		120,780.00	
合　计			120,780.00	120,780.00	

附件 1 张

会计主管：　记账：　审核：　制证：刘悦

2. 2017 年 12 月 10 日

制单会计刘悦收到计划部交来的罗牛山股票交易单（图表 23—4）。

图表 23—4

海通证券海口营业部交易单

客户名称：海南万泉河啤酒有限责任公司

日期	股东账号	股票代码	股票名称	业务标志	发生数量	成交价	佣金	印花税	其他费用	交易金额	资金余额
20171210	××	××	罗牛山股份	卖出	10,000	20.00	1,000.00	200.00		198,800.00	578,020.00

分析：该笔业务为卖出股票。卖出股票应根据股票交易单中实收金额，增加存出投资款；同时查阅相关明细账簿，转销记录该股票的“交易性金融资产”账户中成本、公允价值变动明细账户金额；按实收金额与转销的股票账面余额的差额确认投资收益。

公司持有的罗牛山股票成本参见相关知识所述为 119,000 元，该股票公允价值变动金额为零，刘悦编制记账凭证（图表 23—5）。

图表 23—5

记账凭证

字总 × 号
字分 号

2017 年 12 月 10 日

摘 要	总账科目	明细科目	借方金额	贷方金额	记账
卖出罗牛山股票	其他货币资金	存出投资款	198,800.00		
	交易性金融资产	罗牛山股票（成本）		119,000.00	
	投资收益			79,800.00	
合 计			198,800.00	198,800.00	

附件 1 张

会计主管： 记账： 审核： 制证：刘悦

刘悦按卖出价与买入价的差额计算应交增值税额［（10,000×20–119,000）/（1+6%）］×6%=4,584.91（元），并冲减投资收益，编制记账凭证（图表 23—6）。

图表 23—6

记账凭证

字总 × 号
字分 号

2017 年 12 月 10 日

摘 要	总账科目	明细科目	借方金额	贷方金额	记账
出售罗牛山股票	投资收益		4,584.91		
应交增值税	应交税费	转让金融商品应交增值税		4,584.91	
合 计			4,584.91	4,584.91	

附件 0 张

会计主管： 记账： 审核： 制证：刘悦

提示：假设公司 11 月卖出金融商品时，盈亏相抵后出现负差，“应交税费——转让金融商品应交增值税”为借方余额 4,584.91 元，刚好抵减本月出售罗牛山股票应交的增值税。即，2017 年 12 月 31 日“应交税费——转让金融商品应交增值税”账户期末余额为零，没有需缴纳的转让金融商品应交增值税。

3. 2017 年 12 月 31 日

制单会计刘悦收到计划部交来 12 月 31 日公司持有股票的对账单（图表 23—7）。

图表 23—7

海通证券海口营业部对账单

客户名称：海南万泉河啤酒有限责任公司

日期	股东账号	股票代码	股票名称	股票金额	市价	成本价	盈亏	市值	资金余额
20171231	××	××	海马股份	10,000	15.00	12.00	3.00	150,000.00	578,020.00

分析：期末计量，会计需查阅持有海马股票的“交易性金融资产”账户中的成本、公允价值变动明细账金额，并根据该股票期末市价计算未实现的价值变动额。在会计实务中，会计人员可以自行编制交易性金融资产期末计量表来反映持有投资的期末价值变动额。

刘悦查询会计账簿中记录的海马股票相关资料，编制交易性金融资产期末计量表（图表 23—8）。

图表 23—8 **交易性金融资产期末计量表**

2017 年 12 月 31 日 单位：元

名称	交易性金融资产—成本（1）	交易性金融资产—公允价值变动（2）	期末公允价值（3）	本期公允价值变动额（4）=（3）-（1）-（2）
海马股票	120,000.00	0	150,000.00	30,000.00

提示：资产负债表日，若计算的公允价值变动差额为正数，说明交易性金融资产在持有期间价值升高，属于未实现的投资收益，应按差额借记“交易性金融资产——公允价值变动”，贷记“公允价值变动损益”账户；若公允价值变动差额为负数，说明交易性金融资产在持有期间价值下跌，属于未实现的投资损失，应按差额做相反的会计分录。

刘悦根据交易性金融资产期末计量表编制记账凭证（图表 23—9）。

图表 23—9 **记账凭证**

字总 × 号
字分 号

2017 年 12 月 31 日

摘　要	总账科目	明细科目	借方金额	贷方金额	记账
股票期末计量	交易性金融资产	海马股票（公允价值变动）	30,000.00		
	公允价值变动损益			30,000.00	
合　计			30,000.00	30,000.00	

附件 1 张

会计主管： 记账： 审核： 制证：刘悦

4. 条件变化后的同一任务账务处理

假设：如果 2018 年 4 月 16 日，海马股份股东大会决议通过 2017 年度股利分配方案，每 10 股派发现金股利 1 元。2018 年 5 月 20 日，万泉河啤酒公司收到现金股利 1,000 元。2018 年 8 月 11 日，计划部卖出持有的 1 万股海马股票，卖出价每股 11 元，股票交易费 910 元，股票资金账户实收 109,090 元。财务部要完成上述业务相应的账务处理。

分析：上述业务涉及取得投资后宣告分派现金股利、收到现金股利及跨年度处置投资等业务的核算。

万泉河啤酒公司相关账务处理如下：

（1）2018 年 4 月 16 日

刘悦根据海马股份股东大会决议宣告发放的现金股利，编制会计分录如下：

借：应收股利——海马股票　　1,000.00

　　贷：投资收益　　1,000.00

（2）2018 年 5 月 20 日

刘悦根据股票交易单中收到的现金股利，编制会计分录如下：

借：其他货币资金——存出投资款　　1,000.00

　　贷：应收股利——海马股票　　1,000.00

（3）2018 年 8 月 11 日

1）刘悦根据股票交易单中实收金额，增加存出投资款；查阅明细账簿，转销“交易性金融资产——海马股票（成本）”（参见任务实施，海马股票成本 120,000.00 元）、“交易性金融资产——海马股票（公允价值变动）”（参见任务实施，海马股票公允价值变动 30,000.00 元）的账户余额；按实收金额与“交易性金融资产”海马股票的账面余额的差额确认投资收益，编制会计分录如下：

借：其他货币资金——存出投资款　　109,090.00

　　投资收益　　40,910.00

　　贷：交易性金融资产——海马股票（成本）　　120,000.00

　　　　交易性金融资产——海马股票（公允价值变动）　　30,000.00

2）将持有海马股票期间已计入“公允价值变动损益”中未实现的损益转入“投资收益”账户，编制会计分录如下：

借：公允价值变动损益　　30,000.00

　　贷：投资收益　　30,000.00

提示：在会计实务中，期末损益类“公允价值变动损益”账户余额已结转到“本年利润”账户，处置交易性金融资产时，难以查询并区分某项交易性金融资产持有期间的公允价值变动损益。因“公允价值变动损益”账户是“交易性金融资产——公允价值变动”的对应账户，可以根据处置时“交易性金融资产——公允价值变动”账户余额，对应判断需结转的“公允价值变动损益”账户金额与方向。即，若处置时“交易性金融资产——公允价值变动”账户为借方余额，则为未实现的投资收益，结转时应按相等金额借记“公允价值变动损益”，贷记“投资收益”；若处置时“交易性金融资产——公允价值变动”账户为贷方余额，则为未实现的投资损失，结转时应按相等金额借记“投资收益”，贷记“公允价值变动损益”。

3）计算转让金融商品应交增值税 $[(11\times10{,}000-12\times10{,}000)/(1+6\%)]\times6\%=-566.04$（元），编制会计分录如下：

借：应交税费——转让金融商品应交增值税　　566.04

　　贷：投资收益　　566.04

提示：在计算万泉河啤酒公司投资海马股票的损益时，会计核算是通过“投资收益”会计账户反映的，其最终结果与我们日常计算相同。

我们日常计算投资损益的思路是：卖出时收到的款项减去买入时付出的款项，加上收到的现金股利，再减去应交的增值税，即：

（11×10,000−910）−（12×10,000+780）+1,000−（−566.04）

=109,090−120,780+1,000+566.04

=−10,123.96（元）。

在会计核算中，投资损益反映在“投资收益”会计账户中：买入时手续费借方发生额 780 元，收到的现金股利贷方发生额 1,000 元，卖出时借方发生额 40,910 元、贷方发生额 30,000 元、贷方发生额 566.04 元，合计借方余额 10,123.96 元，即亏损 10,123.96 元。

知识链接

会计要素计量属性及应用

前述项目中所讲固定资产、原材料等价值的核算均采用成本计量，本任务中交易性金融资产采用公允价值计量。计量属性是指所予计量的某一要素的特性，如桌子的长度、铁矿的重量、楼房的面积等。从会计角度来看，计量属性反映的是会计要素金额的确定基础。我国会计基本准则规定，企业在对会计要素进行计量时，一般应当采用历史成本，若能够取得并可靠计量，也可以采用重置成本、可变现净值、现值和公允价值等计量属性。不同计量属性的含义与应用如下：

1. 历史成本

历史成本又称实际成本，就是取得或制造某项财产物资时所实际支付的现金或其他等价物。例如，2014 年 11 月购买现代伊兰特 1.6 型小轿车，计入固定资产的成本为 13 万元，即历史成本。

2. 重置成本

重置成本又称现行成本，是指按照当前市场条件，重新取得同样一项资产所需支付的现金或现金等价物金额。例如，2017 年 3 月购买与 2014 年购入的现代伊兰特 1.6 型同款小轿车，需支付 10 万元，即重置成本。在会计实务中，重置成本多应用于盘盈固定资产的计量等。

3. 可变现净值

可变现净值是指在正常生产经营过程中，以预计售价减去进一步加工成本和销售所必需的预计税金、费用后的净值。例如，2017 年 3 月出售 2014 年购入的现代伊兰特 1.6 型小轿车，售价 3.5 万元，发生中介费、税费 0.5 万元，则可收到的 3 万元即为可变现净值。可变现净值通常应用于存货资产减值情况下的后续计量。

4. 现值

现值是指对未来现金流量以恰当的折现率进行折现后的价值，是考虑货币时间价值因素的一种计量属性。例如，2017 年 3 月将 2014 年购入的现代伊兰特 1.6 型小轿车出租三年，每年租金 1.5 万元，未来三年的租金 4.5 万元，折为 2017 年 3 月的货币资金价值为 4 万元，即现值。现值通常用于非流动资产可收回金额和以摊余成本计量的金融资产价值的确定等。

5. 公允价值

公允价值是指市场参与者在计量日发生的有序交易中，出售一项资产所能收到或者转移一项负债所需支付的价格。例如，2014 年 11 月 13 万元购买的现代伊兰特 1.6 型小轿车，现旧车交易市场挂牌价为 3 万元，即公允价值。公允价值主要应用于交易性金融资产、可供出售金融资产的计量等。

练一练

单项选择题（请在下列选项中选择一个正确答案并填在括号中）

1. A 公司于 2017 年 4 月 5 日从证券市场购入 B 公司发行在外的股票 200 万股作为交易性金融资产，每股支付价款 4 元（含已宣告但尚未发放的现金股利 0.5 元），另支付相关费用 3 万元，A 公司交易性金融资产取得时的入账价值为（　　）万元。

A. 800　　B. 700　　C. 803　　D. 703

2. A 公司于 2017 年 11 月 5 日从证券市场购入 B 公司发行在外的股票 200 万股作为交易性金融资产，每股支付价款 5 元，另支付相关费用 20 万元。2017 年 12 月 31 日，这部分股票的公允价值为 1,050 万元，A 公司 2017 年 12 月 31 日应确认的公允价值变动损益为（　　）万元。

A. 损失 50　　B. 收益 50　　C. 收益 30　　D. 损失 30

3. 某股份有限公司于 2017 年 1 月 30 日以每股 12 元的价格购入某上市公司股票 50 万股作为交易性金融资产，并支付手续费等 10 万元。8 月 25 日，收到该上市公司按每股 0.5 元发放 2017 年上半年的现金股利。12 月 31 日该股票的市价为每股 11 元。2017 年 12 月 31 日该股票投资的账面价值为（　　）万元。

A. 550　　B. 575　　C. 585　　D. 610

4. 企业从开户银行账户中转入证券公司资金结算账户 20 万元，准备购买债券作为企业的交易性金融资产，但是尚未进行交易，则应该借记的账户为（　　）。

A. 银行存款　　B. 其他应收款

C. 其他货币资金　　D. 交易性金融资产

项目 8　会计期末处理

除在采购、生产、销售等日常经济业务发生时进行会计核算外，企业还需在资产负债表日（会计期末）对某些会计事项定期进行会计处理。例如，在期末进行财产清查，并对盘盈、盘亏资产进行处理；在资产负债表日判断资产是否发生减值，并对减值部分进行处理；年末对企业经营成果以及经营成果分配进行核算等。

任务 24　财产清查的核算

知识点	技能点
● 财产清查内容及方法 ● 实物资产的清查 ● 财产清查结果的账务处理	● 能够正确对各种财产物资进行清查并核算

任务描述

2017 年 12 月 10 日，万泉河啤酒公司董事会决定成立清查小组，对公司资产进行年终全面清查。财务部配合公司清查小组开展清查工作，经理冯阳安排方荷配合清查小组清查公司库存现金、银行存款，张茜配合清查存货和固定资产，刘悦配合清查往来款项。

2017 年 12 月 20 日，财务部集中对本次清查过程中出现的各种情况按照相关规定提出不同处理意见，报请董事会审批。

2017 年 12 月 31 日，财务部根据董事会决定，对财产清查中盘盈、盘亏的资产进行账务处理。

任务分析

资产能够为企业带来经济利益的流入，也会因生产经营活动而不断损耗，因此资产是企业会计核算的重点。同时，又因为大多数资产都具有实物形态，所以企业在对资产进行核算的时候，除要保证资产的账面价值核算正确外，还要保证各种形态的实物资产实存数与账存数一致。在会计实务中，企业是通过定期和不定期的财产清查来验证在会计核算中其资产账存数和实存数是否相符。因此，财产清查工作的关键环节是：

1. 财产物资账存数的确定；
2. 财产物资实存数的确定；
3. 账实不符时的账务处理。

相关知识

一、财产清查的组织

财产清查就是指对各项财产、物资进行实地盘点和核对，查明货币资金、往来款项和实物资产等财产物资的实有数额，确定其账面结存数和实际结存数是否一致，以保证账实相符。企业财产清查可以根据业务需要定期、不定期（临时）清查，清查的范围既可以对全部财产物资进行清查（即全面清查），也可以有针对性地对部分财产进行清查（即局部清查）。通常，企业每年年终结算之前，为确保年度会计报表的真实性，要进行一次全面清查；而对原材料、产成品等流动性较大或容易发生溢余、损耗的财产，除年终全面清查外，还应在每月、每季轮流盘点或重点抽查。

财产清查就其一般程序来说，主要包括以下三个步骤：

1. 成立财产清查组

在财产清查时，一般专门成立清查组，具体负责财产清查工作。财产清查组应确定财产清查的内容、财产清查的时间以及清查基准日（即核对财产实存数与账面数的时点）。在实务工作中，一般是以清查开始日（或盘点开始日）作为清查基准日。清查组应由财务部、仓储部及其相关业务部门的人员组成。

2. 清查准备

（1）财务部门应在进行财产清查之前，为账实核对提供正确的账簿资料，并将有关账簿登记齐全，结出余额。

（2）财产物资保管和使用等业务部门为方便盘点核对，应登记好所经管的各种财产物资明细账，结出余额，并将所保管的各种财产物资整理好，贴上标签，标明品种、规格和结存数量。

（3）清查组准备好各种工具和登记用的表册，例如“存货清查盘点表”等。

3. 实施财产清查

在做好各项准备工作以后，应由清查人员根据清查对象的特点，采用相应的清查方法，实施财产清查。在盘点财产物资时，财产物资的保管人员必须在场；盘点时，要由盘点人员做好盘点记录；盘点结束，盘点人员应根据财产物资的盘点记录，填制盘点表，并由盘点人员、财产物资的保管人员及清查组的有关负责人签名盖章。同时，盘点人员应根据有关账簿资料和盘点表资料填制“实存账存对比表”，清查组据此检查账实是否相符，并分析不符的原因。财务人员则在账实不符的情况下，根据对比结果做出相应的账务处理，调整账簿记录以确保账实相符。

二、财产清查的内容和方法

财产清查的内容主要包括货币资金、往来款项和实物资产三大类，由于财产物资的形态不同，其具体的清查方法有所不同。

1. 货币资金的清查

库存现金清查，采用库存现金与库存现金日记账核对的方法，清查结束后填制“库存现金盘点表”（参见任务 2—4 的图表 2—41）。

银行存款清查，采用银行对账单与银行存款日记账核对的方法，清查结束后，当出现账单不符时，应编制“银行存款余额调节表”（参见任务 3—2 的图表 3—18）。

2. 往来款项的清查

往来款项主要包括各种应收、应付、预收、预付款项等。企业一般在对应收款项核对时，同时进行应付款项核对。

往来款项清查通常依据账面往来款项的记录单位及金额，采用向对方单位或个人寄发“债权、债务确认书”或“往来款项询证函”（参见图表 24—2）的方式核对，待清查结束后，填制“往来款项清查表”。

需要注意的是，从理论上讲，往来款项清查应按客户单位逐一寄发对账单进行确认，但是实际工作中由于单位的往来客户比较多，因此在会计实务中，一般采取有选择的寄发。例如，主要抽取往来款项数额较大、或时间较长、或业务发生比较少、或新客户、或客户信息不全的单位寄发对账单。

3. 实物资产的清查

（1）账存数确定

在会计核算中，实物资产收发一般都采用“永续盘存制”。“永续盘存制”又称“账面盘存制”，是指在日常经济活动中，依据相关单证对各项实物资产的增减进行逐日、逐笔的登记和反映，并随时结出账面结存数额的一种盘存制度。期末账面结存数的计算公式如下：

账面期末余额 = 账面期初余额 + 本期增加额 – 本期减少额

另外，实际工作中如果遇到数量大、价值低、收发频繁的鲜活商品等类存货，则经常采用“实地盘存制”方法确定期末账面结存数。实地盘存制，即平时只根据会计凭证在账簿中登记财产物资的增加数，不登记减少数，到月末对各项财产物资进行盘点，根据实地盘点所确定的实存数，倒挤出本月各项财产物资的减少数。

（2）实存数确定

存货、固定资产等实物资产清查由于其形态、体积、重量、堆放方式不尽相同，因而清查方法也有所不同，包括：

1）实地盘点法，是指在财产物资存放场地，逐一清点数量或用计量仪器确定实存数的方法。

2）技术推算法，是对大量堆放、不易逐一清点的财产物资（如原煤、砂石等），利用技术方法推算确定实存数的一种方法。

（3）实物资产清查实存数的调整

由于存货、固定资产等实物资产的品种、类别及数量较多，资产清查需要持续一段时间，在此期间资产可能发生增减变动，因此，需将清查日的实物资产实存数调整到清查基准日（即清查开始日）的实存数，以便核实账实是否相符。即在清查日的实存数基础上，根据清查基准日与清查日期间的资产变动情况计算清查基准日的实存数，其计算公式如下：

清查基准日实存数＝清查日实存数＋清查期间资产减少数－清查期间资产增加数

例：某企业的清查基准日为 12 月 10 日，某类存货清查日 12 月 15 日实存数为 1,000 件，12 月 11 日 ~ 12 月 15 日期间，该类存货出库 150 件，入库 340 件，清查基准日账存数 810 件，如果不考虑其他因素，判断该类存货账实是否相符。

清查基准日实存数＝1,000+150–340=810 件，与当日账存数相符，表明清查基准日账存数与实存数相符。

存货、固定资产清查结束后，应填制“存货清查盘点表”。

三、财产清查的账务处理

当企业财产清查后，账实相符（即账存数与实存数相符），则不需要做其他账务处理。如果一旦财产清查结果出现账实不符，则有两种可能：盘盈（实存数大于账存数），或者盘亏（实存数小于账存数），这时需要按照规定程序进行账务处理。

1. 调整账目，做到账实相符

财务部应根据查明的财产物资的盘盈（或盘亏）数额，调增（或调减）账存数和金额，使账实相符，账实间差异额计入“待处理财产损溢”账户。

2. 查明账实差异原因，报请处理

财产清查结束，清查组对财产清查中所确定的账实差异进行分析，查明产生差异原因及性质，明确责任；财务部按照有关财务制度规定提出处理意见，报请有关方面审批。根据企业的性质、企业管理权限要求，财产清查结果处理一般需经股东大会或董事会，或经理（厂长）会议，或类似机构批准。

3. 财产清查结果的账务处理

财务部根据报请批准的财产清查结果做具体的账务处理（图表 24—1）。

图表 24—1　　　　财产物资盘盈、盘亏的财务处理

财产形态	盘盈（溢余）	盘亏（短缺）
库存现金	有关的账务处理参见项目 1	有关的账务处理参见项目 1
存货	（1）清查后，批准处理前 借：原材料等存货项目 　　贷：待处理财产损溢 （2）批准处理后 借：待处理财产损溢 　　贷：管理费用（无法查明原因）	（1）清查后，批准处理前 借：待处理财产损溢 　　贷：原材料等存货项目 　　　　应交税费——应交增值税（进项税额转出） （2）批准处理 借：管理费用（合理的自然损耗、日常收发计量差错、管理不善造成损失以及无法查明原因的损耗等） 　　其他应收款（责任人赔偿） 　　原材料（入库的残料） 　　营业外支出（非常损失） 　　贷：待处理财产损溢
固定资产	（1）盘盈时 借：固定资产（盘盈价值） 　　贷：以前年度损益调整（调整营业外收入） （2）确定缴纳的所得税 借：以前年度损益调整（调整所得税费用） 　　贷：应交税费——应交所得税 　　　（盘盈价值 × 适用税率） （3）结转为留存收益 借：以前年度损益调整（本账户余额） 　　贷：盈余公积——法定盈余公积 　　　　[（盘盈价值 – 应交所得税）× 10%] 　　　　利润分配——未分配利润 　　　（盘盈价值 – 应交所得税 – 盈余公积）	（1）清查后，批准处理前 借：待处理财产损溢 　　累计折旧 　　固定资产减值准备 　　贷：固定资产 （2）批准处理后 借：其他应收款（保险赔款或责任人赔款） 　　营业外支出（非常损失） 　　贷：待处理财产损溢

备注：企业在财产清查中盘盈的固定资产，作为前期差错处理，通过“以前年度损益调整”账户核算。

注意：

1. 不是全部的账实不符情况都必须做上述账务处理，应注意不同类别资产处理要求不同。

（1）银行存款核对中，企业银行存款日记账余额与银行对账单余额不符，企业需编制“银行存款余额调节表”进行调整，调整后的余额如果相符，不做账务处理；如果调整后余额不相符，则应继续自查，同时要求开户银行核对银行的相关处理，企业暂时不做账务处理。

（2）往来款项清查中，如果债务方、债权方对“债权、债务确认书”内容有异议，双方则需进一步进行核对，查明不相符原因后再协商处理。因此，往来款项清查中，企业暂时不需对出现的账实不符情况做处理。

2. 各项财产损溢处理意见，如在期末结账前尚未得到有关方面批准，在对外提供财务报告时应先按照有关准则、制度规定进行处理，并在会计报表附注中说明；如果其后批准处理金额与已处理金额不一致，应调整会计报表相关项目的年初数，本书对此内容不做过多阐述。

任务实施

万泉河啤酒公司财产清查小组根据公司董事会决定，年终对公司各类财产物资进行清查，并确定12月10日为清查基准日。

1. 2017年12月10日

（1）库存现金和银行存款的清查

2017年12月10日，清查组对库存现金和银行存款清查后，其账实均相符。库存现金和银行存款的年终清查方法与日常清查相同，参见项目1，这里不再重复。

（2）往来款项清查

刘悦提供了往来客户明细账，清查小组选择发出34份“往来款项询证函”，其中海口市美家超市的往来款项询证函见图表24—2。

图表24—2

往来款项询证函

编号：012

（单位）：海口市美家超市

根据我公司董事会部署，本单位对实物资产及其他各类资产、负债进行全面的清查，根据清查要求，需询证本单位与贵单位的往来账项等事项。下列数据出自本单位账簿记录，如与贵单位记录相符，请在本函下端“数据证明无误”处签章证明；如有不符，请在“数据不符”处列明不符金额，并附加说明事项予以指正。

原件请直接寄至：海南万泉河啤酒有限责任公司 行政办公室 收。

通讯地址：海南省海口市金盘大道88号

邮 编：571701 电 话：0898-68597412

1. 本单位与贵单位的往来账项列示如下：

单位：元

截止日期	项目	贵单位欠	欠贵单位	备注
2017年12月10日	销货款（清爽桶装）	140,000	—	订货号：00158

2. 其他事项

本函仅为复核账目之用，并非催款结算。若款项在上述日期之后已经付清，仍请及时函复为盼。

海南万泉河啤酒有限责任公司（2017.12.10）

结论：1. 数据证明无误 （单位签章）（日期）

2. 数据不符，请列明不符金额并附加说明事项 （单位签章）（日期）

（3）存货和固定资产清查

财务部提供固定资产明细账（卡片）、各类存货明细账，清查小组逐项清点公司各项固定资产、存货（包括专营店）。

2. 2017年12月20日

清查结束，清查小组汇总了本次清查资料，分类编制了资产清查清单，并针对清查过程涉及的问题提出了原则性处理意见，报请公司分管领导批准。

（1）往来款项清查共收到回函 25 份，均确认了与公司的债权、债务关系；清查小组填写了“往来款项清查表”（略），并将在清查报告中注明未收到回函单位，做后续关注。

（2）存货清查中，海口市海府路专营店由于装修公司装修不慎导致毁损清爽啤酒 80 箱，清查小组填制了存货清查盘点表（图表 24—3）、存货毁损清单（略）。财务部建议，由海口泰达装修公司负责对专营店被毁损产品进行赔偿，赔偿价值为产品的成本和损失的增值税。

图表 24—3　　存货清查盘点表

2017 年 12 月 20 日

序号	名称	单位	单价	结束日实点数量	结束日至清查基准日		推算清查基准日数量	清查基准日库房账面数量	清查基准日账面数	盘盈盘亏数量	存放地点	备注
					出库数量	入库数量						
1	*清爽啤酒*	*箱*	*20*	*232*			*232*	*232*	*312*	*-80*	*专营店*	*毁损*

盘点人：柯明　　仓储负责人：李东　　财务负责人：冯阳

（3）固定资产账实相符，固定资产盘点表格式类似存货清查盘点表（略）。

3. 2017 年 12 月 20 日

制单会计刘悦收到存货清查盘点表（图表 24—3）。

分析：根据税法相关规定，非正常损失的产成品所耗用的购进货物或应税劳务的进项税额不得从销项税额中抵扣，会计核算上应将其作为进项税额转出。

刘悦查阅会计账簿“库存商品——清爽”明细账户，根据清爽啤酒的 20 元 / 箱的成本价和 80 箱的毁损数量，计算产品损失为 1,600 元，根据产品成本和数量计算产品损失，同时根据生产清爽啤酒耗用原材料的定额比例 15% 和 17% 的增值税率计算进项税额，转出为 1,600 × 15% × 17%=40.80（元）。刘悦编制记账凭证（图表 24—4）。

图表 24—4　　记账凭证

字总　×　号
字分　　号

2017 年 12 月 20 日

摘　要	总账科目	明细科目	借方金额	贷方金额	记账
财产清查毁损	待处理财产损溢	待处理流动资产损溢	1,640.80		
	库存商品	清爽		1,600.00	
	应交税费	应交增值税（进项税额转出）		40.80	
合　计			1,640.80	1,640.80	

附件 1 张

会计主管：　　记账：　　审核：　　制证：刘悦

4. 2017 年 12 月 31 日

制单会计刘悦收到分管领导对毁损库存商品处理的批复（略），批复同意由装修公司赔偿成本和增值税，因公司尚未收到赔偿款，应作“其他应收款”入账。刘悦编制记账凭证（图表 24—5）。

图表 24—5

记账凭证

字总 × 号
字分 号

2017 年 12 月 31 日

摘　　要	总账科目	明细科目	借方金额	贷方金额	记账
盘亏财产处理	其他应收款	海口泰达	1,640.80		
	待处理财产损溢	待处理流动资产损溢		1,640.80	
合　　计			1,640.80	1,640.80	

附件 1 张

会计主管：　　记账：　　审核：　　制证：刘悦

练一练

单项选择题（请在下列选项中选择一个正确答案并填在括号中）

1. 企业往来款项清查采用（　　）。

A. 实地盘点法　　B. 技术推算法

C. 核对银行对账单　　D. 函证法

2. 通常情况下，企业对实物资产账面结存数量的核算方法为（　　）。

A. 实地盘存制　　B. 永续盘存制　　C. 期末盘存制　　D. 期初盘存制

3. 下列选项中，（　　）不通过“待处理财产损溢”账户核算。

A. 盘盈的流动资产　　B. 盘亏的流动资产

C. 盘盈的固定资产　　D. 盘亏的固定资产

4. 某企业因管理不善发生被盗，丢失一批材料价值 20,000 元。该批材料的进项税额为 3,400 元，收到各种赔款 1,500 元。报经批准后，应计入“管理费用”账户的金额为（　　）元。

A. 18,500　　B. 23,400　　C. 21,900　　D. 24,900

判断题（判断正误并在括号内填“√”或“×”）

1. 不同形态的财产物资清查方法不同。（　　）

2. 实物资产清查结束，应填写“账存实存对比表”，而往来款项因不具备实物形

态，则不需要填写。（　　）

3. 当财产清查中银行存款出现账实不符情况，企业应及时调整账务，做到账实相符。（　　）

4. 财产清查的内容包括货币资金清查、实物资产清查、往来款项清查。（　　）

5. 财产清查结束后，“待处理财产损溢”账户一般无余额。（　　）

任务 25　资产减值的核算

知识点	技能点
● 资产减值的判断 ● 资产减值涉及的账户及其核算	● 能够选择合理的方法估计坏账 ● 能够进行计提坏账、确认坏账、收回已核销坏账的核算

任务描述

2017 年 12 月 31 日，万泉河啤酒公司财务部对期末应收款项进行分析，估计可能发生的坏账，并做相应的账务处理。

任务分析

会计信息应遵循谨慎性原则，不高估资产。企业的各项应收款项，可能会因购货人拒付、破产、死亡等原因而无法收回造成损失。因此在资产负债表日，财务部门应对可能发生的坏账予以估计，确认应收款项的减值。

应收款项减值核算的关键在于如何合理估计坏账损失，采用何种方法核算。在进行相应的账务处理时，财务人员还应该掌握计提坏账、确认坏账、收回已核销坏账的会计核算。

相关知识

企业需要进行减值判断的资产主要包括应收款项（含应收账款、应收票据、其他应收款、预付账款、长期应收款等项目）、存货（含原材料、周转材料、库存商品等）、长期股权投资、在建工程、固定资产、无形资产等。中小型企业涉及最多的是应收款项减值，以及少量的存货、固定资产的资产减值（见知识链接）。

在会计实务工作中，企业应当在资产负债表日对应收款项账面价值进行检查，有客观证据表明应收款项发生减值的，应当做相应的账务处理。

一、应收款项减值的判断

企业应收款项的单位较多，各往来单位款项能否收回不可能逐一判断，在会计实务中多采用应收款项余额百分比法、账龄分析法等方法合理估计无法收回的应收款项（即坏账），从而确定应收款项的可收回金额。

1. 应收款项余额百分比法

此方法是根据历年会计资料中无法收回款项占应收款项的比例和当年款项的回收可能性等因素，估计坏账损失率（会计称“坏账准备率”），期末将应收款项各账户余额乘以坏账准备率，计算预计的坏账损失，计提坏账准备。其计算公式如下：

期末应计提坏账准备 = 应收款项账户余额 × 坏账准备率

例如，万泉河啤酒公司 2012 年设立当年的年末应收账款余额为 1,000,000 元，公司应收款项的坏账准备率确定为 5‰，则：

2012 年年末计提的坏账准备 =1,000,000 × 5‰ =5,000（元）

2. 账龄分析法

账龄分析法是指根据应收款项账龄的长短以及当前的具体情况来估计坏账损失的一种方法。采用账龄分析法时，将不同账龄的应收款项进行分组，并根据前期坏账实际发生的有关资料，确定各账龄组的估计坏账损失率，再将各账龄组的应收款项金额乘以对应的估计坏账损失率，计算出各组的估计坏账损失额之和，即为当期的坏账损失预计金额。

例如，万泉河啤酒公司 2012 年年末应收账款余额为 1,000,000 元，公司采用账龄分析法计提坏账准备，2012 年年末的应收账款账龄及估计坏账损失见图表 25—1。

图表 25—1　　坏账准备计提表

2012 年 12 月 31 日　　单位：元

应收账款账龄	应收账款金额	估计损失（%）	估计损失金额
未过信用期	400,000	1‰	400
过期半年	300,000	5‰	1,500
过期一年	200,000	7‰	1,400
过期一年以上	100,000	10‰	1,000
合计	1,000,000		4,300

制表人：张茜

如图表 25—1 所示，万泉河啤酒公司 2012 年 12 月 31 日估计的应收账款减值损失为 4,300 元，即 2012 年年末计提的坏账准备为 4,300 元。

二、应收款项减值的核算

《企业会计准则》规定，坏账损失的核算应采用备抵法。备抵法是采用一定的方法按期估计坏账损失，计入当期损益，同时建立坏账准备，待坏账实际发生时，冲销已提的坏账准备和相应的应收款项。采用这种方法，在报表上列示应收款项的净额，使报表使用者能了解企业应收款项的可收回金额。

1. 计提坏账准备业务的核算

（1）期末首次计提坏账准备业务的核算

企业首次计提坏账准备，会计应首先确定坏账准备率。在通常情况下，绝大多数企业采用应收款项余额百分比法计提坏账，坏账准备率通常都低于或等于 5‰。应收款项减值采用备抵法核算时，需要专设“坏账准备”账户核算计提的和核销的坏账。同时，计提的坏账属于企业一项损失，应计入专设的“资产减值损失”损益类费用项目账户。

会计依据自制的计提坏账准备凭证，编制会计分录：

借：资产减值损失

　　贷：坏账准备

（2）持续经营条件下，连续计提坏账准备业务的核算

连续计提坏账准备时，期末计算出当期应计提的坏账准备后，还需考虑账面已计提的坏账准备金额，则计算公式如下：

当期应补提的坏账准备 = 应收款项的期末余额 × 坏账准备率 –“坏账准备”账户调整前贷方余额（若为借方余额用负号表示）

例如，万泉河啤酒公司 2013 年年末应收账款余额为 1,100,000 元，公司应收款项的坏账准备率确定为 5‰，则：

2013 年年末应补提的坏账准备 =1,100,000 × 5‰ –5,000=500（元）

会计依据自制的计提坏账准备凭证，编制会计分录：

借：资产减值损失　　500

　　贷：坏账准备　　500

上例中当期应补提的坏账准备金额为正数，表示应补提的坏账准备差额。若计算出当期应补提的坏账准备金额为负数，则表示应该冲回多提的坏账准备差额，会计应编制如下会计分录：

借：坏账准备

　　贷：资产减值损失

2. 实际发生坏账，确认坏账业务的核算

一般来讲，企业的应收账款符合下列条件之一的，应确认为坏账：债务人死亡或破产，以其财产清偿后仍然无法收回；债务人较长时间内未履行其偿还义务，并有足够的证据表明无法收回或收回的可能性很小（如债务单位已撤销、破产、资不抵债等）。企业确实无法收回的应收款项按管理权限报经批准后作为坏账转销时，应当冲减已计提的

坏账准备。

会计依据企业管理层批准坏账转销的相关凭证，编制会计分录：

借：坏账准备

贷：应收账款

或其他应收款等

3. 已确认并转销的应收款项以后又收回业务的核算

已确认并转销的应收款项，企业并未丧失债权的追索权，若债务人有偿还能力可以收回时，会计核算时应反冲已抵减的坏账准备。

会计依据收款凭证及收回坏账的说明，编制会计分录：

借：银行存款

贷：坏账准备

需要注意的是，根据企业所得税法相关规定，未经核定的准备金不得在计算应纳税所得额时做税前扣除，待到坏账实际发生时才准予在计算应纳税所得额时扣除。所以企业计提的坏账准备金额在计算企业所得税时需要做纳税调整。

三、应收款项减值核算涉及的账户

1.“资产减值损失”账户

“资产减值损失”账户用于核算企业计提各项资产减值准备所形成的损失。本账户属于损益类的费用类账户，借方登记企业的应收款项、存货、长期股权投资、持有至到期投资、固定资产、无形资产等资产发生减值的金额，贷方登记应收款项的坏账收回、存货跌价损失得以恢复、持有至到期投资减值损失得以恢复的金额，期末将本账户余额转入“本年利润”账户，结转后无余额。

本账户按照资产减值损失项目进行明细核算。

2.“坏账准备”账户

“坏账准备”账户用于核算企业应收款项的坏账准备。本账户属于应收款项的备抵账户，贷方登记计提的坏账准备和已确认并转销的应收款项以后又收回的金额，借方登记报经批准后作为坏账予以转销的应收款项和转销多计提的坏账准备，期末贷方余额反映企业已计提但尚未转销的坏账准备。

本账户可按应收款项的类别进行明细核算。

任务实施

2017 年 12 月 31 日

说明：万泉河啤酒公司针对“应收账款”账户采用余额百分比法计提坏账准备，坏账准备率为 5‰。（现实生活中应收票据、其他应收款、预付账款发生坏账的可能性不大，所以大多数企业对这些款项不计提坏账准备）

→主管会计张茜编制坏账准备计提表（图表 25—2）。

图表 25—2　　**坏账准备计提表**

2017 年 12 月 31 日　　单位：元

项目	账面余额（1）	坏账准备率（2）	应提数 （3）=（1）×（2）	账面已提数 （4）	应补提或冲减数 （5）=（3）-（4）
应收账款	1,500,000.00	5‰	7,500.00	3,150.00	4,350.00
合计	1,500,000.00	5‰	7,500.00	3,150.00	4,350.00

制表人：张茜

（1）张茜查询了“应收账款”账户的期末余额。

（2）张茜以“应收账款”账户的期末余额乘以坏账准备率，计算应收账款本期应计提的坏账准备。

（3）张茜查询会计账簿“坏账准备”账户中已计提的坏账准备金额，与应计提数比较，确认本期实提数。

→制单会计刘悦依据坏账准备计提表，编制记账凭证（图表 25—3）。

图表 25—3　　**记账凭证**

字总 × 号
字分 号

2017 年 12 月 31 日

摘　要	总账科目	明细科目	借方金额	贷方金额	记账
计提坏账准备	资产减值损失		4,350.00		
	坏账准备			4,350.00	
合　计			4,350.00	4,350.00	

附件 1 张

会计主管：　记账：　审核：　制证：刘悦

知识链接

存货和固定资产减值的核算

一、存货、固定资产减值的判断

1. 存货减值的判断

存货应按成本与可变现净值孰低计量会计期末价值。其中，成本是指期末存货的实际成本（即历史成本）；可变现净值是指在日常活动中，存货的估计售价减去至完工时将要发生的成本、估计的销售费用以及估计的相关税费后的金额。

期末存货可变现净值若低于实际成本，则存在减值迹象，计提存货跌价准备，若高于实际成本，则遵循会计信息的稳健性原则，无须做任何账务处理。

持续经营条件下，连续计提存货跌价准备的计算公式如下：

当期应补提的存货跌价准备 =（存货成本 – 可变现净值）– 存货跌价准备贷方余额

值得注意的是，存货跌价准备计提以后，如需冲减只能减至零为限，存货跌价准备账户不会出现借方余额，仅有贷方余额。

2. 固定资产减值的判断

固定资产在资产负债表日存在可能发生减值的迹象时，其可收回金额低于账面价值的，企业应当将该固定资产的账面价值减记至可收回金额。固定资产可收回金额，应当根据某项固定资产公允价值减去处置费用后的净额与该资产预计未来现金流量的现值两者之间“较高者”确定。

例如，万泉河啤酒公司电动传送带目前的市场价格为352,800元，该设备因使用频繁，磨损率较高，估计目前仅三成新，预计处置费用5,000元，则其公允价值为105,840元（352,800元 ×0.3），净值为100,840元（105,840元 –5,000元）；该资产因设备老化，同时属于专有配套设备，预计未来给企业带来现金流量极低。则该生产线的可收回金额应按净值100,840元确定。

固定资产预计未来现金流量的现值计算涉及财务管理内容，本书不做阐述。

期末计提固定资产减值准备的计算公式如下：

当期应计提的固定资产减值准备 = 固定资产账面价值 – 固定资产可收回金额

值得注意的是：

（1）固定资产减值损失一经确认，在以后会计期间不得转回。

（2）固定资产计提了减值准备，计提折旧时，应按照扣除减值准备后的固定资产账面价值以及尚可使用年限，重新计算折旧率和折旧额。

二、存货、固定资产减值涉及的账户

1.“存货跌价准备”账户

“存货跌价准备”账户用于核算企业存货的跌价准备。本账户属于存货的备抵账户，贷方登记计提的存货跌价准备，借方登记已计提跌价准备的存货价值又得以恢复后应转销的存货跌价准备，期末贷方余额反映企业已计提但尚未转销的存货跌价准备。

本账户可按存货项目或类别进行明细核算。

2.“固定资产减值准备”账户

“固定资产减值准备”账户用于核算企业固定资产的减值准备。本账户属于固定资产的备抵账户，贷方登记计提的固定资产减值准备，借方登记处置固定资产时转销的减值准备，期末贷方余额反映企业已计提但尚未转销的固定资产减值准备。

三、存货、固定资产减值的核算

存货、固定资产减值的核算见图表25—4。

图表 25—4　　存货、固定资产的资产减值核算对比

业务＼内容＼类别	存货	固定资产
计提减值准备	借：资产减值损失 　贷：存货跌价准备 若冲减多计提的跌价准备，做相反分录	借：资产减值损失 　贷：固定资产减值准备
处置时，转销已计提的减值准备	存货处置时，结转存货成本应转销已计提的存货跌价准备 借：主营业务成本（或其他业务成本） 　存货跌价准备 　贷：库存商品等存货项目	固定资产处置时，应转销已计提的固定资产减值准备 借：固定资产清理 　累计折旧 　固定资产减值准备 　贷：固定资产

练一练

单项选择题（请在下列选项中选择一个正确答案并填在括号中）

1. 坏账损失是指（　　）的资产减值损失。

A. 货币资金　　B. 应收款项　　C. 存货　　D. 固定资产

2. 企业已计提坏账准备的应收账款确实无法收回，按管理权限报经批准作为坏账转销时，应编制的会计分录是（　　）。

A. 借记“资产减值损失”账户，贷记“坏账准备”账户

B. 借记“管理费用”账户，贷记“应收账款”账户

C. 借记“坏账准备”账户，贷记“应收账款”账户

D. 借记“坏账准备”账户，贷记“资产减值损失”账户

3. 下列选项中，不会引起应收账款账面价值发生变化的是（　　）。

A. 计提坏账准备　　B. 收回应收账款

C. 转销坏账准备　　D. 收回已转销的坏账

4. A企业2017年10月1日“应收账款”账户的余额为100万元，“坏账准备”账户的余额为10万元。10月份A企业实际发生应收账款10万元，收回已确认并转销的应收账款15万元，期末转回坏账准备3万元，则2017年10月31日应收账款的账面价值为（　　）万元。

A. 88　　B. 95　　C. 110　　D. 125

判断题（判断正误并在括号内填“√”或“×”）

1. 不同类别的资产，其资产减值的确认方法和计量方法不同。（　　）

2. 收回已转销的应收账款，不会影响应收账款的账面价值。（　　）

3. “存货跌价准备”账户不会出现借方余额，仅有贷方余额。（　　）

4. 固定资产计提减值准备后，如果以后期间减值因素消失，那么可以转回之前计提的固定资产减值准备。（　　）

任务 26　利润形成的核算

企业经营活动的成本费用计算、盈亏（利润）的核算，是期末会计核算的重要内容。企业成本费用核算一般按月进行，即每月月末对本月发生的成本、费用进行分配（本书已在生产、销售等项目中阐述）。期末，企业会计利润的形成则是通过任务 26 逐步完成，将当期的盈亏（利润）反映在"本年利润"账户中。

任务 26—1　期末结转损益的核算

知识点	技能点
● 期末损益账户的结转	● 能够进行利润结转的核算

任务描述

2017 年 12 月 26 日，万泉河啤酒公司财务部不再办理日常核算业务，以保证期末盈亏核算、期末结账工作。财务部工作人员按照年终会计核算要求，相继进行成本、费用账户的计算及结转，以确定本期（12 月份）完工产品、在产品成本，结转本月已售产品成本。

2017 年 12 月 31 日，财务部结转损益类账户。

任务分析

在会计期末，企业需要对本会计期间经营活动的结果进行核算，以确定本会计期间经营的成果。在会计核算中，利润是将各损益类账户逐步结转至"本年利润"账户，再分析确认利润总额和净利润。

相关知识

企业在生产经营过程中发生的各项收入、成本、费用，依据会计准则的要求，按照一定计算分配方法，分别在会计期间以及会计期末归集到有关损益类账户中。为了进一步反映企业经营成果，企业应在会计期末将各损益类账户金额结转计入"本年利润"账户。

一、损益类账户结转的方法

在会计实务工作中，损益类账户的结转方法有账结法和表结法。

1. 账结法

即通过“本年利润”账户，每月月末将损益类账户净发生额结转到“本年利润”账户中，直接在账户中计算利润。采用账结法记账，损益类账户月末无余额。

2. 表结法

即通过“利润表”计算期末财务成果的方法。采用表结法记账，1 ~ 11 月份，每月月末只结出损益类账户月末余额，但不结转到“本年利润”账户，只将各损益类账户余额填入利润表计算利润，12 月份年终结算时，再将各损益类账户的累计余额结转至“本年利润”账户中。

二、损益类账户结转的核算

1. 收益类账户结转

收益类账户的发生额通常在贷方，计算利润结转余额时，会计分录为：

借：主营业务收入
　　其他业务收入
　　营业外收入
　　公允价值变动损益
　　投资收益
　　……
　　贷：本年利润

2. 成本、费用类账户结转

成本、费用类账户的发生额通常在借方，计算利润结转余额时，会计分录为：

借：本年利润
　　贷：主营业务成本
　　　　其他业务成本
　　　　税金及附加
　　　　管理费用
　　　　财务费用
　　　　销售费用
　　　　资产减值损失
　　　　营业外支出
　　　　……

任务实施

2017 年 12 月 31 日

说明：万泉河啤酒公司损益类账户结转采用“账结法”。

→张茜核对本月各笔业务的记账凭证，保证全部业务入账。

→制单会计刘悦将各损益类账户余额全部转入“本年利润”账户，编制记账凭证，见图表26—1至图表26—4。

图表26—1 记账凭证

字总 × 号
2017年12月31日 字分 1/2 号

摘　要	总账科目	明细科目	借方金额	贷方金额	记账
结转12月份各收益类账户	主营业务收入		6,597,800.00		
	其他业务收入		2,000.00		
	投资收益		74,435.09		
	营业外收入		115,000.00		
合　计					

附件0张

会计主管：　记账：　审核：　制证：刘悦

图表26—2 记账凭证

字总 × 号
2017年12月31日 字分 2/2 号

摘　要	总账科目	明细科目	借方金额	贷方金额	记账
	公允价值变动损益		30,000.00		
	本年利润			6,819,235.09	
合　计			6,819,235.09	6,819,235.09	

附件　张

会计主管：　记账：　审核：　制证：刘悦

图表26—3 记账凭证

字总 × 号
2017年12月31日 字分 1/2 号

摘　要	总账科目	明细科目	借方金额	贷方金额	记账
结转12月份各费用类账户	本年利润		5,713,831.68		
	主营业务成本			4,832,000.00	
	其他业务成本			3,500.00	
	税金及附加			453,887.17	
合　计					

附件0张

会计主管：　记账：　审核：　制证：刘悦

图表 26—4

记账凭证

字总 × 号
字分 2/2 号

2017年12月31日

摘　要	总账科目	明细科目	借方金额	贷方金额	记账
	销售费用			172,424.38	
	管理费用			250,835.17	
	财务费用			4,430.00	
	资产减值损失			4,350.00	
	营业外支出			1,264.96	
	合　计		5,713,831.68	5,713,831.68	

附件　张

会计主管：　　记账：　　审核：　　制证：刘悦

单项选择题（请在下列选项中选择一个正确答案并填在括号中）

1. 下列选项中，影响企业当期营业利润的是（　　）。

A. 处置房屋的净损失　　B. 经营出租设备的折旧费

C. 向灾区捐赠商品的成本　　D. 火灾导致原材料毁损的净损失

2. 以下利润总额的计算公式中，表达正确的是（　　）。

A. 利润总额 = 营业收入 − 营业成本 − 税金及附加 − 期间费用

B. 利润总额 = 营业收入 − 营业成本 − 税金及附加 − 期间费用 − 资产减值损失 + 公允价值变动收益 + 投资收益

C. 利润总额 = 营业利润 + 营业外收入 − 营业外支出

D. 利润总额 = 营业利润 + 营业外收入 − 营业外支出 − 所得税费用

3. 采用表结法记账，年末结账后下列会计账户有余额的是（　　）。

A. 主营业务收入　　B. 所得税费用

C. 本年利润　　D. 利润分配——未分配利润

判断题（判断正误并在括号内填"√"或"×"）

1. 期末，应将"税金及附加"科目余额转入"本年利润"账户，结转后本账户无余额。（　　）

2. 固定资产出售和出租均影响营业利润的金额。（　　）

任务26—2　所得税费用的核算

知识点

- 所得税费用的计算与账务处理

技能点

- 能够确认暂时性差异
- 能够对所得税费用进行核算

任务描述

2017年12月31日，万泉河啤酒公司财务部计算所得税费用，并最终确定本会计年度公司盈亏。

任务分析

企业的生产经营所得，依据税法相关规定，需依法缴纳企业所得税。税法中的所得与会计中的利润不完全一致，期末财务部门应按企业所得税的规定计算当期所得及应上缴国家的所得税，同时需按会计准则规定确认利润表中的所得税费用。那么，所得税费用应如何计算并进行相应的账务处理呢？

相关知识

一、会计利润与应税利润

任何企业的生产经营所得，依据国家法律都需缴纳企业所得税，它是企业经营过程中的一项法定支出，属于企业的费用范畴。企业计算所得税时，是依据税收相关法律法规的规定确认应税所得，这与企业依照会计准则确认的收益产生差异，这就是通常所说的会计利润和应税利润。

会计利润又称税前利润、利润总额，是根据《企业会计准则》相关规定确认的收入和费用，将其配比计算的利润额。

应税利润又称应纳税所得额，是根据税法规定确认的收入和费用，将其配比计算的利润额。

会计利润和应税利润形成差异的原因主要有两个：

一是收入、费用确认口径上的差异。如国债利息收入按会计准则确认收入，而按税法则不确认收入；罚款支出按会计准则可以确认为支出，而税法则不允许该支出在企业所得税前扣除。这种会计利润和应税利润的差异，只对当期损益有影响，不会随着企业持续经营发生变化，也称为永久性差异。

二是收入、费用确认时间上的差异。例如，某项固定资产使用年限 5 年，会计上采用年数总和法计提折旧，而税法要求只能按使用年限平均法计提折旧，5 年内因每年计提折旧额不等，不仅影响每年的损益，还同步造成固定资产会计账面价值（固定资产原值 – 年数总和法下的累计折旧）与税法计算的计税基础（固定资产原值 – 年限平均法下的累计折旧）不等，但因 5 年内的折旧总额相同，两者之间的差异会逐步逆转或消失。这种会计与税法两者之间产生的差异，称为暂时性差异，暂时性差异不仅影响当期损益，而且导致资产、负债的会计账面价值与税法计算的计税基础不等，产生递延所得税。

二、当期所得税计算

当期所得税是当期应向国家缴纳的所得税额，是根据税法规定确认的收入和费用计算应纳税所得额，乘以所得税率算出的应纳税额。其计算公式如下：

当期应交所得税 = 应纳税所得额 × 适用的所得税税率

应纳税所得额 = 利润总额 + 纳税调整增加额 – 纳税调整减少额

三、所得税费用的确认与计量

1. 所得税费用的计算

《企业会计准则》要求对企业所得税采用资产负债表债务法进行核算。资产负债表债务法是从资产负债表出发，通过比较资产负债表上列示的资产、负债的账面价值与计税基础，确认递延所得税，并在此基础上确定每一会计期间利润表中的所得税费用。其计算公式如下：

所得税费用 = 当期应交所得税 + 递延所得税

2. 递延所得税的计算（暂时性差异）

递延所得税是由暂时性差异产生的。暂时性差异是指资产或负债的账面价值与其计税基础之间的差额。

（1）暂时性差异的分类及核算账户

依照暂时性差异对未来期间应税所得的影响，分为应纳税暂时性差异和可抵扣暂时性差异，分别确认为递延所得税负债和递延所得税资产（图表 26—5）。

图表 26—5　　暂时性差异的分类及核算账户

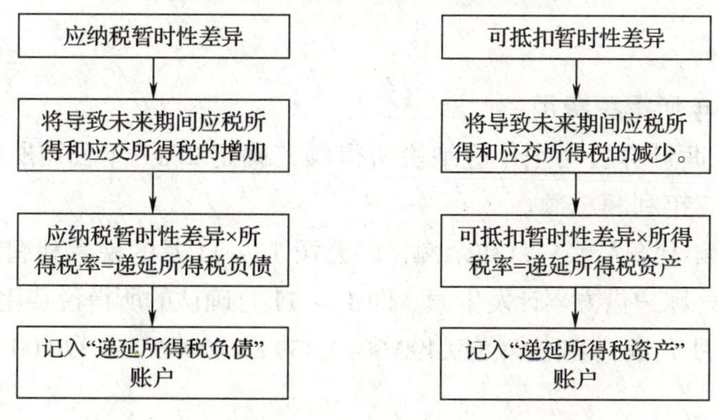

（2）暂时性差异的判断

会计期末，财务人员以资产负债表及其附注为依据，结合账簿资料，分析计算各项资产、负债的计税基础，通过比较资产、负债账面价值与其计税基础之间的差异，确定应纳税暂时性差异和可抵扣暂时性差异。具体比较关系及应纳税暂时性差异与可抵扣暂时性差异判断见图表 26—6。

图表 26—6　　应纳税暂时性差异与可抵扣暂时性差异判断

比较项目	账面价值 > 计税基础	账面价值 < 计税基础
资产	应纳税暂时性差异	可抵扣暂时性差异
负债	可抵扣暂时性差异	应纳税暂时性差异

（3）递延所得税的计算

递延所得税 =（期末递延所得税负债 – 期初递延所得税负债）–（期末递延所得税资产 – 期初递延所得税资产）

四、所得税费用的账务处理

所得税费用的核算有确认所得税费用、结转所得税费用、缴纳所得税等账务处理。

1. 确认所得税费用

借：所得税费用（计算的所得税费用）

　　递延所得税资产（本期增加的递延所得税资产，若为减少则在贷方）

　　贷：应交税费——应交所得税（当期所得税）

　　　　递延所得税负债（本期增加的递延所得税负债，若为减少则在借方）

2. 结转所得税费用

借：本年利润

　　贷：所得税费用

3. 缴纳所得税

借：应交税费——应交所得税

　　贷：银行存款

任务实施

1. 计算 2017 年所得税费用

→主管会计张茜计算公司全年应纳税所得额，确定 2017 年公司所得税费用。

（1）计算 2017 年利润总额

张茜查阅“本年利润”账户月初余额，即公司 1 ~ 11 月的税后利润为 4,319,490.00 元，查阅“所得税费用”账户借方累计发生额，即 1 ~ 11 月确认的所得税费用为 1,439,830.00 元。张茜计算 1 ~ 11 月利润总额为 4,319,490.00+1,439,830.00=5,759,320.00（元）。张茜计算

12 月利润总额为 6,819,235.09−5,713,831.68=1,105,403.41（元），因此 2017 年公司利润总额为 5,759,320.00+1,105,403.41=6,864,723.41（元）。

分析：在实际工作中，企业所得税采取按月或按季预缴，年终汇算清缴。公司每月按利润总额预缴所得税，因公司采用账结法，所以“本年利润”账户 12 月初余额为税后利润，计算利润总额时应加所得税费用。

（2）计算 2017 年度纳税调整项目

2017 年度公司管理费用中的招待费 172,850.00 元，按企业所得税法相关规定允许税前扣除其发生额的 60%，但最高不超过营业收入的 5‰，其中允许扣除招待费的 60% 为 103,710.00 元，因其未超过营业收入的 5‰即 203,794.80 元（40,758,960.00 元 ×5‰），所以应调增应纳税所得额 69,140.00 元，即招待费 172,850.00 元的 40%。

除业务招待费外，公司本年度的其他纳税调整项目为：交易性金融资产 30,000.00 元为会计期末按公允价值计量的未实现投资收益，此投资收益按所得税法不确认收入；会计期末按应收账款余额百分比法计提的坏账准备 4,350 元，此坏账准备按所得税法不得税前扣除。

（3）考虑以前年度亏损的弥补

张茜查阅“利润分配——未分配利润”账户，年初余额为零，同时翻阅以前年度该账户资料，公司 2012 年、2013 年成立初期亏损 140 万元，已分别在 2014 年、2015 年、2016 年弥补了 40 万元、40 万元、60 万元，以前年度亏损已在 2016 年度全部弥补完毕。

分析：税法规定企业发生亏损，可以在亏损的次年起，5 年内用税前利润弥补亏损，即计算应纳税所得额时，可以扣除允许弥补的以前年度亏损。

（4）计算 2017 年应交所得税

2017 年应纳税所得额 =2017 年利润总额 + 纳税调整项目金额

=6,864,723.41+69,140.00−30,000.00+4,350.00

=6,908,213.41

分析：一般情况下，企业计算应纳税所得额时，是在利润总额的基础上进行纳税调整计算而得。

2017 年应交所得税 = 应纳税所得额 × 适用所得税税率

=6,908,213.41 × 25%

=1,727,053.35

（5）分析、判断暂时性差异

张茜根据资产负债表项目，逐项计算相关资产、负债的账面价值与计税基础，相关资料见图表 26—7，除所列项目外，其他资产、负债不存在会计和税收的差异。

图表 26—7　　暂时性差异分析表

项目	账面价值	计税基础	差异	
			应纳税暂时性差异	可抵扣暂时性差异
应收账款	1,492,500.00	1,500,000.00		7,500.00
交易性金融资产	150,000.00	120,000.00	30,000.00	
总计			30,000.00	7,500.00

分析：交易性金融资产差异 30,000 元，为会计期末按公允价值计量的未实现投资收益，税法规定未实现的收益无须缴纳所得税。应收账款差异 7,500 元，为会计期末按应收账款余额百分比法计提的坏账准备，坏账准备 2017 年年初贷方余额为 3,150 元。税法规定未实际发生的损失不得税前扣除。

（6）计算 2017 年 12 月和全年公司的所得税费用（图表 26—8）。

图表 26—8　　所得税费用计算表

项目	当期所得税	递延所得税负债	递延所得税资产	所得税费用
2017 年度	1,727,053.35	7,500.00	1087.50	1,733,465.85
1 ~ 11 月	1,439,830.00			1,439,830.00
12 月	287,223.35	7,500.00	1087.50	293,635.85

分析：万泉河啤酒公司适用的所得税税率为 25%，根据相关知识中的可抵扣暂时性差异和应纳税暂时性差异对所得税的影响，经查阅 11 份账簿，11 月期末递延所得税资产为 787.5 元，据此计算确认递延所得税资产和递延所得税负债。

递延所得税资产 = 期末递延所得税资产 – 期初递延所得税资产

=7,500.00 × 25%–3,150.00 × 25%=1087.50（元）

递延所得税负债 = 期末递延所得税负债 – 期初递延所得税负债

=30,000.00 × 25%–0 =7,500.00（元）

→制单会计刘悦依据所得税费用的计算，确认 12 月份所得税费用，编制记账凭证（图表 26—9）。

图表 26—9　　记账凭证

字总 × 号
字分　号

2017 年 12 月 31 日

摘　要	总账科目	明细科目	借方金额	贷方金额	记账
计算所得税费用	所得税费用		293,635.85		
	递延所得税资产		1,087.50		
	应交税费	应交所得税		287,223.35	
	递延所得税负债			7,500.00	
	合　计		294,723.35	294,723.35	

附件 2 张

会计主管：　记账：　审核：　制证：刘悦

2. 结转所得税费用

刘悦结转所得税费用，编制记账凭证（图表 26—10）。

图表 26—10　　**记账凭证**

字总 × 号
字分　号

2017 年 12 月 31 日

摘　要	总账科目	明细科目	借方金额	贷方金额	记账
结转所得税费用账户	本年利润		293,635.85		
	所得税费用			293,635.85	
合　计			293,635.85	293,635.85	

附件 0 张

会计主管：　　记账：　　审核：　　制证：刘悦

提示：结转所得税费用后，"本年利润"账户的余额为税后利润，即净利润（图表 26—11）。

图表 26—11　　**本年利润**

2017 年		凭证		摘要	借方	贷方	借或贷	余额
月	日	种类	号数					
11	30			本年累计数	34,204,510.00	38,524,000.00	贷	4,319,490.00
12	31	记	××	结转 12 月份各收益类账户		6,819,235.09	贷	11,138,725.09
12	31	记	××	结转 12 月份各费用类账户	5,713,831.68		贷	5,424,893.41
12	31	记	××	结转 12 月份所得税费用账户	293,635.85		贷	5,131,257.56

知识链接

应付税款法

按照《小企业会计准则》规定，小企业的所得税核算采用应付税款法，即根据企业所得税法规定计算的当期应纳税额，确认所得税费用。在应付税款法下，计入损益的所得税费用完全受税法规定的影响，即"所得税费用"科目的发生额与"应交税费——应交所得税"科目的发生额相同。

采用应付税款法记账企业当期所得税的计算公式为：

所得税费用 = 当期应交所得税

当期应交所得税 = 应纳税所得额 × 所得税税率

应纳税所得额 = 利润总额 + 纳税调整增加额 − 纳税调整减少额

纳税调整增加额主要包括按税法规定允许扣除项目中，企业已计入当期费用但超过税法规定扣除标准的金额（如超过税法规定标准的职工福利费、工会经费、职工教育经费、业务招待费、公益性捐赠支出、广告费和业务宣传费等）及企业已计入当期损失但税法规定不允许扣除项目的金额（如税收滞纳金、罚金、罚款等）。

纳税调整减少额主要包括收入类调整项目和扣除类调整项目，具体包括免税收入（如国债利息）、减计收入、减免税项目所得（如符合条件的环境保护项目所得）、加计扣除（如安置残疾人员所支付的工资）等。

练一练

单项选择题（请在下列选项中选择一个正确答案并填在括号中）

1. 按规定企业在计算应纳税所得额时，应按照（　　）计算。

A. 税前利润　B. 利润总额　C. 应税利润　D. 净利润

2. W公司2017年应交所得税50万元，年初的递延所得税资产和递延所得税负债为30万元和40万元，年末的递延所得税资产和递延所得税负债余额为40万元和30万元，则W公司2017年应确认的所得税费用金额为（　　）万元。

A. 20　B. 25　C. 30　D. 50

3. 某企业2017年度税前会计利润为2,000万元，其中本年国债利息收入120万元，税收滞纳金20万元，企业所得税税率为25%，假定不考虑其他因素，该企业2017年度所得税费用为（　　）万元。

A. 465　B. 470　C. 475　D. 500

判断题（判断正误并在括号内填“√”或“×”）

1. 所得税是企业的一项费用支出，而不是利润分配。（　　）

2. 应税利润由于和会计利润确认方法不同，所以二者往往不相等。（　　）

3. 所得税费用账户的期末余额应直接转入未分配利润账户，结转后其账户应无余额。（　　）

任务27　利润分配的核算

知识点	技能点
● 本年利润的结转 ● 利润分配的一般程序 ● 利润分配的核算 ● 亏损弥补途径及核算	● 熟悉利润分配的程序并能够对利润分配进行核算 ● 能够进行弥补亏损的不同类型核算

任务描述

2017 年 12 月 31 日，万泉河啤酒公司财务部依据有关会计准则要求和公司董事会 12 月 25 日的决议，对当年实现的利润进行分配。

任务分析

企业经营最终目的、投资者投资的目的都在于创造并分配利润，但企业对利润分配的内容、数量、顺序等，应遵循国家法律法规、企业章程和决议的规定。因此，利润分配的核算要掌握企业利润分配的一般顺序，并按规定的比例进行分配并核算。

相关知识

一、结转本年利润

年度终了，企业将全年实现的净利润，即“本年利润”账户的余额转入“利润分配——未分配利润”账户，准备进行利润的分配。结转后，“本年利润”账户无余额，余额全部体现在“利润分配——未分配利润”账户中。

年末会计人员根据账簿中“本年利润”账户余额，做如下会计分录：

借：本年利润

　　贷：利润分配——未分配利润

若为净亏损，做相反的会计分录。

二、利润分配的顺序

企业在一定期间取得的利润，需按照国家法律法规、企业章程和决议规定进行分配，但企业类型不同，分配内容和顺序有所不同。下面以有限责任公司为例进行阐述。

1. 确定企业期末可供分配的利润

期末可供分配的利润 = 当年实现的净利润（或净亏损）+ 年初未分配利润（或减年初未弥补亏损）+ 其他转入

2. 企业当期可供分配的利润

一般应按以下顺序分配：

（1）弥补企业以前年度亏损（连续 5 年税前利润补亏后的尚未弥补净额）。

（2）提取法定盈余公积金（依据弥补亏损后剩余净利润的 10% 提取，但提取最高不得高于注册资本 50%）。值得注意的是，如果以前年度未分配利润有盈余（即年初未分配利润余额为正数），在计算提取法定盈余公积的基数时，不应包括企业年初未分配利润；如果以前年度有亏损（即年初未分配利润余额为负数），应先弥补以前年度亏损再提取盈余公积。

（3）提取任意盈余公积（有限责任公司根据需要提取，比例自行确定）。

（4）向投资者分配的利润（企业可供分配的利润减去补亏金额、提取的盈余公积等后的余额，可向投资者分配）。

3. 年末未分配利润

一般情况下，企业考虑到未来发展以及在经营效益不稳定时期“以丰补歉”的目的，不会将全部利润都分配，经过上述程序分配后会有剩余，形成企业年末未分配利润。

三、利润分配的会计核算（以有限责任公司为例）

1. 期末会计根据自制的法定盈余公积计算表，做提取法定盈余公积的会计分录：

借：利润分配——提取法定盈余公积

　　贷：盈余公积——法定盈余公积

2. 根据自制的任意盈余公积计算表，做提取任意盈余公积金的会计分录：

借：利润分配——提取任意盈余公积

　　贷：盈余公积——任意盈余公积

3. 根据董事会关于分配利润的决议以及银行回单等原始凭证，做分配现金股利的会计分录：

借：利润分配——应付现金股利或利润

　　贷：应付股利——××股东

4. 分配完毕，将“利润分配”账户项下其他明细账结平，转入“利润分配——未分配利润”，做如下会计分录：

借：利润分配——未分配利润

　　贷：利润分配——提取法定盈余公积

　　　　　　　　——提取任意盈余公积

　　　　　　　　——应付现金股利或利润

四、企业利润分配涉及的账户

1.“本年利润”账户

“本年利润”账户是核算企业当期实现的净利润或发生的净亏损。本账户属于所有者权益类账户，贷方登记期末由各收益类账户转入的当期实现或取得各种收入或收益，以及年末结转计入“利润分配”账户的本年度实现的净亏损；借方登记期末由成本费用类账户转入的各种费用、支出，以及年末结转计入“利润分配”账户的本年度实现的净利润。

2.“利润分配”账户

“利润分配”账户是核算企业利润分配（或亏损的弥补）和历年分配（或弥补）后的余额。本账户属于所有者权益账户，贷方登记从“本年利润”账户转入的本年实现的净利润；借方登记从“本年利润”账户转入的本年发生的亏损数，以及本年分配利润数；期末，贷方余额反映累计未分配利润，借方余额表示累计未弥补亏损。

本账户应分别按“提取法定盈余公积”“提取任意盈余公积”“应付现金股利或利

润”“转作股本的股利”“盈余公积补亏”“未分配利润”等进行明细核算。

3.“盈余公积”账户

“盈余公积”账户是核算企业从净利润中提取的盈余公积。本账户属于所有者权益类账户，贷方登记提取的法定盈余公积和任意盈余公积，借方登记用于弥补亏损或转增资本的数额，期末贷方余额反映企业的盈余公积。

本账户应分别按“法定盈余公积”“任意盈余公积”进行明细核算。

任务实施

2017 年 12 月 31 日

（1）结转本年利润

刘悦查阅“本年利润”账户余额（参见任务 26—2 的图表 26—11），结转本年净利润到“利润分配”账户，编制记账凭证（图表 27—1）。

图表 27—1 **记账凭证**

字总 × 号
字分 号

2017 年 12 月 31 日

摘 要	总账科目	明细科目	借方金额	贷方金额	记账
结转净利润	本年利润		5,131,257.56		
	利润分配	未分配利润		5,131,257.56	
合 计			5,131,257.56	5,131,257.56	

附件 0 张

会计主管： 记账： 审核： 制证：刘悦

（2）年末分配利润

→主管会计张茜审核公司行政部转来的 2017 年董事会决议（略），编制利润分配计算表（图表 27—2）。

图表 27—2 **利润分配计算表**

2017 年度 单位：元

利润分配项目	分配基数	分配比例	分配额
法定盈余公积	5,131,257.56	10%	513,125.76
分配股利			2,000,000.00
其中：海南商贸集团			500,000.00
海口盛大百货集团			500,000.00
海南第一创投公司			500,000.00
北京联创公司			500,000.00

分析：年终利润分配依据主要有两个，一是根据有关制度规定的法定分配内容，弥补亏损、提取法定盈余公积等；二是根据公司董事会决议，提取任意盈余公积、分配利润等。因此，在公司当年盈利情况下，会计首先关注“利润分配——未分配利润”账户余额，有无未弥补亏损，进而判断应在税前或是税后弥补；其次，查看法定盈余公积账户余额，判断是否需要计提；最后，再依据公司董事会决议确定当年应分配投资者利润。

→制单会计刘悦根据利润分配计算表，做提取盈余公积、分配股利的账务处理，编制记账凭证（图表27—3、图表27—4）。

图表27—3　　　　**记账凭证**

字总　×　号

2017年12月31日　　字分　1/2　号

摘　　要	总账科目	明细科目	借方金额	贷方金额	记账
提取盈余公积及分配利润	利润分配	提取法定盈余公积	513,125.76		
	利润分配	应付现金股利或利润	2,000,000.00		
	盈余公积	法定盈余公积		513,125.76	
	应付股利	海南商贸集团		500,000.00	
合　计					

附件1张

会计主管：　　记账：　　审核：　　制证：刘悦

图表27—4　　　　**记账凭证**

字总　×　号

2017年12月31日　　字分　2/2　号

摘　　要	总账科目	明细科目	借方金额	贷方金额	记账
	应付股利	海口盛大百货集团		500,000.00	
	应付股利	海南第一创投公司		500,000.00	
	应付股利	北京联创公司		500,000.00	
合　计			2,513,125.76	2,513,125.76	

附件　张

会计主管：　　记账：　　审核：　　制证：刘悦

（3）结转“利润分配”账户除“未分配利润”外的各明细账户

分析：各项利润分配核算结束后，“利润分配”账户除“未分配利润”明细账户外，其余已分配的各明细账户金额应转入“利润分配——未分配利润”账户。结转后，“利润分配”账户仅“未分配利润”明细账户有余额。

刘悦编制记账凭证（图表 27—5）。

图表 27—5　　　　　　　　**记账凭证**

字总　×　号
字分　　　号

2017 年 12 月 31 日

摘　要	总账科目	明细科目	借方金额	贷方金额	记账
结转利润分配明细账户	利润分配	未分配利润	2,513,125.76		
	利润分配	提取法定盈余公积		513,125.76	
		应付现金股利或利润		2,000,000.00	
合　计			2,513,125.76	2,513,125.76	

附件 0 张

会计主管：　　　　记账：　　　　审核：　　　　制证：刘悦

知识链接

弥补亏损的方法及核算

企业发生的亏损，主要通过以下三种途径弥补：

一、税前利润补亏

我国税法规定，企业当年发生的亏损可用以后年度的税前利润进行弥补，但逐年延续弥补最长期限不超过 5 年。

1. 如果企业当年所得小于或等于往年账面亏损中可在税前弥补的金额，则不必计算所得税，可直接将本年全部利润转入利润分配中，即借记“本年利润”科目，贷记“利润分配——未分配利润”科目，“利润分配——未分配利润”借贷方自动抵减即可完成。

2. 如果当年所得大于往年账面亏损中可在税前弥补的金额，则应按规定将补亏后的所得缴纳所得税。

二、税后利润补亏

如前所述，亏损后连续 5 年税前利润不足以弥补亏损，或者尚未弥补完，从第 6 年开始可用税后利润补亏。

采用税后利润弥补以前年度亏损时，因为累计未弥补亏损已经反映在“利润分配——未分配利润”账户借方，而当期实现的利润是已从“本年利润”账户转入“利润分配——未分配利润”账户贷方反映。因此，税后利润补亏，无须专门做账务处理，在“利润分配——未分配利润”账户中其借方余额和贷方发生额自然抵补。

三、盈余公积补亏

如果税后利润仍不足以弥补亏损，则可用企业盈余公积补亏，但补亏后企业法定盈余公积不得低于注册资本的 25%。盈余公积弥补亏损，则需做账务处理，借记“盈余公积”账户，贷记“利润分配——盈余公积补亏”账户。

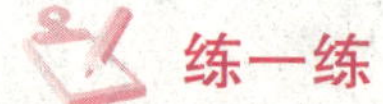

单项选择题（请在下列选项中选择一个正确答案并填在括号中）

1. 法定盈余公积的提取是依据（　　）的10%计提。

A. 税前利润　　B. 会计利润　　C. 应税利润　　D. 净利润

2. 企业历年未分配的利润或未弥补的亏损，反映在（　　）账户。

A. 本年利润　　B. 利润分配　　C. 应付利润　　D. 盈余公积

判断题（判断正误并在括号内填"√"或"×"）

1. 年末结账后，企业"利润分配"账户中余额仅反映在未分配利润明细账户中。（　　）

2. 是否需要向投资者分配利润，与企业当年是否有盈利无关。（　　）

项目 9　会计报表的编制

会计分期反映企业发生的经济业务信息。在每一个会计期间内，会计人员首先取得、审核企业各经济业务的原始凭证，并根据审核无误的原始凭证编制记账凭证，记录经济业务信息；其次根据记账凭证等凭证登记会计账簿，对已发生的经济业务信息分类、汇总反映；最后根据会计账簿记录编制会计报表。会计报表是对已记录的经济信息再次分项、汇总反映，是企业经济业务信息的浓缩。会计报表是企业财务报告[①]的核心内容。

通常，企业反映的会计信息主要分为经营成果信息、财务状况信息和现金流量信息。

任务 28　经营成果信息——利润表

知识点

- 利润表编制依据
- 利润表各项目反映内容及其数据计算

技能点

- 熟练编制利润表

任务描述

2017 年 12 月末，财务人员要编制海南万泉河啤酒公司 2017 年 12 月的利润表。

任务分析

企业一定会计期间（月、季度或年）实现的收入、发生的费用是企业管理层、投资人和债权人等会计信息使用者关心的首要信息。企业经营业绩来源于主营业务、次营业

① 财务报告概述见附录四，本项目仅阐述各会计报表的编制。

务、投资等多项活动。会计期末，企业财务部门通过对会计信息的汇总、整理、分析，形成利润表，以反映不同项目的经营成果。要编制利润表，财务人员需要掌握其主要的列报项目及编制方法。

相关知识

一、利润表的含义

利润表是反映企业在一定会计期间的经营成果的会计报表。利润表是依据“收入－费用＝利润”的会计等式而编制。

我国《企业会计准则》规定的利润表采用多步式，将不同性质的收入和费用类别进行对比，按经营与非经营项目顺序排列，分步计算得出营业利润、利润总额、净利润等不同环节的利润数据，让信息使用者清晰了解企业经营成果的不同来源和对净利润的影响。

二、利润表月报表编制

1. 利润表表首信息填写

“编制单位”应填写编报企业的全称并加盖公章，如果企业名称在所属当期发生了变更，还应明确标明。“报告期间”应填写利润表所涵盖的会计期间，月报应填写 × 年 × 月，如 2017 年 12 月。“单位”指的是货币单位，在我国以人民币作为记账本位币，通常以“元”为单位，但有时也以“千元”“万元”为单位。

2. 利润表“本期金额”栏目的填列

利润表是动态会计报表，反映一定会计期间的经营成果，因而“本期金额”各项目的填列主要是根据各损益类账户的本期发生额分析来填列。通常各收益类项目应根据相应的收益类会计账户的贷方发生额填列，各费用类项目则应根据相应的费用类会计账户的借方发生额填列。

利润表各项目的内容及填列见图表 28—1。

图表 28—1　　利润表各项目填列一览表

利润表项目	反映内容	项目的数据计算
营业收入	反映企业经营主要业务和其他业务所确认的收入总额	应根据“主营业务收入”和“其他业务收入”账户的发生额分析来填列
营业成本	反映企业经营主要业务和其他业务所发生的成本总额	应根据“主营业务成本”和“其他业务成本”账户的发生额分析来填列
税金及附加	反映企业经营活动发生的消费税、城市维护建设税、资源税、教育费附加及房产税、土地使用税、车船使用税、印花税等相关税费	应根据“税金及附加”账户的发生额分析来填列

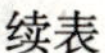

续表

利润表项目	反映内容	项目的数据计算
销售费用	反映企业在销售商品过程中发生的包装费、广告费等费用和为销售本企业商品而专设的销售机构的职工薪酬、业务费等经营费用	应根据“销售费用”账户的发生额分析来填列
管理费用	反映企业为组织和管理生产经营发生的管理费用	应根据“管理费用”账户的发生额分析来填列
财务费用	反映企业为筹集生产经营所需资金等而发生的筹资费用	应根据“财务费用”账户的发生额分析填列
资产减值损失	反映企业各项资产发生的减值损失	应根据“资产减值损失”账户的发生额分析填列
公允价值变动收益	反映企业应当计入当期损益的资产或负债公允价值变动收益	应根据“公允价值变动损益”账户的发生额分析填列。如果为净损失，本项目以“–”号填列
投资收益	反映企业以各种方式对外投资所取得的收益	应根据“投资收益”账户的发生额分析填列。如为投资损失，本项目以“–”号填列
其他收益	收到的与企业日常活动相关的计入当期收益的政府补助	应根据“其他收益”账户的发生额分析填列
营业利润	反映企业实现的营业利润	应根据上述“营业收入–营业成本–税金及附加–销售费用–管理费用–财务费用–资产减值损失+公允价值变动收益+投资收益+其他收益”的计算结果填列。如果为亏损，本项目以“–”号填列
营业外收入	反映企业发生的与经营业务无直接关系的各项收入	应根据“营业外收入”账户的发生额分析填列
营业外支出	反映企业发生的与经营业务无直接关系的各项支出	应根据“营业外支出”账户的发生额分析填列
利润总额	反映企业实现的利润	应根据上述“营业利润+营业外收入–营业外支出”的计算结果填列。如果为亏损，本项目以“–”号填列
所得税费用	反映企业应从当期利润总额中扣除的所得税费用	应根据“所得税费用”账户的发生额分析填列
净利润	反映企业实现的净利润	应根据上述“利润总额–所得税费用”的计算结果填列。如果为亏损，本项目以“—”号填列
每股收益		普通股或潜在普通股已公开交易的企业，以及正处于公开发行普通股或潜在普通股过程中的企业，根据每股收益准则规定计算的金额填列

3. 利润表月报表中“本年累计金额”栏目的填列

利润表的月报中，不仅反映本月经营成果，而且累计反映当年的经营成果。每年 1 月利润表中“本年累计金额”即为当月“本期金额”栏内各项数字。2 月 ~ 12 月利润表中“本年累计金额”为上月利润表中“本年累计金额”栏目数字与本月利润表中“本期金额”栏内各项数字之和。

任务实施

2017 年 12 月 31 日

（1）月末，主管会计张茜首先填写利润表表首各基本信息，报告期间为“2017 年 12 月”。

（2）张茜查阅会计账簿总账中 2017 年 12 月各损益类账户的本期发生额（本书为便于读者理解，将会计账簿 2017 年 12 月各损益类账户的本期发生额整理列示见图表 28—2），分析并计算填列利润表中的“本期金额”各栏目数据（图表 28—3）。

图表 28—2　　2017 年 12 月各损益类账户发生额　　单位：元

账户名称	本月发生额	
	借　方	贷　方
主营业务收入		6,597,800.00
其他业务收入		2,000.00
公允价值变动损益		30,000.00
投资收益		74,435.09
营业外收入		115,000.00
主营业务成本	4,832,000.00	
其他业务成本	3,500.00	
税金及附加	453,887.17	
销售费用	172,424.38	
管理费用	250,835.17	
财务费用	–4,430.00	
资产减值损失	4,350.00	
营业外支出	1,264.96	
所得税费用	293,635.85	
合计	6,007,467.53	6,819,235.09

图表 28—3　　　　　　　　**利润表**

会企 02 表

编制单位：海南万泉河啤酒有限责任公司　　2017 年 12 月　　单位：元

项　　目	本期金额	本年累计金额
一、营业收入	6,599,800.00	
减：营业成本	4,835,500.00	
税金及附加	453,887.17	
销售费用	172,424.38	
管理费用	250,835.17	
财务费用	–4,430.00	
资产减值损失	4,350.00	
加：公允价值变动收益（损失以“–”号填列）	30,000.00	
投资收益（损失以“–”号填列）	74,435.09	
其中：对联营企业和合营企业的投资收益		
资产处置收益（损失以“–”填列）		
其他收益		
二、营业利润（亏损以“–”号填列）	991,668.37	
加：营业外收入	115,000.00	
减：营业外支出	1,264.96	
三、利润总额（亏损总额以“–”号填列）	1,105,403.41	
减：所得税费用	293,635.85	
四、净利润（净亏损以“–”号填列）	811,767.56	
五、其他综合收益的税后净额		
（一）以后不能重分类进损益的其他综合收益		
（二）以后将重分类进损益的其他综合收益		
六、综合收益总额		
七、每股收益		
（一）基本每股收益		
（二）稀释每股收益		

利润表中主要数据计算如下：

营业收入 =6,597,800.00+2,000.00=6,599,800.00

营业成本 =4,832,000.00+3,500.00=4,835,500.00

（3）张茜查阅2017年度11月利润表（图表28—4）。根据2017年度11月利润表中各项目的“本年累计金额”与对应的12月利润表中的“本期金额”栏目各数据相加，填写12月利润表中各项目的“本年累计金额”（图表28—5）。

图表28—4 **利润表**

会企02表

编制单位：海南万泉河啤酒有限责任公司 2017年11月 单位：元

项目	本期金额	本年累计金额
一、营业收入	2,800,000.00	34,159,160.00
减：营业成本	2,000,000.00	23,008,500.00
税金及附加	174,899.00	2,701,104.50
销售费用	132,000.00	1,305,843.00
管理费用	194,560.00	1,519,331.50
财务费用	1,200.00	11,900.00
资产减值损失		
加：公允价值变动收益（损失以“–”号填列）		
投资收益（损失以“–”号填列）		91,839.00
其中：对联营企业和合营企业的投资收益		
资产处置收益（损失以“–”填列）		
其他收益		
二、营业利润（亏损以“–”号填列）	297,341.00	5,704,320.00
加：营业外收入		55,000.00
减：营业外支出		
三、利润总额（亏损总额以“–”号填列）	297,341.00	5,759,320.00
减：所得税费用		1,439,830.00
四、净利润（净亏损以“–”号填列）	297,341.00	4,319,490.00
五、其他综合收益的税后净额		
（一）以后不能重分类进损益的其他综合收益		
（二）以后将重分类进损益的其他综合收益		
六、综合收益总额		
七、每股收益		
（一）基本每股收益		
（二）稀释每股收益		

图表 28—5　　　　　　　　　利润表

会企 02 表

编制单位：海南万泉河啤酒有限责任公司　　2017 年 12 月　　　　　　　　　　单位：元

项　　目	本期金额	本年累计金额
一、营业收入	6,599,800.00	40,758,960.00
减：营业成本	4,835,500.00	27,844,000.00
税金及附加	453,887.17	3,154,991.67
销售费用	172,424.38	1,478,267.38
管理费用	250,835.17	1,770,166.67
财务费用	–4,430.00	7,470.00
资产减值损失	4,350.00	4,350.00
加：公允价值变动收益（损失以“–”号填列）	30,000.00	30,000.00
投资收益（损失以“–”号填列）	74,435.09	166,274.09
其中：对联营企业和合营企业的投资收益		
资产处置收益（损失以“–”填列）		
其他收益		
二、营业利润（亏损以“–”号填列）	991,668.37	6,695,988.37
加：营业外收入	115,000.00	170,000.00
减：营业外支出	1,264.96	1,264.96
三、利润总额（亏损总额以“–”号填列）	1,105,403.41	6,864,723.41
减：所得税费用	293,635.85	1,733,465.85
四、净利润（净亏损以“–”号填列）	811,767.56	5,131,257.56
五、其他综合收益的税后净额		
（一）以后不能重分类进损益的其他综合收益		
（二）以后将重分类进损益的其他综合收益		
六、综合收益总额		
七、每股收益		
（一）基本每股收益		
（二）稀释每股收益		

利润表的年报表编制

一、利润表表首信息

"报告期间"应按年度填写，如2017年。

二、利润表金额栏目

利润表年报表中金额栏目采用对比式（对照式）填列，即各项目均应对比填列"本期金额"和"上期金额"，使报表使用者通过比较不同期间利润的实现情况，判断企业经营成果的未来发展趋势。

1. 利润表年报表中"本期金额"栏内各项数字，应根据本年12月月报表中的"本年累计金额"栏内所列数字填列。

2. 利润表年报表中"上期金额"栏内各项数字，应根据上年年报利润表"本期金额"栏内所列数字填列。如果上年年报利润表规定的各个项目的名称和内容同本期不一致，应对上年该期利润表各项目的名称和数字按本期的规定进行调整，填入利润表"上期金额"栏内。

利润表季报、半年报编制同年报，仅是报告期间改为×年×季或×年上半年、×年下半年。同理，报表中"本期金额"与"上期金额"均以季度或半年度数据填列。

单项选择题（请在下列选项中选择一个正确答案并填在括号中）

1. 在下列各项税金中，不应在利润表中的"税金及附加"项目反映的是（　　）。

A. 消费税　　B. 城市维护建设税

C. 印花税　　D. 增值税

2. 某企业2017年发生的营业收入为1,000万元，营业成本为600万元，销售费用为20万元，管理费用为50万元，财务费用为10万元，投资收益为40万元，资产减值损失为70万元（损失），公允价值变动损益为80万元（收益），营业外收入为25万元，营业外支出为15万元。该企业2017年的营业利润为（　　）万元。

A. 370　　B. 330　　C. 320　　D. 390

3. 下列选项中，不影响企业利润总额的项目是（　　）。

A. 营业外收入　　B. 管理费用

C. 投资收益　　D. 所得税费用

任务 29　财务状况信息——资产负债表

知识点

- 资产负债表的编制依据
- 资产负债表各项目反映内容及其数据计算

技能点

- 熟练编制资产负债表

任务描述

2017 年 12 月末，财务人员要编制万泉河啤酒公司 2017 年 12 月份资产负债表。

任务分析

企业持续经营过程中所拥有的资产、需偿还的债务以及股东（投资者）拥有的净资产一直处于变动之中。会计期末，企业应如实反映某一特定日期的资产、负债和所有者权益金额及其结构情况，让会计信息使用者了解企业资产的质量、偿债能力、潜在收益及利润分配能力等。要编制资产负债表，财务人员需要掌握其主要的列报项目及编制方法。

相关知识

一、资产负债表的含义

资产负债表是反映企业在某一特定日期的财务状况的会计报表，它是依据“资产 = 负债 + 所有者权益”的会计等式而编制。

我国《企业会计准则》规定的资产负债表采用账户式结构，分左右两部分，左边列示资产，右边列示负债和所有者权益，从整体上体现了“资产 = 负债 + 所有者权益”的会计等式。资产各项目按其流动性大小依次排列，负债和所有者权益各项目一般按要求清偿时间的先后顺序排列。

资产负债表采用对比式（对照式）填列，即各项目均应对比填列“年初余额”和“期末余额”，以便报表使用者通过比较不同时点资产负债表的数据，掌握企业财务状况的变动情况及发展趋势。

二、资产负债表的编制

1. 资产负债表表首填制信息

“编制单位”等其他表首信息填写同利润表，不同的是“资产负债表日”应填写报表所涵盖会计期间的最后一日，如月报为月末最后一日。例,2017 年 2 月 28 日、2017 年 6 月 30 日等。

值得注意的是，资产负债表 12 月月报与年报、下半年报、第四季度报表因所涵盖会计期间的最后一日相同，报表均相同。

2. 资产负债表“年初余额”的填列

资产负债表的“年初余额”各项目数字，应根据上年末资产负债表“期末余额”栏内所列数字填列。如果本年度资产负债表规定的各个项目的名称和内容同上年度不一致，应对上年年末资产负债表各项目的名称和数字按照本年度的规定进行调整后，再填入“年初余额”栏内。

3. 资产负债表“期末余额”的填列

由于资产负债表是反映特定时点财务状况的会计报表，资产负债表的“期末余额”各项目数字，主要是根据资产负债表日会计账簿中资产、负债、所有者权益类总账、明细账账户期末余额分类、汇总填列。资产负债表中的项目并不都与账户名称一致，因此有的项目可以根据账户期末余额直接填列，有的项目需要根据账户期末余额合并或分析填列。

资产负债表各项目的内容及填列见图表 29—1。

图表 29—1　　资产负债表各项目填列一览表

资产负债表项目	反映内容	项目的数据计算
一、流动资产		
货币资金	反映企业库存现金、银行结算户存款、外埠存款、银行汇票存款、银行本票存款、信用卡存款、信用证保证金存款等的合计数	应根据“库存现金”“银行存款”“其他货币资金”账户的期末余额合计数填列
以公允价值计量且其变动计入当期损益的金融资产	反映企业持有的以公允价值计量且其变动计入当期损益的为交易目的所持有的债券投资、股票投资、基金投资、权证投资等金融资产	应根据“交易性金融资产”账户和在初始确认时指定为以公允价值计量且其变动计入当期损益的金融资产账户的期末余额填列
应收票据	反映企业因销售商品、提供劳务等而收到的商业汇票，包括银行承兑汇票和商业承兑汇票	应根据“应收票据”账户的期末余额，减去“坏账准备”账户中有关应收票据计提的坏账准备期末余额后的金额填列
应收账款	反映企业因销售商品、提供劳务等经营活动应收取的款项	应根据“应收账款”账户所属各明细账户的期末借方余额与“预收账款”账户所属各明细账户的期末借方余额合计数，减去“坏账准备”账户中有关应收账款计提的坏账准备期末余额后的金额填列 如“应收账款”账户所属明细账户期末有贷方余额的，应在资产负债表“预收款项”项目内填列

续表

资产负债表项目	反映内容	项目的数据计算
预付款项	反映企业按照购货合同规定预付给供应单位的款项等	应根据“预付账款”账户所属各明细账户的期末借方余额与“应付账款”账户所属各明细账户的期末借方余额合计，减去“坏账准备”账户中有关预付账款计提的坏账准备期末余额后的金额填列 如“预付账款”账户所属各明细账户期末有贷方余额的，应在资产负债表“应付账款”项目内填列
应收利息	反映企业应收取的债券投资等的利息	应根据“应收利息”账户的期末余额，减去“坏账准备”账户中有关应收利息计提的坏账准备期末余额后的金额填列
应收股利	反映企业应收取的现金股利和应收取其他单位分配的利润	应根据“应收股利”账户的期末余额，减去“坏账准备”账户中有关应收股利计提的坏账准备期末余额后的金额填列
其他应收款	反映企业除应收票据、应收账款、预付账款、应收股利、应收利息等经营活动以外的其他各种应收、暂付的款项	应根据“其他应收款”账户的期末余额，减去“坏账准备”账户中有关其他应收款计提的坏账准备期末余额后的金额填列
存货	反映企业期末在库、在途和在加工中的各种存货的可变现净值或成本（成本与可变现净值孰低）	应根据“在途物资”“原材料”“周转材料”“库存商品”“发出商品”“委托加工物资”“生产成本”“受托代销商品”等账户的期末余额合计，减去“存货跌价准备”“受托代销商品款”账户期末余额后的金额填列 材料采用计划成本核算，以及库存商品采用计划成本或售价核算的企业，还应加上“材料采购”“材料成本差异”“商品进销差价”账户的期末余额
一年内到期的非流动资产	反映企业将于一年内到期的非流动资产项目金额	应根据“长期应收款”等非流动资产账户中将于一年内到期或摊销完毕的部分填列
其他流动资产	除以上流动资产项目外的其他流动资产项目	
二、非流动资产		
长期应收款	反映企业融资租赁产生的应收款项、采用递延方式具有融资性质的销售商品和提供劳务等产生的长期应收款项等	应根据“长期应收款”账户的期末余额，减去相应的“未实现融资收益”账户和“坏账准备”账户中有关长期应收款计提的坏账准备期末余额后的金额填列
长期股权投资	反映投资方对被投资单位实施控制、重大影响的权益性投资，以及对其合营企业的权益性投资	应根据“长期股权投资”账户的期末余额，减去“长期股权投资减值准备”账户期末余额后的金额填列

续表

资产负债表项目	反映内容	项目的数据计算
投资性房地产	反映企业持有的投资性房地产	应根据“投资性房地产”账户的期末余额，减去“投资性房地产累计折旧”“投资性房地产减值准备”账户期末余额后的金额填列
固定资产	反映企业各种固定资产原价减去累计折旧和减值准备后的净值	应根据“固定资产”账户的期末余额，减去“累计折旧”和“固定资产减值准备”账户的期末余额后的金额填列
在建工程	反映企业期末各项未完工程的实际支出，包括交付安装的设备价值、未完建筑安装工程已经耗用的材料、工资和费用支出、预付出包工程的价款等的可收回金额	应根据“在建工程”账户的期末余额，减去“在建工程减值准备”账户期末余额后的金额填列
工程物资	反映企业尚未使用的各项工程物资的实际成本	应根据“工程物资”账户的期末余额填列
固定资产清理	反映企业因出售、毁损、报废等原因转入清理但尚未清理完毕的固定资产的净值，以及固定资产清理过程中所发生的清理费用和变价收入等各项金额的差额	应根据“固定资产清理”账户的期末借方余额填列，若期末为贷方余额，以“-”号填列
无形资产	反映企业持有的无形资产，包括专利权、非专利技术、商标权、著作权、土地使用权等无形资产的成本减去累计摊销和减值准备后的净值	应根据“无形资产”账户的期末余额，减去“累计摊销”和“无形资产减值准备”账户期末余额后的金额填列
开发支出	反映企业开发无形资产过程中能够资本化形成无形资产成本的支出部分	应根据“研发支出”账户中所属的“资本化支出”明细账户期末余额填列
长期待摊费用	反映企业已经发生但应由本期和以后各期负担的分摊期限在一年以上的各项费用	应根据“长期待摊费用”账户的期末余额填列
递延所得税资产	反映企业确认的可抵扣暂时性差异产生的递延所得税资产	应根据“递延所得税资产”账户的期末借方余额填列
其他非流动资产	反映企业除长期股权投资、固定资产、在建工程、无形资产等以外的其他非流动资产	应根据有关账户的期末余额填列

续表

资产负债表项目	反映内容	项目的数据计算
三、流动负债		
短期借款	反映企业向银行或其他金融机构等借入的期限在一年以下（含一年）的各种借款	应根据"短期借款"账户的期末余额填列
以公允价值计量且其变动计入当期损益的金融负债	反映企业承担的以公允价值计量且其变动计入当期损益的为交易目的所持有的金融负债	应根据"交易性金融负债"账户和在初始确认时指定为以公允价值计量且其变动计入当期损益的金融负债账户的期末余额填列
应付票据	反映企业购买材料、商品和接受劳务供应等而开出、承兑的商业汇票，包括银行承兑汇票和商业承兑汇票	应根据"应付票据"账户的期末余额填列
应付账款	反映企业因购买材料、商品和接受劳务供应等经营活动应支付的款项	应根据"应付账款"账户所属各明细账户的期末贷方余额与"预付账款"账户所属各明细账户的期末贷方余额的合计金额填列 如果"应付账款"账户所属明细账户期末有借方余额的，应在资产负债表"预付款项"项目内填列
预收款项	反映企业按照购货合同规定预付给供应单位的款项	应根据"预收账款"账户所属各明细账户的期末贷方余额与"应收账款"账户所属各明细账户的期末贷方余额合计金额填列 如果"预收账款"账户所属各明细账户期末有借方余额，应在资产负债表"应收账款"项目内填列
应付职工薪酬	反映企业根据有关规定应付给职工的工资、职工福利、社会保险费、住房公积金、工会经费、职工教育经费、非货币性福利、辞退福利等各种薪酬。外商投资企业按规定从净利润中提取的职工奖励及福利基金，也在本项目列示	应根据"应付职工薪酬"账户期末贷方余额填列，若为期末借方余额，以"-"号填列
应交税费	反映企业按照税法规定计算应缴纳的各种税费，包括增值税、消费税、企业所得税、资源税、土地增值税、城市维护建设税、房产税、土地使用税、车船税、教育费附加、矿产资源补偿费等。企业代扣代缴的个人所得税，也通过本项目列示。企业所缴纳的税金不需要预计应交数的，如印花税、耕地占用税等，不在本项目列示	应根据"应交税费"账户的期末贷方余额填列，若为期末借方余额，以"-"号填列
应付利息	反映企业按照规定应当支付的利息，包括分期付息到期还本的长期借款应支付的利息、企业发行的企业债券应支付的利息等	应根据"应付利息"账户的期末余额填列
应付股利	反映企业分配的现金股利或利润。企业分配的股票股利，不通过本项目列示	应根据"应付股利"账户的期末余额填列

续表

资产负债表项目	反映内容	项目的数据计算
其他应付款	反映企业除应付票据、应付账款、预收款项、应付职工薪酬、应付股利、应付利息、应交税费等经营活动以外的其他各项应付、暂收的款项	应根据“其他应付款”账户的期末余额填列
一年内到期的非流动负债	反映企业非流动负债中将于资产负债表日后一年内到期部分的金额，如将于一年内偿还的长期借款	应根据“长期应付款”“长期借款”“应付债券”“预计负债”等非流动负债账户中将于一年内到期部分的金额填列
其他流动负债	除以上流动负债项目外的其他流动负债项目	
四、非流动负债		
长期借款	反映企业向银行或其他金融机构借入的期限在一年以上（不含一年）的各项借款	应根据“长期借款”账户的期末余额，减去将于一年内到期的部分填列
应付债券	反映企业为筹集长期资金而发行的债券本金和利息	应根据“应付债券”账户的期末余额，减去将于一年内到期的部分填列
长期应付款	反映企业除长期借款和应付债券以外的其他各种长期应付款项	应根据“长期应付款”账户的期末余额，减去将于一年内到期的部分与“未确认融资费用”账户期末余额后的金额填列
专项应付款	反映企业取得政府作为企业所有者投入的具有专项或特定用途的款项	应根据“专项应付款”账户的期末余额填列
预计负债	反映企业确认的对外提供担保、未决诉讼、产品质量保证、重组义务、亏损性合同等预计负债	应根据“预计负债”账户的期末余额，减去将于一年内到期的部分填列
递延所得税负债	反映企业确认的应纳税暂时性差异产生的所得税负债	应根据“递延所得税负债”账户的期末贷方余额填列
其他非流动负债	反映企业除长期借款、应付债券等项目以外的其他非流动负债	本项目应根据有关账户的期末余额填列
五、所有者权益		
实收资本（或股本）	反映企业各投资者实际投入的资本（或股本）总额	应根据“实收资本（或股本）”账户的期末余额填列
资本公积	反映企业资本公积的期末余额	应根据“资本公积”账户的期末余额填列
库存股	反映企业持有尚未转让或注销的本公司股份金额	应根据“库存股”账户的期末余额填列，是所有者权益的减项
其他综合收益	反映企业其他综合收益的期末余额	应根据“其他综合收益”账户的期末余额填列
盈余公积	反映企业盈余公积的期末余额	应根据“盈余公积”账户的期末余额填列
未分配利润	反映企业尚未分配的利润	应根据“本年利润”和“利润分配”账户的余额计算填列。未弥补的亏损，在本项目内以“–”号填列

2017 年 12 月 31 日

（1）月末，主管会计张茜首先填写资产负债表表首各项基本信息，资产负债表日为“2017 年 12 月 31 日”。

（2）张茜查阅 2017 年 12 月相关资产、负债、所有者权益、成本类的总账、明细账账户期末余额（本书为便于读者理解，将会计账簿 2017 年 12 月相关资产、负债、所有者权益、成本类的总账、明细账账户期末余额整理见图表 29—2），分析并计算填列 12 月资产负债表中的“期末余额”各栏目金额（图表 29—3）。

图表 29—2　　2017 年 12 月 31 日相关账户期末余额　　单位：元

账户名称	借方余额	账户名称	贷方余额
库存现金	16,358.54	坏账准备	7,500.00
银行存款	29,084,594.14	其中：应收账款	7,500.00
其他货币资金	590,420.00	累计折旧	11,283,918.00
交易性金融资产	150,000.00	累计摊销	1,211,666.67
应收票据	420,000.00	应付账款	996,564.60
应收账款	1,500,000.00	应付职工薪酬	19,038.41
其他应收款	90,853.30	应交税费	792,625.30
预付账款	15,306.16	应付股利	2,000,000.00
原材料	1,074,063.20	其他应付款	20,000.00
包装物	747,860.00	长期借款	13,000,000.00
低值易耗品	12,250.00	递延所得税负债	7,500.00
库存商品	1,536,819.80	实收资本	80,000,000.00
生产成本	1,147,270.40	资本公积	1,670,000.00
固定资产	67,559,600.00	盈余公积	513,125.76
工程物资	3,067,000.00	利润分配	2,618,131.80
在建工程	875,800.00	本年利润	–
无形资产	6,250,000.00		
递延所得税资产	1,875.00		
合计	114,140,070.54	合计	114,140,070.54

图表 29—3

资产负债表

会企 01 表

编制单位：海南万泉河啤酒有限责任公司　　2017 年 12 月 31 日　　单位：元

资产	期末余额	年初余额	负债及所有者权益	期末余额	年初余额
流动资产：			**流动负债：**		
货币资金	29,691,372.68		短期借款		
以公允价值计量且其变动计入当期损益的金融资产	150,000.00		以公允价值计量且其变动计入当期损益的金融负债		
衍生金融资产			衍生金融负债		
应收票据	420,000.00		应付票据		
应收账款	1,492,500.00		应付账款	996,564.60	
预付款项	15,306.16		预收款项		
应收利息			应付职工薪酬	19,038.41	
应收股利			应交税费	792,625.30	
其他应收款	90,853.30		应付利息		
存货	4,518,263.40		应付股利	2,000,000.00	
持有待售资产			其他应付款	20,000.00	
一年内到期的非流动资产			持有待售负债		
其他流动资产			一年内到期的非流动负债		
流动资产合计	36,378,295.54		其他流动负债		
非流动性资产：			**流动负债合计**	3,828,228.31	
以摊余成本计量的金融资产			**非流动负债：**		
以公允价值计量且其变动计入其他综合收益的金融资产			长期借款	13,000,000.00	
长期应收款			应付债券		
长期股权投资			长期应付款		
投资性房地产			专项应付款		
固定资产	56,275,682.00		预计负债		
在建工程	875,800.00		递延收益		
工程物资	3,067,000.00		递延所得税负债	7,500.00	
固定资产清理			其他非流动负债		
生产性生物资产			**非流动负债合计**	13,007,500.00	
油气资产			**负债合计**	16,835,728.31	
无形资产	5,038,333.33		**所有者权益：**		

续表

资产	期末余额	年初余额	负债及所有者权益	期末余额	年初余额
开发支出			实收资本（或股本）	80,000,000.00	
商誉			资本公积	1,670,000.00	
长期待摊费用			减：库存股		
递延所得税资产	1,875.00		其他综合收益		
其他非流动资产			盈余公积	513,125.76	
非流动性资产合计	65,258,690.33		未分配利润	2,618,131.80	
			所有者权益合计	84,801,257.56	
资产合计	101,636,985.87		**负债及所有者权益总计**	101,636,985.87	

资产负债表中主要数据计算如下：

货币资金 =16,358.54+29,084,594.14+590,420.00=29,691,372.68

应收账款 =1,500,000.00−7,500.00 =1,492,500.00

存货 =1,074,063.20+747,860.00+12,250.00+1,536,819.80+1,147,270.40=4,518,263.40

固定资产 =67,559,600.00−11,283,918.00=56,275,682.00

无形资产 =6,250,000.00−1,211,666.67=5,038,333.33

提示：企业损益类账户的结转若采用账结法，资产负债表中的“未分配利润”应等于“本年利润”与“利润分配——未分配利润”账户期末余额之和。

若采用表结法，资产负债表中的“未分配利润”应等于上期资产负债表中的“未分配利润”项与本期利润表中净利润项中“本期金额”数据之和。

（3）张茜查阅 2017 年 11 月资产负债表，根据 2017 年度 11 月资产负债表（图表 29—4）各项目的“年初余额”填写 12 月资产负债表中的“年初余额”栏目（图表 29—5）。

图表 29—4　　资产负债表

会企 01 表

编制单位：海南万泉河啤酒有限责任公司　　2017 年 11 月 30 日　　单位：元

资产	期末余额	年初余额	负债及所有者权益	期末余额	年初余额
流动资产：			**流动负债：**		
货币资金	1,005,000.00	2,230,000.00	短期借款		
以公允价值计量且其变动计入当期损益的金融资产	119,000.00	358,900.00	以公允价值计量且其变动计入当期损益的金融负债		
衍生金融资产			衍生金融负债		
应收票据	420,000.00		应付票据		
应收账款	1,235,910.00	1,024,350.00	应付账款	104,000.00	289,000.00

续表

资产	期末余额	年初余额	负债及所有者权益	期末余额	年初余额
预付款项	3,000.00	538,000.00	预收款项		
应收利息			应付职工薪酬	11,284.91	
应收股利			应交税费	602,396.49	542,627.35
其他应收款	88,441.50	229,812.50	应付利息	2,400.00	
存货	6,456,700.40	9,986,570.00	应付股利		
持有待售资产			其他应付款		
一年内到期的非流动资产			持有待售负债		
其他流动资产			一年内到期的非流动负债		
流动资产合计	9,328,051.90	14,367,632.50	其他流动负债		
非流动性资产：			**流动负债合计**	720,081.40	831,627.35
以摊余成本计量的金融资产			**非流动负债：**		
以公允价值计量且其变动计入其他综合收益的金融资产			长期借款	1,000,000.00	1,000,000.00
长期应收款			应付债券		
长期股权投资			长期应付款		
投资性房地产			专项应付款		
固定资产	54,059,332.00	47,363,207.35	预计负债		
在建工程	1,917,400.00		递延收益		
工程物资	749,000.00		递延所得税负债		
固定资产清理	−115,000.00		其他非流动负债		
生产性生物资产			**非流动负债合计**	1,000,000.00	1,000,000.00
油气资产			**负债合计**	1,720,081.40	1,831,627.35
无形资产	100,000.00	100,000.00	**所有者权益：**		
开发支出			实收资本（或股本）	60,000,000.00	60,000,000.00
商誉			资本公积		
长期待摊费用			减：库存股		
递延所得税资产	787.50	787.50	其他综合收益		
其他非流动资产			盈余公积		
非流动性资产合计	56,711,519.50	47,463,994.85	未分配利润	4,319,490.00	
			所有者权益合计	64,319,490.00	60,000,000.00
资产合计	66,039,571.40	61,831,627.35	**负债及所有者权益总计**	66,039,571.40	61,831,627.35

图表 29—5

资产负债表

会企 01 表

编制单位：海南万泉河啤酒有限责任公司　　2017 年 12 月 31 日　　单位：元

资产	期末余额	年初余额	负债及所有者权益	期末余额	年初余额
流动资产：			**流动负债：**		
货币资金	29,691,372.68	2,230,000.00	短期借款		
以公允价值计量且其变动计入当期损益的金融资产	150,000.00	358,900.00	以公允价值计量且其变动计入当期损益的金融负债		
衍生金融资产			衍生金融负债		
应收票据	420,000.00		应付票据		
应收账款	1,492,500.00	1,024,350.00	应付账款	996,564.60	289,000.00
预付款项	15,306.16	538,000.00	预收款项		
应收利息			应付职工薪酬	19,038.41	
应收股利			应交税费	792,625.30	542,627.35
其他应收款	90,853.30	229,812.50	应付利息		
存货	4,518,263.40	9,986,570.00	应付股利	2,000,000.00	
持有待售资产			其他应付款	20,000.00	
一年内到期的非流动资产			持有待售负债		
其他流动资产			一年内到期的非流动负债		
流动资产合计	36,378,295.54	14,367,632.50	其他流动负债		
非流动性资产：			**流动负债合计**	3,828,228.31	831,627.35
以摊余成本计量的金融资产			**非流动负债：**		
以公允价值计量且其变动计入其他综合收益的金融资产			长期借款	13,000,000.00	1,000,000.00
长期应收款			应付债券		
长期股权投资			长期应付款		
投资性房地产			专项应付款		
固定资产	56,275,682.00	47,363,207.35	预计负债		
在建工程	875,800.00		递延收益		
工程物资	3,067,000.00		递延所得税负债	7,500.00	
固定资产清理			其他非流动负债		

续表

资产	期末余额	年初余额	负债及所有者权益	期末余额	年初余额
生产性生物资产			**非流动负债合计**	13,007,500.00	1,000,000.00
油气资产			**负债合计**	16,835,728.31	1,831,627.35
无形资产	5,038,333.33	100,000.00	**所有者权益：**		
开发支出			实收资本（或股本）	80,000,000.00	60,000,000.00
商誉			资本公积	1,670,000.00	
长期待摊费用			减：库存股		
递延所得税资产	1，875.00	787.50	其他综合收益		
其他非流动资产			盈余公积	513,125.76	
非流动性资产合计	65,258,690.33	47,463,994.85	未分配利润	2,618,131.80	
			所有者权益合计	84,801,257.56	60,000,000.00
资产合计	101,636,985.87	61,831,627.35	**负债及所有者权益总计**	101,636,985.87	61,831,627.35

同年度的月资产负债表中“年初余额”根据上月抄写

提示：各年度1月份资产负债表中的“年初余额”根据上年年报资产负债表中的“期末余额”填列，当年1～12月份资产负债表中的“年初余额”各栏目数据通常情况下均一致。

知识链接

资产负债表中流动与非流动性项目的划分

资产负债表中流动资产与非流动资产、流动负债与非流动负债的划分是否正确，直接影响到报表使用者的决策。流动资产、流动负债的判断条件见图表29—6。

图表29—6　流动资产（或负债）的判断条件

类别	流动资产	流动负债
判断流动性的条件（应满足其中任一条件）	预计在一个正常营业周期中变现、出售或耗用，如存货	预计在一个正常营业周期中清偿，如应交税费
	主要是为交易的目的而持有，如交易性金融资产	主要为交易的目的而持有，如交易性金融负债
	预计在资产负债表日起一年内（含一年，下同）变现，如应收账款	自资产负债表日起一年内（含一年，下同）到期应予以清偿，如应付账款
	自资产负债表日起一年内，交换其他资产或清偿负债的能力不受限制的现金或现金等价物，如库存现金、银行存款	企业无权自主地将清偿推迟至资产负债表日后一年以上，如短期借款

由图表 29—6 可见，凡不能满足上述判断流动资产流动性任何一个条件的资产均界定为非流动资产，如固定资产、无形资产等。同理，流动负债之外的所有负债界定为非流动负债，如长期借款、应付债券等。

值得注意的是，判断流动资产、流动负债时所称的一个正常营业周期，是指企业从购买用于加工的资产起至实现现金或现金等价物的期间。例如，万泉河啤酒公司以购买啤酒花等原材料为啤酒的营业周期的起始，该批啤酒销售获得现金，为该营业周期的结束，整个过程所经历的时间为该啤酒企业的一个正常营业周期。多数企业正常营业周期通常短于一年，在一年内有几个营业周期。但是，也存在正常营业周期长于一年的情况，如房地产开发企业开发用于出售的房地产产品，造船企业制造的用于对外出售的大型船只等。在会计实务工作中，当正常营业周期不能确定时，通常以一年（12 个月）作为划分流动资产或流动负债的标准。

练一练

单项选择题（请在下列选项中选择一个正确答案并填在括号中）

1. 某企业“应收账款”账户月末借方余额 40,000 元，其中：“应收甲公司账款”明细账户借方余额 35,000 元，“应收乙公司账款”明细账户借方余额 5,000 元。“预收账款”账户月末贷方余额 15,000 元，其中：“预收 A 企业账款”明细账户贷方余额 25,000 元，“预收 B 企业账款”明细账户借方余额 10,000 元。年末计提应收账款的“坏账准备”账户的贷方余额为 5,000 元。该企业月末资产负债表中“应收账款”项目的金额为（　　）元。

A. 40,000　　B. 35,000　　C. 50,000　　D. 45,000

2. 某企业 2017 年 10 月 31 日“生产成本”账户借方余额 50 万元，“原材料”账户借方余额 30 万元，“材料成本差异”账户贷方余额 2 万元，“委托代销商品”账户借方余额 10 万元，“工程物资”账户借方余额 20 万元。该企业月末资产负债表中“存货”项目的金额为（　　）万元。

A. 88　　B. 90　　C. 108　　D. 110

3. 某企业 2017 年 12 月 31 日“固定资产”账户余额为 2,000 万元，“累计折旧”账户余额为 800 万元，“固定资产减值准备”账户余额为 10 万元，“在建工程”账户余额为 200 万元。该企业 2017 年 12 月 31 日资产负债表中“固定资产”项目的金额为（　　）万元。

A. 1,200　　B. 1,190　　C. 1,400　　D. 2,200

判断题（判断正误并在括号内填“√”或“×”）

1. “利润分配”总账的年末余额不一定与相应的资产负债中未分配项目的数额一致。（　　）

2. 无论企业对存货采用实际成本核算，还是采用计划成本核算，在编制资产负债表时，资产负债表上的存货项目反映的都是存货的实际成本。（　　）

任务 30　现金流量信息——现金流量表

知识点	技能点
● 现金及现金等价物的含义 ● 现金流量的分类 ● 现金流量表各项目反映内容及其数据计算	● 能够编制现金流量表

任务描述

2017 年 12 月末，财务人员编制万泉河啤酒公司 2017 年 12 月的现金流量表。

任务分析

企业能否持续经营，关键在于一定时期内是否有足够满足企业正常生产经营所需的现金。现金流量能比较客观地反映企业的资金流转情况、企业的偿债能力和支付能力，也可以从侧面评价企业利润形成的质量，预测企业未来获得收益的能力，而且现金流量较难被企业人为操纵，所反映的信息较真实、客观。因此，现金流量是会计信息使用者所关心的重要数据。会计信息使用者不仅关心企业现金流的总量，而且要了解会计期间现金流入、流出的具体情况。因此，现金流量表编制的关键在于如何划分不同类别的现金流量，在此之前，还要懂得这里所说的“现金”与会计核算中“库存现金”的区别。

相关知识

一、现金流量表的含义

现金流量表是反映企业一定会计期间现金和现金等价物流入和流出的报表。

1. 现金

现金，是指企业库存现金以及可以随时用于支付的存款。现金主要包括：

（1）库存现金。库存现金是指企业持有可随时用于支付的现金，与“库存现金”账户的核算内容一致。

（2）银行存款。银行存款是指企业存入金融机构、可以随时用于支取的存款，与

“银行存款”账户核算内容基本一致，但不包括不能随时用于支付的定期存款、支取受限制的某些外汇存款等。

（3）其他货币资金。其他货币资金是指存放在金融机构的外埠存款、银行汇票存款、银行本票存款、信用卡存款、信用证保证金存款和存出投资款等，与“其他货币资金”账户核算内容一致。

2. 现金等价物

现金等价物是指企业持有的期限短、流动性强、易于转换为已知金额现金、价值变动风险很小的投资。其中，“期限短”一般是指从购买日起 3 个月内到期。

现金等价物通常包括 3 个月内到期的短期债券投资。而权益性投资因变现的金额不确定，不属于现金等价物。

例如，企业于 2017 年 11 月 10 日购入 2016 年 1 月 1 日发行的期限为 2 年的国债，该国债将于 2018 年 1 月 1 日到期。该国债同时具备了四个条件：期限短（企业从购入到持有到期在 3 个月内）、流动性强、易于转换为已知金额现金、价值变动风险小，因此企业应将其作为现金等价物。

二、现金流量的分类

按照企业经营业务发生的性质，企业一定期间内产生的现金流量可分为以下三类：

1. 经营活动产生的现金流量

企业由于行业特点不同，对经营活动的认定存在一定差异。对于工商企业而言，经营活动主要包括销售商品、提供劳务、购买商品、接受劳务、支付税费等。

2. 投资活动产生的现金流量

现金流量表中的投资活动既包括购建和处置固定资产、无形资产和其他长期资产等对内投资活动，也包括取得或出售股票、到期收回债券投资等对外投资。

3. 筹资活动产生的现金流量

筹资活动是指企业吸收投资、发行股票形成的实收资本（股本）、资本溢价（股本溢价）以及分配利润等导致企业资本的变动和向银行借款、发行债券以及偿还债务等使债务规模和构成发生变化的活动。

对于企业日常活动之外、不经常发生的特殊项目，如自然灾害损失、保险赔款、捐赠等，应分析其产生原因分别列入经营、投资、筹资等活动中。比如，对于自然灾害损失和保险赔款，如果能够确指，属于流动资产损失，应当列入经营活动产生的现金流量；属于固定资产损失，应当列入投资活动产生的现金流量；如果不能确指，则可以列入经营活动产生的现金流量。捐赠收入和支出，一般列入经营活动产生的现金流量。如果特殊项目的现金流量金额不大，通常列入各现金流量类别下的“其他”项目，如果金额较大，则增加项目单独列示。

三、现金流量表的编制

1. 现金流量表的编制基础

现金流量表是以收付实现制（又称现金制或实收实付制，是以现金收到或付出为标准，来记录收入的实现和费用的发生）为基础反映企业报告期内的现金流动信息，而企业编制的资产负债表、利润表及有关账户记录资料反映的会计信息，都是以权责发生制为基础记录报告的。所以，编制企业现金流量表的过程就是将权责发生制下的会计资料转换为按收付实现制表示的现金流量，以反映当期实际发生的现金进入和流出的情况。

2. 现金流量表各项目的填列

（1）经营活动产生的现金流量（图表30—1）

图表30—1　　经营活动产生的现金流量各项目填列一览表

现金流量表项目	反映内容	本项目数据计算
销售商品、提供劳务收到的现金	反映企业销售商品、提供劳务实际收到的现金（含销售收入和应向购买者收取的增值税额） 本项目包括本期销售商品、提供劳务收到的现金，以及前期销售和前期提供劳务本期收到的现金和本期预收的账款，减去本期退回本期销售的商品和前期销售本期退回的商品支付的现金 企业销售材料和代购代销业务收到的现金，也在本项目反映	可以根据“库存现金”“银行存款”“应收账款”“应收票据”“预收账款”“主营业务收入”“其他业务收入”等账户的记录分析填列
收到的税费返还	反映企业收到返还的各种税费，如收到返还的增值税、消费税、营业税、企业所得税、教育费附加等税款返还	可以根据“库存现金”“银行存款”“税金及附加”“营业外收入”等账户的记录分析填列
收到的其他与经营活动有关的现金	反映企业除上述各项目外，收到的其他与经营活动有关的现金流入，如经营租赁固定资产收到的现金、流动资产损失中由个人赔偿的现金收入、罚款收入、除税费返还外的其他政府补助收入等 其他与经营活动有关的现金，如果价值较大的，应单列项目反映	可以根据“库存现金”“银行存款”“营业外收入”等账户的记录分析填列
购买商品、接受劳务支付的现金	反映企业购买材料、商品、接受劳务实际支付的现金，包括本期购入材料、商品、接受劳务支付现金（包括增值税进项税额），以及本期支付前期购入商品、接受劳务的未付款项和本期预付款项，减去本期发生的购货退回收到的现金	可以根据“库存现金”“银行存款”“应付账款”“应付票据”“预付账款”“主营业务成本”“其他业务成本”等账户的记录分析填列

续表

现金流量表项目	反映内容	本项目数据计算
支付给职工以及为职工支付的现金	反映企业实际支付给职工以及为职工支付的现金，包括本期实际支付给职工的工资、奖金、各种津贴和补贴等职工薪酬（包括代扣代缴的职工个人所得税），但不包括支付给在建工程人员的工资等	可以根据“库存现金”“银行存款”“应付职工薪酬”等账户的记录分析填列
支付的各项税费	反映企业发生并支付、前期发生本期支付以及预交的各项税费，包括企业所得税、增值税、消费税、印花税、房产税、土地增值税、车船税、教育费附加等	可以根据“库存现金”“银行存款”“应交税费”等账户的记录分析填列
支付其他与经营活动有关的现金	反映企业除上述各项目外，支付的其他与经营活动有关的现金流出，如罚款支出、差旅费、业务招待费、保险费、经营租赁支付的现金等 其他现金流出如价值较大的，应单列项目反映	可以根据“库存现金”“银行存款”“管理费用”“销售费用”“营业外支出”等账户的记录分析填列

（2）投资活动产生的现金流量（图表30—2）

图表30—2　　投资活动产生的现金流量各项目填列一览表

现金流量表项目	反映内容	本项目数据计算
收回投资收到的现金	反映企业出售、转让或到期收回除现金等价物以外的交易性金融资产、长期股权投资、投资性房地产等而收到的现金	应根据“银行存款”账户的借方记录及“交易性金融资产”“长期股权投资”等账户的贷方发生额分析填列
取得投资收益收到的现金	反映企业因股权性投资而取得的现金股利，从子公司、联营企业和合营企业分得利润收到的现金，因债权投资（含现金等价物范围内的债券性投资）而取得的现金利息收入	应根据“银行存款”等账户的借方记录及“投资收益”“应收利息”“应收股利”等账户的贷方发生额分析填列
处置固定资产、无形资产和其他长期资产收回的现金净额	反映企业处置固定资产、无形资产及其他长期资产时因取得价款收入、保险赔偿收入等而收到的现金，扣除与之相关的现金支出后的净额。如处置固定资产、无形资产及其他长期资产所收回的现金净额为负数，则在“支付的其他与投资活动有关的现金”项目中反映	应根据“银行存款”等账户的记录及“固定资产清理”“营业外收入”“其他应收款”“应交税费”等账户的发生额分析填列

续表

现金流量表项目	反映内容	本项目数据计算
处置子公司及其他营业单位收到的现金净额	反映企业处置子公司及其他营业单位所取得的现金减去子公司或其他营业单位持有的现金和现金等价物以及相关处置费用后的净额	
收到其他与投资活动有关的现金	反映企业除上述各项目外，收到的其他与投资活动有关的现金，包括收到购买股票和债券时，实际支付的价款中包含的已宣告尚未领取的现金股利或已到付息期但尚未领取的债券的利息	这些项目不经常发生，可根据“银行存款”“应收股利”“应收利息”等账户分析填列
购建固定资产、无形资产和其他长期资产支付的现金	反映企业购买、建造固定资产，取得无形资产和其他长期资产支付的现金，包括购买机器设备所支付的现金及增值税款、建造工程支付的现金、支付在建工程人员的工资等现金支出，不包括为购建固定资产、无形资产和其他长期资产而发生的借款利息资本化部分，以及融资租入固定资产所支付的租赁费	应根据“库存现金”“银行存款”等账户的贷方记录及“固定资产”“在建工程”“工程物资”“应付职工薪酬”“应交税费”“无形资产”等账户借方发生额分析填列
投资支付的现金	反映企业进行权益性投资和债权性投资所支付的现金，包括企业取得的除现金等价物以外的交易性金融资产、持有至到期投资、可供出售金融资产而支付的现金，以及支付的佣金、手续费等交易费用。企业购买债券的价款中含有债券利息的，以及溢价或折价购入的，均按实际支付的金额反映	应根据“库存现金”“银行存款”等账户的贷方记录及“长期股权投资”“持有至到期投资”“交易性金融资产”等账户的借方发生额分析填列
取得子公司及其他营业单位支付的现金净额	反映企业购买子公司及其他营业单位购买价中以现金支付的部分，减去子公司或其他营业单位持有的现金和现金等价物后的净额	
支付其他与投资活动有关的现金	反映企业除上述各项目外，支付的其他与投资活动有关的现金，包括企业购买股票和债券时，实际支付的价款中包含的已宣告尚未领取的现金股利或已到付息期但尚未领取的债券利息 如处置固定资产、无形资产和其他长期资产而收到的现金净额为负数，也在本项目中反映	

（3）筹资活动产生的现金流量（图表30—3）

图表30—3　　筹资活动产生的现金流量各项目填列一览表

现金流量表项目	反映内容	本项目数据计算
吸收投资收到的现金	反映企业以发行股票、债券等方式筹集资金实际收到的款项净额（发行收入减去支付的佣金等发行费用后的净额）	应根据“银行存款”账户的借方记录及“股本”（或“实收资本”）“资本公积”“应付债券”等账户的贷方发生额分析填列
取得借款收到的现金	反映企业举借各种短期、长期借款而收到的现金	应根据“银行存款”等账户的借方记录及“短期借款”“长期借款”“交易性金融负债”“应付债券”等账户的贷方发生额记录分析填列
收到其他与筹资活动有关的现金	反映企业除上述各项目外，收到的其他与筹资活动有关的现金	
偿还债务支付的现金	反映企业以现金偿还债务的本金，包括：归还金融企业的借款本金、偿付企业到期的债券本金等	应根据“银行存款”账户的贷方记录及“应付债券”“短期借款”“长期借款”等账户的借方发生额分析填列
分配股利、利润或偿付利息支付的现金	反映企业实际支付的现金股利、支付给其他投资单位的利润或用现金支付的借款利息、债券利息	应根据“银行存款”等账户贷方记录及“应付股利”或“应付利润”“应付利息”“利润分配”“财务费用”“在建工程”“制造费用”“研发支出”等账户的借方发生额分析填列
支付其他与筹资活动有关的现金	反映企业除上述各项目外，支付的其他与筹资活动有关的现金，如以发行股票、债券等方式筹集资金时由企业直接支付的审计、咨询等费用，融资租赁所支付的现金，以分期付款方式构建固定资产以后各期支付的现金等	
汇率变动对现金及现金等价物的影响	企业外币现金流量及境外子公司的现金流量折算成记账本位币时，所采用的是现金流量发生日的汇率或平均汇率，而现金流量表最后一行“现金及现金等价物净增加额”中外币现金净增加额是按期末汇率折算的，这两者的差额即为汇率变动对现金及现金等价物的影响	可以通过报表附注中“现金及现金等价物净增加额”减去现金流量表中经营活动、投资活动、筹资活动三项现金流量的净额，倒算得出
现金及现金等价物净增加额		“经营活动产生的现金流量净额”“投资活动产生的现金流量净额”“筹资活动产生的现金流量净额”以及“汇率变动对现金的影响额”之和
期末现金及现金等价物余额		期末“库存现金”“银行存款”“其他货币资金”账户余额以及现金等价物金额之和

3. 现金流量表的编制方法

编制现金流量表时，反映经营活动现金流量的方法有两种：一是直接法，二是间接法。

（1）直接法

直接法是指按现金收入和现金支出的主要类别直接反映企业经营活动产生的现金流量，如销售商品、提供劳务收到的现金，购买商品、接受劳务支付的现金等就是按现金收入和支出的类别直接反映的。在直接法下，可以采用工作底稿法或T形账户法编制，也可以直接根据有关账户记录分析填列。

（2）间接法

间接法是指以净利润为起算点，调整不涉及现金的收入、费用、营业外收支等有关项目，剔除投资活动、筹资活动对现金流量的影响，据此计算出经营活动产生的现金流量。

我国现金流量表准则规定企业应当采用直接法编报现金流量表，同时要求在附注中提供以净利润为基础调节到经营活动现金流量的信息。

4. 现金流量表的平衡关系

（1）本期现金及现金等价物净增加额等于资产负债表中期末现金及现金等价物余额减去期初现金及现金等价物余额。

（2）用直接法填列的“经营活动产生的现金流量净额”等于附表中用间接法调整得出的“经营活动产生的现金流量净额”。

任务实施

说明：本书为便于初学者理解、学习，在任务实施中以2017年12月的库存现金、银行存款日记账和其他货币资金账户记录数据为基础编制一个月的现金流量表。

2017年12月31日

月末，主管会计张茜首先填写现金流量表表首各项基本信息（图表30—7）。

张茜根据2017年12月银行存款日记账（图表30—4）、库存现金日记账（图表30—5）和其他货币资金三栏明细账（图表30—6）相关资料的本月发生额分析、计算填列现金流量表中各栏目的“本期金额”（图表30—7）。

图表 30—4

银行存款日记账[①]

2017年		凭证编号	摘要	对方科目	支票		借方	贷方	借或贷	余额	备注：现金流量分类
月	日				种类	号数					
11	30	××	职工福利	应付职工薪酬				24,000.00	借	501,500.00	
11	30	××	本月合计				7,914,307.00	5,523,657.26		501,500.00	
12	2	××	提取现金	库存现金				100,000.00	借	401,500.00	不影响
12	2	××	送缴现金	库存现金			26,153.00		借	427,653.00	不影响
12	2	××	购啤酒花	在途物资				52,650.00	借	375,003.00	④购买商品、接受劳务支付的现金
12	2	××	销售	主营业务收入			5,538,078.00		借	5,913,081.00	①销售商品、提供劳务收到的现金
12	3	××	差旅费	其他应收款				11,000.00	借	5,902,081.00	⑦支付的其他与经营活动有关的现金
12	3	××	办银行汇票	其他货币资金				120,000.00	借	5,782,081.00	不影响
12	3	××	手续费	财务费用				5.00	借	5,782,076.00	⑦支付的其他与经营活动有关的现金
12	5	××	维修劳务费	管理费用				2,925.00	借	5,779,151.00	⑦支付的其他与经营活动有关的现金
12	5	××	处置变压器	固定资产清理			50,000.00		借	5,829,151.00	⑩处置固定资产所收回的现金净额
12	6	××	招待费	管理费用				1,600.00	借	5,827,551.00	⑦支付的其他与经营活动有关的现金
12	6	××	11月个税	应交税费				1,708.60	借	5,825,842.40	⑤支付给职工以及为职工支付的现金
12	7	××	交12月社保	应付职工薪酬				68,920.00	借	5,756,922.40	⑤支付给职工以及为职工支付的现金
12	8	××	12月住房公积金	应付职工薪酬				17,230.00	借	5,739,692.40	⑤支付给职工以及为职工支付的现金
12	8	××	交11月税费	应交税费				605,272.80	借	5,134,419.60	⑥支付的各种税费
12	10	××	收景德公司货款	应收账款			163,800.00		借	5,298,219.60	①销售商品、提供劳务收到的现金

① 本书为便于读者理解，在实务工作中的银行存款日记账增加备注栏目，详细表明各现金流入、流出的分类。以下库存现金日记账、其他货币资金三栏明细账相同，不再说明。

续表

2017年		凭证编号	摘要	对方科目	支票		借方	贷方	借或贷	余额	备注：现金流量分类
月	日				种类	号数					
12	10	××	付南京天惠货款	应付账款				34,000.00	借	5,264,219.60	④购买商品、接受劳务支付的现金
12	10	××	咨询费	管理费用				40,000.00	借	5,224,219.60	⑦支付的其他与经营活动有关的现金
12	10	××	预付兰州啤酒物资	预付账款				50,000.00	借	5,174,219.60	④购买商品、接受劳务支付的现金
	10	××	付水费	应付账款				7,722.00	借	5,166,497.60	④购买商品、接受劳务支付的现金
12	11	××	付电话费	管理费用				1,200.00	借	5,165,297.60	⑦支付的其他与经营活动有关的现金
12	12	××	销售代垫运费	应收账款				2,000.00	借	5,163,297.60	①冲减销售商品、提供劳务收到的现金
12	16	××	投资款	实收资本			1,000,000.00		借	6,163,297.60	⑰吸收投资所收到的现金
12	16	××	投资款	实收资本			1,000,000.00		借	7,163,297.60	⑰吸收投资所收到的现金
12	16	××	投资款	实收资本			1,000,000.00		借	8,163,297.60	⑰吸收投资所收到的现金
12	19	××	投资款	实收资本			1,000,000.00		借	9,163,297.60	⑰吸收投资所收到的现金
12	19	××	投资款	实收资本			11,500,000.00		借	20,663,297.60	⑰吸收投资所收到的现金
12	20	××	预收湛江康乐货款	预收账款			273,000.00		借	20,936,297.60	①销售商品、提供劳务收到的现金
12	20	××	预付电费	应付账款				100,000.00	借	20,836,297.60	④购买商品、接受劳务支付的现金
12	21	××	专用设备	工程物资				3,510,000.00	借	17,326,297.60	⑬购建固定资产所支付的现金
12	21	××	补付兰州啤酒物资	预付账款				771,064.60	借	16,555,233.00	④购买商品、接受劳务支付的现金

续表

2017 年		凭证编号	摘要	对方科目	支票		借方	贷方	借或贷	余额	备注：现金流量分类
月	日				种类	号数					
12	21	××	收北海康宝货款	应收账款			646,000.00		借	17,201,233.00	①销售商品、提供劳务收到的现金
12	22	××	付乌市啤酒物资	应付账款				649,600.00	借	16,551,633.00	④购买商品、接受劳务支付的现金
12	24	××	销售部油费等	销售费用				23,000.00	借	16,528,633.00	⑦支付的其他与经营活动有关的现金
12	25	××	结算千里马运费	销售费用 应交税费				20,646.00	借	16,507,987.00	⑦支付的其他与经营活动有关的现金 ④购买商品、接受劳务支付的现金
12	26	××	销售	主营业务收入			791,700.00		借	17,299,687.00	①销售商品、提供劳务收到的现金
12	26	××	收存款利息	财务费用			11,235.00		借	17,310,922.00	③收到的其他与经营活动有关的现金
12	26	××	贷款利息费	财务费用				3,600.00	借	17,307,322.00	㉑偿付利息所付的现金
12	26	××	贷款	长期借款			12,000,000.00		借	29,307,322.00	⑱取得借款收到的现金
12	28	××	发工资	应付职工薪酬				142,535.86	借	29,164,786.14	⑤支付给职工以及为职工支付的现金
12	30	××	车间清理费	在建工程				12,000.00	借	29,152,786.14	⑬购建固定资产所支付的现金
12	28	××	付燃气费	应付账款				44,070.00	借	29,108,716.14	④购买商品、接受劳务支付的现金
12	31	××	职工福利	应付职工薪酬				24,122.00	借	29,084,594.14	⑤支付给职工以及为职工支付的现金
12	31		本月合计				34,999,966.00	6,416,871.86	借	29,084,594.14	

图表 30—5

库存现金日记账

2017年		凭证编号	摘要	对方科目	支票		借方	贷方	借或贷	余额	现金流量分类
月	日				种类	号数					
11	30		本月合计				112,568.00	87,565.00		3,500.00	
12	2	××	提取现金	银行存款			100,000.00		借	103,500.00	不影响
12	2	××	付大麦款	应付账款				70,000.00	借	33,500.00	④购买商品、接受劳务支付的现金
12	2	××	收回备用金	其他应收款			7,653.00		借	41,153.00	⑦冲减支付的其他与经营活动有关的现金
12	2	××	送缴现金	银行存款				26,153.00	借	15,000.00	不影响
12	3	××	啤酒花运费	在途物资				206.46	借	14,793.54	④购买商品、接受劳务支付的现金
12	4	××	长款	其他应收款			1,565.00		借	16,358.54	⑦冲减支付的其他与经营活动有关的现金
	31		本月合计				109,218.00	96,359.46		16,358.54	

图表 30—6

其他货币资金三栏明细账

2017年		凭证编号	摘要	借方	贷方	借或贷	余额	现金流量分类
月	日							
11	30		本月合计				500,000.00	
12	3	××	办银行汇票	120,000.00		借	620,000.00	不影响
12	5	××	买入海马股票		120,780.00	借	499,220.00	⑭投资支付的现金
12	10	××	卖出罗牛山股票	198,800.00		借	698,020.00	⑧收回投资所收到的现金
12	19	××	购车以银行汇票结算		107,600.00	借	590,420.00	⑬购置固定资产所支付的现金
12	31		本月合计	318,800.00	228,380.00		590,420.00	

图表 30—7

现金流量表

会企 03 表

编制单位：海南万泉河啤酒有限责任公司　　2017 年 12 月　　单位：元

项　　目	本期金额	上期金额
一、经营活动产生的现金流量：		
销售商品、提供劳务收到的现金①	7,410,578.00	
收到的税费返还②	—	
收到的其他与经营活动有关的现金③	11,235.00	
经营活动现金流入小计	7,421,813.00	
购买商品、接受劳务支付的现金④	1,781,359.06	
支付给职工以及为职工支付的现金⑤	254,516.46	
支付的各种税费⑥	605,272.80	
支付的其他与经营活动有关的现金⑦	89,112.00	
经营活动现金流出小计	2,730,260.32	
经营活动产生的现金流量净额	4,691,552.68	
二、投资活动产生的现金流量：		
收回投资所收到的现金⑧	198,800.00	
取得投资收益所收到的现金⑨	—	
处置固定资产、无形资产和其他长期资产所收回的现金净额⑩	50,000.00	
处置子公司及其他营业单位收到的现金净额⑪	—	
收到的其他与投资活动有关的现金⑫	—	
投资活动现金流入小计	248,800.00	
购建固定资产、无形资产和其他长期资产所支付的现金⑬	3,629,600.00	
投资支付的现金⑭	120,780.00	
取得子公司及其他营业单位支付的现金净额⑮	—	
支付的其他与投资活动有关的现金⑯	—	
投资活动现金流出小计	3,750,380.00	
投资活动产生的现金流量净额	–3,501,580.00	
三、筹资活动产生的现金流量：		
吸收投资所收到的现金⑰	15,500,000.00	
取得借款收到的现金⑱	12,000,000.00	
收到的其他与筹资活动有关的现金⑲	—	
筹资活动现金流入小计	27,500,000.00	

①～㉒为便于读者理解，在现金流量表各具体项目中加注标号，并与银行存款、库存现金日记账和其他货币资金三栏明细账的备注项目一致，利于各项目数字的计算。

续表

项　　目	本期金额	上期金额
偿还债务所支付的现金[20]		
分配股利、利润和偿付利息所支付的现金[21]	3,600.00	
支付的其他与筹资活动有关的现金[22]		
筹资活动现金流出小计	3,600.00	
筹资活动产生的现金流量净额	27,496,400.00	
四、汇率变动对现金及现金等价物的影响		
五、现金及现金等价物净增加额	28,686,372.68	
加：期初现金及现金等价物余额		
六、期末现金及现金等价物余额		

练一练

单项选择题（请在下列选项中选择一个正确答案并填在括号中）

1. 下列选项中不属于我国现金流量表中现金的是（　　）。

   A. 库存现金　　B. 银行汇票存款

   C. 商业汇票　　D. 现金等价物

2. 引起现金流量净额变动的项目是（　　）。

   A. 将现金存入银行

   B. 用银行存款购买 1 个月到期的债券

   C. 用固定资产抵偿债务

   D. 用银行存款清偿债务 20 万元

3. 下列选项中属于现金流量表中经营活动产生的现金流量的是（　　）。

   A. 购建固定资产支付的现金

   B. 支付各项税费

   C. 购买三个月内到期的国债支付的现金

   D. 收到分派的现金股利

4. 支付的在建工程人员的工资属于（　　）产生的现金流量。

   A. 筹资活动　　B. 经营活动

   C. 汇率变动　　D. 投资活动

附录

附录一　材料核算的计划成本法

一、计划成本法

在实际工作中，对于材料收发业务较多且计划成本资料健全、准确的企业，也可以采用计划成本进行材料收发核算。

采用计划成本法的前提是在会计核算年度的上年末，由企业采购部门会同财务等部门共同制定各种存货的计划成本目录，规定存货的分类和各种存货的名称、品种、规格、编号、计量单位、计划单位成本。例如，2017年年末要制定2018年的存货计划成本。计划成本应尽可能接近实际成本，其构成与实际成本一致，包括买价、运杂费和有关税费等。计划单位成本制定后，除特殊情况外，年度内一般不得调整。

采用计划成本法核算的优点是：

1. 有利于通过采购材料的实际成本与计划成本的差异分析，考核采购部门的采购业绩。
2. 有利于仓管部门加强对材料的管理和监督。
3. 有利于生产部门计算耗用的材料，考核生产人员的成本控制业绩。
4. 有利于简化会计处理手续。

二、计划成本法核算涉及的账户

1.“材料采购”账户

“材料采购”账户用于核算企业采用计划成本进行材料日常核算时购入材料的采购成本。本账户属于资产类账户，借方登记企业采购材料的实际成本和结转的入库材料节约差异，贷方登记入库材料的计划成本和结转的入库材料超支差异，期末借方余额反映企业在途材料的采购成本。

本账户可按供应单位和材料品种进行明细核算。

2.“原材料”账户

在计划成本法下，“原材料”账户用于核算企业库存各种材料的计划成本。本账户属于资产类账户，借方登记入库材料的计划成本，贷方登记发出材料的计划成本，期末借方余额反映企业库存材料的计划成本。

本账户可按材料的保管地点、类别、品种和规格进行明细核算。

3.“材料成本差异”账户

“材料成本差异”账户用于核算企业已入库各种材料实际成本与计划成本的差额。本账户属于资产类账户，借方登记入库材料发生的超支差及发出材料应负担的节约差；贷方登记入库材料发生的节约差及发出材料应负担的超支差；期末借方余额反映企业库存材料实际成本大于计划成本的差异（即超支差异），期末贷方余额反映企业库存材料实际成本小于计划成本的差异（即节约差异）。

本账户可按“原材料”“周转材料”等，按照类别或品种进行明细核算。

三、计划成本法下原材料的核算

1. 购入材料

企业日常收到采购材料的相关票据，无论材料是否入库，均按实际的采购成本借记“材料采购”，将可以抵扣的增值税额借记“应交税费——应交增值税（进项税额）”，贷记“银行存款”“其他货币资金”“应付账款”或“应付票据”等相关货款结算账户。

【例 1】 2017 年 12 月 5 日，海南滨海股份有限公司采用商业承兑汇票支付方式从本市购入 A 材料计划成本 140,000.00 元，实际成本 148,000.00 元，增值税额为 25,160.00 元，材料尚未到达。应编制如下会计分录：

借：材料采购——A 材料　　148,000.00
　　应交税费——应交增值税（进项税额）　　25,160.00
　　贷：应付票据　　173,160.00

【例 2】 2017 年 12 月 15 日，海南滨海股份有限公司采用电汇方式购入 B 材料，计划成本 85,000.00 元，实际成本 80,000.00 元，增值税额 13,600.00 元，发票账单已收到，材料当日验收入库。应编制如下会计分录：

借：材料采购——B 材料　　80,000.00
　　应交税费——应交增值税（进项税额）　　13,600.00
　　贷：银行存款　　93,600.00

2. 材料入库

材料入库时，按入库材料的计划成本，借记“原材料”账户，贷记“材料采购”账户。

【例 3】 承【例 2】2017 年 12 月 15 日，B 材料验收入库，该批材料计划成本为 85,000 元。应编制如下会计分录：

借：原材料——B 材料　　85,000.00

　　贷：材料采购——B 材料　　85,000.00

【例 4】 承【例 1】2017 年 12 月 18 日，A 材料到达入库，该批材料计划成本为 140,000 元。应编制如下会计分录：

借：原材料——A 材料　　140,000.00

　　贷：材料采购——A 材料　　140,000.00

3. 结转入库材料的成本差异

在计划成本法下，材料入库按计划成本计价，材料的实际成本与计划成本之差，专设“材料成本差异”账户予以调整。如果采购材料的实际成本大于计划成本，则为超支差异，借记“材料成本差异”账户，贷记“材料采购”账户。如果材料采购的实际成本小于计划成本，则为节约差异，应做相反的会计分录。

【例 5】 2017 年 12 月 31 日，海南滨海股份有限公司结转入库材料的成本差异，其中 A 材料超支差异 8,000.00 元，B 材料节约差异 5,000.00 元。应编制如下会计分录：

借：材料成本差异——A 材料　　8,000.00

　　贷：材料采购——A 材料　　8,000.00

借：材料采购——B 材料　　5,000.00

　　贷：材料成本差异——B 材料　　5,000.00

4. 发出材料

领用、发出材料均按计划成本核算，借记“生产成本”“制造费用”“管理费用”“销售费用”等相关成本费用类账户，贷记“原材料”账户。

【例 6】 2017 年 12 月 31 日，海南滨海股份有限公司编制“发料凭证汇总表”结转发出 A 材料的计划成本。其中，生产车间领用 A 材料 120,000.00 元，车间管理部门领用 A 材料 30,000.00 元，公司行政管理部门领用 A 材料 20,000.00 元。应编制如下会计分录：

借：生产成本　　120,000.00

　　制造费用　　30,000.00

　　管理费用　　20,000.00

　　贷：原材料——A 材料　　170,000.00

5. 结转发出材料的成本差异

在计划成本法下，发出材料也按计划成本计价，月末也应将发出材料的计划成本调整为实际成本。发出材料的计划成本加上应负担的成本差异，就是发出材料的实际成本，其调整步骤如下：

（1）计算本期材料成本差异率

材料成本差异率是材料成本差异额与计划成本的比率。

$$本期材料成本差异率=\frac{期初结存材料成本差异+本期验收入库材料成本差异}{期初结存材料计划成本+本月验收入库材料计划成本}\times 100\%$$

提示：

1. 期初结存材料的成本差异和本期验收入库材料的成本差异若为超支差，在“材料成本差异”账户的借方反映，计算差异率时用正数表示；若为节约差则在“材料成本差异”账户的贷方反映，计算差异率时用负数表示。

2. 材料成本差异率计算结果若为正数，表示本期结转发出材料的差异为超支差；若计算结果为负数，则表示本期结转发出材料的差异为节约差。

（2）计算本月发出材料应负担的材料成本差异

发出材料应负担的成本差异 = 发出材料的计划成本 × 本期材料成本差异率

（3）结转发出材料的成本差异

如果本期发出材料的成本差异为超支差异，借记“生产成本”“制造费用”“管理费用”“销售费用”等相关成本费用类账户，贷记“材料成本差异”账户。

如果本期发出材料的成本差异为节约差异，借记“材料成本差异”账户，贷记“生产成本”“制造费用”“管理费用”“销售费用”等相关成本费用类账户。

值得注意的是，发出材料应负担的材料成本差异，必须按月分摊，不得在季末或年末一次分摊。

【例 7】 海南滨海股份有限公司 2017 年 12 月初结存 A 材料的计划成本为 100, 000.00 元，原材料成本差异的月初数为 5,000.00 元（节约）。承【例 1】【例 4】【例 5】，本月收入 A 材料的计划成本为 140,000.00 元，本月收入 A 材料成本差异为超支 8,000 元。承【例 6】，本月发出 A 材料的计划成本为 170,000.00 元。则 A 材料成本差异率及发出材料应负担的成本差异计算如下：

$$A材料成本差异率=\frac{(-5,000)+8,000}{100,000+140,000}\times 100\%=1.25\%$$

发出 A 材料应负担的成本差异 =170,000.00 × 1.25%=2,125（元）

发出 A 材料的实际成本 =170,000.00+2,125.00=172,125.00（元）

结转 A 材料成本差异（超支），编制会计分录如下：

借：生产成本　　1,500.00
　　制造费用　　375.00
　　管理费用　　250.00
　　贷：材料成本差异　　2,125.00

附录二　税费的核算

企业在一定时期内取得的营业收入和实现的利润，应按照规定向国家缴纳各种税费。企业应交税费的种类和主要税种见附图表 2—1。

附图表 2—1　　企业应交税费的种类和主要税种

税类	税种	征收对象
流转税类	增值税、消费税、关税等	企业商品生产、商品销售和劳务服务的流转额
所得税类	企业所得税	企业所得额
资源税类	资源税	企业在境内开发自然资源
财产税类	房产税、契税	企业拥有的财产
其他税类	车船税、车辆购置税、印花税、耕地占用税、城市维护建设税、教育费附加等	针对企业某些特定行为，如使用车船、购买车船、签订合同、占用耕地以及附加税

本书项目 4 至项目 8 中，已经涉及到增值税、消费税以及其附加的城市维护建设税和教育费附加、企业所得税、个人所得税等税种，并在各项目中针对具体事项分别作了简单阐述。不同行业、同行业的不同企业由于各自经济业务不同，其涉及的税费也各不相同。例如，同为制造业企业，规模大、会计核算健全的增值税一般纳税人企业与小规模纳税人企业的增值税核算就各不相同。因此，我们需要对各种税费的缴纳与核算进行全面、系统了解，以便灵活应用。

一、增值税的核算

1. 增值税概述

增值税是以商品（含应税劳务、应税行为）在流转过程中实现的增值额作为计税依据而征收的一种流转税。我国增值税相关法规规定，在我国境内销售货物，提供加工修理或修配劳务（简称应税劳务），销售应税服务、无形资产和不动产（简称应税行为）以及进口货物的企业单位和个人为增值税的纳税人。其中，“服务”包括交通运输服务、建筑服务、邮政服务、电信服务、金融服务、现代服务、生活服务。

根据经营规模大小及会计核算水平的健全程度，增值税纳税人分为一般纳税人和小规模纳税人。计算增值税的方法分为一般计税方法和简易计税方法。

（1）一般计税方法

增值税的一般计税方法，是先按当期销售额和适用的税率计算出销项税额，然后以该销项税额对当期购进项目支付的税款（即进项税额）进行抵扣，从而间接算出当期的应纳税额。当期应纳税额的计算公式为：

当期应纳税额 = 当期销项税额 − 当期进项税额

当期销项税额是指纳税人当期销售货物、提供应税劳务、发生应税行为时按照销售额和增值税税率计算并收取的增值税税额。

当期进项税额是指纳税人当期购进货物，接受加工修理或修配劳务，购买应税服务、无形资产和不动产所支付或承担的增值税额。

当期销项税额小于当期进项税额而不足抵扣时，其不足部分可以结转下期继续抵扣。

增值税一般纳税人计算增值税大多采用一般计税方法，一般纳税人采用的税率分为基本税率、低税率和零税率三种。

1）基本税率：17%。一般纳税人销售或者进口货物，提供加工修理或修配劳务，销售应税服务、无形资产和不动产，除低税率适用范围外，税率一律为基本税率 17%。

2）低税率：11% 和 6%。一般纳税人销售农产品（含粮食）、自来水、暖气、石油液化气、天然气、食用植物油、冷气、热水、煤气、居民用煤炭制品、食用盐、农机、饲料、农药、农膜、化肥、沼气、二甲醚、图书、报纸、杂志、音像制品、电子出版物，提供交通运输、邮政、基础电信、建筑、不动产租赁服务，销售不动产，转让土地使用权，适用 11% 的低税率；提供增值电信服务、金融服务、现代服务（租赁服务除外，有形动产租赁服务适用 17% 的税率）、生活服务、转让土地使用权以外的其他无形资产，适用 6% 的低税率。

3）零税率：一般纳税人出口货物、境内单位或个人发生的跨境应税行为（如转让无形资产）符合条件的，税率为零。

（2）简易计税方法

增值税的简易计税方法是按照销售额与征收率的乘积计算应纳税额。应纳税额的计算公式如下：

应纳税额 = 销售额 × 征收率

小规模纳税人一般采用简易计税方法；一般纳税人销售应税服务、无形资产或者不动产，符合规定的，可以采用简易计税方法。

小规模纳税人的征收率为 3%，应税行为中按照简易计税方法计税的销售不动产、不动产经营租赁服务的征收率为 5%，其他情况征收率为 3%。

2. 一般纳税人增值税的核算

（1）应设置的会计账户

为了核算企业应交增值税的发生、抵扣、缴纳、退税及转出等情况，一般纳税人应在“应交税费”账户下设“应交增值税”“未交增值税”“预交增值税”“待抵扣进项税额”“待认证进项税额”“待转销项税额”等二级明细账户。

1）“应交增值税”二级明细账内设置“进项税额”“销项税额抵减”“已交税金”“转出未交增值税”“转出多交增值税”“减免税款”“出口抵减内销产品应纳税额”“销项税额”“出口退税”“进项税额转出”等专栏。其中：

①“进项税额”专栏，记录一般纳税人购进货物、加工修理修配劳务、服务、无形资产或不动产而支付或负担的、准予从当期销项税额中抵扣的增值税额。

②“销项税额抵减”专栏，记录一般纳税人按照现行增值税制度规定因扣减销售额而减少的销项税额。

③“已交税金”专栏，记录一般纳税人当月已缴纳的应交增值税额。

④“转出未交增值税”和“转出多交增值税”专栏，分别记录一般纳税人月度终了转出当月应交未交或多交的增值税额。

⑤“减免税款”专栏，记录一般纳税人按现行增值税制度规定准予减免的增值税额。

⑥“出口抵减内销产品应纳税额”专栏，记录实行“免、抵、退”办法的一般纳税人按规定计算的出口货物的进项税抵减内销产品的应纳税额。

⑦“销项税额”专栏，记录一般纳税人销售货物、加工修理修配劳务、服务、无形资产或不动产应收取的增值税额。

⑧“出口退税”专栏，记录一般纳税人出口货物、加工修理修配劳务、服务、无形资产按规定退回的增值税额。

⑨“进项税额转出”专栏，记录一般纳税人购进货物、加工修理修配劳务、服务、无形资产或不动产等发生非正常损失以及其他原因而不应从销项税额中抵扣、按规定转出的进项税额。

2）“未交增值税”明细账户，核算一般纳税人月度终了从“应交增值税”或“预交增值税”明细账户转入当月应交未交、多交或预交的增值税额，以及当月交纳以前期间未交的增值税额。

3）“预交增值税”明细账户，核算一般纳税人转让不动产、提供不动产经营租赁服务、提供建筑服务、采用预收款方式销售自行开发的房地产项目等，以及其他按现行增值税制度规定应预交的增值税额。

4）“待抵扣进项税额”明细账户，核算一般纳税人已取得增值税扣税凭证并经税务机关认证，按照现行增值税制度规定准予以后期间从销项税额中抵扣的进项税额。

5）“待认证进项税额”明细账户，核算一般纳税人由于未经税务机关认证而不得从当期销项税额中抵扣的进项税额。

6）“待转销项税额”明细账户，核算一般纳税人销售货物、加工修理修配劳务、服务、无形资产或不动产，已确认相关收入（或利得）但尚未发生增值税纳税义务而需于以后期间确认为销项税额的增值税额。

7）“增值税留抵税额”明细账户，核算兼有销售服务、无形资产或者不动产的原增值税一般纳税人，截至纳入营改增试点之日前的增值税期末留抵税额按照现行增值税制度规定不得从销售服务、无形资产或不动产的销项税额中抵扣的增值税留抵税额。

8）“简易计税”明细账户，核算一般纳税人采用简易计税方法发生的增值税计提、扣减、预缴、缴纳等业务。

9）“转让金融商品应交增值税”明细账户，核算增值税纳税人转让金融商品发生的增值税额。

10）“代扣代交增值税”明细账户，核算纳税人购进在境内未设经营机构的境外单位或个人在境内的应税行为代扣代交的增值税。

（2）销项税额的核算

当期销项税额计算公式如下：

当期销项税额＝当期销售额 × 增值税税率

当期销售额主要指纳税人当期销售货物、提供应税劳务、发生应税行为所开具发票中确认的销售收入。

企业有些交易和事项从会计角度看不属于销售行为，不能确认为销售收入，但按照税法规定，应视同对外销售处理，计算应交增值税。视同销售需要缴纳增值税的事项有：企业将自产、委托加工的物资用于非应税项目、集体福利或个人消费，将自产、购入或委托加工的物资用于投资、分配给股东或投资者、无偿捐赠等。在这些情况下，企业应当根据视同销售的具体内容，按照现行增值税制度规定计算销项税额（或采用简易计税方法计算应纳增值税额）。

（3）进项税额的核算

增值税一般纳税人当期购进货物、加工修理修配劳务、服务、无形资产和不动产，并具备以下条件，才能作为进项税额核算：

1）从销售方取得的增值税专用发票上注明的增值税额。

2）从海关取得的海关进口增值税专用缴款书上注明的增值税额。

3）购进农产品，除取得增值税专用发票或者海关进口增值税专用缴款书外，按照农产品收购发票或者销售发票上注明的农产品买价的11%（农产品的扣除率为11%）计算的进项税额。（注：企业收购农产品按买价扣除进项税额后的金额作为购进农产品的成本）

4）接受境外单位或者个人提供的应税服务，从税务机关或者境内代理人取得的解缴税款的中华人民共和国税收缴款凭证（以下称税收缴款凭证）上注明的增值税额。

值得注意的是，一般纳税人购进货物、接受应税劳务或应税行为，用于简易计税方法计税项目、免征增值税项目、集体福利或个人消费等，其进项税额按照现行增值税制度规定不得从销项税额中抵扣的，应将进项税额计入相关成本费用，不通过“应交税费——应交增值税（进项税额）”账户核算。

（4）进项税额转出的核算

企业已单独确认进项税额的购进货物、加工修理修配劳务或者服务、无形资产或者不动产但其事后改变用途（如用于简易计税方法计税项目、免征增值税项目、非增值税应税项目等），或发生非正常损失，企业应将已记入“应交税费——应交增值税（进项税额）”账户的金额转入“应交税费——应交增值税（进项税额转出）”账户。

这里说的“非正常损失”，是指因管理不善造成被盗、丢失、霉烂变质的损失，以及被执法部门依法没收或者强令自行销毁的货物。

3. 小规模纳税人增值税的核算

小规模纳税人核算增值税采用简化的方法，即购进货物、接受应税劳务和应税行为支付的增值税一律不予抵扣，而是直接计入有关货物或劳务的成本。销售货物、提供劳务和应税行为时，按照不含税的销售额和规定的增值税征收率计算应交纳的增值税，开具增值税普通发票。值得注意的是，小规模纳税人只能开具增值税普通发票，若确需增值税专用发票，必须提请税务部门代开。

一般来说，小规模纳税人开具增值税普通发票时，销售额和税额价税分开，按发票中的不含税销售额确认收入。但也有部分小规模纳税人采用销售额和应纳税额合并定价的方法向客户结算款项，增值税普通发票中仅有销售额，此时销售额为含增值税销售额，小规模纳税人确认收入时，应进行价税分离，将含税销售额换算为不含税的销售额确定收入。不含税的销售额计算公式如下：

不含税销售额＝含税销售额 ÷（1+ 征收率）

应纳税额＝不含税销售额 × 征收率

（1）应设置的会计账户

小规模纳税人进行账务处理时，只需在“应交税费”账户下设置“应交增值税”明细账户，不需要设置专栏及除“转让金融商品应交增值税”“代扣代交增值税”外的明细账户。“应交税费——应交增值税”账户贷方登记应交纳的增值税，借方登记已交纳的增值税，期末贷方余额反映尚未交纳的增值税，借方余额反映多交纳的增值税。

（2）相关账务处理

小规模纳税人购进货物或接受应税劳务、应税行为，按照应付或实际支付的全部款项，借记“材料采购”“在途物资”“原材料”等账户，贷记“应付账款”“应付票据”“银行存款”等账户；销售货物、提供应税劳务和应税行为，应按全部价款借记“银行存款”等账户，按不含税的销售额贷记“主营业务收入”等账户，按应征税额贷记“应交税费——应交增值税”账户；次月交纳增值税时，借记“应交税费——应交增值税”账户，贷记“银行存款”账户。

例如：某饮料厂被税务局核定为小规模纳税人。2018 年 1 月该厂购入白砂糖一批，取得普通发票中注明货款 350,000 元。白砂糖已验收入库，货款未付。该厂 1 月销售饮料并开具普通发票两张，均为 400,000 元（开具的普通发票中销售额含增值税，即价税合计形式），本期销售额合计 800,000 元，货款都已存入银行。

该饮料厂 2018 年 1 月相关采购、销售业务及 2 月交纳增值税的账务处理如下：

①购入白砂糖时，根据收到的白砂糖普通发票中的货款 350,000 元，编制会计分录如下：

借：原材料　　350,000.00

　　贷：应付账款　　350,000.00

②销售饮料时，根据开具普通发票中的销售额，编制会计分录如下：

借：银行存款　　400,000.00

　　贷：主营业务收入　　400,000.00

注：本月开具两张相同金额的普通发票，会计分录均相同。

③期末，会计计算本期应交增值税，并根据计算的应交增值税额，编制会计分录如下：

不含税销售收入 =800,000 ÷（1 + 3%）=776,699.03（元）

应交增值税额 =776,699.03 × 3%=23,300.97（元）

借：主营业务收入　　23,300.97

　　贷：应交税费——应交增值税　　23,300.97

在会计实务工作中，为减少工作量，部分小企业也可以月末汇总本月开具的普通发票销售额，一次性做账务处理，编制会计分录如下：

借：银行存款　　800,000.00

　　贷：主营业务收入　　776,699.03

　　　　应交税费——应交增值税　　23,300.97

④ 2 月交纳增值税时，编制会计分录如下：

借：应交税费——应交增值税　　23,300.97

　　贷：银行存款　　23,300.97

值得注意的是，若该饮料厂开具的普通发票中销售额不含增值税，即价税分离形式，饮料厂 2018 年 1 月相关的采购及 2 月交纳增值税的账务处理与上面所述相同，不同的是销售业务，直接按发票中的不含税销售额确认收入，单列的增值税额计入“应交税费——应交增值税”，类似一般纳税人销售业务的处理。

4. 增值税相关核算账户在财务报表中的列示

“应交税费”账户下的“应交增值税”“未交增值税”“待抵扣进项税额”“待认证进项税额”“增值税留抵税额”等明细科目期末借方余额应根据情况，在资产负债表中的“其他流动资产”或“其他非流动资产”项目列示；“应交税费——待转销项税额”等账户期末贷方余额应根据情况，在资产负债表中的“其他流动负债”或“其他非流动负债”项目列示；“应交税费”账户下的“未交增值税”“简易计税”“转让金融商品应交增值税”“代扣代交增值税”等账户期末贷方余额应在资产负债表中的“应交税费”项目列示。

二、消费税的核算

消费税是国家对某些需要限制和调节的消费品在普遍征收增值税的基础上再征收的一种流转税。现行规定的应税消费品包括：烟、酒、化妆品、贵重首饰及珠宝、鞭炮烟火、高尔夫球及球具、高档手表、游艇、木制一次性筷子、实木地板、成品油、摩托车（不含气缸容量 250 毫升以下的小排量摩托车）、小汽车、涂料、电池 15 类。

消费税有从价定率、从量定额、从价定率和从量定额复合计税（以下简称复合计税）三种征收方法。应纳税额计算公式有以下三种方式：

从价定率方法计算的应交消费税 = 销售额（不含增值税的销售额）× 消费税税率

从量定额方法计算的应交消费税 = 销售数量 × 消费税单位税额

复合计税方法计算的应交消费税 = 销售额 × 消费税税率 + 销售数量 × 消费税单位税额

企业应交的消费税，根据应税消费品的不同用途，分别计入相关成本、费用，并同时确认对国家的一项短期负债，计入“应交税费——应交消费税”账户。消费税的费用归集见附图表 2—2。

附图表 2—2　　消费税的费用归集

<table>
<tr><th colspan="2">应税项目</th><th>账务处理</th></tr>
<tr><td colspan="2">销售特定应税消费品</td><td>计入“税金及附加”账户</td></tr>
<tr><td rowspan="4">视同销售应税消费品</td><td>应税消费品用于在建工程</td><td>计入“在建工程”账户</td></tr>
<tr><td>应税消费品用于对外投资</td><td>计入“长期股权投资”账户</td></tr>
<tr><td>应税消费品用于职工福利</td><td>计入“应付职工薪酬”账户</td></tr>
<tr><td>应税消费品用于捐赠</td><td>计入“营业外支出”账户</td></tr>
<tr><td rowspan="2">委托加工应税消费品</td><td>应税消费品收回直接出售</td><td>计入“委托加工物资”账户</td></tr>
<tr><td>应税消费品用于连续生产应税消费品</td><td>计入“应交税费——应交消费税”账户借方</td></tr>
</table>

三、城市维护建设税、教育费附加的核算

城市维护建设税（简称城建税）是交纳增值税、消费税的单位和个人以实际交纳的增值税、消费税为计税依据征收的一种附加税，其计算公式如下：

应交城市维护建设税 =（实际交纳增值税 + 实际交纳消费税）× 适用税率

教育费附加是国家为了发展我国的教育事业，提高人们的文化素质而征收的一种附加费用。教育费附加按照企业实际交纳的增值税、消费税的一定比例计算交纳。

应交教育费附加 =（实际交纳增值税 + 实际交纳消费税）× 适用税率

企业应交的城建税、教育费附加借记“税金及附加”账户，贷记“应交税费——应交城市维护建设税”“应交税费——应交教育费附加”账户。

交纳城建税、教育费附加，借记“应交税费——应交城市维护建设税”“应交税费——应交教育费附加”账户，贷记“银行存款”账户。

四、资源税的核算

资源税是为了调节资源开发过程中的级差收入，对在我国境内从事原油、天然气、煤炭、金属矿产品和其他矿产品开发以及生产盐的单位和个人征收的一种税。

企业销售应税产品，应交的资源税，借记“税金及附加”账户，贷记“应交税费——应交资源税”账户。

企业自产、自用应税产品的资源税，借记“生产成本”“制造费用”等账户，贷记“应交税费——应交资源税”账户。

五、土地增值税的核算

土地增值税是对转让国有土地使用权、地上建筑物及其附着物并取得收入的单位和

个人，就其转让房地产所取得的增值额征收的一种税。

主营和兼营房地产开发的企业，应交的土地增值税，借记“税金及附加”账户，贷记“应交税费——应交土地增值税”账户。

企业转让国有土地使用权及其地上建筑物原在“固定资产”或“在建工程”核算的，应交的土地增值税，借记“固定资产清理”账户，贷记“应交税费——应交土地增值税”账户。

六、契税、耕地占用税、车辆购置税的核算

契税是国家在土地、房屋权属转移时，按照当事人双方签订的合同（契约）所确定价格的一定比例，向权属承受人征收的一种税。

耕地占用税是国家为了利用土地资源、加强土地管理、保护农用耕田而征收的一种税。

车辆购置税是国家对购置车辆的单位和个人，以其购置车辆的计税价格为依据一次性征收的一种税。

契税、耕地占用税、车辆购置税在发生时直接计算交纳，计入相关资产的成本，无须经过“应交税费”账户核算。通常会计处理为借记“固定资产”账户，贷记“银行存款”账户。

七、房产税、城镇土地使用税、车船税、印花税的核算

房产税是将国家在城市、县城、建制镇和工矿区范围内的房产作为征收对象，按照房产的计税价值或房屋租金收入向房产所有人或经营管理人等征收的一种税。

城镇土地使用税是国家在城市、县城、建制镇和工矿区范围内，对使用土地的单位和个人，以其实际占用土地面积为计税依据而征收的一种税。

车船税是对在我国境内车船管理部门登记的车辆、船舶依法征收的一种税。

印花税是对经济活动和经济交往中书立、领受、使用税法规定应税凭证的单位和个人征收的一种税。应纳税凭证有：购销合同、加工承揽合同、建设工程勘察设计合同、建筑安装工程合同、财产租赁合同、货物运输合同、仓储保管合同、借款合同、财产保险合同、技术合同、产权转移书据、营业账簿、权利或许可证照等。

企业按规定计算的房产税、城镇土地使用税、车船税、印花税，均计入“税金及附加”账户。

印花税在发生时直接计算交纳，无须经过“应交税费”账户核算，即借记“税金及附加”账户，贷记“银行存款”账户。

八、企业所得税的核算

企业所得税是以纳税人的所得额为征税对象所征收的一种税。企业当期计算的所得税作为一项费用，在计算净利润前予以扣除。企业按照一定方法计提的所得税，应计入“所得税费用”账户，具体会计处理见项目 8 任务 26。

九、个人所得税的核算

个人的工资薪金所得应纳的所得税，一般由企业代扣代交，通过“应交税费——应交个人所得税”账户核算。本书项目5任务16中已阐述，此处略。

综上所述，企业应交的税费通常应当按照权责发生制的核算基础，按月或按季（企业所得税可以按季）先计提，次月或季度末的次月初再向税务局申报并交纳。耕地占用税、印花税、车辆购置税等特定行为发生才需交纳的税或非每月经常性、重复发生的契税，则在发生当期直接计算缴纳。

通常情况下，各项税费计算的账务处理见附图表2—3。

附图表2—3　　各项税费计算的账务处理

税种	借方账户	贷方账户
消费税、城市维护建设税、教育费附加、房产税、车船税、土地使用税	税金及附加	“应交税费”相关明细账户
资源税	税金及附加、生产成本等	“应交税费”相关明细账户
企业所得税	所得税费用	“应交税费”相关明细账户
土地增值税	固定资产清理等	“应交税费”相关明细账户
印花税	税金及附加	银行存款
耕地占用税、契税、车辆购置税	固定资产 / 无形资产	银行存款

附录三　提供劳务收入与让渡资产使用权收入的核算

本书中万泉河啤酒公司为制造业企业，经济业务仅涉及商品销售。在项目6任务19—1的知识链接中我们已经知道收入按日常活动性质的不同分类，除销售商品收入外，还有提供劳务收入、让渡资产使用权收入。提供劳务收入、让渡资产使用权收入形式在制造业企业中涉及很少，其收入的确认与计量也不同于销售商品收入。

一、提供劳务收入的核算

1. 提供劳务收入的确认与计量

不同企业提供劳务的形式不同，劳务从开始到完成的时间长短也不相同。有的劳务一次就能够完成，如饮食、理发、照相等劳务；有的劳务需要花费一段较长的时间才能完成，如安装、旅游、培训、远洋运输等。因劳务完成时间不同，企业提供劳务收入的确认与计量原则各不相同，见附图表3—1。

附图表 3—1　　劳务收入的确认与计量

<table>
<tr><td>劳务完成时间</td><td colspan="2">劳务收入的确认与计量原则</td></tr>
<tr><td>同一会计期间</td><td colspan="2">在提供劳务交易完成时确认收入，通常以合同或协议总金额为确认劳务收入的依据</td></tr>
<tr><td rowspan="2">跨会计期间</td><td>交易结果能够可靠估计</td><td>同时符合以下四个条件，按完工百分比法确认收入
1. 收入的金额能够可靠地计量
2. 相关的经济利益很可能流入企业
3. 交易的完工程度能够可靠地确定
4. 交易中已发生和将发生的成本能够可靠地计量</td></tr>
<tr><td>交易结果不能够可靠估计</td><td>1. 已发生劳务成本预计全部能够得到补偿：按已收或预计能够收回的金额确认收入，并结转已经发生的劳务成本
2. 已发生劳务成本预计能够得到部分补偿：按能够得到补偿的劳务成本金额确认收入，并结转已经发生的劳务成本
3. 已发生劳务成本预计全部不能得到补偿：按已经发生的劳务成本计入当期损益（主营业务成本或其他业务成本），不确认劳务收入</td></tr>
</table>

2. 完工百分比法

完工百分比法是指按照提供劳务交易的完工进度确认收入与费用的方法。其核算的关键是如何确定完工进度，并按完工进度确认收入与费用。

（1）完工进度的确定

企业确定提供劳务交易的完工进度，可以选用下列方法：

1）已完工作的测量，这是一种比较专业的测量方法，由专业测量师对已提供的劳务进行测量，并按一定方法计算劳务交易的完工程度。

2）已经提供的劳务占应提供劳务总量的比例，这种方法主要以劳务量为标准确定劳务交易的完工程度。

3）已经发生的成本占估计总成本的比例，这种方法主要以成本为标准确定劳务交易的完工程度。

（2）本期劳务收入及费用的确认

本期确认的收入 = 劳务总收入 × 本期末止劳务的完工进度 − 以前期间已确认的收入

本期确认的费用 = 劳务总成本 × 本期末止劳务的完工进度 − 以前期间已确认的费用

3. 提供劳务收入的账务处理

对于一次就能完成的劳务，于成本费用发生时直接计入“主营业务成本”“其他业务成本”账户，取得的收入计入“主营业务收入”“其他业务收入”账户。

对于需要持续一段时间才能完成的劳务，于成本费用发生时先计入“劳务成本”账户，待确认收入结转成本时，由“劳务成本”账户转入“主营业务成本”等账户。

例如：甲公司与乙公司于 2017 年 12 月 1 日签订一项软件开发合同，工期 3 个月，合同约定总开发费为 400 万元。根据合同约定，乙公司需要分两次支付甲公司开发费。第一次为签订合同时，预付200万元。第二次为验收合格时，支付剩余开发费200万元。甲公司估计开发总成本为300万元（均为人员薪酬）。假定该业务属于甲公司的主营业务，上述开发费和预付款均未含增值税，增值税税率6%。

2017年12月1日，乙公司预付开发费200万元。至2017年12月31日，甲公司实际发生开发费120万元。2018年实际发生开发费180万元。甲公司提供的劳务交易结果能够可靠估计，采用完工百分比法确认收入，按已发生成本占估计总成本的比例确认完工进度。甲公司提供软件开发劳务的账务处理如下：

（1）2017年12月1日，收到首次劳务款项。

借：银行存款　2,120,000.00

　贷：预收账款　2,000,000.00

　　应交税费——应交增值税（销项税额）　120,000.00

（2）2017年12月31日，实际发生应付人员薪酬。

借：劳务成本　1,200,000.00

　贷：应付职工薪酬　1,200,000.00

（3）2017年12月31日计算应确认的劳务收入并结转劳务成本：

实际发生的成本占估计总成本的比例 =120 ÷ 300=40%

确认的劳务收入 =400 × 40%=160（万元）

结转的 劳务成本 =300 × 40%=120（万元）

借：预收账款　1,600,000.00

　贷：主营业务收入　1,600,000.00

同时，结转劳务成本：

借：主营业务成本　1,200,000.00

　贷：劳务成本　1,200,000.00

（4）2018年2月28日，收到第二批劳务款项。

借：银行存款　2,120,000.00

　贷：预收账款　2,000,000.00

　　应交税费——应交增值税（销项税额）　120,000.00

（5）2018年2月28日，实际发生应付人员薪酬。

借：劳务成本　1,800,000.00

　贷：应付职工薪酬　1,800,000.00

（6）2018年2月28日计算应确认的劳务收入并结转劳务成本：

确认劳务收入 =400-160=240（万元）

结转劳务成本 =300-120=180（万元）

借：预收账款　2,400,000.00

　贷：主营业务收入　2,400,000.00

同时，结转劳务成本：

借：主营业务成本　　1,800,000.00

　　贷：劳务成本　　1,800,000.00

二、让渡资产使用权收入的核算

1. 让渡资产使用权收入的主要形式

让渡资产使用权的收入主要包括利息收入和使用费收入。

利息收入是指因他人使用本企业现金而取得的收入。如金融企业存、贷款形成的利息收入及同业之间发生往来形成的利息收入等。

使用费收入是指因他人使用本企业的资产等而形成的收入。如出租资产的租金收入、债权投资的利息收入、股权投资的现金股利收入等。

2. 让渡资产使用权收入的确认

让渡资产使用权收入需同时满足下列条件，才能予以确认：

（1）相关的经济利益很可能流入企业。

（2）收入的金额能够可靠地计量。

3. 让渡资产使用权收入的计量

让渡资产使用权收入的计量，可以简要地归纳，见附图表 3—2。

附图表 3—2　　让渡资产使用权收入的计量

收入形式	收入的计量	
利息收入	每个会计期末，按未收回的存款或贷款的本金、存续期间和适当的利率计算并确认利息收入	
使用费收入	合同或协议规定使用费一次收取	不提供后续服务的，一次性确认收入
		如果提供后续服务的，应在合同或协议规定的有效期内分期确认收入
	合同或协议规定分期收取使用费	应按合同或协议规定的收款时间和金额或规定的收费方法计算的金额，分期确认收入

4. 让渡资产使用权的账务处理

企业让渡资产使用权的使用费收入，一般通过“其他业务收入”账户核算，所让渡资产计提的摊销额等，一般通过“其他业务成本”科目核算。

例如：甲企业于 2017 年 1 月 1 日向乙企业转让某项专有技术的使用权，协议约定转让期为 3 年，每年年初收取使用费 120,000 元（不含增值税）。甲企业根据该专有技术可使用年限计算的每月摊销额为 8,000 元。2017 年甲企业让渡专有技术使用权业务的相关账务处理如下：

（1）2017 年 1 月 1 日收到使用费时：

借：银行存款　　127,200.00

　　贷：其他业务收入　　120,000.00

应交税费——应交增值税（销项税额） 7,200.00

（2）2017 年 1 至 12 月，每月月末计提摊销额时：

借：其他业务成本 8,000.00

贷：累计摊销 8,000.00

附录四 财务报告概述

本书项目 9 介绍的会计报表有：利润表、资产负债表、现金流量表。它们能够清晰表达企业在会计期间内的利润、资产负债及现金流入和流出的情况。这些表格是会计期末财务部门提供的企业财务报告的重要组成部分。

财务报告是指企业对外提供的反映企业某一特定日期的财务状况和某一会计期间的经营成果、现金流量等会计信息的文件。财务报告的目的是向财务报告使用者提供与企业财务状况、经营成果和现金流量等有关的会计信息，反映企业管理层受托责任履行情况，有助于财务报告使用者做出经济决策。财务报告的使用者包括投资者、债权人、政府及其有关部门和社会公众等。

财务报告的作用主要表现在以下几个方面：

1. 财务报告有助于投资者和债权人等进行合理的决策。

2. 财务报告反映企业管理当局的受托管理责任。

3. 财务报告能够帮助企业管理当局改善经营管理，协调企业与相关利益集团的关系，促进企业快速、稳定的发展。

4. 财务报告能够帮助政府有关部门进行必要的宏观调控，促进社会资源的有效配置，实现其经济与社会目标。

一、财务报告的构成

财务报告的构成如附图表 4—1 所示。

附图表 4—1　　财务报告的构成

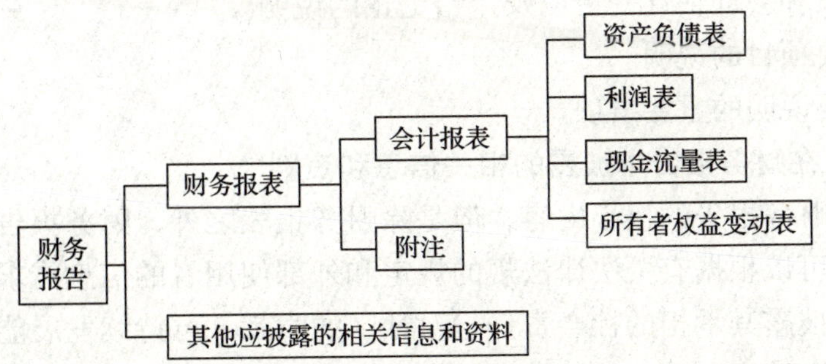

1. 财务报表

财务报表是对企业财务状况、经营成果和现金流量的结构性表述。财务报表区别于现行法律、行政法规中使用的会计报表。财务报表除包括会计报表本身外，还包括附注，而会计报表仅是指报表本身。

（1）会计报表

会计报表至少应当包括资产负债表、利润表、现金流量表、所有者权益（或股东权益）变动表。

会计报表可以按照不同的标准进行分类并根据不同需要应用，具体见附图表 4—2。

附图表 4—2　　会计报表分类及应用

分类标准	类别	应用
按照反映的时间属性	动态会计报表	反映一定期间的报表，如利润表、现金流量表
	静态会计报表	反映一定时点的报表，如资产负债表
按照编制期间	中期会计报表	可分为月报、季报、半年报
	年度会计报表	年报表
按照编报主体	个别会计报表	是以企业自身为会计主体编制的会计报表
	合并会计报表	是以母公司和子公司组成的企业集团为会计主体，在母公司和子公司个别会计报表基础上，对企业集团内部交易进行相互抵销后编制的会计报表

（2）附注

附注是财务报表不可或缺的组成部分，是对资产负债表、利润表、现金流量表、所有者权益变动表等报表中列示项目的文字描述或明细资料，以及对未能在这些报表中列示项目的说明等。会计报表附注披露的主要内容包括：

1）企业的基本情况。

2）财务报表的编制基础。

3）遵循企业会计准则的声明。

4）重要会计政策和会计估计。

5）会计政策和会计估计变更以及差错更正的说明。

6）报表重要项目的说明。

7）其他需要说明的重要事项。

2. 其他应当在财务报告中披露的相关信息和资料

财务报表是财务报告的核心内容，但是除财务报表之外，财务报告还应当包括其他相关信息，具体可以根据有关法律法规的规定和外部使用者的信息需求而定。如企业可以在财务报告中披露其承担的社会责任、对社区的贡献、可持续发展能力等信息。这些信息和使用者的决策也是相关的，尽管属于非财务信息，无法包括在财务报表中，但是如果有规定或者使用者有需求，企业应当在财务报告中予以披露，有时企业也可以自愿在财务报告中披露相关信息。

二、财务报告中财务报表列报的基本要求

1. 公允列报

企业应当对实际发生的交易和事项，遵循各项具体会计准则的规定进行确认和计量，并在此基础上编制财务报表。

2. 列报基础

企业管理层应当对企业持续经营的能力进行评价，若对企业持续经营的能力产生严重怀疑的，应当在附注中披露导致对持续经营能力产生重大怀疑的重要不确定因素。企业处于非持续经营状态时，应当采用其他基础编制财务报表，比如破产企业的资产采用可变现净值计量、负债按照其预计的结算金额计量等。

3. 会计基础

除现金流量表按收付实现制原则编制外，企业应按照权责发生制原则编制财务报表。

4. 重要性和项目列报

（1）企业交易或其他事项按其性质或功能汇总归类，形成财务报表中的项目。

1）性质或功能不同且具有重要性的项目，应当在财务报表中单独列报。例如，存货和固定资产在性质上和功能上都有本质差别，必须分别在资产负债表上单独列报。

2）性质或功能类似且不具有重要性的项目可以合并列报。例如，原材料、低值易耗品等项目在性质上类似，均通过生产过程形成企业的产品存货，因此可以合并为“存货”在资产负债表上单独列报。

（2）判断项目性质的重要性时，应当根据所处环境，从项目的性质和金额大小两个方面予以判断。

1）应当考虑该项目的性质是否属于企业日常活动、是否对企业的财务状况和经营成果具有较大影响等因素。

2）应考虑该项目金额占资产总额、负债总额、所有者权益总额、营业收入总额、净利润等直接相关项目金额的比重加以确定。

5. 列报的一致性

可比性是会计信息质量的一项重要要求，目的是使同一企业不同期间和同一期间不同企业的财务报表相互可比。为此，财务报表项目的列报应当在各个会计期间保持一致，不得随意变更，这一要求不仅只针对财务报表中的项目名称，还包括财务报表项目的分类、排列顺序等方面。

6. 财务报表项目金额间的相互抵销

财务报表项目应当以总额列报，资产和负债、收入和费用不能相互抵销，即不得以净额列报。但以下两种情况不属于抵销，可以以净额列示：

（1）资产计提的减值准备。实质上意味着资产的价值确实发生了减损，资产项目应当按扣除减值准备后的净额列示，这样才能反映资产当时的真实价值。

（2）非日常活动具有偶然性。从重要性来讲，非日常活动产生的损益以收入和费用抵销后的净额列示，更能有利于报表使用者的理解。如非流动资产处置形成的利得和损失，应按处置收入扣除该资产的账面金额和相关销售费用后的余额列示。

7. 比较信息的列报

企业在列报当期财务报表时，至少应当提供所有列报项目可比会计期间的比较数据，以及与理解当期财务报表相关的说明。比较列报的目的是向报表使用者提供对比数据，提高信息在会计期间的可比性，以反映企业财务状况、经营成果和现金流量的发展趋势，提高报表使用者的判断与决策能力。

三、财务报告的报送时限

企业不同期间的财务报告，对外报送要求的时间不同，见附图表 4—3。

附图表 4—3　　企业财务报告报送时间

报告类型	报送时限
月报	月度终了后 6 天内（节假日顺延，下同）对外提供
季报	季度终了后 15 天内对外提供
半年报	半年度中期结束后 60 天内对外提供
年报	年度终了后 4 个月内对外提供